国家哲学社会科学基金旅游研究项目文库

GUO JIA ZHE XUE SHE HUI KE XUE JI JIN LÜ YOU YAN JIU XIANG MU WEN KU

中国公民出境旅游

突发事件应急合作治理逻辑与机制研究

邹永广 ◎ 著

保障中国公民出境旅游安全权益

中国旅游出版社

前　言

随着经济社会不断繁荣，人民生活水平不断提高，旅游消费观念不断升级，中国公民出境旅游范围不断扩大、规模增加。出境旅游目的地扩大到151个国家和地区，中国公民出境旅游人数超过1.5亿人次，是世界最大出境旅游客源国。但出境旅游需求旺盛的背后，也面临诸多旅游突发安全问题。2017年至今，对旅游活动造成影响的突发事件多达10余起，如普吉岛沉船事件、印尼龙目岛地震、巴厘岛火山爆发等，特别是2019年年底暴发的新冠疫情迅速席卷全球并持续广泛传播，中国公民出境旅游安全权益保障成为一个重要而迫切的课题。

在国务院应急办的指导下，国家旅游局和外交部制定了《中国公民出境旅游突发事件应急预案（2006）》，建立了由国务院统一领导、境内外和相关部门协调互动的应急处置机制，该机制在应对境外旅游突发事件时发挥一定的作用。随着2018年3月中国应急管理体制重大调整，成立应急管理部，机构的撤并调整迎来新的发展机遇，也将面临许多新挑战。近年来，旅游安全事件频度、深度和广度的持续增加，已远远超出现有治理主体和应急机制的能力范围，传统科层制政治响应的中国"属地化管理"模式使应急处置陷入路径依赖的困境。从实践的角度看，跨境、跨组织、跨层级之间的横向和纵向多元主体的网络化协同治理，越来越成为出境旅游安全合作治理的基本需求。

在上述背景下，探索中国公民出境旅游突发事件应急合作治理的理论逻辑，寻找针对性的旅游应急合作治理机制，以实现出境旅游突发事件的应急响应与协同处置，达到旅游突发事件的共防、共治和风险共担。本课题基于现有的研究基础，延续科学研究的"问题域"，选择出境旅游安全事件为研究对象，探索出境旅游安全合作治理的理论逻辑和创新机制，以此对上述科学问题予以探索并尝试进行回应，主要研究结论如下。

（1）中国公民出境旅游风险呈上升趋势且空间差异显著。中国公民出境旅游突发事件/安全风险态势呈现异质性和集聚性的分布特征。中国公民出境旅游安全的年际变化呈现阶段性波动上升趋势，每个阶段都有其各自的变化特征。旅游安全事故的频次分布具有区域差异性。整体来看，旅游事故灾难是中国公民出境旅游的主要安全事故类型，尤其是车辆交通事故广泛分布于各个出境区域，分布范围广泛，发生频次明显高于其他事故类型。

（2）中国公民出境旅游安全感知时空特征多元。各类安全感知事件数量存在"数字鸿沟"，旅游安全感知事件分布呈现"放射模式"。旅游安全感知事件呈现网络化的同质性、异质性并存特征。旅游安全感知网络分布符合日常生活理论的假设，旅游流网络与安全感知空间网络在类型上呈现空间耦合；但数量空间网络分布上，旅游流网络与安全感知网络整体表现出正相关关系。旅游安全感知区域分布呈现"数字鸿沟"；旅游目的地安全感知类型空间分布相似；旅游目的地安全感知事件同质性特征突出；旅游流与安全感知网络耦合特征明显。

（3）出境旅游突发事件应急合作困境与现实可行并存。我国出境旅游突发事件应急合作面临的困境是多方面的，从哲学层次上分析，主要是二元分离对立的现代主义哲学认识论强调竞争而排斥合作，现代主义哲学中工具理性与价值理性的内在矛盾不利于合作；从意识形态上分析，主要是合作理念未深入人心、合作主体身份认同存在争论、公共责任缺位等；从体制机制上分析，主要存在应急合作协调机制、应急合作信息沟通的困境。但是在当前，以"共同、综合、合作、可持续"为核心内容的新亚洲安全观为各国深入推进旅游突发事件的合作治理奠定了观念上的可能性；新自由主义提出的安全国际制度可以帮助国家确定利益和规范行为，为各国旅游突发事件的合作治理提供了制度上的可能性。

（4）出境旅游突发事件应急合作共同体是社会建构的结果。本研究认为应急合作共同体的建立是拥有共同的认同、共同的价值观的共同体能够进行多方位直接的互动关系，具有互惠和利他主义的规范、认同和社会化建构的过程。中国出境旅游突发事件应急合作的外生性逻辑抽象为：共同的安全威胁、旅游突发事件的介入在国家之间形成"长期的共同利益"与"集体身份认同"，是形成国家对应急合作可靠预期的核心要素，并最终促进应急合作共同体的建设。中国出境旅游突发事件应急合作的内生性逻辑刻画为：规则深化、制度规范和认同建构，认同建构的自我约束、共同命运和同质性三个变量虽然共同作用于合作成员国之间集体认同的形成与深化，但并不是同时需要。其中自我约束为首要因素，共同命运和同质性作为次要因素，形成集体身份的必要条件是次要因素中至少一个因素要同自我约束相结合，三个变量同时存在程度越高，集体认同形成的可能性就越大。

（5）出境旅游应急合作需建构多主体网络治理体系。出境旅游应急合作治理强调对"多部门协作"和"多元治理"理念的推崇，中国应该致力于形成多元主体共治的合作体系。出境旅游突发事件应急合作治理跨越了国家行政边界，国家或地区的旅游政府部门、旅游企业、社会组织和游客群体在共同安全利益和风险威胁的基础上，本着自愿原则，根据共同的契约约定，针对旅游突发事件的整个过程进行共防、共治和共担的合作行为，其涵盖了旅游应急处置全过程的深度合作。在网络治理理论的指导下，出境旅游突发事件合作治理网络的形成本质上是各国政府、市场、社会和游客等多元主体为了共同价值，在相互信任的基础上，以共同准则约束行动主体进行资源共享、协同合作的结果。从我国与其他国家的旅游应急合作内容、旅游应急合作的网络结构、旅游应急合作网络的现实条件来看，旅游应急合作模式可以归为四种类型："借势"领导型合作、"地缘"相邻型合作、"抱团"共享型合作、"问题"解决型合作。

（6）出境旅游应急合作机制涵盖应急处置全过程。本研究从应对出境旅游突发事件的角度出发，通过范式推演，抽取出预防、预警、响应、控制和恢复五个阶段的治理机制。预防机制需要政府相关部门和市场中各企业在活动开展之前对危险源、有害因素和活动风险进行辨识并确定风险等级，对不同类型的风险采取针对性措施，需要出境旅游中应急管理多元主体的共同努力。应急预警机制就是在监测到危险预兆时，多元治理主体积极对出境安全风险进行识别、分类、评估，针对风险的特点和程度，从多个信息渠道发布预警信息，提醒我国出境游客、驻外企业提前采取安全措施。应急响应机制是突发事件发生后所采取的处置、响应、合作和救援等一系列活动及治理路径的集合体。应急控制机制是在危机事件发生后迅速做出反应，获取危机信息并及时采取应对措施的集合机制。应急善后机制是在出境旅游突发事件过后，为了弥补损失、重振市场、恢复形象，四方治理主体通力开展的善后协调处置行为和逻辑的集合。

（7）中国公民出境旅游突发事件应急合作治理应坚持多元主体协作、提高协作效率的策略及现实的发展路径。主要包括：在政府层面，双边政府应加强应急合作协调对话机制，建立制度约束与权力制衡机制，完善海外领事保护机制等。市场层面，建设突发风险信息共享平台，完善商业性紧急救援服务，建立旅游保险化解机制等。社会层面，深化社会认同机制，开拓应急资源的筹集与援助，发挥华侨华人的救援协助作用等。游客层面，增强游客安全意识，提升应急自救、互救和他救技能，做好应急风险防范等。

上述问题的研究和回答，对于推动中国公民出境旅游安全合作治理体制与机制的变革与发展，增强应对各种境外安全事件风险的能力，建立有效的出境旅游安全保障体系，具有重要的理论和实践价值。

邹永广

2022 年 12 月

目 录

第一章　绪论

本章主要介绍了本研究的背景和研究问题、研究目的与研究意义、研究内容与研究方法以及研究思路与技术路线。具体而言：一是介绍社会现实背景和理论实践现状；二是提出以出境旅游安全事件为研究对象，探索出境旅游应急合作治理的理论逻辑和创新机制等研究问题；三是阐释了研究目的和研究意义；四是详细介绍六部分主要研究内容，解释本研究的研究方法论和具体研究方法；五是根据研究对象和研究目标，绘制研究框架思路和技术路线图。

第一节　研究背景与研究问题

一、社会现实背景

（一）传统与非传统安全威胁不断涌现下的应急合作

1. 区域性和国际性安全威胁下的出境环境

进入 21 世纪以来，随着全球化进程的不断加快、科技生产力的不断革新以及世界形势的风云诡谲多变，人类社会的结构发生了前所未有的深刻变革，进入了一个变迁速度、范围加大，各种风险潜藏和复杂性、不确定性空前深刻的"全球风险社会"时代。"风险社会"最早由德国社会学家乌尔里希·贝克（Ulrich Beck）（1986）针对苏联切尔诺贝利核事故之后提出，他认为在当前经济、文化、政治等全球化背景下，由于人类社会进步所导致的各种风险对社会和政治发展的影响越来越显著。我们必须客观认识到，人类社会无论发展到哪个阶段，风险都是社会作为系统所具有的一种客观实在，风险存在于我们生活的方方面面。当科学技术发展到一定程度并带给社会严重危害的时候，风险就成为各个国家必须正面直视的问题，当这种风险裹挟着众多不确定因素到来的时候，全社会就成为全球风险社会（范如国，2017）。当前，全球气候变暖、各种资源短缺、环境问题与人口问题、核污水排放、网络安全加剧、单边主义横行，特别是新冠疫情肆虐全球等一系列不安全问题困扰着全球，各种不可估量的、难以预测的事件不断涌现，具有复杂层次与逻辑的风险正在重塑现代社会制度。当前在全球化、现代化浪潮的不断冲击下，国际形势和地缘政治日趋复杂与多变，中国也因此镶嵌在这种区域性和国际性安全威胁风险因素所塑造的再建构网络之中，中国所面临的出境旅游安全环境和国际环境中不确定因素日益增强。此外，当前的中国仍然处在快速发展的变革时期，人们长期在传统社会中形成的"熟人社会"的行为规则和一整套与传统社会相适应的思维模式还未来得及转变，以至于在快速发展的时代背景下中国游客的安全素质和安全心理还远远跟不上时代发展的需要。这种国内和国际双重风险因素相互耦合、彼此交织，使出境旅游安全面临了严峻的挑战，同时伴随着出境旅游的快速发展也潜藏着巨大的"并发性"危险。

出境旅游安全问题之所以面临着如此复杂严峻的考验，是因为它具有旅游业的特殊属性和国际社会的背景与内涵，旅游业因为其综合的属性正好承接了突发事件产生的各种风险危机的挑战，许多问题并不因旅游业孕育而生，旅游业只是作为一个载体，映射出国际社会错综复杂的问题（李柏文，2007）。当前国内国际旅游风险"双轮驱动"产生的"叠加效应"导致出境旅游突发事件呈现高度的不确定与复杂化。2019 年，中国（内地／大陆）出境旅游目的地前十五位依次为中国澳门、中国香港、越南、泰国、日本、韩国、缅甸、美国、中国台湾、新加坡、马来西亚、俄罗斯、柬埔寨、菲律宾和澳大利亚（杨劲松等，2020）。由此可见，中国公民出境目的地大多集中在地理位置较近的周边国家和地区，尤其是港澳台地区，在地理空间距离上相较于其他区域更为临近，在文化距离上相较于其他地区障碍较小，成为内地游客最主要的选择。但是，2019年香港的暴乱对该地区的安全环境造成了极大的威胁，极大抑制了中国内地游客的出境需求。此外，"一带一路"倡议为出境旅游奠定了美好发展前景，凭借着这个平台中国可以与许多沿线国家开展旅游合作，使其逐步发展成为中国的出境旅游目的地。但中国游客在"一带一路"沿线国家的分布极为广泛，所面临的挑战也更严重。学者们普遍认为，全球气候的变化是影响"一带一路"沿线国家安全的基础风险（王志芳，2015），恐怖主义的浪潮成为不安全因素的重要推波助澜的因素（郑启航等，2018）。"一带一路"沿线中国游客出境旅游风险的结构类型较为复杂，主要包括各种自然社会风险因素、设备风险等事故灾难风险，环境风险因素和管理风险因素等（谢朝武等，2019）。有学者研究结果表明，中国游客在"一带一路"沿线区域所产生的旅游安全事故分布极不均衡，其中南亚和西亚处于中高风险区、而欧洲、大洋洲、北美一些地区则是相对较为安全的区域（谢朝武等，2019）。

2. 安全威胁下的跨境应急合作

基于出境旅游者所面临的自然灾害、公共卫生、政治安全、社会动荡、恐怖袭击、事故灾难等安全风险日益增多且错综复杂的现实背景，我国与许多国家已经尝试建立了双边和多边模式的旅游突发事件应急合作机制。2015年，中国与泰国在曼谷举行工作磋商，双方就共同关注的旅游市场、旅游交通等问题进行了深入沟通，彼此同意进一步提升旅游服务水平、探索旅游合作治理机制、解决旅游质量纠纷、加强执法部门应急联动，为中国游客营造良好舒适的安全环境。此外，中方还决定在泰国首都曼谷设立专门解决中国游客赴泰旅行的旅游办事处，并且针对各种突发事件建立常态的沟通机制，共同加强出境旅游安全保障，通过合作对话来解决游客的安全问题。

澜湄区域是我国重要的出境目的地，2016年初澜湄合作机制正式诞生，其中澜湄六国就开展区域旅游合作达成了高度共识。但是近年来该区域内多次发生旅游突发事件，并且引起了国际社会的广泛关注，对于其安全目的地的形象造成了巨大的损害，这些沉痛的旅游突发事件案例警示澜湄区域的各个国家在旅游安全方面应该加强合作（马超，2016）。这些案例中，比较典型的事件有2014发生的马航飞机失联、2015年8月发生的泰国爆炸事件以及几乎在其他澜湄五国都发生过的恐怖袭击、自然灾害等突发事件。尽管中泰双方签订了《中泰磋商旅游安全合作》，但是这些合作大都是基于突发事件临时设立的，旨在旅游突发事件的应急处置，并未针对突发事件建立深层次的合作，在旅游突发事件应急合作方面仍然困难重重。

作为中国周边主要的出境区域，东盟与中国的合作关系逐渐升级。2002年签订的《中国与东盟关于非传统安全领域合作联合宣言》正式拉开了中国与东盟国家在非传统领域内合作的序幕；截至2016年，中、老、缅、泰四国已圆满完成43次联合巡逻执法，这也为东盟各国旅游安全资源开发和制度建设奠定了坚实的基础，也为中国与东盟各国就旅游安全合作提供了平台。事实上，自从中国提出建设"海上丝绸之路"的构想以来，双边就各个领域展开了一系列合作。例如，2016年9月第13届中国—东盟博览会在广西南宁开幕，会上双方在经济合作领域达成了一系列共识，同意从多方面加强推进中国—东盟的经济合作。但由于一系列历史原因，东盟区域存在着多元的宗教文化、各个国家、地区之间经济发展不平衡、经常爆发领土冲突以及极端恐怖主义和旅游犯罪等问题，都使得双方之间的旅游安全合作步履维艰，甚至对于响应"一带一路"倡议也造成阴影（马超等，2016）。尽管区域国家早已意识到区域旅游安全合作的重要性，并且通过签订《东盟旅游战略发展规划2016—2025》加深进一步合作，共同营造东盟国家之间安全的旅游环境，但目前中国与东盟国家在建立旅游突发事件应急合作机制方面仍缺少预见性和灵活性，双方的合作仍然集中于非传统安全合作方面，如合作抗击非典型性肺炎、共同应对印度洋地震海啸灾难、携手防治禽流感等（刘雅静等，2013；李柏文，2007）。毫无疑问，中国与东盟在区域旅游安全合作中的行动具有积极意义，但双方在完善对话机制、建立相关预警机制、建立畅通的信息交换系统等方面还需要进一步地沟通与协商。在未来的合作中如何加深对彼此的了解，从而建立两者之间在信任基础上的合作也需要进一步深思。

"一带一路"合作倡议涉及东亚、东南亚、西亚、北非、中亚、南亚、东欧等区域共65个国家，中国与"一带一路"沿线国家有着巨大的安全需求，但目前这个区域的旅游突发事件应急合作机制还尚未建立。明确的旅游突发事件应急合作机制有利于确保游客获得更全面的健康与安全保障，但是我国与"一带一路"沿线国家在旅游安全领域缺乏顶层设计与具体实施方案。具体来说，各种风险因素的系统评判与定期监测力度不够，对该区域内的各种旅游风险隐患缺乏系统检测和分析，缺乏面向入境游客的旅游安全应急预案（马国俊，2017）。缺乏系统交流会造成各个国家在面对突发事件时各自为战的局面，这种各个国家之间的"信息孤岛"状态严重阻碍了旅游突发事件应急处置的效率。此外，在旅游突发事件发生时，各国并没有形成及时有效的应急协调机制，导致在真正应急救援的时候往往处于一定的混乱状态，并不能对安全资源达到有效利用的最大化配置，导致许多遭遇突发事件的入境游客常常处于孤立无援的状态，难以及时得到本土化的援助。最后，在针对事件发生以后的善后处置与受伤人员安全返回方面，沿线国家间也缺乏有效的合作机制和方案。

（二）应急救援合作中"无政府状态"的存在

经典现实主义认为在国际社会的各项事物中，国家应该作为一个独立的行动者，国家在主权上都是独立和平等存在的（李学保，2006）。但出境旅游突发事件的发生和处理具有强烈的跨境色彩，并且各个国家的行政体制与主权不同，应急救援中并不存在像国内社会那样受公共权威和法律道德的规范约束，因此在应急合作中因为缺乏一个共同的领导者而处于"无政府状态"，这种性质构成了出境旅游突发事件应急合作的根本特征。作为三大国际关系理论研究的逻辑起点，"无政府状态"客观存在，从不同的理论视角出发反思目前应急合作的现状，能够给我们提供多层面的、丰富的启迪。首先，从新现实主义视角出发，在无政府状态的国际环境中，通过合作来解决国际社会存在的分歧成效最为明显，尽管跨越国家行政边界的合作困难重重，但这种安全合作取得的最终结果却最有利于国际社会，同时也是其他各种合作的基础。在出境旅游突发事件的应急合作中，国家之间因为"相对利益"而合作，即最大限度地保护本国公民的人身财产损失。但这种合作是带着质疑的目光进行的，如果在合作的过程中一方因救援力度不够或者通过欺骗损害了其他合作方的"相对收益"，就会损害原有利益相关者之间平衡的利益关系，从而使另一方陷入被动的境地。例如，在马航搜救事件当中，因马来西亚方面提供的信息异常混乱且片面化，并且其中有价值的信息较少，各方并不能从中得出真实且必要的救援信息，进而导致其在应急合作中处于劣势处境，加剧了国家之间的不信任，使得双方的安全合作难以为继，马方也因此而备受国际社会的谴责。其次，相对于经典现实主义，新现实主义认为这种应急合作是有限和脆弱的，存在很大的局限性，因为各个国家之所以进行应急合作是因为面临着共同的突发事件威胁，一旦威胁不复存在，这种合作也就终止了。

新自由主义认为无政府状态的普遍存在是国际体系的基本特征的假设。但新自由主义认为这种无政府状态虽然目前有局限，但其是在不断进化的，持续动态更新并仍然存在着秩序，而这种秩序的存在依赖于国际制度的建立。国际制度有助于减少各个国家之间在应急合作中的不确定性，增加彼此之间的信任。现有的《联合国宪章》强调共同的价值原则和全球法治，全球价值必须是全球合作治理的基石。此外中国政府一直秉持着"共商、共建、共享"的合作价值观并持续对外扩大交流。这些机制可以调整和协调各国的行动和政策，提供多方交流的渠道，增强透明度，减少彼此的怀疑，使应急合作顺利进行。机制可以降低应急合作的交易成本，促进行为主体之间的信任，使行为主体自愿合作。当每个国家都能够在互惠合作中切身感受到自身利益的增加，各个国家也会接受对其行为的限制。

建构主义认为多元主体之间在危机情境下通过多元互动和话语实践共同建构了"无政府状态"，如果应急合作的行动者之间的合作有着充分的集体认同基础，那么就可以极大地缓解当前应急合作中无政府状态，并且逐步取消各合作主体间信任的限制，这样彼此之间就形成了具有强烈共同体感和信任感的"安全共同体"。2014年5月，习近平首次提出共同、综合、合作、可持续的新亚洲安全观，随后这一观念得到了国内外的高度重视，并在随后的发展中将其作为亚洲新安全观的详细阐释。多年来，这一理念得到了许多国家的认同，并被作为解决国家安全问题的重要方案，各国普遍认为合作在维护安全中发挥重要作用，合作是实现共同安全的必要途径，有合作安全才有共同安全（左凤荣，2021）。因此，这一共同的价值理念使得中国与其他出境国家之间的应急合作大大加强，并且随着中国对这一价值理念的持续深入推进，这一应急合作的趋势正朝着预期的方向发展，对于稳固各行动者之间的安全具有重要意义。

（三）应急合作中重动员，轻协调

频发的出境旅游突发事件跨越了国家地理边界和行政边界的特点日益明显，产生的一系列连锁反应和严重危害引起了学界和社会各界的高度重视。出境突发事件跨行政区分布、综合性等特点决定了此类事件，需要政府和企业合作治理，需要构建出境突发事件应急联动机制来妥善处置。完整的应急合作的体制机制应该包括预防准备、应急处置和善后恢复等全部阶段，各个阶段之间虽然存在任务目标的不同，但彼此之间应该高效连接，但当前却存在"重动员、轻协调"的现象。2018年7月5日发生的泰国普吉岛沉船事件中，党和国家领导人相继作出指示，要求各相关部门要尽全部力量确保我国游客在泰国的安全，保证受伤游客能够得到及时有效的救援。在此指示下，由中国外交部牵头成立的多个部门合作工作组、志愿者教师和留学生以及泰方的政府部门、非政府部门、民间公益组织都投入了此次事故的应急处置和善后救援中。中国驻泰国大使馆参赞兼总领事请泰方务必动员一切可以动员的力量，充分调动社会上的应急资源，全力抢救中国公民，对受伤的中国游客要尽快给予治疗和心理安慰。由此可以看出，在此次重大出境旅游突发事件中，中泰两国能够迅速动员并以多种方式加入事故救援与恢复中，值得充分肯定，但多种应急力量如果缺乏统一的指挥协调机构，就难以控制救援的秩序从而产生负面的效果。从应急合作机制上来看，能够迅速集结力量积极地应对突发事件是应急管理的重要维度，但各方面及时有效的应对并不代表着科学高效的应急处置，只是单纯强调动员的速度而忽略各方救援力量的协调，因此已经不能满足当前应急合作机制建设的需要。应该可以看到，翻船事故发生后，国内各个部门积极行动，迅速集合力量开展应急救援行动，这些都表明我国在保护中国公民游客包括生命权的坚定决心，凸显了我国社会主义制度在充分调动各方力量的优越性。但针对被动员起来的各方力量进行协调与管理则是目前的短板，也是未来应急合作机制建设的重要内容，尤其是在跨境突发事件日益复杂和频繁的情况下，协调应急合作力量使其能够科学高效地应对突发事件则是建立高质量应急合作的必然要求。

当前，"重动员、轻协调"的现象也说明了对应急合作体系中多元的合作关系缺乏深入的认知。政府是应急合作体系中占据主导的力量，但"政府主导"并不代表政府全权负责，当政府的作用成效不明显时，游客群体、社会组织及其他非政府组织的参与能够为应急合作提供更综合的基础设施和人力资源，从而建立良好的持续性的应急合作。一些西方发达国家的经验表明，依托政府之外的社会力量而形成的危机应对系统，在应对不断爆发的各种突发事件中发挥了重要作用（汪伟全，2012）。当社会力量尤其是市场资本参与应急合作的时候，合作协调机制就变成了一个不可忽视的问题。如果缺乏合适的协调机制，会使得跨境突发事件在各个部门的眼中变成了追求社会影响而采取权宜性合作策略，其措施更多的是一种政绩工程，是为了避免被上级处罚而相互推诿的行为，其结果往往会导致救援效率不佳甚至事态的恶化，从而不利于出境旅游突发事件的应急合作。

二、理论实践现状

（一）从安全哲学视角出发的合作困境

1.二元分离对立的现代主义哲学认识论强调竞争而排斥合作

国际安全问题的产生背后都有着深厚的哲学基础，以主客体二元分裂对立为特点的哲学体系对安全问题产生了重要影响。不论是柏拉图、奥古斯丁、亚里士多德，还是康德，其哲学体系都蕴含着二元对立的思想，把人视为世界的中心，主张除人之外的事物都是需要被征服的对象，这种认识使人与自然关系、人与人的关系对立了起来。人类为了满足自身不断增长的欲望，经常借助现代科学技术手段不惜一切代价从自然界获取资源，以至于产生了能源危机问题、资源短缺问题以及环境污染问题。此外这种认识论认为，国际社会体系是一个无政府状态的不安全的、强力政治盛行的领域（王新龙，2008），国家之间始终都在追求自身的利益，追求自身的全球霸权，双方之间没有信任的基础，因此都认为对方没有合作的可能性，彼此存在敌意（Butterfield，1951）。因此，这种关系就导致的国家之间的安全合作成为最稀缺的资源，合作的意愿和诚意是不足的，即使达成了合作意愿，也往往是临时性的、脆弱的，在某次突发事件结束后，双方合作就会陷入冰点，难以建立稳定的、常态化的合作机制。

　　二元对立的哲学观还导致了零和博弈、单边主义思想的兴起，零和博弈认为在一个群体中有人受益那么必然有人受损，不可能出现双赢的局面（杨伟宾，2016）。作为西方备受推崇的一套普世价值体系，它主张以二元对立的价值观去评价任何事物，事物的结果是非黑即白的关系，否定了辩证主义的存在（曹斌，2017）。从这种认识论出发，多元主体在出境旅游突发事件应急处置中博弈的结果必然是不会采取合作的方式。由于利益都是站在自我的角度去考虑的，评价合作的结果是以自我为中心，忽视团队收益对自身的作用，这种利益的自我性造成了各种利益关系的差异性（夏美武等，2011），这种差异性造成了突发事件应对中多元协作主体之间的利益冲突。在出境旅游突发事件的应急合作中，如果利益问题最终无法得到协调，那么利益的问题最终会成为应急合作中最大的阻碍。在出境旅游突发事件的非常状态下，零和博弈拒绝对合作理念的推崇，加剧社会的无序，以个人利益为中心的价值取向严重影响了救援效率，是多元协作过程中强大的敌人。这种后果将会导致在政治领域中，双方国家因为相互间无法保留对彼此无条件的信任，因而会采取观望甚至敌视的态度；在经济领域中，因经济中商品的排他性、竞争性和资源的稀缺导致出现"你输了我才能赢"的极端零和思维的认知；在文化意识形态领域，因为不同文化意识形态的差异而出现文化鄙视，恃强凌弱等局面的出现。目前世界形势相继出现了一系列逆全球化行为，许多国家的应急安全合作存在困境，特别是一些西方国家以合作安全为名"行干涉内政之实"，深深地打上了霸权主义的烙印，这种借安全合作为名实际上谋求地缘战略利益的行为严重破坏了国家之间的相互信任。与此同时，这些行为也使得原本就处于激烈竞争的各个国家之间的竞争进一步阻碍了国家之间应急合作机制的建立与发展。但在如今全球化的时代下，尽管全球化浪潮重塑了各个国家之间的安全价值观，但本质上国家之间的应急合作安全仍然带来的是双赢的结果，并不是"你死我活"的二元对立的局面，而是双赢乃至全体成员共赢的美好前景，国与国之间不存在绝对的利益冲突，也不会成为永远的敌人。因此各个国家的安全合作应该突破传统的零和博弈的思维限制，走向双赢乃至共赢的方向。

2. 现代主义哲学中工具理性与价值理性的内在矛盾不利于合作

韦伯认为理性分为价值理性和工具理性（张全忠，2003），具体的，工具理性推崇对功利和工具的追求，强调通过制定预期并把这些预期作为条件或者手段，以最大效用实现自身特定目标；而价值理性则忽略了对功效的追求，强调对于事物的关注应该在于其本身，对于某种行为方式更应该无条件对其内在的价值信仰进行阐释，也即人们赋予某种特定方式以价值并不在乎其自身的目的是否关乎结果，只注重行为本身的价值（Tribe，2019）。因此，工具理性借助于科学的进步获得单向度的大发展手段越来越凌驾于目的之上，强调对工具手段、功能目标的理性追求，并尽可能以最小的代价获取最大的利益，而价值理性则关注行为动机和行为本身的合理性。在当前的应急合作中，国家往往是以"理性人"的身份参与，这种理性行为表现为各国对权力与利益的追求，在应急合作中都试图规避风险，相互逃脱责任，并不会进行多方面深度的合作，其应急行为目标存在利益层面的自私性、责任层面的缺位性以及价值维度中的公正性之间的矛盾。

从出境旅游突发事件的特征来看，突出的跨界行为使得针对旅游突发事件的应对具有动态边界性。由于缺少必要的协调机制，当突发事件发生时，除非迫于巨大的政治或者外部压力，否则地方主体都会基于利益驱使，谁都不想付出合作成本，寻求地方区域边界内的利益最大化，企图其他合作主体承担应急救援成本。因此这种合作是不真诚的、脆弱的，根本原因是由于工具理性思维的驱使下不同主体之间合作关系的异化。当国家出于理性目的显示对于利益和权力的追求时，这种深度的应急合作就显得更加困难，一些国家在危机面前即使进行合作，也仅仅是暂时性的合作而采取的工具性的联盟战略，并不是对于基于合作价值追求而采取的深度合作。在出境旅游突发事件的应急合作中，一切合作的目的都要从保护出境游客的生命财产出发，为了这个目标而采取的一切资源配置和与之相匹配的管理模式都要把这个目标作为出发点和落脚点（刘宽红等，2009）。因此，在当前的应急合作中更应该避免工具理性张扬、价值理性弱化的趋势，强调重塑应急合作的价值理性，即优先考虑人的生命健康权和环境的可持续发展权，应该给予游客更多人道主义的安全感，把游客的生命健康作为根本指向标，并发挥着行为导向的作用，指引着应急安全工作的各项细节，使安全合作中的指导观念始终不偏离以游客为中心的目标。相反，如果过分追求功效价值，推崇理性价值，忽视人本价值，那么所谓的应急合作也只是徒有其表，难以经受得住时间的考验。

（二）意识形态方面的障碍

1. 合作理念未深入人心

现代社会的高度互联互通，各类要素的跨界流动逐渐成为"流"的特性，使得各个区域之间点的联系较之以往有了巨幅的提升，这也导致了与人类社会相伴始终的风险因素发生了前所未有的新变化：一是风险类型和其影响的领域渐趋多样与复杂；二是风险传播早已突破了传统空间的壁垒，日益向更小尺度的空间聚集，风险不再仅限于一个空间或时间范围内发生。当前的出境旅游突发事件不仅突破了地域尺度的限制，也突破了在应急应对时的权力和政策边界。目前理论和实践都表明跨境的旅游突发事件也需要不同国家之间跨部门、跨系统的联动以有效应对。但受传统政府公共服务模式的影响，社会大众普遍认为突发事件的应急处置是政府和国家与生俱来的不可避免的任务，自身只是以被服务的对象和旁观者的身份而存在，这种观念成为目前应急合作最大的观念困境。诚然，从实践上来说，在历次重大突发事件的解决中，政府始终扮演着主导者的角色，始终是重大突发事件特别是自然灾害的主要应对者。各级政府在应急合作的过程中承担着决策者的重要角色，这是政府和国家合法性存在的理由。维护安全是政府部门的本职工作，根据突发事件的影响范围，需要当事政府当机立断，短时间内做出科学的决策，并且制定应急决策后有效执行。再者，面对影响比较严重的突发事件时，政府需要根据实际情况为灾区提供必要的特殊物品，甚至包括巨额的资金援助和专业人才的召集。此外，政府拥有其他组织不可能拥有的应急管理系统，包括针对突发事件的组织体系、针对突发事件的应急预案和各种专业人员与专业设备，这些都表明政府组织在应急合作治理中不可动摇的主导地位。但这些并不能完全构成应急处置是"政府包揽"的理由，尽管长期以来政府一直作为大家长的角色，几乎包揽一切社会事务，并在每次应急处置中积极作为，但政府对于大多数在应急合作中发挥辅助和支撑作用的非政府组织反而没有给予必要的重视，与非政府组织合作来共同应对突发事件的理念极为欠缺，更没有主动提供有利于非政府组织参与突发事件应对所需要的空间。种种现实案例都表明仅仅依靠政府部门已经不能解决跨区域的突发事件问题，因此对于跨境突发事件的处理需要跨境的应急合作。

此外，受传统观念的限制，当政府部门力图构建多方参与的合作治理网络时，公众普遍认为这是政府对其应有责任进行细分的一种治理方式。但是政府没有充分发挥领导监督职能导致应急合作出现失误的时候，就会引发公众对政府责任缺失的强烈不满，甚至还会滋生政府信任和合法性危机，其根本原因是公众对于合作理念的缺乏，没有接受突发事件应急处置的多元主体合作治理的理念。在当前风险日趋复杂和多变的大背景下，应该构建在顶层设计层面上由政府部门承担责任，通过合理的应急资源配置使得救援效率达到最大化，并且政府部门要积极鼓励非政府部门的积极参与，从而形成一个多元治理主体并存的框架。依靠多元主体最终形成紧密的依存关系，通过多元主体形成的治理网络，最大限度调动团结一切社会可能的力量来应对旅游突发事件。同时，应该在社会上弘扬多元治理的合作理念，政府应该完善相应的公众参与制度，鼓励公民参与到应急合作的实践中，为公民参与应急合作提供合法的制度渠道、方式和场所，逐渐唤醒民众的参与意识，实现传统的科层式治理向网络式治理的转变，建立具有韧性和充分效用的能够应对各类出境旅游突发事件的治理机制。

2. 合作主体身份认同存在争议

尽管目前学界和业界就应急合作中多元主体参与的必要性达成了普遍的认同，但仍然有部分学者对非政府组织等其他主体在合作中身份的认同，特别是市场主体身份认同的研究还存在差异，主要聚焦于合理性和合法性的探讨。其中，支持者认为非政府组织是位于政府组织与市场之间的社会组织体系，能够处理政府不愿意处理但又是自身熟悉领域内的事务（杨帆，2007），在合作治理中能发挥出灵活、专业性强等不同方面的优势，能够弥补政府在应对工作上的不足。非政府组织上接政府，下联基层群众，在应对突发事件的过程中能够充分发挥出沟通优势（邹慧君，2010）。志愿组织具有突出的志愿公益性特征，凭借其较强的专业性和亲民的草根性，能在应急合作中充分发挥辅助和支撑作用。通过发挥灵活性反应优势，非政府组织可以在应急救援中迅速募捐救援物资，可以迅速组织一批志愿队伍补充到救援队伍中，弥补人力不足的缺陷。同时由于其主要来自民间，因此能更懂得受伤游客的心理，能够维护特殊群体的利益诉求，并且大部分非政府组织自身的专业性较强，他们的参与可以弥补政府救援的不足并且做出适当的调适（康伟等，2014）。总而言之，这些组织打破了原先各自的局限性，也不存在组织与组织之间的利益冲突，可以调动最广泛的社会力量来治理日益复杂的应急处置问题，往往能够为建立良好的、持续性的应急合作联动机制提供意想不到的组织基础和帮助。

但与此同时，反对者认为非政府组织存在实力欠缺、信任欠缺、缺乏地位认同等问题。首先在实力方面，由于非政府组织往往来自民间，其内部的组织架构、管理条例、服务能力等方面都可能会与正式组织之间存在差异，因此在面对来势汹汹的突发事件时，非政府组织专业能力与特色服务项目的缺乏可能会导致"志愿失灵"情形。另外，并不是所有的非政府组织在资金筹集方面有天然的优势，非政府组织的资金筹集需要得到政府的审批，而其中的关键在于政府对其合法性的认可，因此大部分非政府组织体量与规模较小，这样就导致其组织的发展大大受限，因为得不到资金的投入，无法吸引到更多优秀的志愿者，这些志愿组织的可持续发展受到严重威胁。此外，一些志愿活动存在狭隘性、业余性的问题，部分志愿者在没有得到专业的训练之前就匆匆地参与应急救援，使得救援效果事与愿违。部分志愿组织存在家长制作风，其管理体制并不健全，导致在应急救援时并不能快速地动员全部力量，也不能迅速拧成一股绳。其次在信任方面，非政府组织在应急合作治理中表现出的资金不足、志愿效果不佳等"志愿失灵"现象危及其在公众心目中的公信度，甚至部分非政府组织过度追求功能效用价值，为了迎合政府对其自身"合法性"的检验，而经常偏离其"以志愿谋取公益"的主旨，这样就导致其在应急救援中往往逃脱其该承担的社会责任，以至于出现慈善供给不足、慈善业余主义等负面效应（李震，2013）。最后，非政府组织功能效用的发挥必须依赖政府部门所赋予的地位认同，因此许多组织积极参与危机管理的一个重要原因就是寻求政府对其合法地位的认同，但这种地位优先的方式忽略了非政府组织功能的多样性。由于缺乏地位认同，一些非政府组织被隔离在应急合作管理制度之外。虽然这些非政府组织自身拥有较强的实力可以为应急救援提供服务，但由于其自身在应急体制之外，提供的服务标准难以和体制内的服务有效对接，经常会出现随意性、临时性、碎片化的现象，这也在很大程度上制约了应急合作的效率。虽然这类组织也有较强的公益性意识，但合法性地位的缺失使得他们的志愿热心难以维持，可持续发展能力不足，导致政府部门与非政府组织的合作缺乏基础，难以长期维持。

3. 政府公共责任缺位

政府公共责任缺位风险主要体现在两个方面。首先是由于政府缺乏监管而导致的公共责任的缺位。在出境旅游突发事件的应急合作中，政府有选择地将一部分责任下放，将部分救援任务交给非政府组织，虽然这种措施可以缓解政府部门的压力，尤其是应急救援资金的压力，但也容易导致政府部门产生责任下放反而放松监管的心理。此外，由于缺乏相应的法律、法规和规章制度依据，政府和市场主体在旅游安全合作网络治理中都是作为追求自身价值的理性行为体，难以避免地会出现权力寻租和腐败的风险。此外由于当前并没有形成一个完善的市场竞争机制，大部分的合作只是一种在政府集权状态下做出的市场化分权的努力，因此当安全合作融入市场竞争时，往往会因为政府的准入限制、市场监管等体制与机制都尚不健全而导致公共责任缺失。

其次是政府对于其他社会力量应急参与的法律建设存在缺位。正如前文所述，应急合作中存在"重动员，轻合作"的现象。在当前的旅游安全合作中，无论从区域尺度、国家尺度，还是从地方政府尺度上，都高度重视社会力量的参与，并逐渐将其作为一个重要原则，即发生旅游突发事件以后，充分调动一切救援力量，但是对于各种社会力量如何介入合作，以何种方式在什么时候介入却没有明确的制度建构。而突发事件发生之前各社会力量参与的制度建设对于旅游突发事件的预防至关重要，通过先前大量的案例研究和科学化的归纳程序，针对旅游突发事件发展的不同时期，明确各时期不同主体的配置，并制订操作化的预案方案，明确各主体参与应急合作的基本原则，并且根据事件发生过程中不断涌现的新问题、新需要进行及时的归纳与总结，这样就使得预防预案具有随时代演进的先进性与可行性。同时还应该注重对各主体合法的管理权限的授予，只有被国家承认并赋予其一定的合法管理权后才能履行公共管理职能。而在当前涉及跨越地理范围的突发事件中，由于超越了国家权力的范围，目前尚无法律法规对各多元主体的责任和义务进行法律保证，没有关于肯定或支持多元主体参与应急合作的相关条例。由于多元协作缺乏法律上的保障，忽视了民间力量和社会力量的广泛作用，由志愿者组成的援助组织也由于受到各种法律、政策、观念等因素的影响而无法发挥应有的作用。例如，法律上的困境必然带来非政府组织经济上的困窘，非政府组织资金严重不足，不仅缺乏政府及民间金融体系支持，而且如果没有合法性的授权，非政府组织在善款筹备上缺乏持续性的筹资机制。这在一定程度上制约了非政府主体在应急合作中能动性和积极性的发挥。

（三）体制机制方面的障碍

1. 应急合作协调机制的困境

当前，出境旅游突发事件应急合作体制最突出的问题在于缺乏统一高效的突发事件应急合作综合协调指挥机构，而合理的协调机构设置，既有助于各个主体之间开展充分有效的合作，同时也保障了各个主体在发挥自身功能的基础上密切合作。现行的属地为主的管理机制造成了出境突发事件区域间、部门间的职责划分不清晰，跨越不同国家行政区划的体制性障碍更使得不同主体在应急合作中协作困难重重。在国家层面上并未与出境国建立具有统筹应急资源和决策功能的机构，在各社会主体参与层面上，并未建立一个多元主体广泛参加的应急协调机制，导致在各主体的合作中信息沟通与合作分工效果不佳，一个高效率的应急资源整合、日常性和紧急性信息共享网络还尚未构建。例如，《中国经济时报》曾报道的在香港南丫岛海难事件中，当志愿者到达事故发生地以后情况却不那么顺利，因为物资发放和救援的安排上，这些志愿者与当地政府部门意见严重不一致。"我们遇到的最大问题是，哪里最需要志愿者？我们能为灾区做什么？"之所以会出现这样的合作难题，主要源于政府与志愿组织之间缺乏日常性的合作沟通。目前的大多数实践经验都表明在旅游突发事件发生以后政府才会根据需要募集志愿者，临时召集的志愿者往往专业素质与处置工作性质不匹配，尤其是在涉及旅游突发事件这类关于游客生命安全的问题上。同时也会发生一些志愿者找不到组织的现象，这些问题究其根源在于政府与社会组织之间的信息不对称，最终影响到了应急救援效果和实际行动中各组织成员的行动配合失调等问题。协调机制缺失很明显的表现就是临时性应急协调机构的建立，在遇到旅游突发事件特别是一些较为严重的突发事件时，各国的普遍做法是成立一个临时性的突发事件指挥小组，负责统筹这次事件的应急协调和应急决策等指挥工作，并且最终随着突发事件的解决这类机构组织也随之解散，具有强烈的临时性色彩。尽管临时性机构在应对过程中发挥了巨大作用，且在此过程中产生了大量实践经验，但经过实践检验的组织架构也随着机构的解散而终结，并不能建立一个常态化的应急协调机构。不可否认，临时性的应急机构对于突发事件的处理具有重要的作用，但它也存在巨大的缺陷：平时缺少对突发事件的预防和预警，这样在旅游突发事件发生以后需要在极短的时间内整合应急资源和信息，而且不同部门之间需要耗费大量的时间成本在彼此之间的分工和磨合上。此外，临时性机构的目的往往是针对危机进行的短期高效的处理，而常态化的应急协调机构在长期的实践检验中已经形成了一套稳定的程序与手段。这些缺点都会使得应急处置不能产生众人合力的最大化效果，长期的临时性结构使得多元主体之间的信息传递效率降低，协作关系失调，极大阻碍了应急合作的成效。

协调机制匮乏的另一表现是缺乏有效的利益协调机制而导致多方主体博弈结果的出现。首先表现为发生地的两国政府之间的博弈，其结果就是应急救援中可能会出现的"搭便车"现象。由于两国之间应急能力和应急资源的不同，往往会出现相对实力弱小的一方尽管在应急合作中尽全力投入，但是却得不到国际社会的广泛认可或者达不到预期的成效。因此，在一些重大的出境突发事件的应对上"搭便车"，不主动积极参与救援，采取观望、拖延的策略。这样不消耗过多的应急物资，也往往能够依靠大国的优势而完成应急救援。因为缺乏适当的协调机制，这种博弈现象会导致不同国家在参与过程中未能充分发挥自身的实力，也会对其他国家、部门的应急救援积极性产生影响，影响救援的效率。此外，这种博弈也会在政府与旅游企业之间展开。在出境旅游突发事件的应对中，虽然政府是主力但相应的旅游企业也要承担一定的社会责任。政府希望旅游企业等社会组织能捐赠更多的物资或者对应急救援中紧缺的物资进行征用，以最大限度控制突发事件的发展。尽管在这种目标上各主体表现一致，但政府部门和旅游企业等社会组织的出发点却不同，旅游企业则是希望能在危机时期保持企业的正常运转或者获取更高额的利润，最终实现自身利益的最大化。政府与旅游企业的这种出发点不一致就导致的两者之间的博弈不可避免，也就会出现旅游企业采用表面上积极配合政府的调动，服从资源的统筹安排等积极性措施，但实际上却可能采取瞒报、谎报企业保有应急资源物资的数量，应急救援工作只是为了完成任务，敷衍了事的消极策略。

2. 应急合作信息沟通的困境

出境旅游突发事件的处置在时间上具有紧迫性，处置效率的迟缓低下都很有可能造成突发事件的进一步扩大升级，进而演化成危机造成更大的社会影响。因此，旅游突发事件的解决需要政府在时间紧迫和情形多变的条件下及时、准确做出决策，而这其中的关键是能够确保应急信息的快速传递，以能够为政府的决策提供充分的参考依据。特别是在出境环境中的不确定性、动态性以及复杂性大幅增加的情况下，应急信息很难共享和协调。总体而言，当前的应急处置中最考验的就是各个主体之间的信息沟通程度和行动配合程度。通过应急联动行动整合平台进一步加强政府部门的综合协调能力和快速动员能力，进而实现应急合作的有效信息沟通、资源共享和行动整合。从更严格的标准来说，这需要政府突破以往信息垄断的局面，打破以往各自为战的局面，变单打独斗为整理治理和合作共赢。但当前在信息沟通和协作上存在着一些问题，归纳起来如下。

首先，在信息的披露方面，传统的"万能政府"的理念往往会支配政府官员以传统的治理方式垄断信息，以"信息流转就是权力流转"等为代表的传统政府狭隘的思想仍然占据主要地位，这也使得部分政府部门信息分享的意愿极低。特别是当某次出境突发事件的发生与自身有着直接或间接关联时，出于自身利益的考虑会对信息进行严格保密，极大阻碍了重要应急信息在各主体之间流动的效率。由于各主体在应急救援中对信息的需求量较大，这种信息封锁的行为只会造成各主体更频繁地利用更多方式从其他途径获取信息，不可避免地增加了信息的搜索成本。但信息由于在多种渠道传播会产生失真和偏差效应，多种渠道缺少政府背书难免会出现信息误导效应，从根本上阻碍了多元主体在应对出境旅游突发事件上的合作效果。同时，由于信息传递多种渠道的开通会导致舆论的盛行，原本政府封闭消息的目的就在于避免不良的社会影响，这样在过度的封闭之下反而产生相反的效果，增加了灾害地区可能因社会舆论而造成的二次危机的风险。

其次，在危机信息处理方面，由于某些突发事件产生的原因在于政府的部分失误，透明的社会公开很可能在社会上产生不良的政府影响，不利于社会的稳定与和谐。因此在信息的发布上会出现避重就轻的现象，即将某次突发事件的发生归咎于整个社会形势下必然产生的结果，而忽略了政府在其中的能动作用。而这种危机信息往往是大众迫切关注的，缺乏及时可信的信息公开机制，从社会大众的角度出发很可能会猜测是政府故意在逃脱责任。在如今的网络时代，更多公民针对这种事件有了更多的发声机会，通过网络传播的聚合和爆炸效应，使得社会大众对于政府执政的能力产生怀疑，对政府解决旅游突发事件的能力产生怀疑，导致信任度不断下降。突发事件并没有因为政府对信息的控制而逐渐消弭，甚至可能会因为民众自身意识的觉醒而更为关注，以至于使得可控的局面变得不可收拾。

最后，信息沟通的不完善还体现在政府部门与非政府部门之间应急合作的操作层面。非政府组织来源于民间，在反映民间声音方面更有代表性，作为联系政府与公众的桥梁，一方面在出境旅游突发事件的应急处置中可以更好地传递政府政策的声音，在应急预案的编制中也可以兼顾政府和旅游企业的整体性和衔接性；另一方面，非政府组织脱胎于接待出境旅游者的从业者，可以在旅游突发事件发生时为身处异地的旅游者提供更多本土化的救援服务。同时，非政府的成立也可以加强中国公民出境旅游市场的规范性，促进出境目的地国家或地区当地的旅游部门和旅游相关产业对中国游客的了解与尊重。如果非政府组织没有能够对旅游突发事件进行及时有效的反馈，在与政府之间的传递效率出现问题，这就致使应急信息资讯无法共享，应急合作便成为彼此之间独立的工作。如今随着现代科技与网络的发展，双方主体可以利用大数据、5G 和区块链技术搭建统一的应急联动信息整合平台，在该信息共享平台的建设中，我国旅游企业可以上传涉事游客的具体信息，国外救援企业可以及时共享最新救援情况等，形成一个有效的沟通机制。

三、研究问题

各种复杂的突发事件，使社会安全的不确定性越发凸显，安全合作成为国际社会的共识。实践中，应急合作体系建设不断成熟。如 1979 年美国成立了联邦应急管理局（FEMA），经过不断的发展与完善，形成了联邦、州、县、市、社区 5 级应急管理与响应机构，实行统一管理、属地为主、分级响应、标准运行的机制（郑向敏、邹永广，2013）。日本构建了由消防、警察、自卫队和医疗机构所组成，负责灾害信息的收集、整理、发布，以及各种救灾抢险、灾区治安维护等灾害救援任务的综合性应急管理机制（郑向敏、邹永广，2013）。中国自 SARS 危机事件后开始大力推动突发事件应急体系建设，2005 年各省、市、县先后制订了突发事件应急预案，"十二五"期间形成以"一案三制"为核心的应急管理体系。理论上，安全合作也一直是学界关注方向和研究热点，相关研究主要围绕以下几个方面开展。①安全合作机制的理论内涵。学界基本形成共识，认为安全合作机制是在相关法律规定的框架内，整合一切可利用的人力、物力、财力等资源，以有效应对旅游突发事件整个过程中的各种制度化、程序化的应急管理方法与措施（韩建武，2004；吴俊，2006；钟开斌，2009；赵廷彦等，2018）。②安全合作体系研究。安全合作主体包括政府、非政府组织、民间组织等，最主要的治理主体是政府，政府需要主导安全事件的治理与协调社会各界资源共同参与（赵军锋等，2011；邹慧君，2010；张海波等，2016；董幼鸿，2018）。应急处置机制包括信息协调机制、财政保障机制和利益协作机制等（史云贵，2010；苏陈朋等，2014；刘亮等，2015；樊博等，2015；陈淑伟，2018；Tang 等，2018）。③安全合作协同治理。区域治理是依靠治理网络的权威，运用非强制性手段实现权力双向运行的自治过程（李礼，2010；涂正革等，2018；Alves 等，2016；Nolte，2018），是通过各种不同层级的政府之间的协作与公私部门间的合作所形成的异质性混合体合作网络，以独立于制度性管辖边界的方式来提供跨区域服务（Provan 等，2008；张紧跟，2010；马捷等，2014；Whelan，2017；Jung 等，2018；Yeo 等，2018）。国家执法部门、国家紧急服务部门以及当地执法部门构建的应急响应网络层级，通过关系网络表现出来（Abbasi，2012；Hossain，2012；Kapucu，2009；Moore，2003；杜军等，2013；康伟等，2015；闫亭豫，2015；Dagnino 等，2016；Es'haghi 等，2018；Wang，2018）。非政府组织所具有的灵活性反应优势、民间性角色优势以及专业性能力优势可以发挥重要作用（李晓翔等，2010；陶鹏等，2013；邱志强，2015；刘进军等，2017；Woo，2018）。区域多元主体协作网络治理的目的是完成单一主体没有足够能力解决的区域性问题，使地方政府间的合作逐步走向区域治理（李响等，2013；黄宏纯，2015；孔娜娜等，2016；Hermansson，2016；Quélin 等，2017）。已有的文献为本课题的展开提供了大量理论框架和研究范式的参考，但是主要集中于国内安全合作。由于旅游活动具有流动性、异地性、广泛性和复杂性特征，特别是出境旅游，涉及境内外的特殊时空因素，出境旅游安全事件除了具有突发事件、旅游突发事件的一般特征外，还具有复杂性、异地性和关联性等差异性，使得出境旅游安全事件的治理较突发事件和旅游突发事件的处置更为复杂和困难，因此，出境旅游安全合作治理问题值得关注与思考。

旅游安全事件除具有突发公共事件的基本特征，还存在特殊性，因此受到了各领域学者的关注。在对现有研究归纳和整理的基础上发现相关研究主要聚焦于以下方面。①旅游安全事件的影响研究。一是对旅游业发展的影响（朱迎波等，2003；孙根年等，2006；李锋，2009；马丽君等，2009；王兆峰等，2012；程励，2012；田祥利等，2013；陈荣等，2017）；二是对网络舆情传播的影响（王晶晶等，2010；董坚峰等，2015；Pennington-Gray，2018）。②旅游安全事件的特征与成因分析。如时空因素（Bentley 等，2001；谢朝武等，2014/2018；Basurto-Cedeño 等，2016；Ghaderi 等，2017），环境风险等（谢朝武等，2013；张玉娟等，2008）。③旅游安全事件的应急管理研究。一是应急管理模型构建（李树民等，2004；卢文刚，2015；王伟，2015；Gurtner，2016；Hughey 等，2016；Gstaettner 等，2018）；二是应急预警和处置机制建设（孟维娜，2006；郑向敏等，2012；张永领等，2016；Orchiston 等，2016；Morakabati 等，2017；Backer 等，2017；Khazai 等，2018）；三是应急合作与策略研究（Stafford 等，2002；King 等，2002；Ritchie，2004；

Tsai 等，2010/2016；马超，2016；Park 等，2018）。当然，旅游安全合作治理研究并不完善，尤其是出境旅游这一特殊现象，还需从以下方面进一步深化。

（1）现有的研究主要停留在国内旅游安全事件的应急处置探讨，由于国情和制度环境的差异，出境旅游安全事件如何调动和整合客源地与目的地国家或地区的应急资源和力量进行协同治理，其应急处置的可行性、内在的治理逻辑，是首要考虑的问题。

（2）旅游安全事件处置所采用的传统科层制政治响应的中国"属地化管理"模式导致治理效率较低，且陷入路径依赖的困境，如何创新境内外政府、市场与社会三重逻辑的互动机制，提高应急处置能力是第二要考虑的问题。

（3）现有建构的静态应急处置机制，如何推动应急处置"关口"前移和应急预防、预警、响应、救援控制及善后恢复的全过程跟踪，形成出境旅游安全合作治理网络的动态演化机制，构建出境旅游应急合作动态网络模式，也是需要深入探索的问题。

综上所述，本课题基于现有的研究基础，延续科学研究的"问题域"，选择出境旅游安全事件为研究对象，探索出境旅游安全合作治理的理论逻辑和创新机制，以此对上述科学问题予以探索并尝试进行回应。

第二节　研究目的与研究意义

一、研究目的

本课题尝试实现以下主要目标：

（1）分析出境旅游突发事件的类型和特征。依据数据挖掘和大数据分析，揭示中国公民出境旅游突发事件的主要类型、热点区域、时空特征等，刻画出境旅游突发事件风险地图。

（2）探索出境旅游应急合作治理的理论逻辑和应急合作共同体的社会建构。基于应急合作的必要性和可行性考察，采用建构主义范式，探索出境旅游应急合作治理的两个内在逻辑：以共同的安全威胁促成了应急合作（权力的制衡）、共同的规则建构深化了应急合作（认同的建构），诠释应急合作共同体的社会建构机制，建构应急合作治理机制，深化和拓展旅游应急合作治理理论体系。

（3）建构出境旅游应急合作治理体系。依据应急合作治理的理论逻辑，建构由治理目标、治理主体、治理基础、治理动力、网络治理结构、治理模式等组成的系统治理体系，为提出具有实操性的提升路径提供理论支撑。

（4）创新出境旅游应急合作治理机制。按照应急处置流程范式推演，建构由应急预防、预警、响应、控制和善后机制组成，具有跨越时空、多元主体、动态跟踪、有序科学的治理机制，充分发挥政府、市场与社会的互动治理作用，旨在全面提升出境旅游突发事件治理能力，最大限度保障中国公民出境旅游安全。

二、研究意义

近年来，中国公民出境旅游安全事件频度、深度和广度的持续增加，已远超出现有治理主体和应急机制的能力范围，传统科层制政治响应的中国"属地化管理"模式使应急处置陷入路径依赖的困境。从实践的角度看，跨境、跨组织、跨层级之间的横向和纵向多元主体的网络化协同治理，越来越成为出境旅游应急合作治理的基本需求。

在此背景下，探索出境旅游突发事件应急合作治理的理论逻辑是什么？针对性的旅游应急合作治理机制如何建构，以实现出境旅游突发事件的应急响应与协同处置，达到旅游突发事件的共防、共治和风险共担？上述问题的研究和回答，对于推动出境旅游应急合作治理体制与机制的变革与发展，增强应对各种境外旅游突发事件风险的能力，建立有效的出境旅游安全保障体系，具有重要的理论和实践价值。

（一）理论意义

（1）本课题跳出新现实主义"联盟"、新自由主义"制度化安全合作"所产生的二元分离对立、工具理性至上、极端个体主义的治理困境，摆脱过往的现状描述或现象揭示研究，采用建构主义范式，探索出境旅游突发事件应急合作治理的内在逻辑，建立权力制衡、制度约束、集体认同的"应急合作共同体"。研究认为旅游应急合作共同体的建立是拥有共同的认同、共同的价值观的共同体，能够进行多方位的、直接的互动关系，具有互惠和利他主义的规范、认同和社会化建构的过程。研究刻画的"应急合作共同体"的社会建构机理，丰富、深化且延伸了旅游突发事件应急治理的理论体系，从而为科学治理提供理论依据。

（2）本研究冲破传统科层制治理困境，规避政府对市场和社会组织的"挤出效应"，充分发挥政府、市场、社会和游客四重逻辑互动机制，实现主动治理、动态治理、系统治理。出境旅游突发事件应急合作治理是跨越了行政边界的国家或地区的旅游政府部门、旅游企业、社会组织和游客群体，在共同安全利益和风险威胁的基础上，本着自愿原则，根据共同的契约约定，针对旅游突发事件的整个过程进行共防、共治和共担的合作行为，其涵盖了旅游应急处置全过程的深度合作。在网络治理理论的指导下，出境旅游突发事件合作治理网络的形成本质上是各国政府、市场、社会和游客等多元主体为了共同价值，在相互信任的基础上，以共同准则约束行动主体进行资源共享、协同合作的结果。出境旅游应急合作网络的形成主要受到出境旅游安全的共同追求、各级政府部门的合作协调推动、旅游应急管控的共同推进、旅游应急资源的空间共享和旅游安全事故的关联处置共五个方面因素的影响。

（3）本研究按照应急处置流程范式推演，建构出体现突发事件发生、发展、演化、控制过程的预防、预警、响应、控制和善后的出境旅游突发事件应急合作动态治理机制，丰富和拓展了应急处置的理论体系。预防机制需要政府相关部门和市场中各企业在活动开展之前对危险源、有害因素和活动风险进行辨识并确定风险等级，对不同类型的风险采取针对性措施，需要出境旅游中应急管理多元主体的共同努力。应急预警机制就是在监测到危险预兆时，多元治理主体积极对出境安全风险进行识别、分类、评估，针对风险的特点和程度从多个信息渠道发布预警信息，提醒我国出境游客、驻外企业提前采取安全措施。应急响应机制是突发事件发生后所采取的处置、响应、合作和救援等一系列活动及治理路径的集合体。应急控制机制是在危机事件发生后迅速做出反应，获取危机信息并及时采取应对措施的集合机制。应急善后机制是在出境旅游突发事件过后，为了弥补损失、重振市场、恢复形象，四方治理主体通力开展的善后协调处置行为和逻辑的集合。

（二）实践意义

（1）本课题探索的是出境旅游突发事件应急合作四重治理主体的逻辑互动，以及治理主体在处置中的功能和作用，为出境旅游突发事件的处置实践提供理论依据。研究突破传统行政主导的治理困境，规避政府对市场和社会组织的"挤出效应"，创新建构政府、市场、社会和游客四重逻辑互动，涵盖预防、预警、响应、控制和善后系统完整的出境旅游突发事件应急合作动态治理机制，实现跨越时空、主动治理、动态治理、系统治理，最大限度地保障中国公民出境旅游安全。政府层面的旅游应急合作可以从预警/预防、处置、和事后恢复等方面着手。在市场层面，商业性的应急资源是出境旅游应急合作的重要保障力量，主要包括商业保险力量、商业医疗力量、商业救援力量等。在社会层面，良好的公益安全环境是出境游客安全的重要保障。各类公益性民间组织形成的公益救援联盟、公益救援力量、公益救援基金等成为中国出境旅游应急合作重要的公益补充和助力。在游客层面，游客在出境旅游时的个人安全不仅仅代表着个人安全意识，同时也是国家安全形象的代表。

（2）本课题剖析和解构出的出境旅游突发事件应急合作治理网络结构特征，以及各合作治理主体在救援网络中的角色和地位，为具体旅游突发事件应急处置提供实践指南。按照出境旅游突发事件应急处置的内容，将事件救援处置过程划分为应急响应、救援处置和善后处置三个阶段。主要合作网络关系特征表现在：当地组织机构在整个救援过程中发挥着至关重要的作用；中国驻当地总领事馆在应急处置阶段作为联系双方的主要组织机构，在合作网络中扮演领导角色，协调各方的救援信息。其中中国驻当地总领事馆作为中国与当地国和地区信息传达的重要节点，其在中国政府的指导下，与中国驻外大使馆、中国外交部、中国国家旅游主管部门等组织机构合作，共同联系出境旅游地的相关部门组织力量参与救援。出境旅游应急合作治理强调对"多部门协作"和"多元治理"理念的推崇，中国应该致力于形成多元主体共治的合作体系。

（3）本课题提出的出境旅游突发事件应急合作治理模式为出境旅游应急管理和应急合作共同体的建设提供理论支持。研究从我国与其他国家的旅游应急合作内容、旅游应急合作的网络结构、旅游应急合作网络的现实条件分析，认为旅游应急合作治理模式可以归为四种类型："借势"领导型合作模式、"地缘"相邻型合作模式、"抱团"共享型合作模式、"问题"解决型合作模式。无论是"借势"领导型、"地缘"相邻型、"抱团"共享型，还是"问题"解决型合作关系模式，都将使合作主体拥有更广阔的平台和市场空间，能更大范围地进行信息和资源共享，特别是在旅游互联互通和区域高度融合"一体化"的大背景下，能更好地实现旅游安全环境共建，旅游应急信息共享，隐患控制互鉴，风险预警互通，应急救援联合以及恢复与重建互助等深度合作。

第三节 研究内容与研究方法

一、研究内容

本研究在系统梳理和评述旅游突发事件应急合作相关研究的基础上，探索在国际旅游活动往来频繁的时代，首先从分析中国公民出境旅游突发事件的类型和特征出发，引出中国公民出境旅游突发事件应急合作治理的必要性和可能性，并衡量合作治理的现实基础；其次采用建构主义从理论上探讨应急合作治理的内生性逻辑和外生性逻辑，研究出境旅游突发事件应急合作治理的理论逻辑框架；再次从系统论视角分析中国公民出境旅游突发事件应急合作治理的主体要素和治理机制；最后寻找针对性的中国公民出境旅游突发事件应急合作治理实现路径。本研究的主要内容具体如下。

1.中国公民出境旅游突发事件的类型与特征

通过数据挖掘和大数据分析，分析出境旅游突发事件的类型和特征。本部分研究内容主要包括：（1）剖析出境旅游突发事件的主要类型、等级、时空分布规律特征；（2）揭示中国公民出境旅游突发事件的主要类型、热点区域，刻画出境旅游突发事件风险地图；（3）基于在线旅游网站上的游客网络游记和评论资料，挖掘出中国公民出境旅游安全感知的主要内容。同时以中国公民赴马来西亚有关安全的游记为案例数据资料，采用社会网络分析方法，从微观游客感知视角探讨旅游安全感知与空间分布之间的关系，揭示中国公民出境旅游安全感知空间分布特征，刻画中国公民赴马来西亚旅游安全风险地图。

2. 中国公民出境旅游突发事件应急合作的现实考量

通过旅游备忘录等政策文本与国际安全严峻形势，分析出境旅游突发事件应急合作的现状与存在的问题；从地缘政治学、合作博弈论、世界人道主义援助宗旨、世界旅游伦理规范等视角，阐释应急合作的必要性和可行性。本部分研究内容主要包括：（1）考察应急合作的必要性；（2）分析应急合作的可行性；（3）通过建构出境旅游突发事件应急合作现实基础的测评模型，以中国公民出境旅游的9个国家和地区为对象，进行旅游应急合作的完全信息动态博弈分析。采用博弈论的方法对中国（大陆／内地）与周边国家和地区旅游应急合作的现实基础进行分析，为我国（大陆／内地）出境旅游安全应急合作决策提供了参考依据。

3. 中国公民出境旅游突发事件应急合作治理的理论逻辑：建构主义范式的解释

从社会建构主义视角，抽象应急合作治理的理论逻辑，阐释应急合作共同体的社会建构理论内涵。本部分研究内容主要包括以下几方面。（1）抽象应急合作治理的理论逻辑。认为应急合作治理存在两个主要的内在逻辑：共同的安全威胁促成了应急合作（权力的制衡）、共同的规则建构深化了应急合作（认同的建构）。（2）界定应急合作治理的理论内涵。认为应急合作共同体的建立是拥有共同的认同、共同的价值观的共同体能够进行多方位的直接的互动关系，具有互惠和利他主义的规范、认同和社会化建构的过程。（3）诠释应急合作治理的理论外延，包括应急合作治理的特征、应急合作治理的条件、应急合作共同体的建构过程分析等。

4. 中国公民出境旅游突发事件应急合作治理的要素多视角分析

从系统论和系统动力分析视角，建构要素间因果逻辑架构完整的应急合作治理体系。本部分研究内容主要包括：（1）厘定治理主体与角色；（2）分析治理主体的作用要素；（3）探索治理动力；（4）建构治理结构：形成一个跨境、跨组织、跨层级、多主体、全过程的合作网络动态化治理结构；（5）选择治理模式：拟构建政府、市场、社会与游客四重逻辑互动的应急合作网络化治理模式。

5. 中国公民出境旅游突发事件应急合作治理的机制：应急处置范式的推演

通过剖析国外应急合作典型案例的成功经验，按照应急处置流程范式推演，建构应急合作治理机制。本部分研究内容主要包括：（1）建构涵盖预防、预警、响应、控制和善后完整的应急合作动态治理机制；（2）刻画应急合作治理机制有效运行的动力系统，研究认为信息收集是核心、事态判断是基础、积极应对是关键、资源整合是保障、游客安全是根本；（3）阐释应急合作治理机制的特征，发现主要表现在：目的地与客源地协同，体制与法制支撑，政府、市场、社会与游客互动，静态与动态联动，时间与空间统一；（4）分析政府、市场、社会和游客在应急合作治理网络中各阶段的功能和角色，以及结构特征。

6. 中国公民出境旅游突发事件应急合作治理的实现路径：四维协同推进

针对应急合作治理机制，提炼出政府、市场、社会和游客层面具有实操性的实现路径。本部分研究内容主要包括：（1）政府层面：双边政府应加强应急合作协调对话机制，建立制度约束与权力制衡机制，建设紧急救援常态机制，完善海外领事保护机制等；（2）市场层面：建设突发风险信息共享平台，完善商业性紧急救援服务，建立旅游保险化解机制等；（3）社会层面：深化社会认同机制，开拓应急资源的筹集与援助，发挥华侨华人的救援协助作用等；（4）游客层面：增强游客安全意识，提升应急自救、互救和他救技能，做好应急风险防范等。

二、研究方法

本课题采用的研究方法论和具体研究方法主要有：

（一）研究方法论

（1）规范研究与实证研究相结合。本课题对出境旅游安全合作治理的内在逻辑和安全合作共同体的社会建构等进行规范分析；对安全合作共同体治理的基本假设：在安全合作的网络治理体系中，各参与主体需要而且可以通过合作来寻求安全处置利益最大化，进行实证验证。

（2）定性分析与定量研究相结合。运用定性诠释出境旅游安全合作治理的科学内涵，阐释安全合作共同体的社会建构和安全合作治理体系、机制的构建；定量分析主要用于对出境旅游安全处置的典型案例，通过构建安全合作的社会网络，分析各安全主体的网络特征与作用。

（3）演绎和归纳相结合。通过逻辑演绎推理出境旅游应急合作治理机制，并使用案例数据，归纳出具有实操性的出境旅游应急合作治理的实现路径。

（二）具体研究方法

（1）数据挖掘与大数据分析。利用数据挖掘在线旅行商、旅游保险等渠道的出境旅游突发事件案例，并采用大数据分析其主要类型与时空分布规律，刻画中国公民出境旅游突发事件风险地图。

（2）政策文本分析方法。通过搜集出境旅游安全合作等相关政策文本资料，采用政策文本分析方法，探索出境旅游安全问题的重点领域和关键环节，以及合作治理的必要性和可行性。

（3）过程追踪法。通过对典型出境旅游突发事件案例的发生、发展和转化为事故的严重后果的整个过程进行追踪剖析，以此抽象影响出境旅游应急合作的主要因素和动力，进而探索客源地和目的地国家或地区应急合作治理的理论逻辑，为应急合作治理机制构建提供思路。

（4）社会网络分析方法。选择出境旅游突发事件案例进行整理并构建合作网络，使用网络中心性测量指标分析应急合作网络的主体和功能、角色和结构特征。

（5）系统动力分析法。采用系统动力学的因果回路分析方法，分析出境旅游突发事件应急合作的要素和相互作用关系，系统性建构应急合作治理主体的动力体系。

第四节 研究思路与技术路线

一、研究思路

本课题以出境旅游突发事件为研究对象。从出境旅游突发事件的类型和特征出发，以合作治理的必要性和迫切性作为问题意识，以应急合作治理的理论逻辑作为回应问题的逻辑前提并以此建构治理机制，为提升应急处置效率和治理能力提供理论解释。

根据研究对象和研究目标，本课题的研究框架如图 1-1 所示：

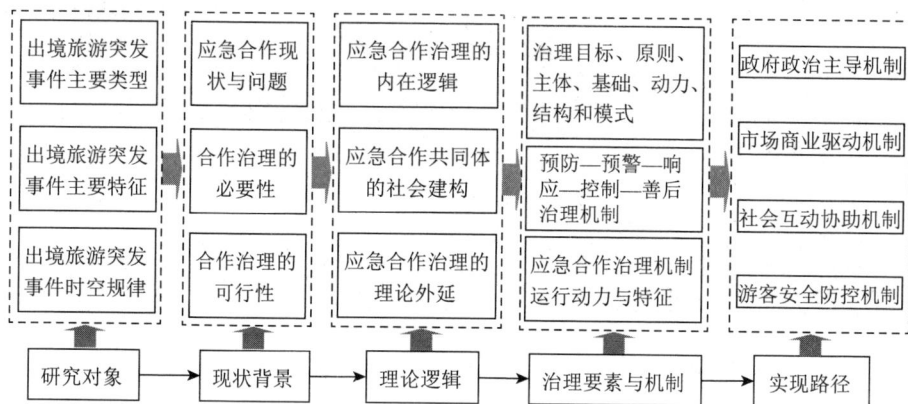

出境旅游突发事件主要类型	应急合作现状与问题	应急合作治理的内在逻辑	治理目标、原则、主体、基础、动力、结构和模式	政府政治主导机制
出境旅游突发事件主要特征	合作治理的必要性	应急合作共同体的社会建构	预防—预警—响应—控制—善后治理机制	市场商业驱动机制
出境旅游突发事件时空规律	合作治理的可行性	应急合作治理的理论外延	应急合作治理机制运行动力与特征	社会互动协助机制
				游客安全防控机制
研究对象	现状背景	理论逻辑	治理要素与机制	实现路径

图 1-1 研究框架

二、技术路线

本课题将遵循科学研究的方法和程序，综合运用社会学、地缘政治学、安全学等学科理论，按照"案例分析→对象确定→理论建构→体系设计→机制创新→路径探索"的逻辑，即以回应出境旅游安全合作"治理什么"→"为何治理"→"何以可能"→"依据什么"→"怎样治理、如何协调控制"→"如何提升、有何保障"等科学问题的思路开展研究，研究的基本思路如图 1-2 所示。

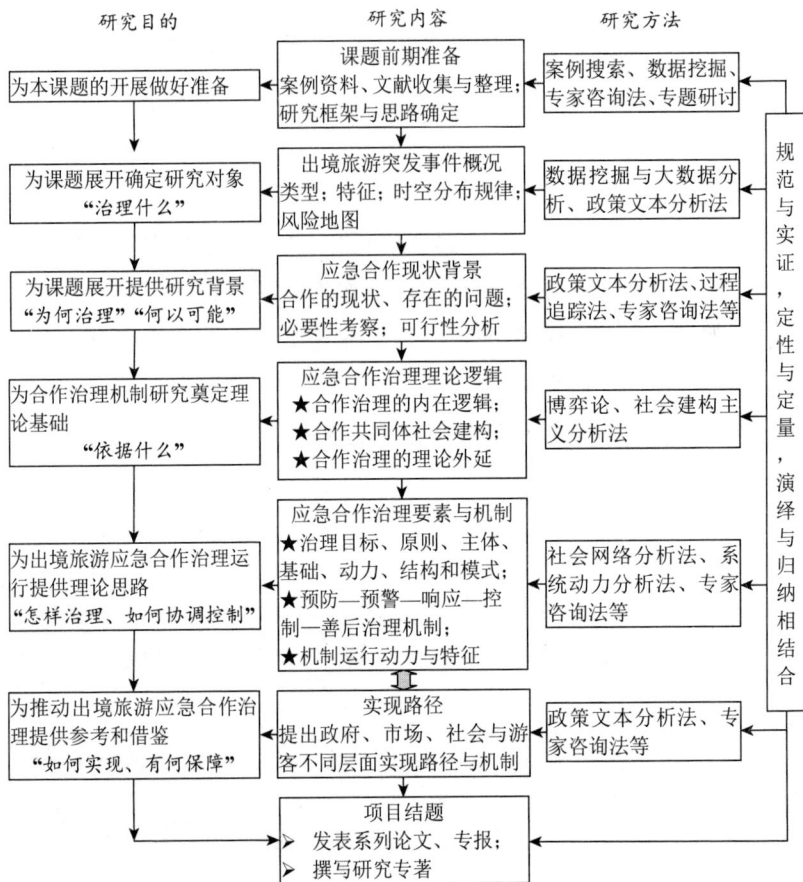

研究目的

- 为本课题的开展做好准备
- 为课题展开确定研究对象"治理什么"
- 为课题展开提供研究背景"为何治理""何以可能"
- 为合作治理机制研究奠定理论基础"依据什么"
- 为出境旅游应急合作治理运行提供理论思路"怎样治理、如何协调控制"
- 为推动出境旅游应急合作治理提供参考和借鉴"如何实现、有何保障"

研究内容

- 课题前期准备
  案例资料、文献收集与整理；研究框架与思路确定
- 出境旅游突发事件概况
  类型；特征；时空分布规律；风险地图
- 应急合作现状背景
  合作的现状、存在的问题；必要性考察；可行性分析
- 应急合作治理理论逻辑
  ★合作治理的内在逻辑；
  ★合作共同体社会建构；
  ★合作治理的理论外延
- 应急合作治理要素与机制
  ★治理目标、原则、主体、基础、动力、结构和模式；
  ★预防—预警—响应—控制—善后治理机制；
  ★机制运行动力与特征
- 实现路径
  提出政府、市场、社会与游客不同层面实现路径与机制
- 项目结题
  ➤ 发表系列论文、专报；
  ➤ 撰写研究专著

研究方法

- 案例搜索、数据挖掘、专家咨询法、专题研讨
- 数据挖掘与大数据分析、政策文本分析法
- 政策文本分析法、过程追踪法、专家咨询法等
- 博弈论、社会建构主义分析法
- 社会网络分析法、系统动力分析法、专家咨询法等
- 政策文本分析法、专家咨询法等

规范与实证，定性与定量，演绎与归纳相结合

图 1-2　研究思路

第二章　国内外研究进展

　　为全面了解和掌握国内外旅游突发事件的研究进展，本章以近20余年国内外旅游突发事件研究文献为基础，利用Citespace绘制可视化图谱，对该领域的研究热点和研究基础进行可视化分析，并阐述了旅游突发事件的研究缘起。本章还全面系统地回顾且梳理了区域旅游应急合作治理研究的历程、主题和方法运用。研究结果表明：旅游突发事件领域的研究热点主题呈多元化趋势，主要体现在旅游突发事件的影响因素、旅游突发事件的应急管理和旅游突发事件的影响3个方面。在国际合作方面，现有的研究多关注亚洲各国间的区域应急合作，特别是东南亚国家，中国与世界各国的旅游突发事件的应急合作有待加强。

第一节　国内外旅游突发事件研究进展

　　突发事件是人们对出乎意料事件的总称，是人们约定俗成的名词（朱力，2007），指未经过人们的充分准备，出乎意料地造成人员、财产、自然社会环境以及公共安全的紧急事件（王炼，贾建民，2014）。各类突发事件严重阻碍了旅游产业发展（谢朝武，张俊，2014），而且研究表明突发事件对社会的影响是一个持续的过程，突发事件所导致的危机影响着旅游业的可持续发展（邹永广，郑向敏，2014）。1997年的亚洲金融危机使东亚和南亚入境游客损失巨大，对我国的入境旅游也产生了巨大的影响（马丽君，孙根年，2009）；2003年的"非典"极大地抑制了国内外游客的需求，我国入境和国内旅游损失率分别达到了 12.4% 和 10.3%（马丽君，孙根年，2009）；2020 年年初的新冠疫情使我国的旅游业几乎处于全面停摆的状态。

旅游突发事件是突发事件中的一种类型，学者们普遍认为，旅游突发事件内含于突发事件，并且类型多样，旅游突发事件的发生会对旅游业产生重要影响从而导致出现不利局面（楚永珍，2019），影响游客对于旅游目的地的信心且打乱旅游业正常发展（王伟，2015）。由于旅游业涉及住宿、餐饮、交通、购物等多个部门，因此，旅游突发事件又是指在旅行游览过程中发生的，对旅游者、旅游企业等各种旅游要素产生较严重的社会影响，必须采用紧急措施进行应对的各类事件的总称（黄倩，谢朝武，黄锐，2020），具体包括涉旅自然灾害、涉旅事故灾难、涉旅公共卫生事件和涉旅社会安全事件四种类型（谢朝武，2013）。旅游突发事件的高度不确定性、突发性、复杂性、破坏性等特点（谢朝武，2013）使得突发性事件的预测、治理成为摆在人们面前的难题。

纵观国内外旅游突发事件的研究，研究成果起伏波动比较大，近 20 年来研究视角越来越多样。截至目前，学界对于旅游突发事件的引致因素、影响以及处置应对已经积累了一系列认识，相关研究从研究视角和研究内容都逐步拓宽，研究深度和广度都取得了较大的进展。但遗憾的是目前国内外学术界尚无对旅游突发事件研究的系统综述，对该领域的研究内容和演化路径缺少必要的学术跟进。在此背景下，对国内外旅游突发事件研究进行系统的回顾和梳理就显得尤为重要。本章借助 Citespace 可视化图谱研究方法进行定量分析，力图揭示国内外旅游突发事件研究视角、内容及方法特点，并尝试评述研究现状，展望未来旅游突发事件应关注的重点，以期详细刻画国内外旅游突发事件的研究。

一、研究缘起

从国内外对于旅游突发事件的关注来看，旅游突发事件研究源于重大突发事件的发生以及旅游业的兴起而备受重视。相关研究最早开始于 20 世纪 80 年代，Richter（1986）最早注意到恐怖袭击与旅游业的关系。一些发达国家的旅游地频频受到恐怖分子的袭击，旅游者往往被当作其母国的"外交大使",恐怖分子通过袭击旅游者来引起该国的震惊、恐慌以及媒体的关注,利益的丰厚以及政府的忽略使一些较为知名的旅游地逐渐成了恐怖分子的首选目标,这些恐怖活动使旅游者的人身和财产安全受到了巨大的威胁(Heath 和 Waymer,2014)。恐怖活动、政治动乱、经济危机以及犯罪现象的增多引起了社会的广泛关注(郑向敏,2005)。1995 年在瑞典召开了第一届旅游业安全与风险研究大会,会上充分讨论了旅游业相关风险研究的紧急必要性,并建议成立专门的研究中心。随后接连不断的旅游突发事件,尤其是"9·11"恐怖袭击事件对美国旅游业造成了巨大的打击,人们愈加增强了对该方面研究的必要性和重要性。2003 年"非典"事件引发我国对突发事件缺乏系统性认识的反思,尤其是将建立一套旅游突发事件应急预案提上了议事日程。随后,2004 年的印度洋海啸、2008 年的汶川地震与国际经济危机促使学界对于旅游突发事件开展了广泛的研究,产生了许多成果。相关研究也经历了从早期的对于旅游突发事件的影响测量,到旅游突发事件的影响因素分析,再到旅游突发事件治理的转变,研究体系逐步完善,对于旅游突发事件的认识也逐渐成熟。

二、数据来源与研究方法

(一)数据来源

本研究以"tourism emergency""tourism+emergency""tourism incident"等作为主题,在 Web of Science(WOS)核心合集引文索引数据库中进行检索,文献类型设置为"Article"和"Review",时间设置为 2000—2020 年,共检索到 231 篇文献。同时在中国知网全文数据库中以"旅游突发事件"和"旅游+突发事件"这两组关键词进行检索,时间设置为 2000—2020 年,将来源期刊设置为"SCI 来源期刊""EI 来源期刊""核心期刊""CSSCI""CSCD",共得到相关文献 128 篇。通过逐一阅读文献的中心主旨,剔除掉文献中只以"突发事件"但不以"旅游"为主旨的文献,共得到中英文文献 262 篇。

(二)研究方法

本研究使用 Citespace 文献分析软件对旅游突发事件研究领域的发展现状、演进趋势、研究基础及前沿进行可视化分析。Citespace 是由美国德雷塞尔大学（Drexel University）陈超美教授开发的一款文献分析的软件，通过一系列的计算方法，可以对文献数据资料实现可视化分析。它可以通过对特定领域的文献进行科学的计算，以网络图谱的形式呈现出研究领域的演进过程和发展动态（王君玲，盛玲玉，2018）。与其他软件相比，Citespace 可操作性很强，比较侧重于分析研究领域的前沿演变特征以及基础领域之间的关系而且科学有效。本研究综合运用 Citespace 的研究主题领域分析，共引网络分析，关键词共现分析等功能对国内外旅游突发事件研究领域进行可视化分析，从而对国内外旅游突发事件研究的脉络做系统呈现。

三、文献概况

（一）时间分布

如图 2-1 所示，从外文文献的年度发文量趋势来看，2005—2012 年，关于旅游突发事件的研究文献数量虽然呈上升趋势，但是趋势很平缓，年发文量较少。从 2012 年起，相关研究迅速增加，尤其是 2013—2020 年，相关文献数量达到 140 篇，占总数量的 85%。而 2020 年关于 COVID-19 突发性公共卫生事件的相关旅游影响研究已经逐渐增多，且随着时间的推移有上升的趋势，说明突发事件对旅游业产生的巨大影响得到了众多学者的关注。我国关于旅游突发事件的研究大致可分为三个阶段。

第一阶段，2005 年以前，该阶段是我国旅游突发事件研究的萌芽期，年均发文量均在 1 篇左右。我国在 1999 年实行长假制度后，大众旅游步入了快速发展的时期（郑向敏，宋伟，2005），国内旅游人次增加以及由此带来了巨大的经济效益的同时，各类突发性事件给旅游者的生命安全和旅游业造成了巨大损失，旅游突发事件以及由此产生的旅游安全问题逐渐引起了国内学者的广泛关注。但该时期更多学者主要是从新闻媒体传播（郑保章，程佳琳，2003）、公共管理的应急管理机制（赵冰，2004；闪淳昌，2005）等角度探讨突发事件的治理和传播，而对于旅游方向研究相对较少。

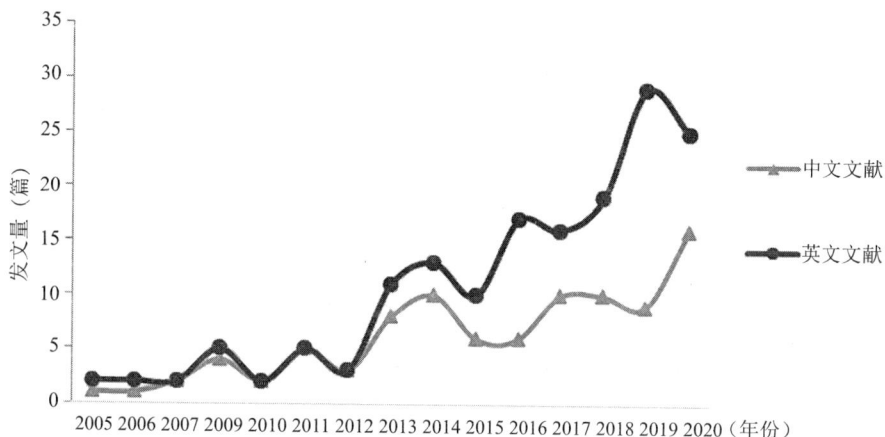

图 2-1　2005—2020 年旅游突发事件研究的文献发文量

第二阶段，2005—2012 年，该阶段进入旅游突发事件研究的成长期，相关研究文献及其他出版物快速增加。一方面我国的旅游业已经逐渐成长为国家的战略支柱产业，国内、入境和出境旅游蓬勃发展，旅游业的影响力不断提升；另一方面由于自然灾害等各类突发事件所引起的旅游危机事件的破坏性越来越巨大，如 2008 年汶川地震使四川入境旅游损失 112.1 万人次，且国内旅游损失 4410.7 万元（马丽君，孙根年，王宏丹等，2010），突发事件的处理成为了摆在人们面前的难题。学者研究视野逐渐拓宽，发文量达到了年均 5~6 篇。

第三阶段，2013 年至今，我国旅游突发事件研究进入发展期。这一时期，旅游突发事件研究在经历 2017 年的低谷之后逐渐回升。学者们从经济、社会网络关系、应急管理机制等各个角度对旅游突发事件进行了深入的研究，对于新形势下尤其是处于百年之未有之大变局下的旅游业来说具有深刻的启迪意义。特别是在 2018 年国家机构改革，组建应急管理部，主要负责统筹全国的安全工作，并且制定相关的应对机制，为我国旅游突发事件管理也做出了巨大的贡献。尽管截至检索时间，疫情等突发性公共卫生事件对旅游影响的研究还在陆续呈现，但随着时间推移和学者认识研究的深入，这方面的研究在未来将会出现较多的关注点和研究方向。

（二）空间分布

对 Citespace 导出的国家分布信息（发文量 ≥ 7 篇）进一步统计，如图 2-2 所示。发文量最多的是美国，共 58 篇，这主要与美国的地理位置和国情密切相关。一方面，美国处于环太平洋地震带，50 个州中的 39 个处于中度至高度的地震风险中；另一方面人口结构、种族矛盾问题也在一定程度上促使了突发事件的发生。客观的现实问题导致美国在旅游突发事件的研究中成果丰富，在该领域影响深远。其次是中国，发文量 39 篇，表明旅游业的快速发展已经让更多的国内学者关注旅游突发事件，在该领域我国具有重要的地位。除此之外，意大利（22 篇）、英国（19 篇）、澳大利亚（15 篇）等，这可能由于国家所处的地理位置，这些因素为这些国家旅游突发事件提供了大量鲜活的案例，通过对这些不同案例的深入探索使得学术研究成果也取得了一定的突破。

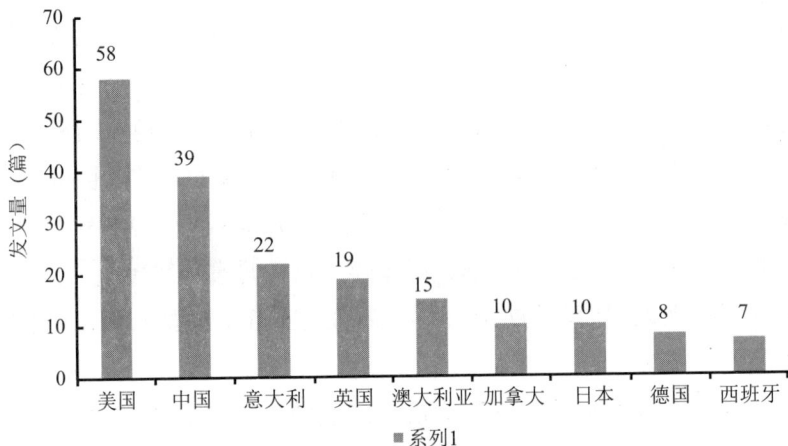

图 2-2　旅游突发事件研究主要来源国

（三）主要来源期刊

从国外文献的来源期刊看，相关文献分散较广，据 web of science 核心合集的数据库统计共有 80 多种来源期刊。表 2-1 列出了前 10 个旅游突发事件研究文献来源期刊。其中发文量最多的是 *Tourism Management* 和 *Sustainability*，分别达到 14 篇和 9 篇。其次是 *Journal of Travel Medicine*，*Journal of Travel Research*，*Current Issues in Tourism*，*Journal of Sustainable*

Tourism, *Journal of Hospitality and Tourism Management*, *Bmc Health Services Research*, *Journal of Disaster Research*, *Annals of Tourism Research*。

表 2-1 国外旅游突发事件研究文献来源前 10 名期刊

排名	来源期刊	发文量
1	*Tourism Management*	14
2	*Sustainability*	9
3	*Journal of Travel Medicine*	8
4	*Journal of Travel Research*	8
5	*Current Issues in Tourism*	6
6	*Journal of Sustainable Tourism*	4
7	*Journal of Hospitality and Tourism Management*	4
8	*Bmc Health Services Research*	3
9	*Journal of Disaster Research*	3
10	*Annals of Tourism Research*	2

（四）知识基础

知识基础是文献中引文和被引文的轨迹（谢伶等，2019），在 Citespace 的共被引文献可视化图谱中，引文年轮代表着一篇文章的引文演进历史，年轮颜色对应着引文的时间，每个节点代表分析的文献，节点大小与共被引频次呈正相关。关键节点起着连接 2 个以上不同聚类的作用，中心度较高的节点是不同时间段内的重要节点，是相应时期的奠基文献，对该领域的发展具重大的贡献作用（王金伟，张丽艳，2020）。通过对外文文献的共被引文献聚类分析（见图 2-3）可以发现，旅游突发事件共被引网络的主要聚类有 4 个，主要为 #Crisis communications，#Perceived risk，#Safety 和 #Critical incident technique，表明国外对于旅游突发事件的研究主要是集中在由突发事件造成的危机与安全领域。其中被引次数最多的是关于自然灾害对旅游目的地的影响。Becken 通过对旅游和灾害管理利益相关者的调查，强调了旅游业与灾害管理之间建立联系的重要性，并提出了从减缓、预备、响应、恢复这四个方面进行应急管理（Becken 等，2013）。其他文献则从风险沟通（Penney 等，2011）、突发事件的影响与反应（Bird 等，2010）、感知风险（Domineyhowes 等，2004）等多元视角探讨旅游突发事件。

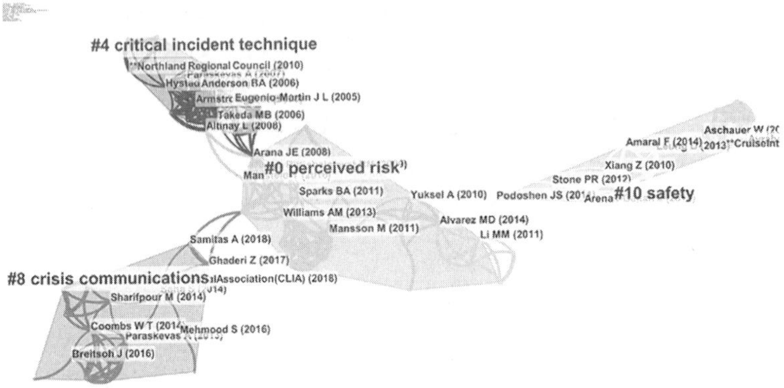

图 2-3　国外旅游突发事件研究共被引文献可视化图谱

（五）关键词分析

为了揭示旅游突发事件该领域的研究热点，本研究通过 Citespace 对相关文献关键词进行共现分析，同时为了归纳出本领域的研究主题，对导出的关键词的相关概念进行反复分析与提取，对相应得到的研究主题范畴进行不断修正直到不再出现新的范畴，最终达到饱和。国内外文献关键词共现如图 2-4、图 2-5 所示。

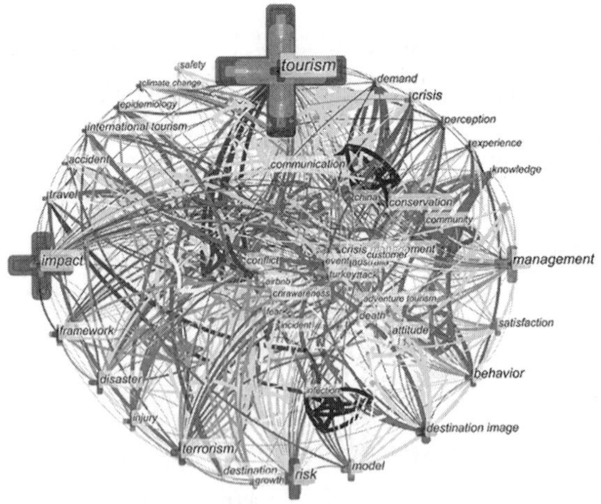

图 2-4　国外旅游突发事件研究关键词共现图谱

（注：图中字母／字体代表关键词，十字形节点大小代表关键词的频次高低，连线代表关键词之间的共性关系，下同。）

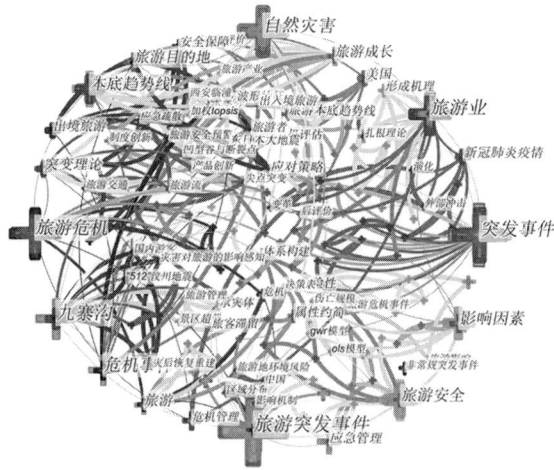

图 2-5　国内旅游突发事件研究关键词共现图谱

由图 2-4 和图 2-5 可以发现频次较高的关键词涉及的领域较广，其中中心性较高的关键词有 tourism、risk、impact、management、terrorism、自然灾害、旅游危机、旅游突发事件、影响因素、危机管理等，可见旅游突发事件的影响和应急管理是国内外的共同焦点。进一步对高频词信息归纳发现，具体研究主题可分为旅游突发事件的影响因素、旅游突发事件的影响和旅游突发事件的应急管理三个方向，如表 2-2 所示。

表 2-2　高频关键词信息统计

研究主题	关键词
旅游突发事件的影响因素	恐怖主义，灾难，意外事故，海拔，气候变化，传染病，新冠疫情，探险，脆弱性，自然灾害，政治不稳定性，影响因素，环境，旅游基础设施，人员因素，管理因素，时空差异，海滩，道路属性
旅游突发事件的影响	影响，旅游目的地形象，行为，伤害，冲突，死亡，可持续发展，成长，风险，危机，传染病，安全，旅游意向，交通安全，酒店，恐怖袭击，旅游危机，旅游安全，旅游目的地，旅游影响
旅游突发事件的应急管理	管理，框架，模型，经验、保护，沟通，应急准备，协同治理，危机沟通，恢复，搜救，应对策略，安全保障，公共治理，合作网络，应急机制，预警机制，应急管理

四、研究内容

（一）旅游突发事件的影响因素

旅游突发事件影响破坏极其深远，系统梳理旅游突发事件的影响因素，通过对影响因素进行科学分析可以实现对旅游突发事件的积极预防。但旅游业的综合性让旅游突发事件的影响因素来源复杂，"人—机—环境—管理"以及时空因素等是目前学者揭示的主要因素。旅游安全问题的产生主要是受"人—机—环境—管理"的共同影响，旅游内部的经济、环境、社会三大子系统中的平衡如果被打破，那么内部所隐藏的各种风险因素将会被进一步放大，进而导致旅游突发事件的发生（黄倩，2020）。Bentley（2001）首先将"事故因果连锁理论"运用到旅游领域中，在对新西兰探险旅游事故的研究中发现登山、滑雪和徒步旅行是造成事故的主要原因，认为旅游突发事件的发生是一系列人为因素、设施设备、环境和组织风险共同作用的结果。学者们在此基础上构建了旅游安全事故因果连锁模型，认为旅游安全事故发生主要有三层归因：旅游环境不安全的状态、旅游者不安全的旅游行为、环境和行为的相互影响关系（张西林，2003），旅游事故的发生是因为以上三种因素在同一时空交互。其后随着学者的研究深入逐渐拓展了"人—机—环境—管理"的旅游突发事件影响因素模型，显见管理因素是作为间接影响因素，管理因素发挥作用一般都需要通过控制人为因素、环境因素与设施因素来进行。

宏观尺度的时空因素是较多学者关注的对象，其与旅游突发事件的发生也存在着一定的关联。时空因素是地理、天气、道路、人流等各种因素的集中体现，旅游突发事件不仅与季节、月份等时间尺度相关，而且与区域空间之间存在着非典型的线性相关关系（李月调，谢朝武，2016）。即在时间上旅游突发事件多集中于旅游旺季或者集中节假日期间，如 Bentley 和 Page 研究发现新西兰旅游突发事件 47.4% 的事件发生在夏季；在空间分布上与旅游景区等要素存在着锐角关系。独具特色的地理环境既是重要的旅游资源，同时也容易引发各种自然灾害，从而导致对旅游者的伤害（Fauliner，2001）。另外，大气、道路交通、游览设施设备等环境风险容易引发各种事故灾难，是影响旅游突发事件的重要因素，也是造成游客伤亡的重要原因（谢朝武，申世飞，2013）。游客在旅游中所经历的环境是多种因素叠加的复合体，其内所隐藏的环境风险也具有多个维度。Rossell（2011）通过研究发现旅游目的地人数及其流动性的增加、天气条件、道路属性等是巴利阿里群岛大量交通事故发生的主要原因。研究表明一些沿海旅游地被人们过度地开发，加上大量旅游者的到来更加剧了沿海旅游地环境的脆弱性，这些地区往往会导致各种灾难事件。此外，海洋环境和污染空气环境也是旅游突发事件发生与演化的重要引致因子（Hartung 等，1990；Wsols 等，1994；Baker 和 Galerk，1998）。不同的空间尺度对于旅游突发事件的影响也存在分异，具体在不同的旅游活动类型上，在高风险的旅游活动中，旅游者安全意识的缺乏、设施设备的安全隐患以及高风险的环境是导致高风险旅游地意外事故频发的重要原因（谢朝武，2011）。

微观尺度的脆弱性因素也是学者研究旅游突发事件影响因素的主要议题。旅游业经常暴露于多重干扰和不利因素中，这些来自系统内外的干扰和不利因素往往会对旅游业的脆弱性造成不同程度的影响，学者们认为正是因为旅游业的这种脆弱性才导致旅游业易受突发事件影响（刘铁民，2010）。脆弱性是旅游业固有的属性，取决于旅游地的暴露度、敏感度和适应度（刘铁民，2010），通常来源于旅游业"食、住、行、游、购、娱"六大基本要素的各个薄弱环节，并存在于旅游突发事件的各个阶段，在一定程度上决定了旅游突发事件的性质和方向（Cutter，2003）。旅游业的脆弱性是由内部脆弱性和外部脆弱性共同发挥作用而导致的。来自旅游系统外部的经济危机、战争等不利因素都会影响旅游业的脆弱性，进而成为旅游突发事件的诱因。但是这些因素只是影响旅游业脆弱性的外部因素，旅游业自身的属性才是旅游业脆弱性的根源所在（黄倩，2020）。王兆峰和杨卫书（2009）认为旅游业的脆弱性是由其内部脆弱性和所在地的区域脆弱性共同作用的结果，并构建了旅游和区域两个子系统来作为旅游业脆弱性的评价体系。黄倩等从经济、社会、环境三个子系统构建了旅游脆弱性的评价体系，发现旅游地的脆弱性存在两级门槛，与突发事件的交互作用进一步加剧了突发事件的严重性。除此之外，学者们还进行了景区自然灾害脆弱性评估（于瑛英，2013）、恐怖主义事故灾难性评估（Piegorsch 等，2010）、事故灾难脆弱性评估（陈一洲等，2018）

等。由此可见，脆弱性是系统应对风险的暴露度、敏感度、适应度的综合指标，反映了旅游目的地预防突发事件发生的总体水平（Aksha 等，2019）。旅游突发事件是在旅游系统的脆弱性失去平衡之后而产生的安全事件（Shi 等，2020），脆弱性则是旅游突发事件形成的基础。

（二）旅游突发事件的应急管理

1. 应急机制

旅游突发事件涉及的产业较多，连锁反应较为明显，造成的影响比较深远，对我国的旅游突发事件的应急管理工作提出了更高的要求。旅游突发事件应急机制是应急管理体系（旅游突发事件应急预案、应急管理体制、机制和法制，合称"一案三制"）中重要的一环，是面对突发事件时采取的一套行之有效的法律制度，是可以整合各种资源以有效地应对突发事件的应急管理方法和措施，也是保护旅游者生命安全的有力武器（郑向敏，邹永广，2012）。旅游突发事件在事前、事中和事后各个阶段都具有不同的特点，学者们普遍从预警、处置和事后恢复三个方面提出了一系列旅游突发事件应急机制，包括"预警—信息—紧急处置—善后协调"（孟维娜，2006）、"预防和准备—管理和反应—恢复和重建"（吴俊，2006）、"预防—预警—响应—控制—恢复"（吴俊，2006）、"预警—分级响应—联动机制—善后处理"（孙浩森，2009）等机制。预警机制是建立应急机制的第一步，建立针对各种突发事件的有效预警能够从根本上阻止旅游突发事件的发生（张永领等，2016），可以在源头上实现对旅游突发事件的管理和处置（卢文刚，黄小珍，2014）。处置应对突发事件是应急机制的核心环节，应急管理部门应该根据事件的危害程度、影响范围统筹协调各方面能力妥善处置突发事件（孟维娜，2006）。信息反馈机制是旅游应急机制的关键环节，尤其是网络环境下旅游突发事件的网络舆情发生了深刻的变革，舆情处理也是对应急机制的重大考验（董坚峰，肖丽艳，2015）。恢复机制主要是进行恢复重建、善后协调、行业协调与国际沟通（孟维娜，2006）。总之，学者们提出的应急机制贯穿于旅游突发事件发生前、发展中以及发生后的全过程，强调涉及旅游突发事件的各个部门之间应该加强合作，科学高效地提升旅游突发事件的综合治理水平。

2. 应急管理

针对旅游突发事件的处置需要在危机情境下采取一系列非常规措施，即应急管理，其是为了最大限度地减少突发事件带来的损害，在分析突发事件成因、过程和结果的基础上对突发事件进行系统管理的过程（David 和 Beirman，2011）。相关研究主要是对于旅游应急管理模型的建构和针对特定事件案例的实践分析。Faulkner（2001）提出的 TDMF（Tourism Disaster Management Framework）是目前采用最普遍的应急管理模型之一，该框架由灾难过程阶段分析、灾难应对管理的组成要素分析和灾难管理战略的主要组成部分概述三个部分构成，其模型的优点是不仅关注突发事件本身，而且涉及突发事件的预防阶段。PPRR 模式则强调在突发事件发生的各个时期采取不同的行动，在事件爆发前预防（Prevention），排除任何可能导致突发事件的风险，防患于未然；在事件发生前准备（Prepartion），一方面准备应急计划，另一方面建立预警机制；在事件发生时反应（Response），遏制隔绝危机，防止造成更大的伤害；在事件发生后恢复（Recovery），恢复所受到的损害并填补漏洞，避免重蹈覆辙（张跃西，2017）。4R 模式更强调突发事件的处理过程，其核心是管理者在处置突发事件时必须按照 4R 模式分为四类，减少（Reduction）突发事件所带来的攻击力和影响力，做好处理突发事件前的预备（Readiness），尽力应对已经发生的危机（Response），以及从中恢复（Recovery）（宋炳辉等，2001）。此外学者们还提出了"四阶段模型"（Steven，1986）、"五阶段模型"（朱延智，2003）等突发事件不同时间序列的探讨，这些成果是旅游突发事件研究的重要学术积累，也为此后大量的旅游突发事件研究奠定了理论基础，提供了分析框架。

在应急管理实践的研究中，学者们也关注到政府、行业协会、企业、旅游景区等不同主体的作用。旅游应急管理区别于日常管理，它所针对的对象是旅游突发事件，其中地方政府往往在其中发挥着主导作用，作为旅游突发事件中的行政主体，承担着保障人民生命健康和财产安全的责任，通过制定相关法律政策，引导旅游业恢复发展（Lian，2020）。旅游行业协会是政府与社会之间的关系桥梁和纽带，既能反映公众的意见和愿望，又能及时传达政府的应急管理信息（刘春玲等，2007）。旅游景区是旅游活动最基本的载体

（郝晓兰，2007），同时也是旅游突发事件重要的危险源，往往作为现场应急、突发事件事后恢复的重要主体（苗维亚，田敏，2007）。景区是一类特殊的旅游企业，危及景区经营目标的突发事件会使景区处在一种不稳定的状态，从而损害景区的资源、形象和服务（王新建，郑向敏，2011）。卢文刚（2015）在研究九寨沟游客滞留事件时指出，"人—物—系统"的承灾体系失衡是景区旅游突发事件发生的重要条件，旅游景区在面对危机时的应急管理体系往往显得极其脆弱。此外也有学者用定量的方法构建旅游业针对突发事件应急管理能力评价的指标体系（叶欣梁等，2010），计算灾害造成的潜在损失与投入构建了旅游目的地自然灾害风险管理模型（David 和 Beirman，2011）。由此可见，基于学者们的探讨，旅游应急管理正走向系统化、制度化，在逐步建立一个健全完善、行动高效的应急管理体系。

3. 合作治理

旅游突发事件的处置是一项十分复杂的工作，仅仅依靠一个主体或部门来承担难以实现治理效能，理论研究和实践应用都表明采用公共合作治理方略是未来的趋势（何月美，邹永广，2019）。合作治理是多元主体为了达成一个共同的目标，基于组织的多样性采取多样化的手段对公共事务进行协同管理的活动，它强调对多元治理的推崇，能够使各不相容的利益相互调和，最终形成一个利益共同体，使彼此的行动高度联合（麻宝斌，2013）。合作治理强调治理主体的多元化，需要政府组织、非政府组织等主体的参与，充分调动社会人力、物力、财力资源，有序高效地应对突发事件（李琦，208）。非政府组织是位于政府组织与市场之间的社会组织体系，能够处理政府不愿意处理但又是自身熟悉领域内的事务（杨帆，2007），在合作治理中能发挥出灵活、专业性能力等不同方面的优势，能够弥补政府在应对工作上的不足。非政府组织上接政府，下联基层群众，在应对突发事件的过程中能够充分发挥出沟通优势（邹慧君，2010）。政府组织和非政府组织之间的公共合作治理能够提高突发事件应急处置的效率，旅游安全事故救援中的应急响应、救援和恢复的过程中政府以及非政府组织各自扮演的角色在不断变化，且政府组织在网络中的中心度最大，发挥着重要的作用（邹永广等，2017）。但也有学者认为虽然旅游企业与旅游行政管理部门和应急管理部门之间存在高度的非正式合作，但是旅游业私营部门和政府以及供应商等之间的正式合作会更有成效（David 和 Beirman，2011）。旅游突发事件的合作治理通过多个组织之间的相互合作能够减少资源的浪费，提升治理效能，也将会成为未来学者关注的研究重点。

（三）旅游突发事件的影响

通过文献梳理发现，旅游突发事件影响的研究中涉及的维度较广，但根据作者研究的核心问题，可分为对旅游经济的影响、对旅游者的影响、对旅游目的地的影响三类。

1. 对旅游经济的影响

旅游业是脆弱性和敏感性的产业，突发事件以其巨大的破坏性和突发性对旅游产业造成剧烈的冲击，对旅游经济的影响更是首当其冲。早期相关研究中主要是从定量的角度，采用一系列评价方法测算突发事件对旅游业造成的损失，其中相邻年比较法、旅游本底趋势线、时间序列模型应用最为广泛。相邻年比较法是以危机发生前一年的数据为基准，通过相邻年的比较判断突发事件对于旅游业的影响，学者们主要运用在 SARS 对我国旅游业发展的影响（朱迎波等，2003；曾本祥，2005）、亚洲瘟疫对新加坡入境旅游的影响（Khan 等，2001）、2001 年台湾地震后入境旅游的恢复（Huanga 和 Minb，2002），"9·11" 恐怖袭击对美国旅游业的冲击（Goodrich，2002）等方面。但此方法忽略了旅游业的动态发展过程，不能对间接损失做出准确评价，在空间综合分析上存在一定缺陷（孙根年，于立新，2008）。

孙根年最先提出了"旅游本底趋势线"的概念，即指旅游业在不受突发事件的影响下正常发展所呈现的固有趋势方程，是以该地区长期的历史统计数据为基准，结合实际统计数据可以计算出旅游业的损失并对未来进行预测（李乃英，1998；薛刚，2008；马丽君，2010）。也有学者运用计量经济学的模型对旅游突发事件的经济影响进行实证研究，其中时间序列模型是最常见的方法。如 ARIMAX 模型（吴令云，赵远东，2004）、ARMA 事件序列模型（孙玉环，2006）、误差修正模型（Lim 等，2001）、固定影响变截距模型（赵东喜，2008）、事件研究方法（刘铁民，2010）等，所采用的指标主要有入境旅游客流量与间接经济损失、国内旅游人次和经济损失等。

2. 对旅游目的地的影响

旅游突发事件对于旅游目的地的影响主要表现在微观、中观、宏观三个层面。

（1）微观层面。旅游突发事件的发生会造成目的地居民与游客的伤亡，同时对各种资源也造成了巨大的破坏。有研究表明，在美国的境外旅行中，交通事故所造成的死亡成了非自然死亡的重要原因，其中又尤以摩托车最为突出（Sherry 等，2015）。据相关数据显示，我国平均每年发生旅游突发事件 7864.4 起，平均每天 21.5 起（程云，殷杰，2020）。我国大陆游客赴台旅游突发事件频发，其中每起旅游突发事件至少造成 1 人重伤和 1 万元以上财产损失（邓德智，2016）。除此以外，自然灾害还会破坏旅游目的地的旅游资源和旅游基础设施，而旅游资源是旅游目的地的核心吸引物，是旅游业发展的基础，自然灾害影响下的灾害景区会对非灾害景区产生整体性波及效应、泛化性波及效应和联结性波及效应（吴家灿，李蔚，2013），致使非灾害景区客流量流失严重且恢复缓慢。

（2）中观影响。中观影响主要表现在对旅游产业经济、旅游形象的影响等方面。自然灾害会造成旅游目的地人口数量不断减少、目的地形象损坏、旅游企业供需链被切断、大量人员失业等负面影响，甚至改变旅游产业的结构（张琪，2019）。旅游目的地的形象是指人们在特定时间和环境下对于旅游目的地情感、认知和意动的集合，是由意动形象、情感形象和认知形象等构成的多维结构（许亚元，姚国荣，2016）。根据旅游者对旅游目的地形象认知的形成过程可将之划分为原生形象、引致形象和复合形象 3 个阶段（Fakeye 和 Crompton，1992）。旅游突发事件首先作用于旅游目的地，破坏目的地的旅游资源和基础设施，改变了旅游目的地在旅游者心中的原生形象（李锋，孙根年，2007），由此产生新的决策行为，通过媒体信息的传播与反馈逐渐形成新的引致形象与复合形象（刘丽等，2009），如图 2-6 所示。此外，互联网的出现则加速了这一过程，突发事件通过网络传播的信息爆炸效应和舆论聚合效应，强化了旅游者对于目的地的形象感知并产生新的感知内容（王晶晶等，2010）。

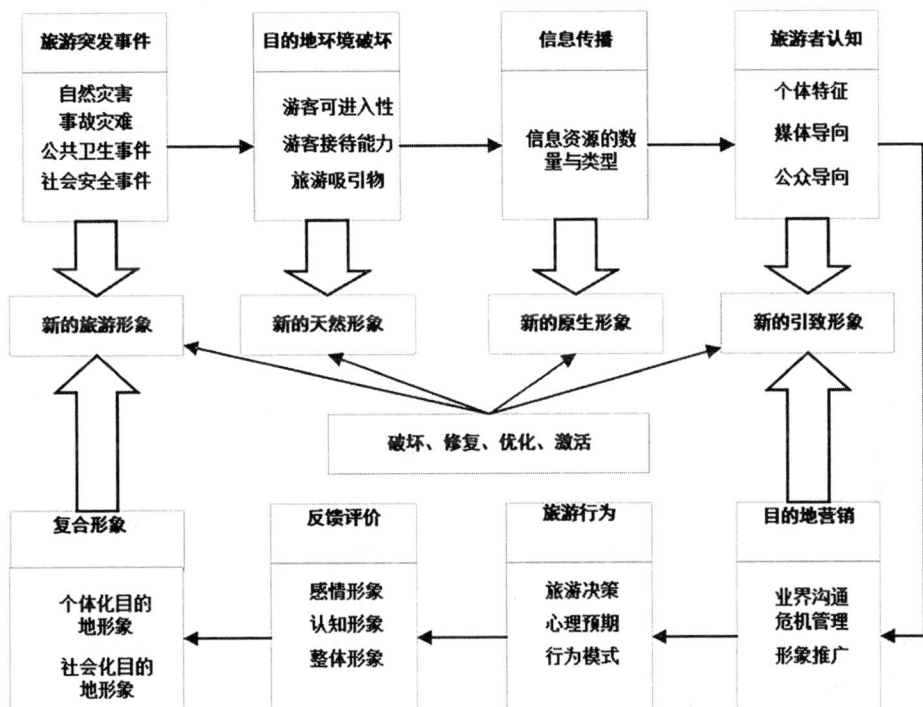

```
┌──────────────┐   ┌──────────────┐   ┌──────────────┐   ┌──────────────┐
│  旅游突发事件  │   │  目的地环境破坏 │   │   信息传播    │   │  旅游者认知    │
├──────────────┤   ├──────────────┤   ├──────────────┤   ├──────────────┤
│  自然灾害     │   │  游客可进入性  │   │             │   │  个体特征     │
│  事故灾难     │   │  游客接待能力  │   │ 信息资源的数  │   │  媒体导向     │
│  公共卫生事件  │   │  旅游吸引物    │   │  量与类型    │   │  公众导向     │
│  社会安全事件  │   │             │   │             │   │             │
└──────────────┘   └──────────────┘   └──────────────┘   └──────────────┘
```

图 2-6　旅游突发事件对目的地形象的影响过程 [①]

（3）宏观影响。宏观影响主要表现在重大突发事件发生后的旅游目的地增加的风险因素会增加旅游者购买意愿的不确定性，由于信息不对称，旅游者往往会基于个体的认识对各种风险因素做出带有强烈个人感情的主观性评价，从而降低了对灾后目的地的旅游需求（叶晨曦，许韶立，2011）。有学者研究表明自然灾害类旅游突发事件会造成客源地的旅游需求急剧减少，且会随着时间推移逐渐呈弱化趋势（阮文奇，2018）。此外，突发事件对于旅游市场的消费规模、出入境旅游的客流量、旅游业发展的外部环境均有不同程度的影响（陈荣等，2017）。

3. 对旅游者的影响

在已有的文献中，研究的方向大多是突发事件对游客安全感知、心理和

---

① 该框架根据参考文献"刘丽，陆林，陈浩. 基于目的地形象理论的旅游危机管理——以中国四川地震为例 ［J］. 旅游学刊，2009，24（10）：26-31"整理而成。

态度的影响等方面。具体来说，感知安全指的是处于一种"安全"的状态，并且被保护免受任何非期望事件所带来的风险（Sonmez 和 Graefe，1998）。旅游者的感知安全可以被视为一个拉力因素，它是目的地的一个重要属性，影响着旅游者的决策过程。旅游者会选择最符合他们需求、成本或风险最低的目的地。突发事件的发生会让游客感受到不安全的氛围，很可能导致对目的地的负面形象（George，2003）。因此，被认定为安全的旅游目的地可能会被首选，而被认为有风险或者不安全的旅游目的地可能会被拒绝（Beirman，2002）。所以通过创造条件让旅游者在旅行前感到旅游地的安全，是一个目的地在突发事件后恢复的关键（Huan 和 Beaman，2004）。此外，突发事件给旅游地带来不同程度的损害，该过程常伴随着当地可进入性的破坏与恢复。游客灾后的感知可进入性是游客对旅游目的地灾后认知的重要组成部分，也是灾后旅游市场恢复的重要工作（李敏，张捷，钟士恩等，2011）。唐弘久和张捷（2013）通过实地调研汶川地震前后游客感知可进入性的变化发现，突发事件使游客感知可进入性明显下降，并且突发事件之前游客在出游前对于人身安全最为担心，突发事件之后游客最为担心的是交通的可进入性。

旅游风险感知是旅游者对在旅途过程中可能会发生的一系列突发性因素所做出的一种主观判断（刘春济，2008），是游客在认知层面上对于旅游突发事件的认识，旅游并不是人们的必需品，任何对旅游者的安全造成威胁的事件都会导致旅游目的地接待量的下降，且旅游目的地的风险感知系数越高，游客的到访率下降得越大（李敏等，2011）。李敏等（2011）研究表明，旅游突发事件给潜在游客所带来的心理影响要比有形的影响更持久，在目的地灾后的恢复期，到访的游客其风险认知都处于较低水平。此外，旅游突发事件的爆发会直接影响潜在旅游者对旅游地的负面情绪和态度，进而影响其对于目的地的到访意愿。有研究发现，灾害发生后旅游目的地糟糕的状况是游客选择不去该地旅游的主要原因，但是仍然有受好奇心驱动和想以某种方式帮助目的地恢复重建的游客选择到访，这是灾后旅游目的地最关键的吸引动机（Walters 等，2014）。但同时也有学者认为不同旅游者的出游态度和情感对于旅游突发事件后的出游动机影响是具有差异的，游客的感知行为控制在其中发挥着重要的中介作用（黄纯辉，黎继子，周兴建，2015）。

第二节　旅游突发事件应急合作治理研究进展

突发事件的跨域性和复杂性对于脆弱的旅游业而言可谓是晴天霹雳（王薇，2016）。国内外旅游突发事件的应急案例表明，单独的行政区域难以有效地预防和应对重特大的危机事件（滕五晓，王清，夏剑薇，2010），其原因可能在于：（1）旅游突发事件巨大，单一区域难以独立处理突发灾害或紧急事件；（2）旅游突发事件的影响广泛，由于突发事件的链状衍生性和信息的不充分性，应急联动与协同尤为必要（汪伟全，2013）；（3）旅游突发事件涉及的人员来自不同的区域，需要区域之间进行协商应对。由此可见，区域旅游应急合作势在必行。

区域旅游应急合作是在共同安全利益和风险威胁的基础上，针对旅游突发事件的整个过程进行共防、共治和共担的合作行为，其涵盖了旅游应急处置全过程的深度合作。区域旅游应急合作使得旅游突发事件的应急管理产生协同效应（具体表现在资源、管理、整合三个方面）（汪伟全，2013）；是提升区域旅游危机管理水平和合作治理的现实需要（张良，2013）。尽管区域应急合作的发展已经比较成熟，但区域旅游突发事件的应急合作研究尚处于发展期，相关文献较为匮乏，存在很大的研究价值和研究空间。此外，考虑到区域旅游应急合作研究对旅游学界的学术发展和实践的重要意义，对相关研究进行系统的回顾与梳理就显得尤为重要。并且，当前鲜有文献对该领域文献进行系统全面的回顾。因此，旅游学界亟须对区域旅游应急合作领域的研究历程、主题，以及方法进行梳理、归纳和评价。

综上所述，本研究试图检索、分析我国权威旅游学术期刊中所刊载的区域旅游应急合作治理研究的文献，对关注区域旅游应急合作的研究（历程、主题及方法）进行深入系统的回顾与梳理，以期能够更清楚地了解国外区域旅游应急合作研究的进展及现状，并讨论和展望未来区域旅游应急合作研究的发展方向。

一、相关概念界定

（一）区域的概念界定

区域旅游合作以"区域"一词界定其空间范畴，"无论从实质上、从历史发展的角度还是从比较和交流的角度，区域旅游合作都应该明确为区域之间的旅游合作"（宋子千，2008）。吴军（2007）认为按照合作空间是否连续将区域旅游合作划分为板块型（即合作区域之间空间上连续存在共同边界）和非板块型（合作区域之间空间上不连续没有共同边界的区域间）。而区域旅游应急强调的是个应急主体之间的协作，因此本研究对区域的界定，即旅游应急主体所属的两个或多个承载空间（邹巧柔，2014）。

（二）旅游应急管理的概念界定

应急管理的概念确定首先要明确其管理对象——突发事件，"突发事件是指突然发生，造成或者可能造成严重社会危害，需要采取应急处置措施予以应对的自然灾害、事故灾难、公共卫生事件和社会安全事件"[①]。为应对突发事件，"国家建立统一领导、综合协调、分类管理、分级负责、属地管理为主的应急管理机制"。在公共管理实践领域，关于应急管理的概念界定清晰明确，而在学术界，关于应急管理和突发事件的界定经历了一段漫长的过程。

Petak（1985）将应急管理定义为制定和执行包括减灾、备灾、响应和恢复相关政策的过程。Leonard 和 Howit（2010）在突发事件被分解为事件发生前、发生中和发生后三个时间阶段的基础上对应急管理的框架进行了新发展。事件发生前，应急管理的内容包括灾害减缓（消除或减少突发事件的发生）、应急准备（应急救援和复位工作）、恢复准备（事件后的恢复和重建）；在突发事件进行过程中应急管理的内容包括"救援"和"复位"；事件基本结束后管理内容包括"重建"和"重构"。张欢（2010）从管理对象、管理内容、概念渊源角度对危机管理和应急管理进行了辨析，认为"应急管理围绕突发事件全过程展开，即包括非常态情景下救援、复位事件发生后的重建、重构也包括常态情境下灾害减缓、响应准备及恢复准备等"。

---

① 《中华人民共和国突发事件应对法》，2007。

自 2003 年以来应急管理一直是公共实践领域和学术界关注的话题之一，同样，其在旅游方面也一直备受瞩目。《旅游突发公共事件应急预案》明确指出，制订该预案的目的是"为了迅速、有效地处置旅游者在旅游过程中所遇到的各种突发公共事件，尽可能地为旅游者提供救援和帮助，保护旅游者的生命安全，维护中国旅游形象"；"预案适用于国家及各地方处置旅游者因自然灾害、事故灾难、突发公共卫生事件和突发社会安全事件而发生的重大游客伤亡事件"（国家旅游局，2005）。基于此，本研究将旅游应急管理界定为以政府为主、各部门协同参与的通过减灾、备灾、响应及恢复来预防和应对旅游突发事件的行为活动。

（三）区域旅游应急合作治理的概念界定

区域旅游应急合作即旅游应急管理的区域合作（邹巧柔，2014）。本研究将区域旅游应急合作的概念界定为：在共同安全利益和风险威胁的基础上，本着自愿原则，根据共同的契约约定，针对旅游突发事件的整个过程进行共防、共治和共担的合作行为，其涵盖了旅游应急处置全过程的深度合作。

二、数据来源

为对国内区域旅游应急合作研究的相关文献进行梳理和分析，本研究选择如下文献来源：其一，文献来自中国知网所收录的 SCI、EI、北大核心、CSCI、CSCD 期刊，包括《旅游学刊》《华侨大学学报（社会哲学科学版）》《中国安全生产技术》等；其二，本研究以 "tourism emergency collaboration" "tourism+emergency+cooperation" 等作为主题，在 Web of Science（WOS）核心合集引文索引数据库中进行检索，文献类型设置为 "Article" 和 "Review"，时间设置为 2000—2020 年。文献的期刊来源保证了本研究数据的权威性、有效性和可靠性。

为收集区域旅游应急合作研究的中文文献，本研究于 2020 年 11 月在中国知网（CNKI）以 SCI、EI、北大核心、CSCI、CSCD 期刊为文献来源，以 "旅游应急管理" "合作" "区域" 等为关键词进行检索，并将文献发表时间限定为 2010 年 1 月 1 日—2020 年 9 月 30 日。选择含有区域旅游应急合作的文献，经过核对和筛选，最终得到 38 篇中文文献。表 2-3 呈现了检索文献所在各期刊的分布情况；其中，旅游应急管理论文在《旅游学刊》发表的数量最多，共 6 篇，占 15.79%，其次为《华侨大学学报（社会哲学科学版）》（3 篇）和《中国安全科学学报》（3 篇），各占比 7.89%；其他少数研究发表在安全类、地理类、经济类、管理类等其他期刊。

表 2-3　区域旅游应急合作中文文献期刊来源

排名	来源期刊	发文量	所占比例 %
1	旅游学刊	6	15.79
2	华侨大学学报（社会哲学科学版）	3	7.89
3	中国安全科学学报	3	7.89
4	西南民族大学学报（人文社科版）	2	5.26
5	四川师范大学学报（社会科学版）	2	5.26

三、旅游突发事件应急合作的研究进展

应急管理（Emergency Management）的提出从国际视野来看时间已久，其也一直与政府工作息息相关。早在 19 世纪初，美国国会开始将应对火灾作为政府的应急管理职能，从此美国开始了应急管理体系的建设。1939 年，国家应急委员会（National Emergency Council）更名为应急管理办公室（Office of Emergency Management），并移至总统执行办公室之下，其职能包括自然灾害的救济以及各种全国性灾害威胁的危机管理应对。1979 年，美国联邦应急管理署（Federal Emergency Management Agency，FEMA）建立，合并了大量分散的灾害应对机构，并逐步囊括了美国联邦政府层面绝大部分自然和人为灾害的防灾、减灾、备灾、救灾和灾后恢复等职能，也标志着"应急管理"作为描述美国各级政府非常态管理职能的核心概念的确立（张欢，2010）。1985 年，美国公共管理领域顶级期刊 *Public Administration of Review* 出版了一期应急管理的专刊，其中应急管理被定义为发展和执行包括减灾、备灾、响应和恢复等功能的政策的过程（Petak，1985）。Drabek（1991）将应急管理定义为"应用科学、技术、规划以及管理的手段处理可能造成大量人员伤亡和财产损失以及破坏正常社会秩序的学科和专业领域"。

而在当代中国，应急管理概念也同样与近十多年改革开放实践中所面临的公共安全方面的挑战密切相关。2003年"非典"事件使得党中央不得不重新审视我国的应急管理体系。2003年7月胡锦涛总书记在全国防治"非典"工作会议上的讲话与同年10月十六届三中全会出台的《决定》，拉开了我国应急管理体系的建设。自此，学术界纷纷响应号召，进行了大量关于应急管理的研究。在我国应急管理研究发展的初期阶段，国内学者大量引用并多次扩展国外的应急管理相关概念。其中，一部分国内学者在此基础上借鉴美国、英国、澳大利亚、日本等国的应急管理经验，从公共安全危机事件、公共卫生事件、环境应急、自然灾害（地震）等方面探讨我国具有中国特色的应急管理体系建设；也有部分学者结合中国实际情况，以北京、上海、广州、深圳、南宁为例探讨包括应急能力评价指标体系、灾时人员紧急疏散、地震应急指挥技术系统数据管理等方面城市应急机制的建设问题。旅游学界也不例外，旅游学者在探索中学习并借鉴美国、英国、澳大利亚、日本、新加坡等国家的应急措施，初步构建了一套以政府为主导、各部门协作进行的旅游应急管理体系。2008年，"5·12汶川大地震"使得旅游学界对应急管理研究的热情空前高涨，此时的相关研究大都集中于灾后的恢复重建工作，也涉及部分中国各省份对口支援四川各地的区域合作话题。

为进一步了解国内区域旅游应急合作研究的历史进程，本研究分别将学者在各年份（2010—2020年）发表的相关文献的数量进行统计，如图2-7所示。研究发现：（1）文献发表数量呈递减趋势，在2010年和2011年两年内发文量最多（9篇/6篇），这与汶川地震后的对口援建政策有关；（2）在2012—2020年这9年间，中文文献的发表数量相对平缓，平均年发文量2.8篇。综上所述，国内学者在该方面的研究一直较为平缓（2010年、2011年除外）。

同时，本研究使用Citespace软件将38篇中文文献从2010年到2020年间首次出现关键词的节点通过可视化的方法展示出来，如图2-8所示。研究发现：（1）在2010—2020年间，"危机事件"这一关键词贯穿研究的始终，是区域旅游应急合作的重点；（2）2011年是近10年来新兴关键词的爆发期，其中"出境旅游"在2011年被提出并在之后屡次涉及；（3）2019年是近10年相关文献关键词的又一高峰期，这一年的研究更多关注于"一带一路"倡议下的应急合作管理。纵观 10 年的研究发展历程，旅游安全问题一直是应急管理的重中之重，是旅游学者关注和讨论的热门话题。

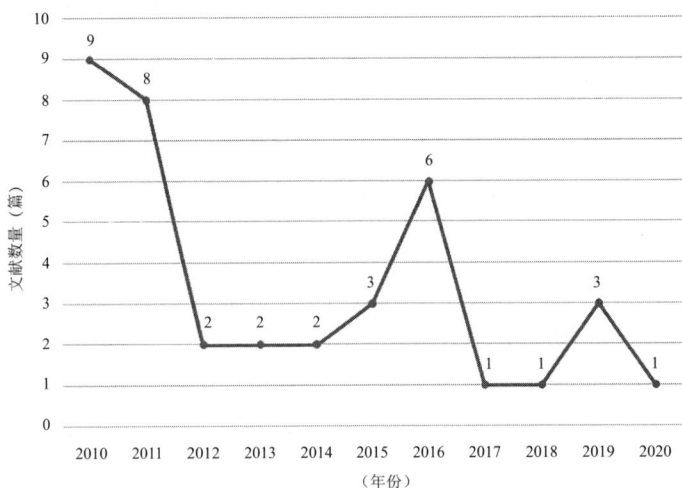

图 2-7　区域旅游应急合作研究文献数量的年谱分析

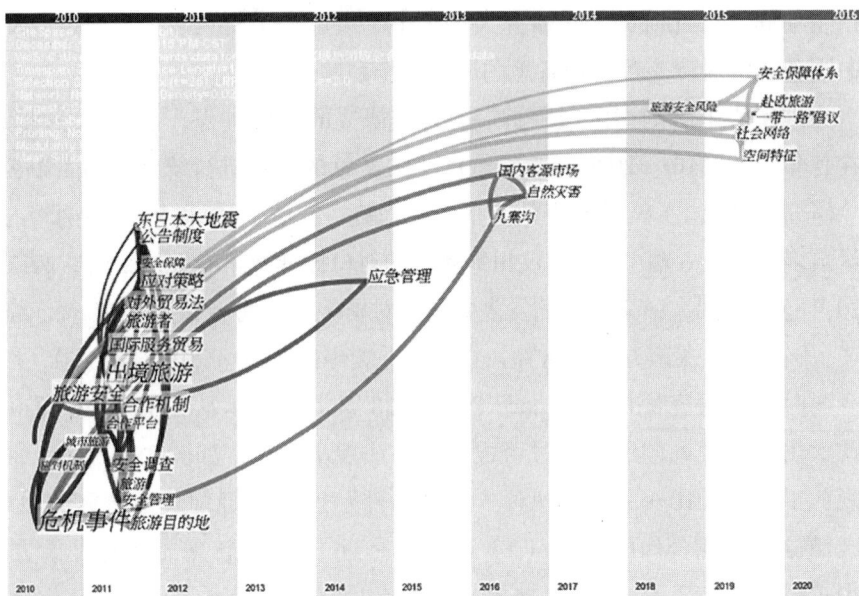

图 2-8　国内区域旅游应急合作研究领域图谱

四、旅游突发事件应急合作研究的主题

如图 2-9 所示，对检索到的区域旅游应急合作研究文献的关键词进行整理后可以发现，"危机事件""出境旅游""旅游安全""合作机制""恢复发展"等关键词在区域旅游应急合作领域被广泛提及，深受学者关注。进一步对关键词进行划分，发现国内学者对区域旅游应急合作的研究主要集中在以下两个主题领域：（1）国际应急合作，主要包括"一带一路"沿线国家、我国港澳台等的旅游应急合作；（2）国内区域间应急合作，聚焦于中国境内旅游景区突发事件的区域应急合作，例如，地震后的区域间对口援助重建工作等。具体的研究主题分布如表 2-4 所示。

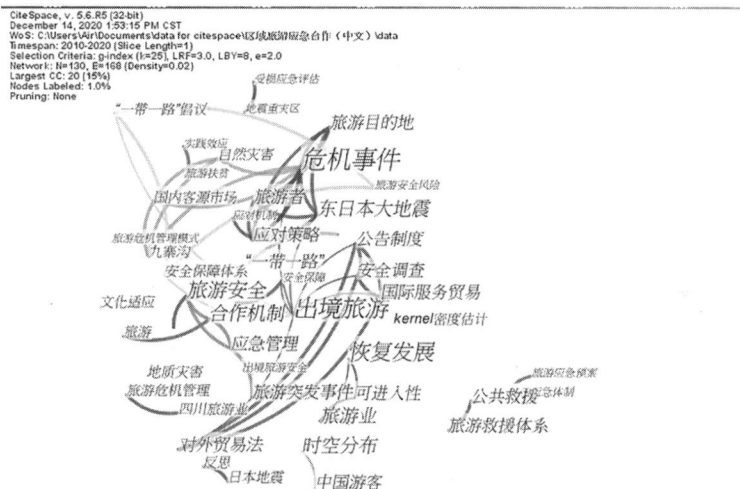

图 2-9　国内区域旅游应急合作研究的关键词共现图谱

表 2-4　中文文献中区域旅游应急合作研究的主题分布

主题领域	数量	百分比（%）	关键词
国际旅游应急合作	24	63.2	一带一路、中国游客、日本地震、出境旅游安全
国内区域间旅游应急合作	14	36.8	恢复发展、九寨沟、国内客源市场、四川旅游业
合计	38	100	—

（一）国际应急合作

随着出境旅游人数的增长，其安全问题不断出现，相关研究已经也成为我国旅游安全研究的重要领域。旅游应急合作作为旅游安全研究不可或缺的一部分，自然备受学者关注。如表2-4所示，在区域旅游应急合作的研究中，国际应急合作研究相关主题的成果最为丰富，将近2/3的研究（63.2%）关注国际旅游的应急合作主题。其中，部分文献着眼于中国游客出境游的应急合作治理研究，认为我国应首先建立出境旅游安全调查和公告制度（覃福晓，2011），加强中国游客出境旅游的安全保障措施（谢婷，2011）。当然，在目的地发生危机事件后，我国应继续开放新的旅游目的地，提供更多选择，以满足日益增加的出境旅游需求（戴林琳，2011）。

具体而言，关于出境旅游应急合作的研究主要集中在三大地区，分别是我国港澳台地区、"一带一路"沿线各国以及泰国。首先是中国内地与港澳台的旅游应急合作研究。相关文献大概从三个角度切入，其一，通过探究突发事件的时空分布及其影响因素提出内地与港澳台应共同建立基于时间、空间分布状况的旅游安全管理机制（谢朝武，2016）。其二，在安全管理合作机制的大框架下对海峡两岸及香港、澳门的应急合作进行论述，郑向敏和王新建（2011）提出要建立闽台应急预案编制与演练合作机制，以提高闽台安全应急管理水平、降低可能的突发事件风险；谢朝武和杨松华（2014）认为强化赴台旅游安全应急机制，提升赴台旅游安全服务保障水平是两岸应对赴台旅游安全挑战的措施体系中重要的一环，其在论述中指出，大陆在对台湾地区的安全风险进行监测和预警的同时，台湾相关部门也需要强化预警和救援体系的优化联动，另外两岸可以合作建立应急基金以解决应急救助问题。其三，不仅是突发事件的救援工作需要两岸同胞的倾囊相助，灾后旅游经济的恢复与发展也亟须两岸同胞的共同努力（杨雁，2010）。

其次，也有部分研究关注"一带一路"沿线东盟十国的旅游应急合作机制的建立。"一带一路"倡议推动了中国与沿线各国的文化交流与合作，但其旅游发展却横跨亚非拉等洲巨大的地理空间，涉及文化差异大、历史关系复杂的国家众多，从而导致各种传统、非传统的旅游安全风险日益增加（谢朝武，黄锐，陈岩英，2018）。中国游客在"一带一路"沿线国家就屡屡遭遇旅游安全事件，并带来了规模性的人身伤亡和财产损失（谢朝武，张俊，陈岩英，2018）。从风险发生的角度来讲，这些风险因素、风险事件与出境区域存在较大的相关性，研究发现，其分布与出境区域的经济水平、社会治安以及基础设施建设等因素相关（谢朝武，2018）。其中，经济环境指标与出境区域安全风险的关系更为密切，以新加坡为例，其政治经济发展水平均领先于其他东盟各国，因此其应对公共安全风险的能力更强，突发事件发生的可能性相对较小（卢文刚，魏甜，2017）。而从事故发生后应急合作的角度入手，我国应该对不同区域采用有针对性的治理措施（谢朝武，张俊，陈岩英，2018），以"可持续发展促进可持续安全"。

泰国作为"一带一路"沿线国家之一，历来与中国交好。据调查，中国公民赴泰旅游的人数近年来一直居于泰国旅游客源国的前三位。伴随着中泰两国旅游业的深入合作与发展，各种复杂的旅游突发事件也频频发生。"在时间分布上，我国游客赴泰旅游安全事故的发生率与泰国旅游淡旺季存在反差，与旅游活动时段密切相关；在空间分布上，旅游交通场所的事故分布比率最高"（李月调，谢朝武，2016）。基于此，构建中泰旅游突发事件应急合作机制势在必行。一方面，政府部门应从预防、预警、响应、控制、恢复五个阶段通力合作有效应对中泰两国突发事件；另一方面，两国企业之间也应该在预警响应、救援处置和善后恢复方面紧密有效合作（郑向敏，邹永广，2013）。随着互联网的发展与普及，本研究认为网络舆情的应对也属于旅游突发事件应急管理的一环，如在泰国普吉岛沉船事件发生后，中泰两国也需要在不同阶段采取针对性措施，推进跨境旅游危机事件及其网络舆情的合作管控（陈金华，胡亚美，2020）。此外，也有部分文献从日本、印度尼西亚、澳大利亚的旅游应急管理中找寻中国特色的境内外旅游应急合作路径。当然，除了亚洲地区的旅游应急合作，部分学者把合作的目光放眼国际。其中，朱尧和邹永广（2019）主张中国政府与欧洲各国加强事件的事前预警与事后管控。

不同于中国游客出境旅游的应急合作研究，部分学者认为国内发生的一些旅游突发事件也需要国际支援。比如，在事故发生之前，我国要与国际组织建立长期稳定的合作关系，开展旅游危机经验交流会；在事故发生之时，我国相关机构应该加强国际救援合作，联合国内外救援组织实施救援工作（张丹，谢朝武，2015），同时政府要积极搭建与各国之间的沟通桥梁，建立信息联系机制，在恰当时间将风险信息传达和发布给主要客源地国家和地区，以增强各国游客来华旅游的信心与安全感；在事故发生之后，我国一是要在目的地重建工作中加强与国际的交流与合作，二要是加大宣传力度，向西方各国推荐旅游目的地。

（二）国内区域间应急合作

如表 2-4 所示，国内区域间旅游应急合作是中文文献相关研究中的另一大主题（占比 36.8%），包含的关键词有九寨沟、恢复发展、四川旅游业、国内客源市场等。与国际旅游应急合作丰富的话题不同，国内区域间应急合作研究聚焦于灾后的恢复重建工作，尤其是 2008 年"5·12 汶川地震"后的旅游恢复工作，其间得益于国家对口援建政策，相关文献多涉及对口支援的区域联动政策，如鼓励东部发达地区对重灾区的旅游发展工作给予支持与帮助（康伟，陈波，2013；杜军，2013）。具体来讲，山东省从旅游城镇、旅游基础设施以及羌族文化的传承等方面，对北川旅游业的恢复振兴给予大力支持（刘鹏程，徐鹏，孙梅，等，2014）；东莞市援助映秀镇，将防震减灾示范区与"5.12"大地震纪念馆以及 5A 级温情小镇等特色旅游有机结合；珠海市则锁定绵虒镇的旅游业，打造大禹特色旅游文化（古晓杰，2016）。

此外，从政府层面来讲，事故发生前，可以在省级行政区域之间建立相互间的旅游安全风险预警机制以避免或降低突发事件造成的损失（童星，张海波，2008）。事故发生时，我国旅游业三大市场、四种形式，需要统一时间和地域，即刻启动应急机制进行救援工作（史云贵，2010）；当旅游应急处置超过地域管理范围时，也需要其他地区联动协作（兰静静，2016）；与此同时，媒体部门也要加强与旅游客源地、兄弟省市的危机公关，进行正面宣传（湛孔星，陈国华，2009）。事故发生后，事故发生区域要加强与其他区域的合作力度，实现区域间旅游的互通互动（赵宇，2012）；针对目的地事后营销与恢复工作，目的地景区需从邻近客源市场、中等距离客源市场以及远距离客源市场三个方面着手有针对性地开展宣传工作（苏陈朋，韩传峰，2014）。从商业合作的角度来讲，不仅需要公共旅游救援和公益旅游救援，跨区域的商业救援也可以提供必要的协助（刘亮，陈以增，韩传峰，荣玫，2015）；另外，灾后目的地景区的重建工作也可以通过商业招标的形式与各大旅游投资商达成投资协议，帮助事故发生区域的旅游业重焕生机（樊博，于洁，2015）。

如表2-5所示，对中文文献的研究方法做归纳分析后可以发现，大部分文章（26篇/68.4%）为概念性研究/理论性研究，仅有小部分文献（12篇/31.6%）为实证研究。在实证研究论文中，有10篇论文运用定量研究方法，1篇使用定性研究方法，另有1篇使用混合研究方法的文献。

表2-5 中文文献中区域旅游应急合作研究的研究进路/方法使用情况

研究方法		论文数量	具体方法	所占比例
实证研究	定量研究	10	社会网络分析法、交叉列联表分析、列联表卡方检验方法、最优尺度分析、主成分分析法、地理集中度指数、客源市场半径、距离累计曲线、核密度估计法、问卷调查法	26.3
	定性研究	1	内容分析法	2.63
	混合方法研究	1	ArcGIS&ROST	2.63
概念性/理论性研究		26		68.4
合计		38	—	100

（1）数据收集。在数据收集方面，12篇实证研究的文章中仅有2篇（16.67%）通过问卷调查法收集与其研究有关的一手数据。而其他10篇（83.33%）文章则使用的是二手数据，其中6篇文章选择文本内容作为研究依据，部分研究以政府部门公开的案例作为研究样本，也有部分研究以网络上的评论、游记为依据建立数据库。

（2）数据分析方法。经过归纳分析，12篇实证研究的中文文献所使用的数据分析方法主要分为三类。其一是定量分析法，包括交叉列联表分析和最优尺度分析、社会网络分析法、列联表卡方检验方法、主成分分析法、核密度估计法、因子分析法，其中交叉列联表分析法曾被多次使用，其是按照不同属性交叉分类变量时所形成的频数表，通过交叉列联表分析法可以对旅游突发事件时空分布进行分析，为应急合作机制的建立提供依据（沈阳等，2016；谢朝武等，2018）；另外值得一提的是社会网络分析法，即对社会网络的关系结构以及属性加以分析的一套规范和方法，该方法常被用于旅游突发事件的应急合作研究中，以揭示各组织在应急管理中的地位和作用（邹永广等，2017；何月美等，2018；何月美等，2019）。其二是定性分析方法，主要方法为内容分析法，如陈金华等（2020）通过对收集到的文本数据进行归纳分析，将跨境旅游突发事件的舆情传播划分为几个阶段，以此作为应急合作治理中舆情应对措施制定的依据。其三是定性定量相结合的数据分析。谢朝武等（2019）综合运用ArcGIS和ROST两种研究工具和方法对"一带一路"沿线国家旅游安全保障的需求背景进行探索，提出我国需在国家和区域层面进行应急合作机制的共建。

五、旅游突发事件应急合作救援相关研究

中国公民出境旅游人数逐渐增加，出境旅游安全事件也频发。由于出境旅游活动具有流动性、异地性、多样性和复杂性特征，出境旅游突发事件具有的突发性、复杂性、广泛性、破坏性和关联性等特点，使得出境旅游安全事件的处置相比国内旅游安全事件的处置更为复杂和困难，给客源国和目的地国都带来了较大的影响。

目前，中国公民出境旅游安全事件救援处置，主要依靠组团旅行社导游、领队、驻当地使领馆等组织的力量协助处理。但是在救援过程中常因信息传递不及时、复杂的救援形势、人员和物资的局限，目的地国与客源国之间沟通障碍等。特别是人员、信息和物资等资源的局限性，导致救援效率低下，甚至无法及时进行施救，因耽误或延误最佳救援时间，造成难以挽回的结局，给旅游安全事件的救援和处置带来了压力。出境旅游突发事件的应急处置是一项复杂的工作，仅仅依靠导游、领队、驻当地使领馆等部门难以实现，需要发挥客源国和目的地国跨国和跨组织的联合作用进行综合处置。

1. 突发事件应急管理与应急合作

出境旅游公共事故，在整个安全紧急救援过程需要整合众多资源、采取科学救援办法，在有限的时间内紧急处置。合作是指个人与个人、群体与群

体之间为达到共同目的，彼此相互配合的一种联合行动。有效的合作需要具备一致的目标、统一的认识和规范、相互信赖的合作气氛及支撑合作的物质基础等要素。O'Leary 等将合作定义为促进和帮助多组织安排解决那些不能解决或不能被单一组织解决的问题的过程（康伟，陈波，2013）。合作意味着共同劳动，共同实现同一个目标，在多部门间跨边界展开工作（Moore 等，2003）。合作治理是各种公共或私人的个人和机构管理其共同事务的诸多方式的总和，是在一定范围内的多元主体基于多元目标，运用多样化的手段对公共事务进行协同管理的过程和活动（麻宝斌，2013）。合作治理是多个相互冲突或不同利益主体上下互动、共同协商，使之调和并采取联合行动的过程，它强调治理主体的多元性，需要包括政府组织和非政府组织等多个治理主体，主体间的合作是建立在平等、自愿的基础上（张贵群，张欣，2012）。突发事件合作治理是指多个组织分工合作，在各个阶段参与突发事件合作治理的过程。突发事件合作治理具有多组织参与、政府主导、营利组织和群众自愿参与、合作内容和形式多样化和阶段性合作的特征（李琦，2008）。突发事件应急合作的主体包括政府、非政府组织、民间组织、志愿组织、多元主体等。其中，政府组织是指广义上的行政组织，主要包括国家的立法、司法与行政机关。非政府组织指不以营利为目的且具有正式的组织形式、属于非政府体系的社会组织，它们具有一定的自治性、志愿性、公益性或互益性（杜军，2013）。虽然在突发事件应急处置中最主要的治理主体是政府，但是企业、非政府组织、非营利组织、志愿组织、公民等应急主体发挥的作用也应该引起重视，政府需要协调社会各界的资源共同参与突发事件的治理。在公共危机状态下，政府的公共性目标和非政府组织的公益性追求存在契合之处，他们之间很可能形成普遍的合作。就具体过程而言，涉及大量的公共资源的调配和使用，信息的沟通交流和行动的协调（Abbasi，Kapucu，2012）。政府与非政府组织在公共危机应对中的合作领域范围较广，具体合作内容涉及自然灾害、公共政治危机、公共经济危机、公共卫生危机等各类危机，还包括不同类型突发事件应急处置，如突发公共卫生事件、群体性突发事件、突发环境事件、突发事故灾害、非常规突发事件。

突发事件的应急治理不是依靠政府权威进行自上而下单向度的管理，而是依靠合作治理网络的权威，运用非强制性手段实现权力双向运行的自治过程（李礼，2010）。国家执法部门、国家紧急服务部门以及当地执法部门构建的应急响应网络层级，通过关系网络表现出来（杜军、鄢波，2013）。具有高水平连通性以及同其他应急机构紧密联系可以更好地应对危机（康伟、陈波，2013）。突发事件合作治理通过整合多个组织的资源进行优化配置，发挥各个组织的优势，相互合作，可以提高突发事件应急处置的效率，减少资源的浪费。从内容上讲，政府与非政府组织的合作维度涉及人员、物资以及信息等各个方面；从层次上讲，既包含国家内部的统一联动，也包含国家之间的国际合作。还包括建立突发事件公共治理的相关机制，如信息协调机制、财政保障机制、利益协作机制。

跨组织合作是组织或区域间建立资源、能力等方面的共享和连接，实现单个组织或区域无法完成的目标。与单个组织相比，跨组织合作多主体、部门联动、资源整合的特征使其拥有巨大的优越性。鉴于突发事件的现实经验，其应急处置已成为也必须成为动员多方力量共同参与的跨组织联合行动。提升组织间的协同工作能力、完善沟通机制也已成为应对突发事件的共识。

2. 旅游突发事件应急合作救援

旅游是一种异地空间流动活动和短暂的生活方式，出境旅游是当前旅游者普遍的生活现象。随着出入境旅游的快速发展，区域旅游安全问题"实质上是国际社会问题在旅游领域的折射和延伸，国际社会问题的解决有效途径之一是实施区域旅游安全合作"（李柏文，2007）。互为往来的旅游客源地（国）和旅游目的地（国）早已认识到跨区域事故应急处置的难题，且已经尝试建立了双边和多边模式的旅游安全合作机制。2003 年 1 月，东盟各国按照旅游协议中的要求采取切实措施确保游客安全，且通过了旅游安全宣言。2015 年 9 月，中国与泰国进一步深化旅游合作，国家旅游局决定在曼谷设立旅游办事处，中泰商定建立旅游安全定期磋商机制。

区域旅游安全合作已引起学者从不同层面进行关注。马耀峰等（2006）研究认为在跨国丝绸之路旅游合作中，"丝路沿线国家应建立反恐怖应急协调机制，采用切实有效的措施，加强对国家内部重点目标、重要地点和设施的保障防范，制订应急处置恐怖袭击的各种预案，明确负责部门的各种职责以及保障国际旅游者安全的有效措施"。何战等（2016）认为在中越边境旅游合作和澜湄区域旅游安全合作过程中，政府需加强边境旅游安全管理、旅游企业内部管理并不断提高个人的安全防范意识。马超等（2016）基于亚洲新安全观理念，建议将旅游安全合作纳入"一带一路"倡议框架，发挥中泰旅游安全合作"早期收获"示范效用，推动政府与民间双轨互动，在旅游安全形象互塑、多边救援等合作领域发力，完善旅游安全合作机制，共建命运共同体。郑向敏等（2011）提出闽台旅游安全管理合作基础是：构建闽台旅游发展促进委员会安全管理分会、闽台旅游行业协会联盟、闽台旅游企业联盟等运作平台并建立"闽台旅游安全制度交流"等8个相关合作机制。

综上所述，现有研究对突发事件应急合作治理进行了探讨，学者们普遍认为，网络式的治理模式能够协调整合区域内众多资源，可以更好地应对各种突发事件。但出境旅游活动涉及面增多和旅游环境的不确定性因素增加，出境旅游突发事件合作治理网络的整体结构、多元主体构成状态以及主体间网络结构特征和相关关系等问题仍有待系统性、表实性分析。

研究发现：（1）国内相关文献发表量较少，且年发表量基本稳定在2~3篇/年，处于缓慢发展的阶段；（2）在研究主题方面，可以将相关文献具体划分为国际旅游应急合作和国内区域间旅游应急合作两大主题，相较于国内区域间的旅游应急合作研究，国内学者更关注于国际的区域旅游应急管理，但是相关研究大多着眼于宏观层面，缺乏对具体某个阶段的应急合作进行深入的探索与分析；（3）在方法运用方面，国内该领域的文献大多数采用理论性/概念性的论述方式，小部分文献使用实证分析的方法，其中定性分析和混合分析方法的运用则更为匮乏。本研究的发现能够为区域旅游应急合作治理研究的后续发展提供更多的主题选择及方法运用方面的参考。

第三节　研究述评

结合目前的研究现状尝试对旅游突发事件研究进行总体述评，提出未来旅游突发事件的研究可以重点关注旅游突发事件理论体系的基础研究、旅游突发事件应急预警智慧化平台建设和出入境旅游突发事件应急救援研究等方向。

一、国内外旅游突发事件研究述评与展望

（一）研究述评

经过二十几年的发展，旅游突发事件的研究从深度、广度和研究方法上都在逐步走向成熟。学者们从环境学、经济学、灾害学、管理学等不同的领域，从旅游者、旅游目的地、旅游业等不同的视角对旅游突发事件的概念、内涵、特征、影响因素和影响机制进行了系统的阐述（具体研究框架见图2-10）。但是从旅游实践与学科发展的现实来看，旅游突发事件研究的基础性理论亟待系统和完善。

（1）从研究的理论基础来看，学者们运用了混沌系统理论及"蝴蝶效应"、风险管理理论、事故致因理论等作为旅游突发事件研究的理论基础，但相关研究多数还是仅限于突发事件的共性理论探讨，未能够充分地与旅游业结合起来，不能充分体现旅游业受突发事件影响的自身特点，许多研究仍然不够深入，缺乏系统的深层次思考，还没有充分上升到理论层面，依据研究结果得出研究对策的实操性还有待进一步提升。

（2）从研究内容上看，从最开始的旅游犯罪、恐怖主义等逐步扩大到突发自然灾害、公共卫生事件、社会安全事故等各种突发事件对于旅游业的影响。关注的视角既有宏观上的对于旅游经济、入境旅游的影响，也有微观尺度上的对于旅游目的地形象、旅游者感知风险影响的研究，建立了一套比较完善的影响对象体系。对旅游突发事件管理的研究侧重于突发事件的应对与应急体系的建立，但是对于旅游突发事件的预警阶段重视程度不够，在这方

面缺乏有针对性的研究，成果也不多。对于旅游突发事件的研究还处于主观的价值判断，缺乏深层次与实证的研究，并且都处于事后被动式的研究，一般是在旅游突发事件发生之后会迎来研究高峰，缺乏防范与综合反应体系方面的构建。这与我国的旅游业的高质量发展与国内外复杂多变的环境形势不相适应。

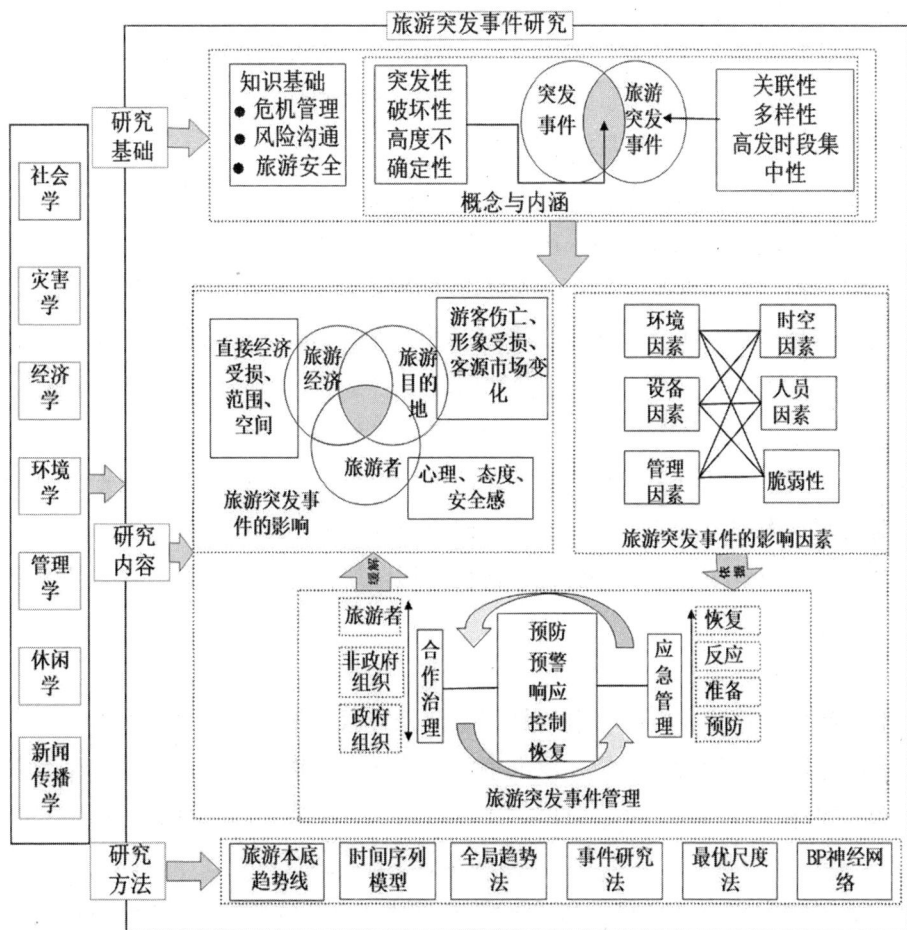

图2-10　旅游突发事件研究框架

（3）从研究方法上看，结合了经济学的计量经济模型、金融学的事件研究方法以及环境学中对于本底线的定义来定量描述突发事件对于旅游业的冲击与影响。现有的研究主要是基于年份数据构建指标体系，权重的确定主要是采用熵权系数法、层次分析法等，虽遵循规范的评价步骤，但是预测出的结果往往与实际结果有较大的偏差，难免有夸大突发事件的影响程度。因此旅游突发事件的影响应该充分地调查影响对象，从突发事件的形成机制与理论内涵上去构建一套指标体系，进而形成旅游突发事件的研究范式。

（二）研究展望

通过对现有的文献分析可以发现，国内外已经开始重视旅游突发事件的问题，并且重大旅游突发事件的类型、特征与管理的重要性的研究逐渐增多，但总体来说还存在以下问题值得继续研究。

第一，旅游突发事件理论体系的基础研究的夯实。旅游突发事件研究理论体系的形成，首先应该明确旅游突发事件的概念、特征、分类、研究内容与研究方法，进一步研究旅游突发事件的影响、影响因素以及对应的处置，形成一整套完整的研究框架。就旅游突发事件的引致因素与影响来说，不论是自然灾害、事故灾难、公共卫生事件还是社会安全事件，都渗透于旅游突发事件的主体、客体与媒介中，体现出旅游突发事件的综合性。因此亟待整合旅游突发事件的个案研究与集群化研究，综合考虑各种因素，探索出一套覆盖宏观与微观尺度的旅游突发事件研究范式。同时运用跨学科视角，从多维度对旅游突发事件中的新问题、新特点展开研究，推动旅游突发事件研究向纵深发展。

第二，旅游突发事件应急预警智慧化平台建设。旅游突发事件频发的现状要求我国加速建立旅游突发事件应急预警智慧化平台。但目前国内外尚未形成一套对于自然灾害、公共卫生事件、社会安全事故等一系列旅游突发事件的预警体系。因此，今后应该将研究方向从"事中"与"事后"转向"事前"，在明晰旅游突发事件影响因素的基础上，根据旅游突发事件的发生、演化特征分阶段建立一套科学高效的预警系统。在旅游突发事件信息的监测、判断、披露、发布以及信息解除等环节上，可考虑借助大数据与智慧旅游平台，探讨旅游安全预警阈值，科学判断旅游突发事件预警等级，并利用多种渠道向游客预警，建立一个科学合理高效的旅游突发事件应急预警智慧化平台。

第三，出入境旅游突发事件应急救援研究。全球气候变化、极端恐怖势力、地缘政治关系与国家间外交关系是影响出入境旅游突发事件安全保障的重要因素，也是国内外旅游研究中的重要议题，但现有研究成果对出入境旅游突发事件应急救援的解释力仍存在不足。未来研究应该就如何建立出入境国家之间应急救援和保险机制的对接，如何加强国际旅游合作救援平台的共建和共享，如何促进跨境旅游安全司法协助，如何发动客源国和目的地国的力量开展应急响应、紧急救援、医疗救助、安全返回等方面进行深入探讨。

二、旅游突发事件应急合作治理研究述评与展望

（一）研究述评

由于旅游业是众多利益攸关方的复杂组合，强有力的协作网络和协调一致的努力可以帮助减轻灾害的负面影响（Racherla 和 Hu，2009）。不同于区域内部各部门之间的应急管理，区域旅游应急合作强调的是区域间乃至国际的应急合作。近年来，关于区域旅游应急合作方面的研究屡次被国内旅游界学者提及，其重要性也日渐凸显。因此，基于中文文献对国内区域旅游应急合作研究进行系统的回顾与梳理，以了解当前我国区域旅游应急合作研究的进展和未来发展趋势。本研究通过对发表在中文权威学术期刊上的区域旅游应急合作研究论文进行统计、归纳和比较分析，得出如下结论。

（1）国内旅游学界对区域旅游应急合作的研究一直处于不温不火的状态（2010 年、2011 年除外）。具体来讲，区域应急合作领域相关的研究一直围绕着旅游安全来展开，危机事件作为应急管理的前因变量也再被相关研究重复提及。

（2）在研究主题方面，本研究通过归纳整理把国内该领域文献分为两大领域，即国际旅游应急合作和国内区域间旅游应急合作。在国际旅游应急合作主题领域中，相关文献屡次涉及"出境旅游"这一话题，"一带一路""港澳台""东南亚"相关主题一直是该领域的研究热点。研究发现，在该领域的研究中，绝大多数研究立足宏观视角，关注政府间应急合作机制的建立。另外，不局限于传统的应急管理减灾、备灾、响应、恢复四个阶段，旅游学者

还衍生出了新的主题，即舆情应对，探讨突发事件发生时舆情对目的地的影响以及应对工作。

（3）在研究方法方面，多数文献属于概念性、理论性研究，实证研究的文章仅占所有文献31.6%，其中定量研究的文献居多，另有定性研究和混合方法研究的文章各一篇。通过整理归纳，本研究发现相关领域的大多数实证文章选用的是二手数据，多数学者倾向于通过已有的数据对突发事件的发生进行分析，进而提出区域应急合作的构想和建议。

（二）研究建议

本研究的上述结论对国内旅游学界未来的区域旅游应急合作研究有如下建议和启示。

（1）在研究主题和内容方面。研究发现，当前相关国内文献在区域旅游应急合作主题方面的涉及略少，多数文献只是在文章中一笔带过或以较少的篇幅提及，并没有形成系统化的研究。具体来讲，多数区域旅游应急合作研究着眼于整个阶段的研究，缺少单独某个阶段的应急合作研究。旅游应急管理宏观上来讲包括危机管理、灾难管理等，其一般步骤分为减灾、备灾、响应、恢复四个阶段，区域旅游应急合作研究可针对这四个阶段进行详细深入的研究，如区域间各机构如何统筹进行适当的危机预警；备灾环节区域间又该如何妥善地准备以把事故造成的不良影响降到最低；响应阶段各区域各部门如何协调以最优化配置，达到事半功倍的效果；而在恢复阶段，不局限于对口援建、招商引资等措施，政府间如何合作才能强有力地恢复目的地的旅游业也是值得学界探讨的重要问题。就响应环节来讲，区域旅游应急合作研究大可借鉴旅游应急合作研究的方法，逐渐趋于微观视角，关注国家间、区域间各机构的应急合作及关系网络的分析，探寻区域间的各个机构在旅游突发事件中的反应机制和应急管理。

（2）在研究方法方面。国内研究亟须加强研究方法的多元化，相较于实证研究在其他领域的大量使用，国内区域旅游应急合作研究的相关文献多集中在概念性／理论性研究。此外，在实证研究中，相关研究也需要增加定性方法和混合方法的运用。在数据的收集方面，多数研究集中于二手数据的收集，未来的区域旅游应急合作研究可以将一手数据和二手数据进行混合收集，以增加研究的说服力和可靠性。并且，在对区域旅游应急合作的研究中，国内学者还要注重丰富研究数据的类型和来源，如图像数据的收集等，以此提高研究信度和效度。在数据的分析方面，现有的文献多集中在定量分析方法上，是否可以用定性的方法来分析收集到的数据，或者用混合方法分析数据，用定性的方法得出研究结论，并附之以定量分析方法进行对结论的验证。

（3）综合本研究结果，国内区域旅游应急合作研究的相关文献数量较少，包括国外的相关文献亦是如此。由此可见，区域旅游应急合作研究还有许多主题可以进行深入探索。一方面，在国际旅游应急合作方面，国内文献将研究的重点集中在出境游客的应急研究上，在一定程度上忽略了入境游客的应急管理合作。如何在国内的旅游市场中从减灾、备灾、响应和恢复四个阶段更好地保障入境游客的人身安全，增强国外游客的心理安全感都是亟待研究的问题。当然，在国际的合作方面，现有的研究多关注于亚洲各国间的区域应急合作，特别是东南亚国家。而随着全球化进程的深入，出境游客的足迹遍布欧洲、大洋洲、美洲等世界的各个角落，所以中国与世界各国的旅游突发事件的应急合作都应该有所涉及。另一方面，在国内区域间的旅游应急合作研究中，相关文献很少，且多集中于灾后目的地的恢复与重建工作，缺少响应阶段的区域间应急合作研究，这也是未来研究可以关注的一个方面。

（三）研究不足与展望

本研究在研究过程存在着一些不足，还有很多需后续关注的地方，具体如下。

一是本研究的视角较为局限，仅仅回顾了国内区域旅游应急合作领域的文献，较少涉及国外的相关文献。在条件允许的情况下，可以尽可能地多收集更多的国外文献。未来的研究可以将国外区域旅游应急合作研究的相关文献纳入研究综述中，并将国内外文献进行对比研究，通过对比找出国内外研究的不同点，有利于今后国内相关领域的研究取长补短，深入发展。

二是本研究回顾和评价的对象是国内权威学术期刊中刊载的文献，尽管研究纳入的文献基本覆盖了主要的区域旅游应急合作研究，但必须说明的是，由于条件的限制，并没有（也不可能）囊括旅游领域内所有与区域旅游应急合作研究相关的文献。

　　三是本研究的主要目的是对中文文献中区域旅游应急合作研究的主要内容进行统计分析，并未对文献涉及的相关属性信息（如所在国家 / 地区、机构、作者等）进行梳理和说明。后续研究将继续使用 Citespace 软件对文献的其他相关信息进行可视化分析，以便读者能够更加清楚区域旅游应急合作研究的发展脉络和未来发展趋势。

第三章　中国公民出境旅游突发事件的类型与特征

本章通过数据挖掘和大数据分析，分析出境旅游突发事件的类型和特征。研究内容主要包括：一是剖析出境旅游突发事件的主要类型、等级、时空分布规律特征；二是揭示中国公民出境旅游突发事件的主要类型、热点区域，刻画出境旅游突发事件风险地图；三是基于在线旅游网站上的游客网络游记和评论资料，挖掘出中国公民出境旅游安全感知的主要内容。同时以中国公民赴马来西亚有关安全的游记为案例数据资料，采用社会网络分析方法，从微观游客感知视角探讨旅游安全感知与空间分布之间的关系，揭示中国公民出境旅游安全感知空间分布特征，刻画中国公民出境旅游安全风险地图。

第一节　中国公民出境旅游突发事件的时空特征：宏观区域尺度

一、出境旅游突发事件时空分布的相关研究

旅游突发事件的空间分布是旅游突发事件特征探索的深化，也引起学者的关注。Page（1996）通过对新西兰的休闲旅游安全事件状况进行统计分析，发现游客旅游安全事件主要聚集于探险型旅游目的地。Ball（2006）具体分析

了欧洲发达国家的旅游安全事件状况，发现游客在国外和国内旅游时，发生低风险旅游安全事件的概率有显著差异。谢朝武利用全局趋势分析法对中国旅游突发事件伤亡规模的空间特征进行分析，研究表明分异特征主要表现为由东向西、自北向南皆呈倒 U 形分布；其中中国西南地区环境风险的总体水平要高于其他地区；在赴港澳旅游过程中，发现交通、餐饮和住宿场所是高发场所（谢朝武，2013）；国内游客在赴泰国旅游过程中，旅游突发事件呈高发场所集中分布特征，不同类型旅游安全事件的空间分布具有差异性（谢朝武等，2017）。老年人、大学生等不同旅游群体的旅游突发事件特征及引致因素等成为热点研究话题。研究文献发现，上述游客群体的旅游突发事件主要表征为犯罪、交通、火灾与爆炸、疾病或中毒及其他意外事故，且表现出突发性、隐蔽性和广泛性特征（郑向敏，2003），同时研究还发现体验性、探险型活动景区是旅游突发事件高发场所（Bentley，2001）。由此观之，现有的研究主要从国家、省市、区域等不同尺度对旅游突发事件的空间特征进行分析，分析了旅游目的地突发事件类型特征和目的地整体安全风险水平。同时，更多的是从安全事件类型、事故致因、事件发生场所等单一的、孤立角度在进行的探索。这些研究虽能较好揭示事件内在特征，也刻画了旅游突发事件空间结构特征，但大多数突发事件的发生都具有空间属性和规律，不同类型事件因其本质属性而呈现出不同空间集聚性特征（柳林等，2017）。而安全事件的发生是空间、环境和人自身多种因素的相互耦合，不同地理空间、旅游活动特征导致旅游安全事件也有所差别。

从前人研究成果可以发现，现有研究主要运用描述性统计分析对特定区域安全感知事件空间分布规律进行探究，但不同类型事件因其本质属性而呈现出空间分布的异质性，且发生场所也具有空间属性和规律。如何从突发事件类型与发生地点、游客安全感知与发生场所二元视角出发，以此对游客在旅游过程中的安全感知空间分布结构特征和事件类型的相关关系进行剖析是本研究题中之义，将有利于更好地对突发事件的空间特征进行预防、控制。

二、数据来源与研究方法

（一）研究区域概况

本研究根据各个国家和地区与我国旅游往来密切程度，选取 37 个国家和地区作为中国出境旅游突发事件 / 安全风险态势的研究对象。

（二）数据来源

本研究以 37 个中国公民出境旅游的主要目的地国家和地区为研究区域，在 2010—2019 年近 10 年的风险数据的基础上，收集了 2010—2019 年出境旅游风险事件新闻报道以及 2017 年以来涉及出境旅游国家安全信息的文化和旅游部出行提示，以期通过多元数据进行中国出境旅游安全 / 风险态势分析。其中，风险数据主要来源于世界银行 WDI 数据库（http://www.Worldbank.org.cn）；出境旅游风险事件数据取于中国新闻网（https://www.chinanews.com），出行风险提示信息则收集自中华人民共和国文化和旅游部官方网站（https://www.mct.gov.cn），如表 3-1 所示。

表 3-1　主要数据来源

数据类型	数据来源
风险数据	世界银行
	ICRG 数据库
	国际货币基金组织
	Economic Freedom of the World 2017 Annual Report
风险信息	文化和旅游部
旅游风险事件	中国新闻网

（三）风险评价指标体系的构建

风险，即某种特定危险事件发生的可能性与其产生后果的组合，包括政治风险、经济风险、文化风险和金融风险等。本研究基于数据的可得性，将风险评价指标体系分为政治风险、经济风险和金融风险 3 个一级指标、10 个二级指标和 22 个三级指标，如表 3-2 所示。

表 3-2 风险评价指标体系

一级指标	二级指标	三级指标	指标说明
政治风险	政府机构效率	官僚主义质量	衡量该国官僚机构的质量及其制度优势
		民主问责	衡量该国政府对其人民的反应程度
		腐败	衡量该国政治体制内的腐败程度
	政局稳定性	政治稳定性	衡量该国政府执行其宣布计划的能力及其留任的能力
		内部冲突	衡量该国政治暴力及其对治理的实力或潜在影响
	国家安全	外部冲突	衡量该国现任政府所承受的由于他国行动带来的风险,包括非暴力外部压力与暴力外部压力
		军事	衡量该国均是对国家稳定性的支持
		宗教	衡量该国因种族、国籍、文化差异而产生的暴力与非暴力压力
经济风险	经济发展水平	GDP(不变价本币单位)	该国当年国内生产总值
		人均GDP增长(年增长率)	该国当年国内生产总值与该国人口的比值
	经济开放度	(外商直接投资 + 对外直接投资)占 GDP 比重	该国当年的外商投资总额与该国对外投资总额之和占 GDP 比值
		(进口 + 出口)占 GDP 比重	该国当年进口总额与出口总额之和占 GDP 的比值
	经济稳定性	通货膨胀率	按 GDP 平减指数衡量的该国当年的通货膨胀率
		失业率	该国总失业人数占劳动力总数的比例
	偿债能力	外债占 GDP 的百分比	该国当年的外债总额占该国国内生产总值的百分比
		总储蓄(占GDP的百分比)	该国总储蓄(包括持有的货币黄金、特别提款权、IMF 持有的 IMF 成员国的储备,以及在货币当局控制下的外汇资产)占该国 GDP 的比值
金融风险	金融发展水平	私营部门国内信贷	考察该国的金融深度
		金融部门国内信贷	考察该国的金融部门的信贷能力
	金融流动性	流动资产占短期负债	衡量该国银行在发生债务危机时的抗风险能力
		流动资产占总资产	衡量该国全部信贷资产的流动性水平
	金融稳健性	货币稳健性	考察该国货币增长、通货膨胀标准差、近一年通货膨胀,外汇银行账户自由度方面的稳定性
		汇率稳健性	考察该国的汇率稳定性程度

（四）研究方法

1. 核密度估计

核密度估计法（Kernel Density Estimation，KDE）是一种时空热点研究方法，常用于计算空间单元要素集聚的密度态势，通过核密度估计法可以有效测度不同时期各个国家和地区的风险分布情况以及时空分布走势。核密度估计通常使用 Rosenblatt Parzen 核估计：

$$F_n(X) = \frac{1}{nh} \sum_{i=1}^{n} k\left(\frac{x-x_i}{h}\right)$$

式中，$k\left(\dfrac{x-x_i}{h}\right)$ 是核函数，h（$h>0$）为阈值，n 为样本点个数，（$x-x_i$）则是估计栅格中心点 x 到样本 x_i 处的距离。

2. 社会网络分析

社会网络分析法是由社会学家根据数学方法、图论等发展起来的定量分析方法，旨在建立并描述群体的关系模型和结构。根据行动者集合的性质，可以将社会网络划分为 1- 模网络、2- 模网络和隶属网络。其中，2- 模网络是指来自两种不同属性的行动者集合之间的关系网络。本研究基于 2- 模网络对出行安全提示信息与所属地区进行网络分析，探究安全事故类型与其所属地区的内在关系，详细流程如下：

首先，在整理分析文本资料的基础上，本研究对文本中涉及的安全事故类型进行提取，如社会安全事件、社会卫生事件等。其次，研究将涉旅安全事故类型记为 1，依次叠加，形成 Excel 表中"出境旅游目的地—旅游安全事故类型"的二维方阵列表。最后，运用 Ucinet 软件对整理出的二维列表进行2- 模社会网络分析，包括中心度分析、可视化分析，以探究出境旅游目的地安全事故类型的空间结构特征及关系。

其中，中心度数据，包括点度中心度、接近中心度以及中间中心度。具体来说，点度中心度高意味着某点居于社会网络的中心位置，与很多他者具有直接关联；接近中心度衡量的是一个行动者独立于其他行动者控制的程度，可以被定义为某点与所有其他点的距离和，接近中心度越大，该点的独立性越大；中间中心度测量的则是行动者"控制"其他行动者的能力，中间中心度越大，则该点的控制力越强（刘军，2009）。

三、中国公民出境旅游突发事件类型与结构特征

（一）出境旅游突发事件的类型分析

整理得到 2010—2019 年中国公民出境旅游的主要目的地国家和地区发生的旅游安全事件共 231 条，按照黄锐等（2019）对出境旅游安全事故的分类，本研究收集到的旅游安全事件分为 5 个大类，30 个小类，如表 3-3 所示。

表 3-3　中国公民出境旅游安全事故的发生频率

来源类型	事故类型	频率	来源类型	事故类型	频率
旅游事故灾难	车辆交通事故	97/42.36%	涉旅自然灾害事件	火山爆发	9/3.93%
	船只交通事故	13/5.68%		暴雨	2/0.87%
	热气球事故	4/1.75%		洪水	3/1.31%
	游客失踪	4/1.75%		山体滑坡	1/0.44%
	动物袭击	4/1.75%		地震	9/3.93%
	设施设备	1/0.44%		雪崩	1/0.44%
	溺水	15/6.55%	社会安全事件	爆炸	4/1.75%
	飞机失事	4/1.75%		火灾	4/1.75%
	坠崖	2/0.87%		政治僵局	2/0.87%
旅游业务安全事故	游客偏见	2/0.87%		军事冲突	1/0.44%
	消费陷阱	15/6.55%		恐袭	5/2.18%
	滞留机场	4/1.57%		示威游行	1/0.44%
	服务冲突	7/3.06%		绑架勒索	9/3.93%
社会卫生事件	传染病	5/2.18%		歹徒砍伤	7/3.06%
	突发疾病	2/0.87%		枪杀	5/2.18%
	食物中毒	2/0.87%		抢劫	6/2.62%
				强奸	3/1.31%

具体来说，（1）旅游事故灾难占比 62.9%，系发生频率最高的安全事故大类。其中，车辆交通事故占比 42.36%，是出境旅游主要的安全事故类型。

此外，溺水（6.55%）和船只交通事故（5.68%）分别居于旅游事故灾难类型的第二位和第三位，也是出境旅游安全事故的高发类型。（2）社会安全事件仅次于旅游事故灾难，发生频率为13.54%，可划分为两大类：其一，与当地的政治局势相关的安全事件，如政治僵局（0.87%）、军事冲突（0.44%）、恐怖袭击（2.18%）、示威游行（0.44%）等；其二，与社会治安相关的安全事件，如绑架勒索（3.93%）、歹徒砍伤（3.06%）、抢劫（2.62%）等。（3）旅游业务安全事故与社会安全事件的发生比率所差无几，主要事故类型有游客在出境旅游过程中受到的歧视与偏见（0.87%）、消费陷阱（6.55%）、机场滞留（1.57%）以及服务冲突（3.06%）等，其中服务冲突主要指游客在旅途过程中与旅游从业人员如导游等产生的矛盾、摩擦。（4）涉旅自然灾害占比10.92%，地震（3.93%）、火山爆发（3.93%）、洪水（1.31%）等自然灾害都会对出境旅游产生影响，且波及范围广，影响时间长。（5）社会卫生事件的发生频率（3.92%）在五大出境旅游安全事故类型中居于末位，主要包括传染病（2.18%）、突发疾病（0.87%）和食物中毒（0.87%）等。

（二）出境旅游突发事件的网络结构特征

研究运用 Ucinet 软件对中国公民出境旅游的主要目的地国家和地区旅游安全事故的 2- 模网络进行分析，分别得到出境旅游安全事故的中心度（见表 3-4）和旅游安全事故发生区域的中心度（见表 3-5）。

如表 3-4 所示，车辆交通事故的点度中心度最大，为 0.649，其接近中心度（0.832）和中间中心度（0.493）也在前列，即车辆交通事故在中国公民主要出境国家和地区的分布范围广泛，具有普遍性。滞留机场、火灾、船只交通事故、抢劫的点度中心度次之，分别为 0.189、0.162 和 0.135，是中国公民出境旅游发生的主要安全事故类型。而如动物袭击、设施设备故障、服务冲突、军事冲突等事故的点度中心度较小，为 0.027，表明这些事故类型在我国公民出境旅游安全事故中发生概率较小，分布较为集中，不具有较强的普遍性。

表 3-4　出境旅游安全事故中心度分析

来源类型	事故类型	点度中心度	接近中心度	中间中心度	来源类型	事故类型	点度中心度	接近中心度	中间中心度
旅游事故灾难	车辆交通事故	0.649	0.832	0.493	涉旅自然灾害事件	火山爆发	0.108	0.512	0.008
	船只交通事故	0.162	0.565	0.046		暴雨	0.108	0.48	0.028
	飞机失事	0.027	0.449	0		洪水	0.054	0.427	0.026
	热气球事故	0.054	0.427	0		山体滑坡	0.081	0.548	0.018
	游客失踪	0.108	0.565	0.018		地震	0.027	0.355	0
	坠崖	0.054	0.468	0.001		雪崩	0.162	0.542	0.065
	动物袭击	0.027	0.48	0	社会安全事件	爆炸	0.027	0.325	0
	设施设备故障	0.027	0.48	0		火灾	0.162	0.571	0.045
	溺水	0.054	0.46	0.001		政治僵局	0.027	0.48	0
旅游业务安全事故	游客偏见	0.054	0.48	0.002		军事冲突	0.027	0.449	0
	服务冲突	0.027	0.441	0		恐袭	0.108	0.449	0.009
	消费陷阱	0.108	0.527	0.014		示威游行	0.027	0.48	0
	滞留机场	0.189	0.589	0.066		绑架勒索	0.108	0.476	0.022
社会卫生事件	传染病	0.054	0.512	0.003		歹徒砍伤	0.108	0.542	0.037
	突发疾病	0.108	0.565	0.016		枪杀	0.108	0.48	0.025
	食物中毒	0.081	0.502	0.028		抢劫	0.135	0.484	0.081
						强奸	0.054	0.472	0.003

　　在旅游安全事故发生区域的中心度研究中（见表3-5），各个国家和地区的中心度存在差异。其中，在东北亚、东南亚及南亚地区，各国的度数中心度相对较高，如泰国（0.378）、印度尼西亚（0.243）和中国台湾（0.243）三个国家和地区的点度中心度明显高于其他国家，而三者的接近中心度和中间中心度同样较大，说明泰国、印度尼西亚和中国台湾是我国公民出境旅游安全事故的高发目的地，同时表明中国公民在东北亚、东南亚及南亚地区的旅游安全事故较多。其他区域的国家和地区点度中心度整体较小，相关旅游安全事故发生概率小。其中，埃及、美国和新西兰是旅游安全事故的高聚集地。

表 3-5　中国公民出境旅游安全事故发生区域的中心度

区域	国家	度数中心度	接近中心度	中间中心度	区域	国家	度数中心度	接近中心度	中间中心度
东北亚	俄罗斯	0.054	0.553	0.003	西亚及非洲	土耳其	0.081	0.565	0.02
	韩国	0.216	0.609	0.073		黎巴嫩	0.027	0.548	0
	日本	0.135	0.602	0.033		以色列	0.027	0.548	0
	中国香港	0.216	0.645	0.147		约旦	0.027	0.337	0
	中国澳门	0.054	0.553	0.003		埃及	0.108	0.577	0.072
	中国台湾	0.243	0.623	0.102		南非	0.027	0.548	0
东南亚及南亚	新加坡	0.027	0.369	0	美洲及大洋洲	美国	0.108	0.577	0.02
	印度尼西亚	0.243	0.645	0.089		墨西哥	0.027	0.372	0
	马来西亚	0.216	0.623	0.083		加拿大	0.027	0.548	0
	泰国	0.378	0.686	0.203		巴西	0.027	0.372	0
	越南	0.054	0.565	0.003		新西兰	0.108	0.583	0.025
	菲律宾	0.108	0.589	0.032		澳大利亚	0.054	0.559	0.004
	柬埔寨	0.027	0.548	0	欧洲	英国	0.054	0.559	0.008
	缅甸	0.027	0.372	0		法国	0.081	0.464	0.01
	老挝	0.027	0.548	0		德国	0.054	0.438	0.003
	印度	0.135	0.456	0.043		意大利	0.027	0.418	0
	巴基斯坦	0.054	0.388	0.001		西班牙	0.027	0.548	0
	斯里兰卡	0.027	0.382	0					
	尼泊尔	0.054	0.408	0.026					
	马尔代夫	0.027	0.421	0					

（三）出境旅游突发事件网络结构特征的可视化分析

研究用 Ucinet 软件生成出境旅游国家—旅游安全事故的 2- 模空间网络结构图（见图 3-1）。在 2- 模网络结构图中，节点越大，说明某类安全事故的分布区域越广泛，具有普遍性。"车辆交通事故"的分布范围较广，明显分布于多个国家，如泰国、韩国、印度尼西亚等。而在旅游安全事故发生的区域中，泰国、韩国等地区是旅游安全事故发生的高聚集区域，车辆交通事故在这些国家的旅游安全事故类型中也占比较高，是其主要的旅游安全事故。

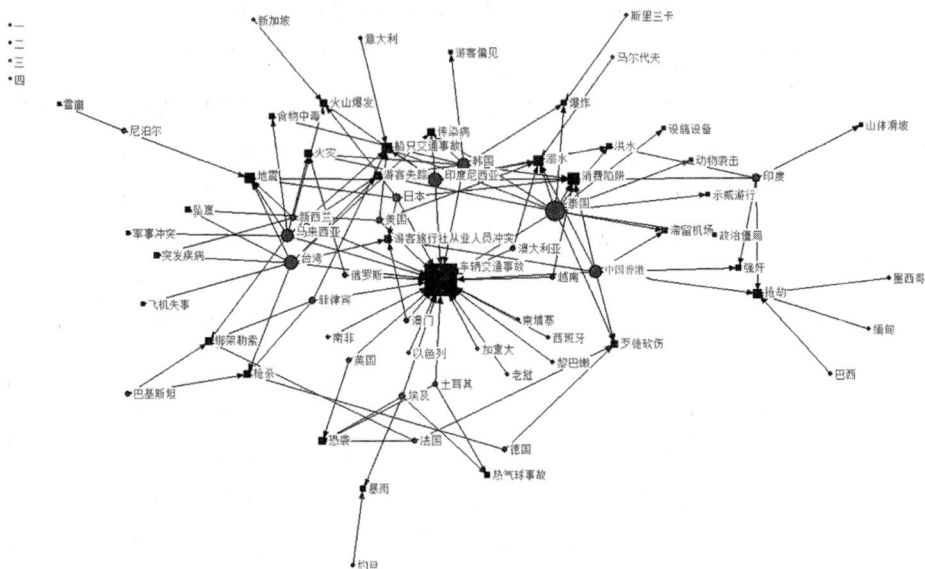

图 3-1　中国公民出境旅游安全事故空间 2- 模网络

（四）出境旅游突发事件年际空间演变

本研究运用 ArcGIS 的核密度估计工具对 2010—2019 年中国公民出境旅游安全事故的时空分布进行分析。整体来看，从空间角度，中国出境旅游安全事故分布范围广泛，主要集中在东亚、东南亚、北美洲和西欧部分地区；从时间角度，旅游安全事故的发生频率具有阶段性特征，按照各个年份的分布特点可以将 10 年的核密度变化分为五个阶段。

阶段 1：2010 年。在阶段 1 时期，我国公民出境旅游安全事故主要集中于东南亚地区，形成北至中国，南到印度尼西亚、西达缅甸、东临日本的以泰国为中心向四周辐射的扇形高密度核心区，涉及范围由内到外依次包括泰国、柬埔寨、老挝、越南、马来西亚、印度尼西亚、缅甸、中国港澳台地区、日本、韩国等多个国家和地区。此核心密度区则分布在西欧，形成了以法国为中心的次密度核心区，并波及英国、西班牙、意大利、德国等多个西欧国家。此外，西亚和北非的临界地区以及北美洲也分别出现了两个低密度核心区。

2010 年，东亚和东南亚地区的旅游安全事故密集程度显著高于其他地区，即东亚和东南亚是我国公民出境旅游发生安全事故的高密集区。在高密度核心区中，泰国、老挝、柬埔寨和越南的旅游安全事故密集程度明显高于其他国家和地区。而周边国家如日本、印度、印度尼西亚等国尽管处于高密度核心区的边缘地带，但其旅游事故的发生概率仍然高于其他核心区（西欧、北美洲、西亚和非洲）。而在其他核心区中，西亚和非洲地区以及北美洲地区的旅游安全事故密度一致，为低密度；西欧地区的密度核心区由圆点向四周扩散，密度变化为中密度—低密度。

阶段 2：2011—2012 年。在该阶段中，可以看出旅游安全事故的分布区域与阶段 1 相比明显扩大，且密集程度加深。总体来看，该阶段主要形成了三个圆环状的密度核心区，分别位于北美洲、欧亚非交界处以及东南亚至南亚地区，即此三个区域在阶段 2 的旅游安全事故发生频次多、且具有区域聚集性。

具体来说，2011 年中国公民出境旅游出现了三个高密度安全事故核心区，以我国为起点自东向西分别形成了以泰国为中心向北辐射到中国境内的扇状密度核心区，以西班牙为中心牵连亚欧非大陆的圆形核心区，以及以美国为中心覆盖北美及南美部分地区的开扇形核心区。每个密度核心区都有 9 级，自中心向外逐渐降级。时间推移到 2012 年，北美地区的高密度核心区几乎没有变化，依旧是中国公民出境旅游安全事故的高发地带，而亚欧非大陆的两个高密度核心区却较 2011 年有融合趋势，且密集程度明显减弱。其中，亚欧非大陆交界处由高密度核心区转变为中等密集程度，且中心位置向东南方向迁移至意大利，整体覆盖范围减小；而以泰国为中心的高密度核心区出现西移现象，形成了以缅甸为中心的中等密集核心区，与亚欧非中密集核心区相交，呈双轮状分布。

阶段 3：2013—2014 年。阶段 3 的旅游安全事故分布呈现多焦点齐发状态。在该阶段，我国公民出境旅游安全事故的聚集区域广泛分布在各个角落，亚洲、欧洲、非洲、美洲、大洋洲都有涉及。即 2013—2014 年，我国公民出境旅游的涉足地区较广，旅游安全事故发生区域分散，密集程度较低。

2013 年，我国出境旅游安全事故分布图出现 5 个密集程度不同的核心区，密集程度由高到低分别是以中国港澳台为中心分布在东亚、东南亚沿海地区的带状高等密度核心区，以印度为核心向周围扩散的圆形中等密集核心区，以以色列、约旦为中心的环形中等核心区，以美国为核心的环状密集区和以法国为核心的单层次汇集区。此时，中国公民出境旅游事故形成多点并行的风险态势。从 2013 年到 2014 年，出境旅游安全事故的密度核心区由五个增加至 8 个，新增的有南美低密度核心区、南非低密度核心区、以土耳其海峡为中心的低密度核心区、澳大利亚低密度核心区和新西兰高密度核心区。同时，分布在亚洲南部和东南部的两个密度核心区不断扩张逐渐融合成横贯南亚、东南亚和东亚以泰国、中国港澳台为中心的中高密度核心带。综上，阶段 3（2013—2014 年）中，我国公民出境旅游安全事故分布地区广泛，呈现逐步扩张趋势，但密集程度小于阶段 2。

阶段 4：2015—2017 年。2015 年至 2017 年，我国公民出境旅游整体安全态势围绕东亚至东南亚、北美洲、欧亚非大陆边界小范围密集分布，且呈现逐渐扩大趋势。该阶段的分布密集程度整体弱于阶段 3，而阶段内密集程度呈增强增大趋势。

2015 年，我国公民出境旅游安全事故主要分布在东亚至东南亚、南亚、北美洲以及澳大利亚部分地区，密集等级属于低级状态，泰国、印度尼西亚、马来西亚、柬埔寨、老挝、越南以及日本的出境旅游安全事故分布较为密集，其他地区偶有分布。2016 年，东亚至东南亚地区再次呈现带状分布，密集程度明显加深，是旅游安全事故的高密度核心区，南亚的低密度核心区逐渐南移至土耳其海峡，西欧出现新的旅游安全事故密集区，而北美的事故密集度有所下降。2017 年，单一片状密度核心区逐渐形成至多层次跨密度核心区，形成了以泰国为核心的 9 级高密度核心区和两个分别以法国和美国为核心的中等密度核心区，此时，密度核心区的覆盖范围显著扩大，向四周辐射多个国家和地区。因此，在阶段 4 中，我国出境旅游安全事故分布经历了由点到面、由分散到聚集，且集聚程度逐渐增强的过程。

阶段 5：2018—2019 年。同阶段 3 和阶段 4 相似，阶段 5 的中国公民出境安全态势也是由小及大、由点及面、逐步集聚形成了多层级的密度核心区。

2018 年的出境旅游安全事故主要分布在亚欧大陆的四个区域，分别是东南亚、南亚、西亚的部分地区以及俄罗斯,事故密集程度小,且呈点状分布。即 2018 年我国出境旅游整体态势较为安全,部分地区时有安全事故发生,但发生频次较少。与 2018 年不同,2019 年我国公民出境旅游安全事故分布范围广泛、密集程度加深,形成了 1 个高密度核心区、3 个中密度核心区以及 1 个低密度核心区。高密度核心区依然分布在东南亚地区,向北覆盖至中国内陆地区,向南牵动印度尼西亚和马来群岛。中等密度核心区按照密集程度依次可以划分为以新西兰为中心向西北延伸的较高密度核心区、覆盖美国、墨西哥的 3 级中等密度核心区以及围绕地中海分布的 2 级中密度核心区。低密度核心区则主要分布在巴西。即阶段 5 的中国公民出境旅游安全态势也经历了由小到大、由分散到聚集的走势。

综上所述,2010—2019 年我国公民出境旅游安全事故分布态势共经历了 5 个阶段,呈现阶段性波动上升变化。其中,阶段 2 是变化较为异常的 1 个阶段,在该阶段中,旅游安全事故范围持续两年没有明显扩大或缩小趋势,即该阶段中,我国出境旅游安全态势一直较为严峻。其他阶段的态势变化大致相同,均出现了由小到大,并于下个阶段初变为最小的过程。

四、中国公民出境旅游安全态势的时空特征分析

不同区域之间的出境旅游风险存在差异,西欧地区以及西亚北非环地中海沿岸的风险指数明显高于其他地区。东南亚和东北亚地区的风险态势普遍偏高,尤其是日本的经济、金融以及政治风险显著高于其他国家和地区。其他地区存在风险,但风险指数相对较小。

分区域来说,东北亚地区风险指数较高,尤以日本最盛;东南业和南业地区的风险指数普遍较高,其中东南亚地区风险指数高于南亚地区,呈现带状分布;西亚和非洲地区的风险主要分布在地中海沿岸,且该风险带的风险密集程度明显高于其他区域;美洲和大洋洲地区,美洲的风险主要集中在美国和巴西,而大洋洲的政治、经济、金融风险则以澳大利亚最盛;欧洲地区则形成了以法国、德国为中心的环形核密度带。

中国公民出境旅游主要目的地国家的整体风险态势存在差异。与此同时,每个区域的出境旅游安全态势也各有不同,具体分析如下。

（一）东北亚地区的出境旅游安全态势分析

东北亚地区是中国公民出境旅游热门目的地之一。在整理得到的 2010—2019 年中国公民出境旅游安全事故数据中，东北亚区域发生旅游安全事故的频率为 26.2%，位居五个研究区域的第二。在所发生的东北亚出境旅游安全事故中，车辆交通事故的点度中心度最高，为 0.3，其接近中心度和中间中心度也高于其他事故类型，即车辆交通事故是东北亚出境旅游的高发安全事故。服务冲突即游客在旅游途中与旅游服务人员发生的矛盾与摩擦，其作为点度中心度（0.2）排名第二的旅游安全事故类型，也是中国公民赴东北亚旅游的高发安全事故，相关事故多围绕"导游"产生，如"黑导游"、游客与导游之间产生摩擦等。此外，消费陷阱点度中心度 0.15，位居第三，是东北亚地区出境旅游的高发旅游安全事故之一，此间原因多与我国出境游客的消费偏好有关，出境游客前往日本、韩国和中国港澳台地区多会选择购买当地的化妆品、奢侈品等商品，因此常常在商品消费方面遭遇安全事故（见表 3-6）。综上，东北亚的出境旅游安全事故主要集中在旅游事故灾难和旅游业务安全事故两个类型，社会卫生事件、涉旅自然灾害以及社会安全事件发生的频率较小，不具有广泛性。

表 3-6　中国公民出境旅游安全事故的中心度分析（东北亚）

来源类型	事故类型	点度中心度	接近中心度	中间中心度	来源类型	事故类型	点度中心度	接近中心度	中间中心度
旅游事故灾难	车辆交通事故	0.3	1.318	0.143	社会卫生事件	传染病	0.1	0.906	0.014
	飞机失事	0.05	0.763	0		食物中毒	0.05	0.744	0
	游客失踪	0.1	0.906	0.014	涉旅自然灾害	火山爆发	0.05	0.69	0
	坠崖	0.05	0.763	0		地震	0.1	0.829	0.007
	突发疾病	0.05	0.763	0		爆炸	0.05	0.744	0
	溺水	0.05	0.744	0		火灾	0.1	0.763	0.004
旅游业务安全事故	游客偏见	0.05	0.744	0	社会安全事件	歹徒砍伤	0.05	0.744	0
	服务冲突	0.2	1.036	0.052		枪杀	0.05	0.763	0
	消费陷阱	0.15	1	0.041		抢劫	0.05	0.744	0
	滞留机场	0.05	0.744	0		强奸	0.05	0.744	0

（二）东南亚和南亚地区的出境旅游安全态势分析

东南亚和南亚由于独特的地理位置和气候，旅游资源丰富，是我国公民出境旅游的主要目的地之一。同时，东南亚和南亚地区也是旅游安全事故的高发地，事故发生频率高达43.67%，事故类型主要集中在旅游事故灾难和社会安全事件方面。

表3-7　中国公民出境旅游安全事故的中心度分析（东南亚和南亚）

来源类型	事故类型	点度中心度	接近中心度	中间中心度	来源类型	事故类型	点度中心度	接近中心度	中间中心度
旅游事故灾难	车辆交通事故	0.292	0.833	0.167	社会卫生事件	食物中毒	0.042	0.507	0
	船只交通事故	0.167	0.778	0.079		传染病	0.083	0.673	0.009
	动物袭击	0.042	0.593	0	社会安全事件	爆炸	0.083	0.603	0.034
	设施设备	0.042	0.593	0		火灾	0.083	0.625	0.009
	溺水	0.125	0.686	0.043		政治僵局	0.042	0.593	0
旅游业务事故灾难	消费陷阱	0.167	0.761	0.096		军事冲突	0.042	0.507	0
	滞留机场	0.042	0.593	0		示威游行	0.042	0.593	0
涉旅自然灾害	火山爆发	0.083	0.583	0.034		绑架勒索	0.125	0.53	0.029
	洪水	0.125	0.745	0.076		歹徒砍伤	0.042	0.593	0
	山体滑坡	0.042	0.455	0		枪杀	0.083	0.479	0.008
	地震	0.125	0.648	0.075		抢劫	0.083	0.461	0.034
	雪崩	0.042	0.393	0		强奸	0.042	0.455	0

从表3-7中可以看出，东南亚及南亚地区的旅游安全事故较为分散，无较大聚集性。其中，车辆交通事故的点度中心度为0.292，是东南亚和南亚地区高发旅游安全事故，广泛分布于多个国家和地区。船只交通事故和消费陷阱次之，点度中心度为0.167，接近中心度和中间中心度较大，是该地区的主要旅游安全事故。同时，溺水、洪水、地震等事故类型同样频繁发生，与东南亚和南亚的地形地理位置高度相关。东南亚和南亚地处热带地区，深受热带季风影响，尤其是东南亚依海而建，由中南半岛和马来群岛组成，海水资源丰富，是出境游客海岛旅行的首选目的地之一。也正因为其沿海，地壳不稳定，多火山地震，尤其是印度尼西亚的出境旅游市场经常受到地震和火山爆发的

影响，同时溺水、食物中毒、传染病等事故也与当地的自然气候、地理位置等有关。与此同时，东南亚和南亚的政局较为稳定，社会安全事件如政治僵局、军事冲突、示威游行等鲜少有之，也是我国公民出境旅游的重要原因之一。

总体来说，东南亚和东亚的旅游安全事故类型主要与当地地理位置和气温气候相关，车辆交通事故、船只交通事故、溺水、洪水、地震等安全事故发生频率较高，是中国公民出境旅游安全的主要防范对象。

以下选择东南亚和南亚地区 14 个我国公民出境旅游目的地，其中东南亚的 9 个国家（新加坡、印度尼西亚、马来西亚、泰国、越南、菲律宾、柬埔寨、缅甸、老挝），南亚的 5 个国家（印度、巴基斯坦、斯里兰卡、尼泊尔、马尔代夫）。如表 3-8 所示，泰国的点度中心度 0.542，接近中心度 0.854，中间中心度 0.301，三个指标在 14 个国家中均排在首位，即泰国是东南亚和南亚出境旅游安全事故的高发目的地，安全事故分布显著多于其他国家和地区。另外，印度尼西亚（0.375）、马来西亚（0.292）、印度（0.208）均是我国公民出境旅游安全事故的高聚集地。相较于东南亚的旅游安全事故分布区域广泛，我国公民在南亚的出境旅游安全事故主要集中在印度，其他国家如斯里兰卡、马尔代夫等鲜少发生安全事故，是我国公民出境旅游较为安全的目的地之一。当然，东南亚部分地区如老挝、缅甸、柬埔寨、新加坡等国家旅游安全事故发生的点度中心度为 0.042，即该地区旅游安全事故相对较少，较为安全。

表 3-8 中国公民出境旅游安全事故发生区域的中心度（东南亚和南亚）

国家/地区	点度中心度	接近中心度	中间中心度	国家/地区	点度中心度	接近中心度	中间中心度
新加坡	0.042	0.449	0	缅甸	0.042	0.372	0
印度尼西亚	0.375	0.814	0.212	老挝	0.042	0.583	0
马来西亚	0.292	0.686	0.123	印度	0.208	0.593	0.13
泰国	0.542	0.854	0.301	巴基斯坦	0.083	0.422	0.002
越南	0.083	0.648	0.008	斯里兰卡	0.042	0.461	0
菲律宾	0.167	0.625	0.059	尼泊尔	0.083	0.493	0.034
柬埔寨	0.042	0.583	0	马尔代夫	0.042	0.507	0

中国公民赴东南亚和南亚地区旅游发生安全事故的 2- 模关系网络图如图 3-2 所示。节点越大，说明该节点在整个网络结构图中的作用越重要。

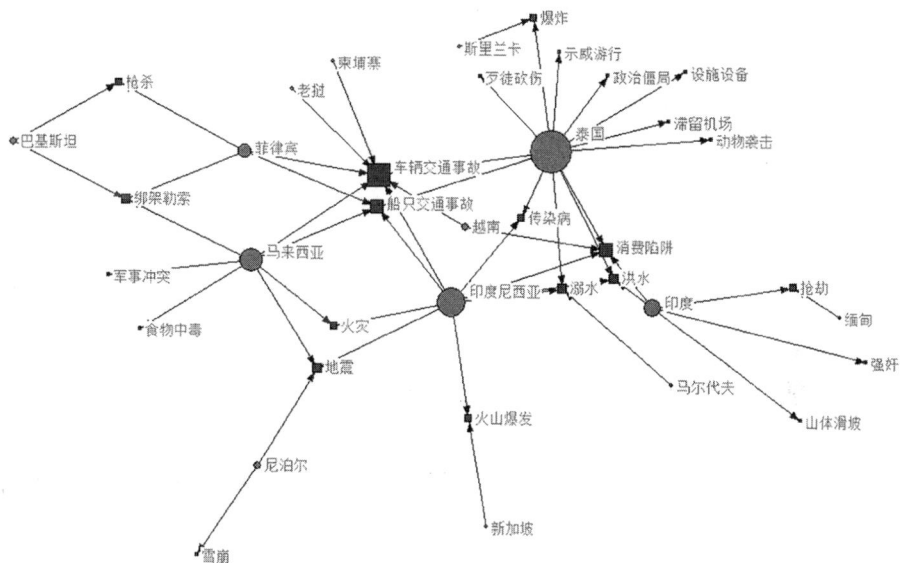

图 3-2　中国公民出境旅游安全事故空间 2- 模网络（东南亚和南亚）

泰国是整个关系图中节点最大的国家，说明在该国发生的中国公民出境旅游安全事故最多。同时泰国所连接的旅游安全事故明显多于其他国家，即在此发生的旅游安全事故种类复杂多样，既包括有车辆交通事故、船只交通事故、消费陷阱、溺水等东南亚和南亚常见的出境旅游安全事件，也偶尔发生示威游行、政治僵局、动物袭击、设施设备故障等安全事件，相关安全事件涵盖类型广泛，无明显偏好。印度尼西亚则与之不同，除却普遍存在的旅游安全事故类型，印尼多发地震、火山爆发、洪水等自然灾害，说明自然灾害是印度尼西亚发展旅游业的主要"拦路虎"。而印度出境旅游业务发展的"挡路石"则在于抢劫、强奸等高发的社会安全事件，尤其在 2004 年以前的印度，强奸等安全事件频发，是主要出境旅游安全事故。

相较于差异较大的国家节点，各类旅游安全事故分布较多，其节点大小在网络图中的差别不大。车辆交通事故、船只交通事故和消费陷阱依次是东南亚和南亚发生次数最多、分布最为广泛的三个安全事故类型。相较于其他事故类型，船只交通事故具有地域性特征，主要分布在东南亚和南亚，且发生的频率较高。除此之外，各种事故类型均有涉及，偶有发生，无明显差异。

综上所述，东南亚和南亚地区是我国公民出境旅游安全事故的高密集地，泰国、印度尼西亚和马来西亚是东南亚和南亚的主要事故发生地。相关安全事故类型分散，无较明显聚集特征，且多与当地地理位置、气候特征有关。

（三）西亚和非洲的出境旅游安全态势分析

中国公民赴西亚和非洲地区发生的旅游安全事故频率较小，为7.42%，主要事故类型集中在旅游事故灾难，如车辆交通事故（0.833）和热气球事故（0.333）。车辆交通事故依旧是该地区的高发旅游安全事故，而热气球事故则是西亚和非洲地区特有的安全事故。埃及和土耳其两个国家有可能多有将热气球作为吸引物，吸引大量游客前来体验，但与此同时，由于热气球的易燃易爆特性，相关安全事故频发。此外，西亚和非洲部分地区政局动荡、时常存在恐怖袭击、武装冲突等社会安全事件，尤其是伊拉克、伊朗、阿富汗等地。因此，恐怖袭击（0.333）也是西亚和非洲的高发旅游安全事故之一（见表3-9）。

表3-9　中国公民出境旅游安全事故的中心度分析（西亚和非洲）

来源类型	事故类型	点度中心度	接近中心度	中间中心度	来源类型	事故类型	点度中心度	接近中心度	中间中心度
旅游事故灾难	车辆交通事故	0.833	1.143	0.44	涉旅自然灾害	暴雨	0.333	0.8	0.16
	热气球事故	0.333	0.8	0.02	社会安全事件	恐袭	0.333	0.8	0.02

由于西亚和非洲多动荡，中国公民赴当地旅游存在限制，因此该区域的中国公民出境旅游国家较少，主要集中在埃及、土耳其、黎巴嫩、以色列、约旦和南非。其中，埃及（0.667）和土耳其（0.5）是中国游客的主要出境旅游目的地，同样在此发生的旅游安全事故较多。而南非（0.167）、黎巴嫩（0.167）、以色列（0.167）和约旦（0.167）四个国家的出境旅游安全事故相对较少，如表3-10所示。

表 3-10 中国公民出境旅游安全事故发生区域的中心度（西亚和非洲）

国家/地区	点度中心度	接近中心度	中间中心度	国家/地区	点度中心度	接近中心度	中间中心度
黎巴嫩	0.167	0.727	0	埃及	0.667	1.143	0.37
以色列	0.167	0.727	0	土耳其	0.5	0.889	0.09
约旦	0.167	0.571	0	南非	0.167	0.8	0.02

如图 3-3 所示，在西亚和非洲地区中国公民出境旅游安全事故的 2- 模网络关系图中，车辆交通事故是最大的事故类型节点，即该事故发生的频次最高，范围最广，广泛分布于埃及、土耳其、南非、以色列和黎巴嫩。热气球事故和恐袭则主要分布于埃及和土耳其。对于发生旅游安全事故的国家而言，埃及和土耳其的节点显著大于其他国家，说明以上两个国家旅游安全事故的发生频率较高，相关事故类型比较丰富。

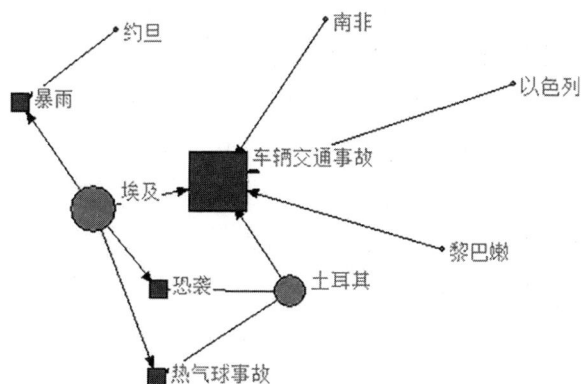

图 3-3 中国公民出境旅游安全事故空间 2 模网络（西亚和非洲）

综上所述，我国公民较少选择去西亚和非洲地区进行旅游，因此安全事故发生概率相对较小。旅游事故灾难是该地区的高发事故类型，主要集中在车辆交通事故和热气球事故。其他事故类型如恐袭、暴雨等在西亚和非洲的主要出境旅游目的地发生概率较小。

（四）美洲和大洋洲的出境旅游安全态势分析

美洲和大洋洲的旅游安全事故发生频率为 21.83%，在五个研究区域中居于第三位。与其他研究区域一致，旅游事故灾难是该地区的主要旅游安全事故，尤其是车辆交通事故的点度中心度为0.5，在美洲和大洋洲的发生概率较高，且分布范围广泛。除此之外，溺水（0.25）和抢劫（0.25）的发生概率相对较高，其他安全事故类型较少发生（见表3-11）。

表3-11　中国公民出境旅游安全事故的中心度分析（美洲和大洋洲）

来源类型	事故类型	点度中心度	接近中心度	中间中心度	来源类型	事故类型	点度中心度	接近中心度	中间中心度
旅游事故灾难	车辆交通事故	0.5	1.375	0.311	社会卫生事件	突发疾病	0.125	0.786	0
	船只交通事故	0.125	0.786	0	涉旅自然灾害	火山爆发	0.125	0.786	0
	坠崖	0.125	0.786	0		地震	0.125	0.786	0
	溺水	0.25	0.846	0.015	社会安全事件	抢劫	0.25	0.11	0.01

研究根据中国公民出境旅游偏好选取北美洲（美国、墨西哥、加拿大）、南美洲（巴西）和大洋洲（新西兰、澳大利亚）的六个国家作为该地区的研究对象，旅游安全事故发生区域的中心度，如表3-12所示。美国和新西兰是中国公民出境旅游安全事故的高聚集国家，其点度中心度为0.5，接近中心度和中间中心度相对较高，即该地区的旅游事故发生频次高，且相关安全事故类型多。澳大利亚的点度中心度为0.25，居于第三位，出境旅游安全事故发生概率相对高于点度中心度为0.125的墨西哥、加拿大和巴西。

表3-12　中国公民出境旅游安全事故发生区域的中心度（美洲和大洋洲）

国家/地区	点度中心度	接近中心度	中间中心度	国家/地区	点度中心度	接近中心度	中间中心度
美国	0.5	1.158	0.204	巴西	0.125	7.333	0
墨西哥	0.125	7.333	0	新西兰	0.5	1.158	0.245
加拿大	0.125	0.88	0	澳大利亚	0.25	0.957	0.031

美洲和大洋洲地区中国公民出境旅游安全事故2-模网络关系图，如图3-4所示。新西兰和美国在图中的节点显著大于其他国家，说明此两个国家在

2- 模网络关系图中承担着重要的连接作用，即多种事故类型在这两个国家都有分布，尤其是车辆交通事故不仅在该区域有发生，且发生的频率较高。对于新西兰来说，车辆交通事故是新西兰的高发旅游安全事故，游客对当地交通规则不熟悉是其主要原因，我国文旅部也曾多次发布出行提示信息，提醒赴新西兰旅游的游客注意交通安全。其他的旅游安全事故如抢劫在巴西和墨西哥的发生概率较大，溺水事故则多发生于澳大利亚。

综上所述，美洲和大洋洲地区的高发旅游安全事故是车辆交通事故，事故密集地主要在美国和新西兰，其他地区相对安全，旅游安全事故类型少，发生概率小，适合出游。

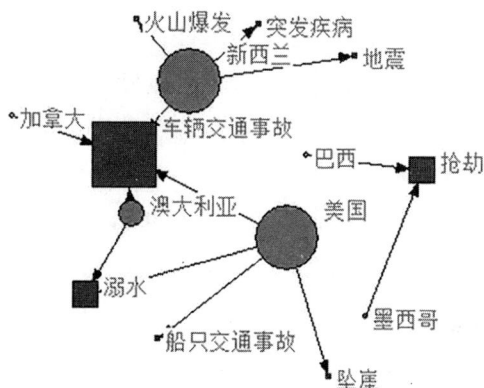

图 3-4　中国公民出境旅游安全事故空间 2- 模网络（美洲和大洋洲）

（五）欧洲的出境旅游安全态势分析

欧洲国家众多，人文景观和自然景观丰富，尤其是西欧众多国家以其厚重的历史人文景观和优美的自然景象吸引了大批中国游客远赴当地旅游。纵然，我国公民赴西欧国家旅行的数量庞大，但旅游安全事故的发生概率却仅占 1.75%，是所有研究区域事故发生概率最低的地区，即西欧国家较为安全。

表 3-13　中国公民出境旅游安全事故的中心度分析（欧洲）

来源类型	事故类型	点度中心度	接近中心度	中间中心度	来源类型	事故类型	点度中心度	接近中心度	中间中心度
旅游事故灾难	车辆交通事故	0.333	0.615	0.14	社会安全事件	勒索绑架	0.167	0.667	0
	船只交通事故	0.167	16	0		歹徒砍伤	0.333	0.8	0.24
社会安全事件	恐袭	0.333	0.889	0.3		枪击	0.167	0.5	0

如表 3-13 所示，西欧地区发生的安全事故类型主要集中在旅游事故灾难和社会安全事件两个方面，其中，车辆交通事故、恐袭和歹徒砍伤的点度中心度均为 0.333，表明以上三种事故在西欧国家分布较广、发生次数较多。其他如船只交通事故、勒索绑架、枪击等事件在该地区的发生概率较小。对比旅游事故灾难和社会安全事件的中心度，可以发现，尽管旅游事故灾难和社会安全事件的发生频次相同，但旅游事故灾难较为集中，主要包含车辆交通事故和船只交通事故两种类型；而社会安全事件的事故类型较为分散，表明西欧国家的社会安全问题种类较多，不具有聚集性。总体而言，西欧各国是中国公民出境旅游的最佳选择之一，环境优美，人文氛围浓厚，且较为安全。

表 3-14　中国公民出境旅游安全事故发生区域的中心度（欧洲）

国家/地区	点度中心度	接近中心度	中间中心度	国家/地区	点度中心度	接近中心度	中间中心度
英国	0.333	0.762	0.24	意大利	0.167	0.485	0
法国	0.500	0.941	0.38	西班牙	0.167	0.485	0
德国	0.333	0.64	0.14				

研究选取了英国、法国、德国、意大利和西班牙作为西欧地区的研究对象，原因在于以上五个国家相较于其他西欧各国更加大众化，是我国公民赴西欧旅行的主要目的地。研究发现，法国的点度中心度（0.5）较大，明显高于其他国家，说明法国是旅游安全事故发生的密集区域，而意大利和西班牙的点度中心度较小，为 0.167，表明这两个国家相对安全，旅游安全事故的发生概率较小，如表 3-14 所示。

在旅游安全事故发生区域中，法国的节点较大，即法国是旅游安全事故的高发地，其次是英国和德国，意大利和西班牙的节点较小，旅游安全事故发生频次少。在旅游安全事故类型分布中，恐袭、车辆交通事故和歹徒砍伤的节点较大，说明以上三种事故分布范围较大，每种安全事故都存在于两个国家，如英国和法国的出境游客会遭遇恐怖袭击的侵扰，车辆交通事故则困扰着英国和西班牙的出境游客，而我国公民去法国和德国旅行要注意当地的歹徒砍伤事件，如图 3-5 所示。

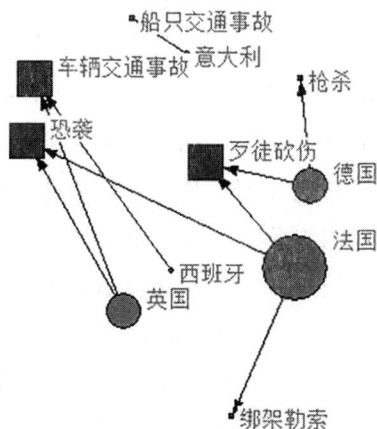

图 3-5 中国公民出境旅游安全事故空间 2- 模网络（欧洲）

总体来说，西欧地区的出境旅游相对安全，相关安全事故种类较少，分布地区跨度不大。具体而言，中国公民赴西欧旅行需格外注意相关社会安全事件，如恐怖袭击、枪击、绑架勒索等事件广泛分布于西欧众多国家，是当地的高发旅游安全事故类型。

五、结果与讨论

本研究基于 2010—2019 年中国公民出境主要目的地国家的风险数据和旅游安全事故数据，选取了 37 个主要出境国家和地区作为研究对象，对中国出境旅游安全态势的时空分布特征进行核密度估计和社会网络分析，主要研究结论如下。

第一，中国出境旅游突发事件 / 安全风险态势呈现异质性和集聚性的分布特征。具体来说，从主要出境目的地国家的整体风险指数分布来看，政治、经济、金融风险主要集中在东南亚至东北亚地区、西欧国家以及西亚部分国家。从旅游安全事故的分布情况来看，相关安全事故主要集中在亚洲地区，东南亚和东北亚地区是旅游安全事故的高聚集地，其中，泰国、印度尼西亚、日本以及中国港澳台地区的旅游安全事故发生较为频繁。美洲、大洋洲地区的旅游风险态势次之，分别形成以美国、新西兰为核心的中高旅游安全事故核心密度区，是中国公民出境旅游安全事故的高发目的地之一。此外，西亚环地中海沿岸以及西欧部分国家也是出境旅游高风险聚集地。

第二，中国公民出境旅游安全的年际变化呈现阶段性波动上升趋势，每个阶段都有其各自的变化特征。阶段1即2010年的出境旅游安全事故主要分布在东亚东南亚一带，且密集程度较高；阶段2是5个阶段中时空变化较为异常的一个阶段，该阶段的旅游安全事故发生频次高，分布范围广泛，核心区域呈现扩张且不断聚集的趋势；其他阶段的旅游安全事故分布均呈现阶段性增长态势，时间分布特征由小到大，由点及面，逐渐呈现集聚态势。整体来看，我国公民出境旅游安全空间范围变化的阶段时间分布不均匀，各阶段均存在范围扩张趋势，且整体呈现波动上升态势。

第三，旅游安全事故的频次分布具有区域差异性。整体来看，旅游事故灾难是我国公民出境旅游的主要安全事故类型，尤其是车辆交通事故广泛分布于各个出境区域，分布范围广泛，发生频次明显高于其他事故类型。具体来说，每个区域都有其独特的事故类型分布特征，东北亚的旅游安全事故类型主要集中在旅游业务安全事故，如服务冲突、消费陷阱等都是该区域的高密集事故；东南亚和南亚发生的出境旅游安全事故类型复杂，除了旅游事故灾难是高发事故类型外，其他的如旅游业务安全事故、涉旅自然灾害以及社会安全事件都是该区域的高发安全事故；西亚、非洲和美洲、大洋洲地区的事故类型分布特征相似，旅游事故灾难是当地的高密集事故类型，除此之外，涉旅自然灾害和社会安全事件偶有发生；西欧是整个出境旅游范围内最为安全的地区，旅游事故灾难与社会安全事件的发生概率相对较高。

第二节　中国公民出境旅游突发事件感知时空特征：
微观游客视角

旅游安全事件是冲击旅游市场和游客信心的"杀手锏"（马超，张青磊，2016），安全问题对游客乃至对目的地旅游业的发展，都至关重要（Woosnam 等，2015）。任何形式的安全事件都会对目的地形象产生消极影响，并可能导致游客人数减少（Kurez 和 Prevolsk，2015）。马来西亚是备受中国公民青睐的热点出境旅游目的地国，其安全问题也是更不容忽视的。近年来，马来西亚陆续发生了多起涉及中国公民旅游安全且影响重大的事件，这些事件发生后，马来西亚的国家旅游安全形象受到重创，也引发了中国公民对马来西亚旅游安全保障的担忧。

本研究以中国公民赴马来西亚旅游安全事故和旅游安全游记为数据来源和研究案例对象，主要的研究目的在于：一是试图揭示中国公民赴马来西亚旅游安全事故的感知内容与影响因素；二是从不同类型旅游安全事件感知与发生场所双重整合视角出发，运用社会网络分析方法，探究旅游安全感知和旅游目的地之间的空间关系特征，力求揭示马来西亚旅游安全感知的空间规律，刻画中国公民赴马来西亚旅游安全风险地图，进而构建中国公民赴马来西亚旅游安全"防护网"。

一、数据来源与研究方法

（一）案例资料：中国公民赴马来西亚旅游游记

马来西亚位于东南亚的中心地带，气候宜人，旅游资源丰富多样，历史韵味十足的槟城、被誉为"印度洋上的绿宝石"的西北海岸、世界闻名的马六甲海峡、世界级的潜水天堂沙巴州和该国的政治经济文化交流中心吉隆坡每年均吸引无数游客观光游览。旅游业是马来西亚第三大经济支柱，第二大外汇收入来源。丰富多彩的旅游资源和独具特色的地理环境，使得马来西亚自身成为一个集探险、休闲、度假于一体的综合性旅游目的地，也成为中国出境游客的首选目的地。据统计，2016 年，赴马来西亚旅游的游客人次达 2680 万人次，旅游收入为 821 亿林吉特[①]，其中中国公民赴马来西亚游客共 212.49 万人次，占 7.93%。但与此同时，游客安全感知事故频发，如文化习俗差异导致的文化冲突，探险旅游引发的旅游安全事故等不胜枚举。

（二）数据来源及处理

马来西亚作为中国公民出境旅游一个重要的目的地国，其发生旅游安全事件具有一定普遍性和代表性，中国公民赴马来西亚旅游安全感知空间特征规律亟待探析。

1. 旅游安全事故感知的数据来源及处理

本研究探讨的旅游安全事故感知的数据资料，主要来源于以下两个网站。（1）马蜂窝网站。本研究利用八爪鱼采集器在马蜂窝上共采集 1512 篇游记，通过剔除内容重复的游记后，筛选出中国公民赴马来西亚的游记 917 篇，其中有 163 篇游记涉及旅游安全的内容。（2）TripAdvisor（猫途鹰）网站。通过对 TripAdvisor 上中国公民出行的 153 篇马来西亚游记进行分析，共获取涉及旅游安全内容的游记 34 篇。综合起来，本研究从马蜂窝和 TripAdvisor 两大网站共获取涉及旅游安全的游记 197 篇，经过排查不存在重复的游记。通过对这些游记进行分析，发现游记中共有 259 处描述到游客安全感知相关内容，本研究将这些游客安全感知的文本资料作为研究基础材料，以此分析游客安全感知的内容与影响因素。

2. 旅游安全事故时空特征的数据来源及处理

本研究以马蜂窝和 TripAdvisor（猫途鹰）两大在线旅游网站中的中国公民赴马来西亚旅游游记为主要的大数据来源库，并对游记中有关旅游安全内容进行游览筛选，数据筛选过程如下：

首先，在马蜂窝旅游网站上，利用八爪鱼采集器共采集中国公民赴马来西亚游记 1512 篇。在 TripAdvisor（猫途鹰）旅游网站上，利用八爪鱼采集器了 153 篇游记，通过以上步骤完成了对游记资料的收集，其中游记资料包括

---

① 张迪 . 马来西亚：开征旅游税，外国游客入住须交［EB/OL］. 2017-9-10. http://tv.cntv.cn/video/C10616/c76512aff64a4bfc98222cc5db0c6b62.

游记标题、作者、游记正文、游记时间、网站链接等，共收集1665篇中国公民赴马来西亚旅游游记，并根据研究目的对游记资料进行整理。

其次，通过Excel表格将游记标题名称和作者名称完全重复的游记进行删除，共筛选出中国公民赴马来西亚的游记1043篇。通过浏览旅游游记将内容大量重复的游记和完全未涉及旅游安全信息的游记进行剔除，其中旅游安全信息主要涉及旅游者本人及亲属在马来西亚旅游过程中所发生的不安全行为和自己感知到的不安全事件，最终获取中国公民赴马来西亚有关旅游安全信息的游记共140条。

最后，构建旅游目的地—安全感知网络矩阵。通过对中国公民赴马来西亚旅游安全游记进行整理，并对旅游安全感知信息进行提取，其中安全感知信息主要包括安全感知类型和对应安全感知目的地；将安全感知类型和安全感知目的地进行编码，进而整合成旅游目的地—安全感知二模网络，旅游目的地游客发生一起安全感知事件记为1，累次叠加，最终构建旅游安全感知及其空间分布的2-模社会网络，并根据断点切分原则，经过反复测试，避免太高易造成客流网络不连接出现过多孤立节点或太低导致节点完全连接、关系不明显，最终选取切分值为1。借助社会网络分析软件，对旅游安全感知和旅游目的地的安全空间结构进行可视化分析、进行中心度测度，以及进行1模数据转换，以此对中国出境游客的安全感知的空间结构特征进行分析。

（三）研究方法

1. 内容分析法

内容分析法是一种对文献内容进行客观、系统和量化分析的研究方法（邱均平，邹菲，2003），它可以揭示文献中隐含的信息，对事情的发展趋势做出预测（范向丽，郑向敏，2010）。游记是游客在旅行过程中各种行为、心理感知的真实写照，通过对其内容进行客观的分析，有助于挖掘游记中隐藏的重要信息。本研究借助武汉大学ROST虚拟学习团队开发的ROST Content Mining 6.0软件将游客安全感知的网络文本转化为高频词，通过运用频词分析与语义网络分析功能对中国公民赴马来西亚旅游安全感知内容进行系统分析。

2. 扎根理论研究方法

扎根理论是由格拉斯和斯特劳斯提出的一种自下而上建立理论的研究方

法，强调在系统收集资料的基础上寻找反映社会现象的核心概念，然后建立概念之间的联系进而形成理论（朱劲松，2010）。扎根理论研究是一个动态的研究过程，包括产生研究问题、数据收集、数据处理和理论建构4个阶段（贾旭东，谭新辉，2010）。对资料进行逐级编码是扎根理论最重要的环节，包括开放式编码、主轴式编码和选择式编码三个步骤（陈向明，2000）。而对于游客安全感知的影响因素，由于缺乏系统的研究，使用扎根理论研究方法可以从游记中抽取出影响游客安全感知的概念，通过不断地进行比较和归纳，建立概念与概念之间的各种联系，实现理论建构。

3. 案例研究

案例研究是通过对案例的观察、整理和分析，掌握案例对象的复杂性，对研究对象进行翔实的分析描述，找到一些未发现的规律和关系（Weick，2007；Siggelkow，2007）。选用案例研究方法的原因是本研究主要探讨的是中国公民赴马来西亚旅游安全感知的特征，属于"是什么"研究问题范畴，采用探索性案例研究方法能较好地归纳现象特征，并挖掘现象背后的潜在规律；此外，目前从旅游安全感知事件和发生区域双重整合视角出发探究旅游安全感知特征尚缺乏深入研究，而案例研究特别适用于新研究领域、新视角或现有研究不充分的问题，有助于捕捉和追踪现实中涌现出来的新现象和新问题，发现新规律（Yin，2009）。选用马来西亚为案例地，是遵循理论抽样的准则，兼顾了案例的典型性及研究数据的可获得性（Eisenhardt Graebner，2007）：其一，东南亚作为中国出境旅游目的地首选区域，马来西亚是中国公民出境首选目的地国家之一；其二是马来西亚自身旅游资源丰富，多样的自然景观、人文建筑，休闲与体验相结合的娱乐活动以及文化多样性使其自身成为一个较完备旅游目的地系统，游客产生的安全感知事件类型完善、典型。

4. 社会网络分析方法

社会网络是研究行动者及其之间关系的集合，通过建立这些关系模型，力图描述群体关系的结构，研究这种结构对群体功能或者群体内部个体的影响（刘军，2009）。社会网络分析是通过网络及图论的应用对社会结构进行分析调查的过程，其核心是从"关系"角度来研究社会现象和社会结构，能够深入剖析具有相互关系的行动者的内在结构和特征，并根据行动者类型数量将社会网络分为一模和多模网络。多模网络能弥补一模网络中只能研究单一类型行动者关系的限制，更加深入分析不同类型行动者集合之间的互动关系（刘军，2009；罗家德，2005）。已有研究逐渐从组织行为学（陈远，刘福珍，吴江，2017）、图书情报学（刘小慧等，2018）和市场互动关系结构（潘裕娟，曹小曙，2012；李彬彬等，2018）来探究不同类型行动者之间的关系，为优化产品、寻求最优决策提供一定参考。其中刘军以 Galask 收集的 26 位首席执行官参与 15 家俱乐部的情况为案例数据构建了 2- 模网络，并通过中心度分析对该互动网络中的首席执行官和俱乐部的角色与作用进行探究（刘军，2009）；逐渐有学者运用 2- 模网络对国内旅游市场客源地、目的地互动格局（潘裕娟，曹小曙，2012）进行研究。在旅游安全领域中，每类旅游安全感知由于所在区域环境特征导致发生的事件数量、类型都有所差别，安全感知和发生场所存在固定的内在联系。因此，本研究通过构建旅游安全感知和发生场所 2- 模网络，分别探索各类旅游安全事件和发生场所在安全网络中的结构位置，并通过中心度分析探究各类旅游安全事件和发生场所的核心边缘结构特征以及安全感知和发生场所之间的内在联系。

　　首先，本研究利用 Ucinet6 和 Netdraw 软件将整理出的安全感知事件和发生场所 2 模数据绘制 2 模可视图和对其中心性进行探究，网络节点中心度可以用来分析网络结构特征，2- 模数据的中心度分析可以从多个角度对数据进行分析。2- 模数据的度数中心度是该事件所拥有的行动者数，即表示该安全事件发生于多少个旅游目的地，是量化各安全感知事件和发生场所在多大程度上居于整体网络的中间；节点的接近中心度反映了网络中各点的接近程度，表示旅游安全事件和发生场所之间的关联程度；中介中心度反映了两个非邻接节点间的相互联系，以及依赖于网络其他节点的程度，具有较大中介中心度的节点可以看作安全事件或发生场所"中介"节点，表示安全感知事件的同质性程度。中心度又分为绝对中心度和相对中心度，其中绝对中心度仅在同一个图的成员之间比较才有意义，而相对中心度能比较不同类型网络之间的成员，故本研究采用相对中心度表示各个行动者的中心度度数。其次，将建构的安全感知事件和发生场所 2 模网络通过行、列转换为旅游目的地中心网络和安全感知中心网络，2 模网络向一模网络转化可以分析其"共享"意义，因此通过对旅游目的地中心网络和安全感知中心网络进行分析，可以进一步剖析不同旅游目的地安全感知的共性与特性和安全感知空间分布的结构特征。

旅游突发事件应急处置中，组织间通过既定或临时合作关系形成特定结构的跨组织合作网络，网络结构是行动者间的关系模式。合作网络与社会网络的相似性，使得社会网络的视角适用于研究跨组织合作网络相关问题，也为研究应急问题提供了新的思维方式。为分析跨国旅游安全事件合作治理的合作网络特征，本研究采用社会网络分析法。通过将具有合作关系的两个组织机构在矩阵中记为1，没有合作关系的记为0。同一个阶段的重复合作不进行叠加，最后构建出应急响应、救援处置、善后处置三个阶段的组织机构合作矩阵。视组织机构间的合作关系是相互的，所构建的矩阵为邻接矩阵。借助社会网络分析 Ucinet 软件，对合作救援网络的密度、中心性等指标进行测度。

本研究一是采用网络规模、关系数、密度、关系强度、网络距离和网络凝聚力指数对合作网络进行整体结构测度。其中，网络规模表示参与涉旅事故灾难处置的组织个数，网络规模越大表示参与涉旅事故灾难的组织个数越多；关系数表示各组织间不重复的合作次数，一个组织的关系数越多在网络中越居核心位置；密度表示整个网络组织间联系的紧密程度，密度值的范围在0~1，密度值越大说明网络组织间的关系越紧密。在无向网络中，密度用网络中实际存在的关系数与最多可能存在的关系数之比来表示；关系强度表示两个组织之间重复合作的次数，合作次数越高，表示两个组织间的关系越紧密。网络距离表示网络中两个节点间最短距离的长度，建立在其基础上的凝聚力指数越大，说明网络凝聚力越好（刘军，2009）。

其次，采用网络中心性测量合作网络中各组织的个体特征与网络角色。网络中心性用来描述参与救援的组织机构在网络中的地位、控制资源的能力以及受其他节点控制的情况。网络中心性常用指标包括点度中心度、中间中心度和接近中心度。中心性指标有绝对值和相对值，相对值主要用于不同规模网络之间进行比较。其中：相对点度中心度，表示一个组织机构与其他组织机构的实际合作数量与理论上最多合作数量的比值。相对点度中心度越大，表明该组织机构越居网络的核心地位。相对中间中心度测量的是组织机构对网络中各种资源的控制能力。相对点度中心度越大，表明该组织机构对资源的控制能力越强。相对点度中心度反映的是一个组织机构与其他组织机构联系的紧密程度。相对接近中心度越大，表明该组织机构在网络中的影响力越大，与其他组织机构的联系越紧密，越不受其他机构控制。计算公式如表3-15 所示（刘军，2009）。

表 3-15　中心性计算公式

中心性	绝对值	相对值
点度中心度	$C_{AD}(i) = k_i$	$C_{RD}(i) = \dfrac{C_{AD}(i)}{n-1}$
中间中心度	$C_{AB}(i) = \sum\limits_{j}^{n} \sum\limits_{k}^{n} b_{jk}(i),$ $j \neq k \neq i \ and \ j < k$	$C_{RB}(i) = \dfrac{2C_{AB}(i)}{n^2 - 3n + 2}$
接近中心度	$C_{AC}^{-1}(i) = \sum\limits_{j=1}^{n} d_{ij}$	$C_{RC}(i) = \dfrac{n-1}{C_{AC}(i)}$

注：公式中，$C_{AD}(i)$、$C_{AB}(i)$、$C_{AC}(i)$ 分别表示节点 i 的点度中心度、中间中心度、接近中心度的绝对值；$C_{RD}(i)$、$C_{RB}(i)$、$C_{RC}(i)$ 分别表示节点 i 的点度中心度、中间中心度、接近中心度的相对值；k_i 表示与节点 i 直接相连的节点数；$b_{jk}(i)$ 表示节点 i 处于点 j 与点 k 之间的测地线上的概率；d_{ij} 是点 i 与点 j 之间的测地线距离；n 表示网络的规模（刘军，2009）。

二、中国公民出境旅游突发事件感知特征：以赴马来西亚旅游为例

（一）旅游安全感知内容分析

1. 高频词分析

本研究对 197 篇游记中涉及旅游安全内容的文本进行采集，对文本中的错别字进行修改后将其汇总到 txt 文本文档中。首先利用 ROST Content Mining 6.0 对文本文档的内容进行分词，对分词有误的词进行修正后进行词频分析。接着将意思表达一样或相近的高频词进行汇总，如将"马来西亚""大马""马来"统一用"马来西亚"表示，将"浮潜""潜水"统一用"潜水"表示，将"的士""出租车"统一用"出租车"来表示，将"小孩""孩子""小朋友"统一用"孩子"表示，将与旅游安全感知内容无关的高频词如

"然后""时间""后来""过来"等加入过滤词表中，再次进行词频分析。最后在词频统计的基础上按词频的大小进行人工统计，对词频有误的高频词进行修正。频次排名前100的高频词，如表3-16所示。

表3-16 词频分析

高频词	频次	高频词	频次	高频词	频次	高频词	频次
安全	94	浮潜	29	突然	19	抢劫	14
马来西亚	89	岛上	29	建议	19	当地人	14
感觉	75	中国	29	潜水	19	不安全	14
酒店	71	出租车	27	印度	19	找到	14
晚上	58	沙巴	27	槟城	19	水上	13
地方	53	绑架	26	行李	19	诗巴丹	13
仙本那	53	问题	26	开车	18	老板	13
吉隆坡	53	旅游	26	工作人员	18	医生	13
发生	51	担心	25	情况	18	公司	13
注意	48	兰卡威	25	需要	18	小伙伴	13
菲律宾	44	治安	24	海上	18	印度人	13
孩子	43	巴士	23	当地	18	警察	13
司机	43	危险	22	下午	18	武装	12
路上	43	护照	22	亚庇	17	休息	12
女生	41	猴子	22	不好	17	价格	12
游客	38	华人	21	附近	16	拍照	12
事件	37	码头	21	清真寺	16	岛屿	12
度假村	36	恐怖	21	船上	16	听说	12
朋友	35	害怕	21	沙滩	16	容易	12
小心	34	劫持	21	行程	15	出海	12
飞机	34	房间	20	摩托车	15	上海	11
教练	32	手机	20	第一次	15	距离	11
机场	31	相机	20	人质	15	心里	11
遇到	30	不敢	19	马达京	15	出现	11
发现	30	提醒	19	马六甲	14	下水	11

为了更加直观地反映高频词之间的关联，本研究采用 Netdraw 工具，绘制高频词的语义网络图（见图 3-6）。图中高频词节点的大小表示与其有直接语义关系的高频词数量，节点越大则数量越多。图中的连线表示两个高频词间共现的次数，连线越粗则共现越频繁，表示游客安全感知中两个高频词的关联越密切。

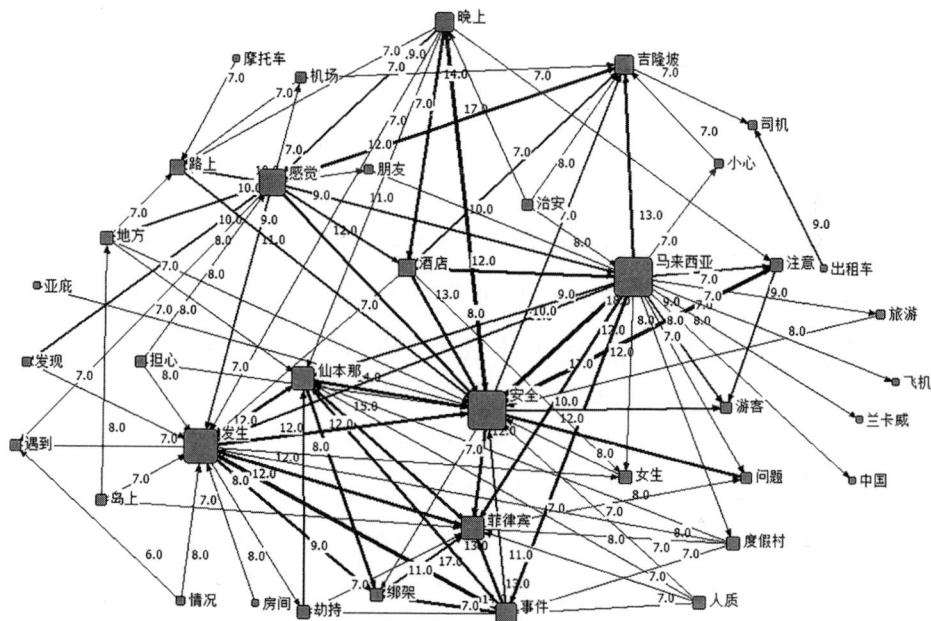

图 3-6　旅游安全感知高频词的语义网络图

从图 3-6 中可以看出，整个网络中主要以"马来西亚"和"安全"作为核心节点，这两个高频词与其他高频词的联系最为广泛，且双方的共现次数最多，高达 18 次。表明这两个高频词是中国公民对马来西亚旅游安全感知语义网络的基础元素。其中与"马来西亚"直接相连的高频词，共现次数从高到低依次为"安全""吉隆坡""酒店""菲律宾""事件""感觉""发生""注意""游客""仙本那""女生""中国""朋友""问题""小心""治安""度假村""兰卡威""旅游""飞机"。表明游客对旅行过程中的女性安全问题、当地治安状况及安全事件等较为关注。而与"安全"连接的高频词，共现次数从高到低依次为"马来西亚""晚上""注意""仙本那""酒店""感觉""发生""问题""菲律宾""吉隆坡""事件""游客""路上""女生""地方""旅游""亚庇""人质""绑架""担心"。从"马来西亚"与"安全"连接其他高频词的关系来看,中国公民在马来西亚旅游过程中,对吉隆坡、仙本那、亚庇、兰卡威等地的安全感知较强,具体表现的空间要素为酒店、度假村、路上。从整体语义网络来看,游客对马来西亚发生的安全事件感知最为强烈。

2. 旅游安全感知的要素分析

结合高频词及其语义网络图可以看出中国公民对马来西亚的安全感知主要内容具体表现在以下四个方面。

一是地点感知。地点中涉及的"马来西亚""酒店""仙本那""度假村""中国""上海""菲律宾""印度""吉隆坡""机场"等主要反映的是游客对不同安全事件的感知。其中"马来西亚""仙本那""中国""菲律宾""度假村""酒店"等词在语义网络中的相关性较大,通过结合多篇游记分析发现这些地点名词主要是游客对2014年4月2日上海女游客与一名菲律宾籍酒店女员工在马来西亚仙本那酒店被菲律宾武装人员劫持事件的感知。如一位游客在游记中提到,"对于海岛的话是很不错的,原本计划去仙本那,刚好碰上不久前的菲律宾挟持中国人质事件,为了安全就只是在亚庇市区周围转转"。游客对"印度"的安全感知源于印度人在马来西亚营造的氛围,游客由印度人联想到了在印度发生的安全事件,从而引发了内心的恐惧感。

二是人员感知。具体如"孩子""司机""女生""游客""朋友""教练""华人""工作人员""当地人""老板""医生""小伙伴""印度人""警察"等。上述人员对游客安全感知的影响可分为三种类型。第一类是对旅游安全直接造成影响的人员。"司机"宰客、半路拒载、开车不专心、超速行驶,贫民窟的"孩子"向游客索取财物、偷吃游客食物,"印度人"太多等会直接引发游客的不安全感。如游客"夏宝麻麻"在游记中的描述,"没到9点我就回酒店了,吉隆坡的印度人还是挺多的,印度人的口碑大家懂的,光是看你的眼神就特别恐怖,所以女生独自出门还是得以自身安全为第一,而从马来西亚回来后，我更是打消了以后去印度旅游的想法"。由于印度各种安全事件的发生，印度人容易被游客贴上强奸犯、抢劫犯的标签，女性游客在乘坐交通工具时担心遇到性骚扰。第二类是通过自身经历或安全信息的传达对旅游安全感知间接造成影响的人员。旅行过程中同行的"女生"被当地人骚扰、"朋友"被乞讨小孩追打、"华人"提醒注意财物和人身安全等信息间接影响游客的安全感知，从而影响游客在目的地的决策与行为。如"本来打算晚上去升旗山看夜景的，不过遇到几个华人和他们聊天的时候他们都说晚上最好不要到处去，临近过年了治安不太好"。第三类是在游客出现突发状况时参与救援的人员。包括"医生"帮助处理伤口、"教练"施救、潜水突发疾病的游客等信息。如"我回头看时，小可爱同学已经浮在水上，单手扒船，仰着头喘不上气了。吓呆我们一群人，教练马上游过去救她上船"。

三是行为感知。如"浮潜""绑架""劫持""潜水""开车""抢劫"等。主要反映的是游客在马来西亚参加活动时引发的安全问题以及游客对安全事件的感知。游客在"浮潜"或"潜水"时，经常会提及被水里的生物咬伤或刮伤。如一个游客提到，"浮潜的时候记得避开海胆，一扎到就会无比的痛，海胆还带有一点毒性。我们亲爱的形形就是被海胆误伤了，据她描述说脚痛到都麻了"。马来西亚的交通规则与国内的有些规则刚好相反，刚到目的地的中国自驾游客由于对马来西亚的路况不熟悉，未能及时适应当地的驾驶习惯，开车较容易引发安全事故。"绑架""劫持""抢劫"主要表现为游客在旅行过程中对类似安全事件重发的担忧。如"网上曾看到过有人说，马六甲海峡清真寺很偏僻，比较危险，有抢劫事件发生，所以我没有赖在这里拍星空"。

四是心理感知。具体如"安全""小心""担心""危险""恐怖""害怕""不敢""不好""不安全"等。心理感知主要表现的是游客对马来西亚的环境氛围与安全事件感知的心理活动。如游客在游记中提到，"由于担心手机被抢，吉隆坡都没怎么拍照"。结合高频词与游记原文进行分析发现，游客对马来西亚的安全感知影响着其对旅游目的地的选择与旅游活动的参与。当游客感到不安全时，他们会避开相关的旅游目的地，不去参加一些旅游活动。因为害怕安全事件的发生，游客会提早结束旅游活动，回到住宿的场所，减少晚上外出活动的时间。如"放下行李出门闲逛，本想去自动取款机取钱，看到银行边上还有警察把守，感觉这里不是很安全就提早回房休息了"。

（二）旅游安全感知的影响因素分析

1. 获取因素范畴的编码步骤

本研究按照扎根理论的编码步骤，依次采用开放式编码、主轴式编码和选择式编码对游记中涉及旅游安全感知影响因素的内容进行分析。

（1）初始发现范畴的开放式编码。开放式编码是一个将资料逐步进行概念化和范畴化的过程，其目的在于指认现象、界定概念和发现范畴（白凯，2012）。本研究首先将游客对旅游安全感知的259条内容进行概念化（见表3-17），再根据得出的概念进行不断对比，最后归类得出29个初始范畴。这29个初始范畴中按照旅游安全感知的数量从高到低依次是安全事件负面影响、环境氛围不安全、动物袭击、交易不诚信、潜水受伤、天气突变导致乘船颠簸、治安不好、印度人标签化、施舍难民遭威胁、动物威胁、当地人行为异常、交通秩序混乱、异地驾驶安全隐患、财物被偷、娱乐设备出故障、物品损坏、饮食不卫生、遭遇骗子、服务态度不端正、物品丢失、晒伤、意外受伤、住宿设施设备不完善、爬山安全事故、司机职业素养不强、娱乐项目惊险、飞机落地异常、气流导致飞行异常、飞机安全检查不到位。其中安全事件负面影响、环境氛围不安全、动物袭击、交易不诚信、潜水受伤，这5个范畴涵盖的旅游安全感知影响因素占总数的55.6%。

表3-17　开放式编码举例

编号	原文内容	概念化	范畴化
1	这叫炮弹鱼，怀孕的时候会有攻击性，离它远点。我在拍下这个照片的后面几秒，就被它追击啦	炮弹鱼攻击	动物袭击
2	水下的世界美不胜收，人畜无害，直至我的腿被珊瑚刮破出血	被珊瑚刮伤	潜水受伤
3	大马左行右舵，习惯靠右开、应变能力不足的马路杀手们要小心……楼主有好几次就是看见右边距离OK觉得挺放心，丝毫没有察觉左边的车距是有多近，然后就把车上的小伙伴们吓死了	驾驶习惯差异造成的安全问题	异地驾驶安全隐患

续表

编号	原文内容	概念化	范畴化
4	当时最担心的是在斗湖的安全，听说会有人抢劫什么的	担心治安环境	治安不好
5	马来西亚政府的人，例如海关的人，动作极度慢，态度还极度傲慢	海关态度傲慢	服务态度不端正
……	……	……	……
255	原计划晚上去地标建筑双子塔，当时夜色已晚，我们走在路上感觉不太安全，决定返回酒店	走在路上不安全	环境氛围不安全
256	散场出来居然遇到了扒手，好在及时发现，如果证件被偷那就麻烦了	遇到扒手	治安不好
257	当地有一种昆虫叫沙蝇，喜欢叮咬出汗后在海边玩水的人，咬后是个小红点，当时没有太大的反应，第二天奇痒难忍	昆虫叮咬	动物袭击
258	本来2马币就可以到的地方，他收了我们150马币！所以切忌坐黑的！如果时间不紧迫 Klia2 门口有巴士 2 马币就可以到	司机载宰客	交易不诚信
259	我们刚到兰卡威下了飞机就收到沙巴沉船事件的新闻，内心还是有点担忧的	安全事件引发的心理担忧	受安全事件负面影响

（2）部分之间有机联系主范畴的主轴式编码。主轴式编码的主要任务是发现和建立概念类属之间的联系，以表现资料中各部分之间的有机关联（陈向明，1999）。本研究将开放式编码得到的 29 个初始范畴，根据其内在的联系进一步归类并赋予类属，进而形成环境氛围差、人文体验不佳、治安混乱、监管不到位、设施设备不完善、天气异常、个人疏忽 7 个主范畴，如表 3-18 所示。其中对旅游安全感知影响最大的首先是环境氛围差，它包含环境氛围不安全、动物威胁、安全事件负面影响三个初始范畴。其次是监管不到位，包含交易不诚信、饮食不卫生、交通秩序混乱、动物袭击、飞机安全检查不到位、司机职业素养不强、娱乐项目惊险 7 个初始范畴。

表 3-18　游客安全感知影响因素的三级编码过程

开放式编码	主轴式编码	选择式编码
环境氛围不安全（38）[①]、动物威胁（8）、安全事件负面影响（52）	环境氛围差（37.84%）	管理因素（77.99%）
服务人员态度不端正（3）、印度人标签化（9）、当地人行为异常（8）	人文体验不佳（7.72%）	
财物被偷（5）、施舍难民遭威胁（9）、治安不好（10）、遭遇骗子（4）	治安混乱（10.81%）	
交易不诚信（16）、饮食不卫生（4）、交通秩序混乱（8）、动物袭击（23）、飞机安全检查不到位（1）、司机职业素养不强（2）、娱乐项目惊险（2）	监管不到位（21.62%）	
物品损坏（4）、物品丢失（3）、爬山安全事故（2）、晒伤（3）、意外受伤（3）、潜水受伤（15）、异地驾驶安全隐患（7）	个人疏忽（14.29%）	个人因素（14.29%）
气流不稳当导致飞行异常（1）、天气突变导致乘船颠簸（10）	天气异常（4.25%）	环境因素（4.25%）
住宿设施设备不完善（3）、飞机落地异常（1）、娱乐设备出故障（5）	设施设备不完善（3.47%）	设备因素（3.47%）

（3）核心范畴的选择式编码。选择式编码是把选择核心范畴系统地与其他范畴赋予联系，验证他们之间的关系，并把概念化尚未发展完备的范畴补充完整的过程（Strauss 和 Corbin，1994）。通过对开放式编码所得的 29 个初始范畴以及主轴式编码所得的 7 个主范畴进行深入分析，同时结合原始资料不断地进行互动比较，最后归纳出影响中国公民对马来西亚旅游安全感知的 4 个核心范畴为个人因素（人）、设备因素（机）、环境因素（环）和管理因素（管），如表 3-18 所示。其中管理因素包含旅游地营造的环境氛围差、人文体验不佳、治安混乱、监管不到位四个主范畴，对游客的旅游安全感知影响比重最大。

2. 影响游客安全感知的主导因素分析

通过扎根理论的质性分析可知，影响中国公民对马来西亚旅游安全感知的主导因素集中在以下四个方面。

---

① 开放式编码括号内的该类因素对游客安全感知影响的数量，主轴式编码与选择式编码括号内的数值表示该类因素对游客安全感知影响的比重。

（1）管理因素。管理因素主要指是由于政府部门和企业等主体在安全管理上存在漏洞，影响游客安全感知的因素。管理因素对游客旅游安全感知的影响主要表现为以下几点。一是目的地对社会环境与自然环境的安全管控不到位，轻则引发游客对安全的担忧，重则造成游客财物损失、上当受骗，甚至遭到人身安全的威胁。如游客提到，"吃完晚饭之后，我们凭仅有的记忆行到了榴莲一条街，其实只是很短的街啦～总觉得沙巴的治安不是很好，沿途有点害怕"。二是马来西亚政府部门对旅游突发事件负面舆论的引导不足，国家的旅游安全形象受损。游客旅游过程中对马航 MH370 失联事件、马来西亚仙本那劫持事件等旅游突发事件仍心有余悸，缺乏心理安全保障，有游客提及，"在马来西亚的城市之间交通全部选乘飞机，虽然臭名昭著的马航让人人心惶惶，还是忍受不了大巴长途颠簸"。三是缺乏社会诚信监控体系，部分企业与个人的诚信经营意识不强，在交易过程中诚信缺失，致使游客蒙受经济损失，如游客描述到，"第二天出海的时候遇到一家人说去吃肥妈，人很多，他们自己挑蟹上来是不一样的，而且最后结账也有些坑"。

（2）个人因素。个人因素是指因游客个人的疏忽，对旅游目的地了解不足，没有及时采取相关的预防措施导致安全问题的因素。如游客在浮潜过程中由于个人疏忽或对潜水设备操作不当导致身体不适、被水中的生物刺伤等突发状况，影响旅游活动的体验。此外由于游客对马来西亚驾驶习惯与对交通规则的差异认知不足，行驶过程违反交通规则也会引发安全隐患。一些到目的地自驾的游客提到，"从机场开着车到珍南找酒店，刚开始有点不太习惯，开了 10 分钟后就好了，新司机的话一定要小心，我们第三天就看到一个疑似中国司机出车祸了""马来西亚驾驶和国内相反，然后楼主遵循过马路要先看左再看右，差点被撞，大家要注意安全""一路上挺紧张的，因为开车方式跟方向都不大相同，自己还不小心开错道，幸好开的速度不快"。

（3）环境因素。环境因素是指由于不可抗力环境突发状况的出现，导致旅游活动无法正常进行，引发游客的恐慌。马来西亚具有较多的海岛，游客要抵达目的地通常需要乘船出海，而天气因素对游客能否顺利安全地乘船往返具有重要的影响。由于天气突变导致乘船颠簸，引发游客身体不适是游客提及较多的内容。如一些游客在游记中的描述，"海和天黑乎乎一片，分不出天和海，海上好像只有我们，没有人说话了，船偶尔倾斜45度，偶尔小伙伴们没把住从左面掉到右面，从凳子上掉下来，或者高高弹起，胳膊、腿有受伤的了""美人鱼岛的质量和出海天气有着很大联系，当天天气不太好，风浪很大，原本安排的一小时汽车，一小时船，变为2.5小时船，这导致船上多数人恶心、呕吐、晕船，体验瞬间下降""回程时海上开始刮起了大风，海浪也越来越大，我坐在窗边能看见黑色的海浪足足有三四米高，原本40分钟的船程足足开了两个半小时才到达岸边，原本从不晕船的我也不争气地吐了，全船百分之九十以上的人都吐了"。

（4）设备因素。设备因素是指游客在整个旅游活动中所接触的设施设备存在安全隐患，导致游客出现安全问题的因素，具体包含住宿设施设备、交通工具设施设备、娱乐设施设备等。对于酒店、度假村等住宿场所的设施设备，缺乏安全防护装置、对游客提醒不到位等都会影响游客在使用过程中的安全体验。交通运输企业，特别是航空运输公司，对交通工具设施设备的安全隐患排查不彻底，容易酿造安全事故。娱乐设施设备作为游客进行娱乐活动的重要辅助工具，在活动过程中突然出现故障，会对游客的人身安全造成威胁。对于游客直接操作的各种设施设备，从业人员不仅要加强设备安全隐患的排查，还要重视游客设备操作技能的培训，才能保障游客的安全。如一名游客写道，"另外一个游客在拖伞结束后，准备着落的过程中没有控制好，直接从我的背后降落冲过来，我就这么被带飞上天然后从空中翻下来了……后来意识恢复一点的时候，我的右半边身体都是肿痛的，还刮了两处硬伤"。

游客安全感知的影响因素从引致主体上看包括目的地因素（管—机—环）和个人因素（人），任何一类因素出现安全问题都会降低游客的旅游体验，甚至可能会引发旅游安全事故。而一些旅游安全事故的出现，往往是由于多类因素在时空上的耦合导致的。由此可见，各类因素对游客安全感知的影响具有一定的关联性，因此，提高游客的安全体验需要结合各类影响因素的特点及其相互间的关系进行综合考虑。对于旅游目的地而言，增强管理因素和设备因素的安全举措，在一定程度上可以降低环境因素带来的消极影响，提高游客在目的地的安全感。对于游客而言，增强旅游安全意识、提高旅游安全防范技能也可以减少目的地因素对游客自身造成的负面影响。

三、中国公民出境旅游突发事件感知空间特征：以赴马来西亚旅游为例

（一）中国公民赴马来西亚旅游安全感知类型与空间分布

通过对原始数据进行搜集整理，中国公民赴马来西亚实际产生安全游记136 条，安全感知行为共 140 起。本研究根据《中华人民共和国突发事件应对法》中确定的事件灾难、公共卫生事件、社会安全事件和自然灾害 4 大类型对旅游安全感知进行分类，根据游客赴马来西亚产生安全感知的实际情况，总结归纳出 17 类旅游安全感知类型，如表 3-19 所示。

表 3-19　旅游安全感知行为类型

来源类型	感知类型	频次	占比	来源类型	感知类型	频次	占比
事故灾难安全感知（42.1%）	潜水受伤	12	8.6%	社会环境安全感知（42.9%）	遭遇抢劫	5	3.6%
	乘车呕吐	11	7.9%		被宰受骗	3	2.1%
	交通混乱	10	7.1%		财物被偷	3	2.1%
	乘船颠簸	9	6.5%		心理恐惧	3	0.7%
	动物袭击	9	6.4%		难民威胁	3	2.1%
	意外受伤	7	5.0%		行为异常	4	2.9%
	飞机故障	1	0.7%		安全氛围差	39	27.9%
自然环境安全感知（10.7%）	太阳晒伤	11	7.9%	公共卫生安全感知（4.3%）	食物中毒	6	4.3%
	动物威胁	4	2.9%				

为阐明旅游安全感知行为的空间特征，本研究通过对游客安全感知行为进行整理，梳理出旅游安全感知类型 17 种，并绘制旅游安全感知类型空间分布图。沙巴州产生安全感知类型最多，共计 17 种；其次是吉打州和吉隆坡，均涉及 11 类安全感知类型，其中吉打州安全感知发生地主要位于兰卡威[①]；其

---

① 注：吉打州由于旅游发展特殊，游客安全感知主要发生于兰卡威旅游目的地，但为保证分析单位统一性，本研究在文中依旧使用吉打州作为分析单位，在此进行说明。

他大部分目的地涉及的安全感知类型较少，如砂拉越和吉兰丹均未涉及旅游安全感知行为，彭亨、丁加努和柔佛州均只出现 1~2 类安全感知事件。从游客安全感知事件类型分布特征可以看出，游客赴马来西亚旅游过程中，安全感知事件类型空间分布呈现出差异性。

（二）中国公民赴马来西亚安全感知空间网络

1. 中国公民赴马来西亚整体安全感知行为与空间结构

本研究以马来西亚的各个省市为行动者，以中国公民到当地发生的安全感知为事件，对游客安全感知进行编码以此构成一个 2- 模社会网络，借助社会网络分析软件 Ucinet6 和 Netdraw 生成游客安全感知的空间网络结构图。

连接频次越高的节点，其网络连接边数明显比较密集。一个节点与其他节点联系越多，表明它在网络中扮演的角色越重要。在旅游目的地中，一个旅游目的地与其他节点的联系越多，说明中国公民在该地旅游过程中产生的安全感知类型较多，是游客产生安全感知的高发地，如仙本那、吉隆坡、兰卡威。而连接频次较低的点网络连接边数比较稀疏，表明该类安全感知具有独特性，只发生于某一特定地区，如物品损坏、飞机异常。就安全感知行为而言，安全感知节点与其他节点的联系越多，表明该类安全感知空间分布广泛，其发生具有普遍性，如太阳晒伤、环境氛围差等。由上述分析可见，中国公民赴马来西亚旅游过程中，其产生的安全感知普遍性与独特性共存。

2. 中国公民赴马来西亚旅游 2- 模数据中心度分析

（1）中国公民赴马来西亚旅游目的地中心度分析：表 3-20 呈现了中国公民赴马来西亚旅游目的地相对度数、接近、中介中心度情况。

从相对度数中心度来看：沙巴州、吉隆坡和吉打州相对度数中心度分别为 1.00、0.65、0.65，彭亨、柔佛等旅游目的地相对点度中心度较少，表明沙巴州、吉隆坡和吉打州是安全感知高发地，而其他州是游客认为比较安全的旅游目的地，旅游安全感知分布呈现空间集聚特征。这可能与拜访旅游目的地的旅游人次有关，各旅游目的地旅游人次与旅游安全感知数量存在相关关系。

就相对接近中心度而言：沙巴、吉隆坡和吉打的相对接近中心度较高，整体来看，各个旅游目的地相对接近中心度较接近且较高；说明中国公民在各个旅游目的地产生的安全感知具有一定相似性。可能是由于游客在各个旅游目的地中，由游客自身因素和各旅游目的地游览活动存在一定相似性耦合因素导致。

表3-20 2－模旅游目的地中心度

相对度数中心度		相对接近中心度		相对中介中心度	
沙巴	1.00	沙巴	1.00	沙巴	0.47
吉隆坡	0.65	吉隆坡	0.73	吉隆坡	0.16
吉打	0.65	吉打	0.73	吉打	0.16
马六甲	0.29	马六甲	0.56	马六甲	0.03
槟城	0.18	槟城	0.52	槟城	0.01
丁加奴	0.12	丁加奴	0.51	丁加奴	0.00
霹雳州	0.06	霹雳州	0.49	霹雳州	0.00
彭亨	0.06	彭亨	0.49	彭亨	0.00
柔佛	0.06	柔佛	0.44	柔佛	0.00

由相对中介中心度可发现：沙巴、吉隆坡、吉打的相对中介中心度较高，说明游客在这三个旅游目的地产生较多的同质性安全感知行为；而大多数旅游目的地相对中介中心度接近为0，表明在大部分旅游目的地中，游客产生的安全感知较少且不具有代表性。

综上而言，从整体来看各个旅游目的地的相对中介中心度数值偏低，相对接近中心度偏高，根据中心度的含义可知大部分旅游目的地都处于网络边缘位置，表示大部分旅游目的地发生的旅游安全感知较少，核心边缘特征明显。相对度数中心度高的，其相对接近中心度、相对中介中心度值也较高，这说明吉隆坡、仙本那和兰卡威在网络中拥有较大的权利，处于整个网络的核心。

（2）中国公民赴马来西亚安全感知中心度分析：表3-21呈现了中国公民赴马来西亚安全感知相对度数、接近、中介中心度情况。

从相对度数中心度可知，环境氛围差的相对点度中心度较高，说明环境氛围差在旅游安全感知行为中占比较大；发生于各个旅游目的地，如像游记中说道，"我们要前往的旅游区域，去年还被挂上了红色危险警报并实行宵禁，因为菲律宾叛军一直在这片区域作乱，我们在旅游时会随时担心周围是否安全"。环境氛围不安全可能由多种因素导致，如恐怖袭击，并且影响较大，使得游客对该旅游目的地形成固定印象；被抢劫、乘船颠簸和当地态度不友好相对度数中心度较低，说明这些安全感知只发生于少数旅游目的地，具有特殊性。

就相对接近中心度而言：整体来看，各类安全感知的相对接近中心度较高并且比较接近；说明中国公民赴马来西亚旅游过程中，游客安全感知分布于不同旅游目的地，安全感知分布具有普遍性；其中环境氛围差分布范围最广，其次是晒伤，这可能与当地东南亚的特殊气候有关，具有普遍性。

表 3-21　2- 模安全行为中心度

相对点度中心度		相对接近中心度		相对中介中心度	
安全氛围差	0.89	安全氛围差	0.95	安全氛围差	0.25
太阳晒伤	0.67	太阳晒伤	0.87	乘车呕吐	0.09
动物袭击	0.44	动物袭击	0.80	太阳晒伤	0.08
乘车呕吐	0.44	乘车呕吐	0.80	交通混乱	0.03
交通混乱	0.44	交通混乱	0.80	动物袭击	0.02
动物威胁	0.33	动物威胁	0.77	食物中毒	0.01
食物中毒	0.33	食物中毒	0.77	财物被偷	0.01
遭遇抢劫	0.33	遭遇抢劫	0.77	动物威胁	0.01
潜水受伤	0.22	潜水受伤	0.75	遭遇抢劫	0.01
乘船颠簸	0.22	乘船颠簸	0.75	潜水受伤	0.00
意外受伤	0.22	意外受伤	0.75	乘船颠簸	0.00
财物被偷	0.22	财物被偷	0.75	难民威胁	0.00
被宰受骗	0.22	被宰受骗	0.75	意外受伤	0.00
难民威胁	0.22	难民威胁	0.75	被宰受骗	0.00
行为异常	0.22	行为异常	0.75	行为异常	0.00
心理恐惧	0.22	心理恐惧	0.75	心理恐惧	0.00
飞机故障	0.11	飞机故障	0.72	飞机故障	0.00

由相对中介中心度可发现：环境氛围差的相对中介中心度较高，表明该

类安全感知在较多旅游目的地产生；整体来看，各类安全感知的相对中介中心度均较低；大部分安全感知的相对中介中心度接近0，表明大部分旅游安全感知发生于少数旅游目的地，旅游安全感知具有异地特殊性。

　　综上而言，安全环境氛围不足、环境氛围差的相对点度中心度、相对接近中心度、相对中介中心度均最高，表明了环境安全氛围处于不安全行为事件中的核心位置；此外，当安全感知行为程度中心度较低时，其接近中心度相比较高，而中介中心度为0，说明这些不安全感知行为在马来西亚的旅游目的地中发生的比较少，在整个网络结构中处于边缘位置，并且绝大多数不安全行为均是单独发生，这可能与旅游安全感知行为的突发性与地理位置的独特性有关。

（三）中国公民赴马来西亚旅游安全感知行为的同质性特征

　　为进一步探究游客在马来西亚旅游过程中各类安全感知行为空间分布的关系网络，本研究利用Ucinet6将各类安全感知2模网络转化为1模网络进行分析。在本研究中，列模式转换表示各旅游目的地之间发生的相同游客感知事件类型数量，行模式转换得到的是每一类安全感知行为发生于相同旅游目的地的数量。本研究主要探索马来西亚各地发生安全感知行为的同质性，因此运用对应乘积法对2模数据进行列模式和行模式转换，并利用Netdarw可视化软件对其进行处理。在旅游目的地中介中心度可视化图形，线的粗细表示马来西亚各地之间发生相同安全感知行为类型的数量多少。

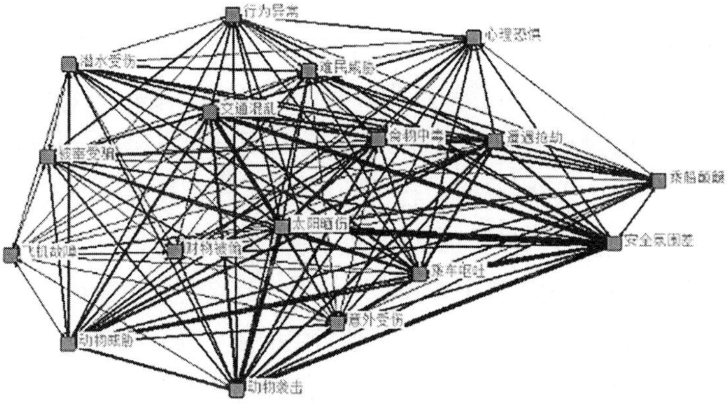

图3-7　安全感知行为中心度可视化

在安全感知行为中心度可视化图形中，节点共有 17 个，路径有 124 条，网络密度为 0.92，网络分布较密集，说明各类安全感知行为的发生具有广泛性。从图 3-7 中可以看出，太阳晒伤、安全氛围差和动物袭击发生于同一目的地数量较多。在旅游目的地中心度可视化图中，节点共有 9 个，路径共有 31 条，网络密度为 0.86，整个网络较密集，说明各个旅游目的地之间旅游安全感知存在同质性。图中吉打州与沙巴州、沙巴州与吉隆坡之间连接的线最粗，表明这些旅游目的地之间发生相同旅游安全感知行为的类型数量最多，对比安全感知类型的空间分布与整体安全感知的中心度分析，旅游安全感知行为的同质网络与其形成空间耦合，表明游客在马来西亚旅游过程中，安全感知越频发的旅游目的地，其发生的同质安全感知行为越多，并且安全感知较少的旅游目的地，其发生的安全感知也具有一定的同质性。

通过对比一模数据可视化和一模原始数据可以发现，在旅游安全感知中环境氛围差、动物袭击、晒伤、晕车（呕吐）、被抢劫是高发的同质性旅游安全感知行为。其中安全氛围差共分布于 8 个旅游目的地，说明是游客对马来西亚的普遍印象；晒伤分布于 6 个旅游目的地，可能是环境因素引致的旅游安全感知行为地受地区影响因素较小。在旅游目的地中，沙巴州、吉打、丁加奴三个旅游目的地产生的旅游安全感知行为的频率较高，并且其发生的旅游安全感知行为的同质性较高，其中沙巴与吉打州共产生 10 种类似安全感知行为，沙巴与吉隆坡共产生 8 种类似安全感知行为。

（四）中国公民赴马来西亚各类安全感知行为及其空间结构

为进一步探究各类安全感知行为与其空间结构的关系，旨在分析中国公民赴马来西亚旅游过程中的安全感知空间分布网络，本研究分别以事故灾难安全感知、公共卫生安全感知、自然环境安全感知、社会环境安全感知为行行动者，以各种安全感知发生的旅游目的地为列行动者构建 2 模网络，并用 Netdraw 对其进行可视化，其中在 2 模网络中，节点的大小表示各个行动者分布的范围，线的粗细表示每一旅游目的地发生的频次高低。

沙巴州、吉隆坡、吉打州为事件灾难感知行为频发目的地，动物受伤、乘车呕吐和交通混乱分布于较多旅游目的地，潜水受伤与沙巴之间的连线最粗，说明潜水受伤主要集中于沙巴州，这可能是与沙巴州是世界级的潜水天堂，吸引众多游客前往所致；公共卫生风险感知只有食物中毒一种类型，主要发生于沙巴州；自然环境风险感知只有太阳受伤和动物威胁两种安全感知类型，但分布较广泛，共分布于 6 个州，并且每个州分布数量较均衡。这可能与马来西亚整体处于东南亚，其特殊的地理位置和良好的生态环境有关，正如游记中提到，"出海一天后我已经被晒伤了，肩膀超痛！痛到睡觉都不好翻身！我用安耐晒的防晒霜都没用！那边的紫外线真的恐怖"；社会环境风险感知类型较多，其空间分布也较广泛，但主要集中在沙巴州、吉隆坡、吉打州和马六甲，在感知类型中，环境氛围差分布范围广泛并且主要集中在沙巴州，遭遇抢劫也是较常遇见的安全感知事件。

（五）中国公民赴马来西亚旅游安全感知空间网络与旅游流网络比较

为探究游客赴马来西亚旅游过程中，旅游安全感知的空间分布网络与游客旅游流网络的关系，本研究首先整理包含安全感知信息的中国公民赴马来西亚旅游游记共 136 篇，并从游记中提取出游客旅游行程数据共 136 条，并以此为基础构建中国公民赴马来西亚旅游流网络；其次利用社会网络分析软件 Ucinet6 对中国公民赴马来西亚旅游流网络进行可视化分析，其中节点的大小表示每个旅游目的地的重要程度，可以反映国内游客赴各个旅游目的地的旅游人次强弱，节点间连线的粗细程度表示各旅游目的地之间联系的强弱。整体看来，国内游客赴马来西亚旅游过程中，各旅游目的地之间联系较紧密，这可能与马来西亚旅游资源丰富、国家政策导向，各地均发展旅游业有联系。吉隆坡作为"明星"节点，是游客首选旅游目的地，可能与吉隆坡是马来西亚首都，也是国家政治经济、文化交流中心有关，而沙巴州、吉打州、柔佛州、马六甲由于自身旅游资源或地理位置优势，也成为马来西亚重要旅游目的地，各旅游目的地之间相互联系、旅游资源互补，共同使马来西亚形成综合型旅游目的地。

通过对游客旅游流和旅游安全感知空间分布网络对比研究可知，从整体来看，游客旅游流网络与安全感知空间类型分布网络呈现空间耦合，旅游流空间分布 10 个州市，旅游安全感知分布 9 个州市。从旅游流量分布与安全感知网络数量的空间分布看来，游客旅游流分布广泛，吉隆坡作为"明星"节点，是游客首选旅游目的地，旅游流量较多，其他旅游目的地如沙巴州、马六甲、彭亨州、吉打州、柔佛州的旅游流量相近，构成次级旅游目的地。从旅游安全感知网络来看，整体而言，沙巴州的节点明显最大，吉隆坡和马六甲的节点次之，说明游客在沙巴州安全感知频发，吉打州、吉隆坡和马六甲次之，柔佛、彭亨产生的安全感知较少，吉隆坡、马六甲、彭亨州、吉打州、旅游流量与旅游安全感知网络整体呈现正相关关系；但就沙巴州而言，违反旅游流量与安全感知网络正相关关系，从日常生活理论①视角出发，安全事件的产生主要是由于有犯罪动机的人、合适的目标及缺乏有能力的监察人。在旅游活动中，除了旅游人次外，还可从以下宏观角度对比沙巴州与其他旅游目的地特征：其一，马来西亚政治经济、文化中心一直集中于以吉隆坡代表的西马，沙巴州位于东马，东马整体经济程度、人均综合素质较低；其二，沙巴州主要以农业发展为主，旅游业地位也处于逐渐上升阶段，与吉隆坡、马六甲这些成熟目的地相比，旅游设施环境相对落后②；其三，沙巴州和吉打州的兰卡威作为世界著名潜水胜地，以体验性活动为主，游客安全事件主要集中于探险型旅游目的地。说明在旅游活动中，目的地地域背景、经济程度以及体验活动类型也在导致安全事件产生。

从各类安全感知网络看，在事故灾难感知中，6个旅游目的地之间存在同质的安全感知事件，其中沙巴州、吉隆坡和吉打州的同质感知行为较多；公共卫生感知仅仅发生在马六甲、吉打州和沙巴州这三个地方，可能与公共卫生感知数量较少有关；自然环境安全感知在6个旅游目的地中存在同质安全事件，其中沙巴州、吉打州和吉隆坡依旧是自然环境安全感知高频同质旅游目的地；在社会环境安全感知网络中，除彭亨外，各旅游目的地之间均存在同质安全感知；主要集中于沙巴州、吉打州、吉隆坡和马六甲这四个旅游目的地，与上述整体网络分析一致，各类安全感知事件主要集中于沙巴州、吉

---

① 犯罪领域的日常生活理论认为，直接掠夺性（如抢劫、抢夺）犯罪行为的发生需要同时具备三个要素：（1）具有能力及倾向的犯罪者；（2）合适的标的物；（3）足以遏止犯罪发生的抑制者不在场。其中"足以遏止犯罪发生的抑制者不在场"并不单指警察不在场，而泛指一切足以抑制犯罪发生的抑制力的缺乏。本书中指的是旅游流的空间分布与安全感知网络空间分布类型上存在耦合现象，符合日常生活理论。

② 王晓易：7年沙巴州生产总值达738亿令吉［EB/OL］. http://kotakinabalu.mofcom.gov.cn/article/jmxw/201712/20171202689524.shtml，2017-12-25.

打州和吉隆坡，其中马六甲社会环境安全感知事件较多，且其安全感知事件的空间分布与旅游流量的空间分布基本符合空间耦合规律。

四、中国公民赴马来西亚旅游安全感知空间分布特征

1. 旅游安全感知区域分布呈现"数字鸿沟"[①]

根据整体安全感知数量分布特征图可以看出，游客赴马来西亚旅游安全感知空间区域差异明显，呈现空间集聚现象。游客游览沙巴时产生的安全感知行为类型最多，而森美兰、吉打、玻璃市、霹雳、丁加奴、吉兰丹、彭亨和砂拉越等目的地却几乎没有发生安全感知行为；由中国公民赴马来西亚旅游目的地中心度分析可知，柔佛、霹雳、丁加奴州和槟城的中心度比较小，说明安全感知行为发生较少。综上表明游客赴马来西亚旅游过程中，旅游安全感知事件的类型、数量州际悬殊，区域差异明显，呈现出"斑块化、大分散"和"多核多中心"的特征。

2. 旅游目的地安全感知类型空间分布相似

整体而言，安全感知空间分布主要存在于沙巴州、吉隆坡和吉打州，包括事故灾难感知、公共卫生安全感知、自然环境安全感知、社会环境安全感知，其中由社会环境和自然环境引致的旅游安全感知行为分布范围相对广泛，而事故灾难感知、公共卫生安全感知的空间分布相对集中，但四者主要集中在沙巴州、吉隆坡和吉打州，发生于其他目的地的旅游安全感知行为较少。这表明由事故灾难、公共卫生安全、自然环境安全和社会环境引致的旅游安全感知并未形成明显的空间分异，具有一定空间分布相似性。

3. 旅游目的地安全感知事件同质性特征突出

各个旅游目的地发生的旅游安全感知行为存在同质性，并且安全感知同质网络与安全感知数量的空间分布和类型空间分布形成耦合，即事件越聚集的旅游目的地，其发生的旅游安全感知行为同质性越强。此外，旅游安全感知网络与旅游流网络整体也呈现出同质性，即安全感知分布与旅游流分析呈

---

① 数字鸿沟（Digital Divide）原指的是一个在那些拥有信息时代的工具的人以及那些未曾拥有者之间存在的鸿沟。数字鸿沟体现了当代信息技术领域中存在的差距现象。本书中指的是事件数量存在的地域差距。

现出正相关。

4.旅游流与安全感知网络耦合特征明显

通过旅游安全感知空间网络与旅游流网络对比研究，发现旅游安全感知行为主要发生在热门旅游目的地，旅游安全感知主要分布于吉隆坡、沙巴州和吉打州；而旅游流也聚集于吉隆坡、沙巴州和吉打州。其中吉隆坡为马来西亚首都，也是该国政治经济文化交流的中心，沙巴州的仙本那是世界级的潜水胜地，吉打州的兰卡威是马来西亚著名的海滨城市，也是比较成熟的旅游目的地。安全感知网络和旅游流网络形成耦合，旅游安全感知发生于热门旅游目的地。

五、研究小结

本研究采用内容分析法和扎根理论分析方法，剖析中国公民赴马来西亚的安全感知内容，系统分析了游客安全感知的影响因素。主要结论有：

从整体语义网络来看，中国公民对马来西亚发生的安全事件感知最为强烈。旅游安全感知的内容主要表现为地点、人员、行为和心理感知四个方面。其中：地点主要反映的是对安全事件的感知；人员方面，主要是对司机宰客和孩子的不理性乞讨行为的感知最为强烈；行为主要包括在马来西亚参加活动时引发的安全问题以及游客对安全事件的感知；心理主要是对马来西亚的环境氛围与安全事件感知的心理活动。

本研究通过扎根理论的质性分析，探索和抽取旅游安全感知的影响因素，归纳出29个初始范畴、7个主范畴和4个核心范畴。其中影响旅游安全感知的人—机—环境—管理因素中，管理因素是中国公民感知最为强烈的因素，主要包括旅游地营造的环境氛围和人文氛围差、社会治安混乱、相关部门监管不到位等。

总体而言，本研究从游客视角出发，以网络大数据为原始文本，利用网络关系范式，较详细分析了旅游安全感知空间分布特征及结构，扩展了旅游安全感知研究的数据来源和视角。同时基于宏观尺度，从旅游安全感知事件和发生区域双重维度来探究旅游安全感知特征，突破了以往旅游安全领域中仅从事件或地点单一维度探究事件分布特征，考虑了地点与事件之间的关系。

此外，旅游流的空间分布与安全感知网络空间分布类型上存在耦合，数量分布上符合日常生活理论的假设，也验证了日常生活理论在旅游安全感知领域的适用性。

本研究以2013—2017年国内游客赴马来西亚有关安全的游记为数据资料，以旅游目的地为节点，采用社会网络分析方法，从宏观尺度探讨旅游安全感知与空间分布之间的关系，以期揭示中国公民赴马来西亚旅游安全感知空间分布特征。主要结论有如下几个方面。

（1）各类安全感知事件数量存在"数字鸿沟"，旅游安全感知事件分布呈现"放射模式"。旅游安全感知行为特征分析表明，事故灾难感知和社会环境安全感知所占类型多，数量比重大，如环境氛围差是游客主要安全感知事件，公共卫生安全感知和自然环境安全感知较少。总体安全感知事件空间分布呈现放射模式，各类安全感知事件热点区域大同小异；旅游安全感知类型分布区域核心边缘特征明显，主要聚集于沙巴州、吉打州、马六甲和吉隆坡。

（2）旅游安全感知事件呈现网络化的同质性、异质性并存特征。各类型安全感知事件网络化的同质性表现在事故灾难感知、社会环境安全感知、公共卫生安全感知和自然环境安全感知的空间分布并未存在明显的空间分异现象，各类安全感知空间分布表现出一定相似性；异质性表现在社会环境安全感知，如安全氛围差在数量分布、空间分布均远高于其他安全感知类型。

（3）旅游安全感知网络分布符合日常生活理论的假设，旅游流网络与安全感知空间网络在类型上呈现空间耦合；数量空间网络分布上，旅游流网络与安全感知网络整体表现出正相关关系，但吉隆坡与沙巴州的旅游流量与安全感知网络呈现负相关。

第四章 中国公民出境旅游突发事件应急合作的现实考量

本章从地缘政治学、合作博弈论、世界人道主义援助宗旨、世界旅游伦理规范等视角，阐释中国公民出境旅游突发事件应急合作的必要性和可行性。同时通过建构出境旅游突发事件应急合作现实基础的测评模型，以中国公民出境旅游的9个国家和地区为样本对象，进行旅游应急合作的完全信息动态博弈分析。采用博弈论的方法对中国（大陆/内地）与周边国家和地区旅游应急合作的现实基础进行分析，为中国（大陆/内地）出境旅游安全应急合作决策提供了参考依据。

出境旅游是一个国家的公民基于休闲、公务或朝觐等目的，跨越国境前往其他国家或地区的旅游活动（刘倩倩等，2021）。近些年来，随着中国经济的飞速发展和居民生活水平的不断提高，中国的出境旅游也迎来了飞速发展，据联合国世界旅游组织（UNWTO）数据显示，中国出境旅游旅游人次已由1995年的0.05亿人次增加至2019年的1.50亿人次，增长了近30倍，年均增长率高达15.94%。出境旅游的发展不仅有利于改善中国旅游经济的运行结构，推动出境国家和地区的旅游经济发展，同时大量国民走出国门，也推动了中国与出境国家的文化交流，一定程度上提升了国民的综合素质，中国游客也因此成为各国政府和旅游产业部门重点关注的市场群体。但是，相比于国内旅游，出境旅游往往涉及更为庞大的地理空间、更为错综复杂的历史关系以及更为多元的文化差异，由此导致中国出境游客频频遭遇旅游突发事件，甚至发生人身伤亡和财产损失等（谢朝武等，2018）。

从历来发生的出境旅游突发事件来看，出境旅游突发事件的应对往往需要联合不同国家的旅游安全综合治理资源，仅仅依靠单一区域的旅游行政力量难以达到治理效果。2018 年 7 月 5 日发生的泰国普吉岛沉船事故中，47 名中国游客遇难，在此次事故的应急救援合作中，泰国的普吉府尹、海军、水警、旅游警察、海事局、防灾减灾中心、游客协助中心等相关部门，中国的驻泰大使馆、驻宋卡总领馆、浙江海宁市委市政府、外交部、交通运输部、文化和旅游部以及一些非政府组织救援力量都参与了此次事故的现场处置与善后救援中。显然，在面对涉及范围更广、影响更大的重大出境旅游突发事件时，原有的依据行政区划进行分区域管理的管理体制和单纯依据危机种类进行分部门管理的管理机制都不再适应这种跨境突发事件的应对与处置（王薇，2016）。特别地，任何跨境合作，它涉及的不仅仅是该合作领域的利益，更关系到国家关系、领土、主权等各方面的国家利益。国家不同，其政治体制、社会制度等各方面都存在差异，对待合作的态度也不尽相同，各国势必会从本国国情、本国利益出发。因此，无论是常态情境下还是紧急状态下，跨境合作都更容易被赋予政治的考量。这也就使得跨境旅游应急合作的利益格局具有了复杂性的特点。随着现代社会的互联互通和高度资源整合，以及突发事件频度、深度和广度的持续增加，旅游突发事件的应急处置已经远超于单一治理主体的能力范围（Kapucu，2014）。从当前区域旅游安全合作的发展趋势来看，应急合作协同治理是大势所趋。应急合作是指为了有效地应对紧急事态，在相关机构和人员的领导之下，通过协调、沟通、伙伴关系等有效手段，在公共部门、私人企业、非政府组织乃至个人之间建立纵向与横向的协作关系，而使事态得以快速控制和解决，促进公共利益最大化的管理活动（周晓丽，2014）。应急合作协同治理最明显的体现就是对"跨部门协作"和"多元治理"理念的推崇，强调突发事件的日益复杂急需加强跨地区、跨部门的协同治理，构建应急管理协同网络，通过资源共享、信息共享、知识共享达到对应急管理的全覆盖（唐桂娟，2016）。应急合作治理能够更高效地处理政府与市场、社会的关系，达到旅游安全资源的优化配置，显然这种模式能够更好地应对突发事件。因此，无论是理论研究还是现实实践中，出境旅游突发事件应急处置中跨越地域、突破不同部门的合作治理值得深入探讨。本研究在深入剖析近些年来我国公民出境旅游突发事件现状的基础上，直面当前出境旅游突发事件应急合作的困境，从安全的地缘形势、突发事件的具体特征、后现代主义哲学、国际机制的建立以及互惠合作的合作博弈等方面阐释应急合作的必要性和可行性，以期为我国和出境目的地国家和地区开展深入和广泛的应急合作提供理论参考。

第一节　中国公民出境旅游突发事件应急合作治理的必要性分析

一、共同的安全利益

（一）共同的安全威胁

现实主义认为，多个国家之间安全合作的存在不符合实际，从理性视角出发，每个国家在合作中都会充分考量自身在合作中的收益，都是在具备了足够的合作利益之后才会选择合作的策略。换而言之，如果自身的安全利益不受损，也不存在外界的安全威胁，那么采取合作措施只会造成不必要的安全合作成本，这样对于理性的国家来说是不能接受的，双方的合作也就不复存在。因此两个国家之间是否具有共同的安全利益决定着两国是否会采取合作的措施。安全利益始终是国家在进行合作时的价值所归，也是一切行动开展的最根本的依据。在旅游安全领域，安全领域的竞争是最激烈和最冲突的。然而随着如今全球化的日益深入，人类社会面临的普遍安全问题也使得人们不再是单一的、置身事外的个体。人类安全利益彼此联系，共同组成了在全球风险下共呼吸的命运。全球化所带来的异质性浪潮正在改变着以往利益分享的机制，单独从个人角度考虑难以实现利益的长久化，异质化塑造下的利益实现途径变为了共享与合作。安全利益的获得不仅建立在个体的基础上，同时也需要从他者的视角考虑，需要突破传统的各自为战的思维，突破安全利益中的"零和"结构。在现在的风险社会下，安全利益是多方主体共谋的"多赢"结构，正是这种结构才使得相互安全、合作安全的新安全机制的形成成为可能（严高鸿，2004）。

随着时代的发展，国家之间共同的安全利益越来越多，其中最重要的一个方面就是面临着共同的安全威胁。随着经济全球化与增长全球化的发展，影响世界和国家的因素日益增多，各种传统的、非传统的突发事件不断发生。有学者提出，人类社会自 20 世纪 50 年代以来就进入了风险社会，各种风险因素空前集聚，风险因素的来源途径更加扑朔迷离，其影响程度也由表及里层层深入。这些特征都使得各个主体难以做到独善其身，风险的规避也变得异常艰难。纵观历次重大旅游突发事件，如日本历史上罕见的大地震、泰国的普吉岛沉船悲剧以及如今正面对的全球新冠疫情，这些耸人听闻的突发事件无不牵动着人们的内心，并且这些鲜活的旅游突发事件以其巨大的冲击力增强了各国的风险意识。我们每个人都处在这种时代背景下，任何不可预测的、突发的事件都会对我们产生较大的影响，每个人都无法独善其身。因此，当各种对于我们生活具有重大影响的旅游突发事件降临时，各个国家之间的共同安全利益诉求使得彼此紧密团结，缔造了应急合作共同体，通过利益一致的目标加强彼此之间的联系。尤其是对于具有高度敏感属性的旅游业来说，突发事件必然会给旅游业带来沉重的打击，唯有整合资源、携手应对，才是各国双赢的选择。

（二）共同的地缘安全促成合作

中国公民主要出境旅游目的地国在地理上主要为与中国接壤的国家和地区。在深度全球化时代，大国博弈日趋激烈，中国周边地缘安全环境复杂多变，安全也是相互依存、相互保证。当今世界正处于"由乱到治"的过渡时期，全球治理秩序缺失，恐怖主义、种族冲突、民族分裂、金融危机等非传统安全问题严重。随着我国"一带一路"等国际合作交流平台的进一步完善，我国对外开放的力度和尺度也在不断加深，但这种开放性也不可避免地产生一系列的风险挑战。此外，伴随着中国的改革开放政策以及相关的国家重大战略的落地，我国的开放城市也形成了东南沿海和内陆边疆等多向的开放路径，但这些边疆地区自古以来就是各种风险交织的危险地带，其复杂的地缘环境孕育了众多旅游突发事件的风险因子。旅游业极易受地缘环境的影响，概括起来，中国复杂的地缘政治环境与国内外政治安全形势主要集中于政治、经济、文化、生态、公共卫生等诸多领域。

（1）中国周边跨境走私问题突出。臭名昭著的"金三角"与"金新月"等毒品基地严重威胁着我国的边疆安全。旅游作为一种以流动为特征的产业，是贩毒分子借以转移毒品的理想方式，一些犯罪分子将目光聚集到游客群体，通过利益、权力等各种方式劝说游客参与到毒品的转移过程中。由于游客在陌生地方的安全感知较为明显，因此绝大部分游客对这种行为保持坚决的抵抗。旅游业高度的流动性给跨境走私提供了适合的渠道。据 2020 年的一份跨境走私案件名单显示，借用出境旅游团、电商渠道在边疆地区走私是目前的主要途径。这些触目惊心的跨国毒品走私已严重威胁到中国西南与西北边疆地区的社会稳定。境外的各种非合法的机构，充分抓住中国公民出境旅游求新求异的旅游需求，利用各种不正当的手段在政府力量监管不到的地方胡作非为，使得中国的边境安全异常紧张。此外，中国的西南、西北边境地区各种文物艺术品用旅游纪念艺术品的方式参与走私，包括濒危植物等走私问题也异常严重。

（2）恐怖主义的跨境犯罪问题。当前国际上的各种恐怖组织经常沆瀣一气，这些恐怖主义正与跨境犯罪问题相互交织，对国家、区域的安全造成严重威胁。其中费尔干纳盆地作为恐怖分子活动频繁的地区，因为地理位置比较靠近新疆，因此也对新疆的反恐局面造成重大挑战。历来恐怖主义的活动都具有严重的社会危害性，恐怖分子通过暴力性和残忍性等特点宣传自己的意识形态，并以一系列极端的事件来表现自己的声音，历来受到各国政府和人民的坚决抵抗。在 2014 年联合国召开的有关恐怖主义会议上就明确表示面对恐怖分子这种跨境、相互配合等新的特点，各国有必要协同联动，共同面对。中国的恐怖主义也时有发生，并且伴随着现代科技的加持，恐怖主义的发展日益国际化，因此中国也不可避免被卷进恐怖主义的旋涡，由恐怖主义导致的安全问题也日益突出。

（3）公共卫生突发事件问题。现代科学技术深刻地影响了世界范围内的沟通联系，伴随着交通运输能力的提升，各种传染疾病等公共卫生的风险隐患进一步加强，并且极有可能随着各个国家之间的密切联系而逐步突破国家、区域的尺度，甚至演化成全球性危机。2020 年 3 月 11 日，世界卫生组织宣布新冠病毒已经在全球范围内流行，演化成全球性危机。在疫情的深刻冲击下，大国地缘政治博弈也变得更加复杂，由疫情暴发前的双方博弈逐步演化为全方位深层次的博弈（解楠楠，2021），竞争范围不断拓宽，竞争深度和激烈程度不断加剧。新冠疫情也导致了国际多边机构加速分裂，国际集体行动越来越难以达成共识。特别是中国主要的地缘环境问题、境外意识形态对思想文化的渗透破坏、有害生物入侵、进出口产品和食品质量问题。这些因为地缘环境导致的各种问题已经严重威胁到中国的政治、经济、社会等方面的安全。也正是因为存在这样的边境环境，中国高度重视出境旅游安全问题，并且愿意同出境国家一道共同打造安全的出境旅游环境。

总而言之，中国与周边国家共同面临着严峻的安全挑战，在这些挑战面前没有哪个国家能够独善其身，也并不是凭任何一个国家单枪匹马就能够解决各种问题。当前世界高度的互联互通使得每个国家单一的行动很可能会牵一发而动全身，对整个区域的安全造成严峻挑战。在这些共同的挑战面前，彼此共同的安全利益是各个国家进行安全合作的根本动力。从某种角度上来说，也正是因为这些共同的安全挑战促成了彼此之间的合作，加强了区域凝聚力，使得各个国家对于区域主义和集体认同观念的认识越来越深刻。因为各个国家之间存在共同的安全需求，并且中国成功使周边国家意识到与中国共同安全需求的存在，以及随着中国的崛起和新亚洲安全观的不断深入，合作国家之间也存在足够的信任。因此，这些因素不仅使得其他国家意识到中国和平发展的愿望，促进了地区和平与稳定，同时也为各个国家之间的应急合作创造了有利条件。在出境突发事件发生时，各国选择了应急合作策略，能够实现各自的安全利益最大化。

二、出境旅游突发事件的性质决定应急合作

旅游突发事件具有爆发的不可预测性、影响的深远性、未来走向的不确定性等一般特征，但出境旅游突发事件因为跨越国境并且超越了一定的行政边界而表现出其他旅游突发事件所不具备的特征，具体如持续影响深、致损程度重、应对难度大等。

（1）在出境旅游突发事件的持续影响上，这类突发事件又具有影响周期

较长和影响地理空间范围较广的特点。从时间范围上来看，这类突发事件在不同的发展阶段都可能会与新的环境产生耦合效应衍生出新的致灾因子，并且由于各个阶段的处置措施不同很可能会导致前一阶段的处置不力，影响下一阶段的处置效果，造成风险叠加，使突发事件的影响呈现链条式扩展、循环式叠加的特征。在这其中的任何一个环节处理失误，都可能导致突发事件的升级或者失控。尤其是在如今网络信息化高速发展的时代，这种跨越国境的突发事件很容易受到国内外媒体的广泛关注和持续报道，极易酿成巨大的网络舆情事件，甚至经过媒体的恶性传播形成恶性循环，威胁出境目的地的旅游安全形象。相关学者的研究表明，旅游突发事件首先作用于旅游目的地，破坏目的地的旅游资源和基础设施，改变了旅游目的地在旅游者心中的原生形象（李锋，2007），由此产生新的决策行为，通过媒体信息的传播与反馈逐渐形成新的引致形象与复合形象。此外，互联网的出现则加速了这一过程，突发事件通过网络传播的舆论聚合效应进一步放大了突发事件的影响力，强化了旅游者对于目的地的形象感知并产生新的感知内容（王晶晶等，2010）。随着时间的持续发酵，可能会导致整个事件复杂化，超出了传统的传播范畴，变成了一种综合性社会危机，而仅凭单个国家政府部门或社会组织是难以承受，需要充分发挥多元主体的合力，群策群力，共渡难关。从出境旅游突发事件的影响范围来看，从其爆发期开始，其影响就涉及了多个区域，往往会牵一发而动全身，类似于多米诺骨牌，往往一个突发事件的发生就撬动了另一件突发事件的风险成因，形成"蝴蝶效应"，导致突发事件的影响范围越来越广泛，这样的发展趋势最终会超出爆发区域的应对能力。此外，由于游客的户籍来源广泛，旅游突发事件一旦发生，受灾群体所在的国家或者地区就会高度关注，通过网络传播的扩散效应，使得不安全目的地形象迅速传播。另外值得注意的是，旅游突发事件影响的深远性还表现在时间上的纵深性，即该影响不会随着旅游突发事件的结束就戛然而止，其中表现之一就是旅游目的地形象的恢复。旅游目的地只有通过一系列安全措施的打造，并积极通过媒体营销才能够打消潜在旅游者的顾虑，增强其潜在的旅游意愿。因此各国家政府和部门在组织应对过程中必须通力协作、共同应对，才能有效化解"跨境"突发事件带来的危机。

（2）出境旅游突发事件导致的伤亡和经济损失更为严重。出境旅游突发事件不可避免地导致旅游者生命和财产受到损失，由于旅游者的密集性和跨境旅游突发事件的广泛性，会使旅游突发事件在短短的时间内造成当地居民与游客的伤亡，对旅游者的人身和财产安全造成严重威胁。有研究表明，我国大陆游客赴台旅游突发事件频发，其中每起旅游突发事件至少造成1人重伤和1万元以上财产损失（邓德智，2016）。相对于死亡，旅游突发事件给各国居民和游客带来的心理伤害经久不散，即使事件消失，但它给人留下的心理创伤等负面情绪伤害更大，导致旅游者极度的不安全甚至于恐慌和对人际交往不信任情绪的扩散，经历过的人难以再面对生活。由于跨国的旅游业涉及更广泛的食、住、行、游、购、娱的产业链条，因此出境旅游突发事件给客源国和目的地国带来的经济损失可能更是无法估量的。近年来，生产力的发展和科技的进步催动着以流动性为主要特征的旅游业发生了深刻的变革，每一次的突发事件都会给旅游地居民的日常生产生活、旅游目的地的旅游基础与辅助设施、旅游目的地安全、旅游目的地原真性文化等带来沉重负担，其造成的直接和间接损失是难以估量的。例如1997年的亚洲金融危机使东亚和南亚入境游客损失巨大，对我国的入境旅游也产生了巨大的影响（马丽君等，2009）；2003年的"非典"极大地抑制了国内外游客的需求，我国入境和国内旅游损失率分别达到了12.4%和10.3%；2020年年初的新冠疫情使我国的旅游业几乎处于全面停摆的状态。值得注意的是，旅游景区作为旅游业最重要的旅游资源，自然灾害还会破坏旅游目的地的旅游资源和旅游基础设施，自然灾害影响下的灾害景区会对非灾害景区产生整体性波及效应、泛化性波及效应和联结性波及效应（吴家灿，2013），致使非灾害景区客流量流失严重且恢复缓慢。因此，突发事件造成的巨大损失往往使单一主体无法承担，需要相关主体协同作战、互相配合才能得以妥善处理。

（3）从旅游突发事件应急处置的措施力度来看，由于旅游业的综合性特点再加上跨境的特征，相较于在国家尺度上发生的旅游突发事件，跨区域的应对难度较大。目前一般的旅游突发事件都参照应急预案的标准来处理，各个应急主体之间在层层体制的指导下尚能相互合作，共同面对。而各个国家之间通过合作制订出境突发事件的应急预案在目前还没有被提上日程，因此，出境旅游突发事件的处置又通常没有预案可以参考。无预案可依就会大大增加应急合作的难度，各个国家的合作经常会陷入茫然、混乱无序的阶段。而旅游突发事件的处理事关游客生命财产安全的重大事件，关于游客生命的救援必须遵从科学的救援时间和救援手段，无预案可依的问题会导致救援往往错过最佳的黄金救援时间，从而造成更大的社会危害。另外，一些特殊旅游突发事件的处理往往需要更专业的救援力量、更高标准的救援设施以及更加紧急的救援时间，这无疑加大了救援难度。而后期的善后恢复阶段除了针对游客的赔偿心理安慰等，还涉及旅游目的地文化的恢复、旅游目的地基础设施的恢复等。因此无论是从旅游者的善后处置、旅游信心的恢复、旅游目的地的重建，还是从旅游形象的修复来说旅游突发事件的应对都是一个长期而缓慢的过程。由于不同国家的现实情况不同，如社会价值观、地理环境、政策法律、应急救援体制机制等存在异同，这样两个国家之间的合作处置就困难重重。因此，出境旅游应急合作是异中求同的合作，需要两个国家在顶层设计上做好统一的规划安排，通过协议、框架和法律来奠定双方合作的基本基调。只有形成了意识上认同、法律上遵从、流程上一致才能保证在旅游突发事件发生时双方行动上下一致，互助救援。

三、传统以政府为主体的治理结构存在缺陷

在多元主体合作治理的模式中，不可否认政府是化解风险最主要的主导者，是公共利益的天然维护者，也是应急管理最终责任的承担者（赵定东，2011）。出境旅游突发事件是两国面临的共同安全威胁，损害两国的公共利益和区域整体利益，两国政府在出境旅游突发事件的合作治理上具有一致性，通过合作能够有效降低在应急处置时的成本，最终促成共同利益的达成。因此，对于突发事件的应急处置而言，两国政府之间的合作重要性不言而喻。但问题在于，在超越国家的范围之外，政府原本具备的自身法律强制力就不复存在，同时政府在出境突发事件应急处置的积极作用并不等于承担全部的责任，随着政府职能转变以及一系列国际行为机制的建立，政府的缺陷也就日益暴露。

首先，这种缺陷表现在政府公共强制力和法律合法性的缺失。在我国，宪法赋予政府的强制执行力和权威性，政府有权力制定关于旅游突发事件的法律来规范各个主体的应急处置，并且通过法律来明确各个主体应该承担的义务。在自身的行政职能范围内，政府从来都是社会有序运行的坚定维护者。在旅游突发事件以其极大的破坏力严重损害旅游系统的健康运行，影响到游客、居民群体的正常生活时，政府的公共强制力手段能够在短时间内让秩序恢复，确保游客的正常出行和居民的安居乐业，因此政府的强制力对于旅游突发事件的治理来说是不可缺少的关键因素。但是当上升到跨境范围时，因为不同的国家主权和体制机制，政府部门运用法律、政策、命令的手段应对突发事件的效果就会大打折扣，毕竟一个国家的政府部门并不能指挥另一个国家的政府部门，双方的合作是建立在两者的外交准则以及相应的国际机制之上签订相应的合作协议，合作协议仅仅是一种契约，并不具备行政力量的强制性。这样就导致政府在充分调动人力、物资资源时显得力不从心。由于缺乏协议的执行与监督，极端理性主义的存在始终是开展深度合作的最大障碍。当合作主体在合作过程中为了追求自身利益才采取隐性的破坏合作成果的行为时，由谁来进行处罚或者合作损失由谁来承担的问题至今仍悬而未决，这也导致危机治理的效果并没有达到理想的程度。从寻租腐败的角度来看，在合作治理的过程中，一些企业为了能够在合作中受益，通过贿赂政府的方式来为自己获得政策上的支持。这种方式下，应急合作就变成了政府与企业利益追逐、权钱交易的行为，对应急合作会产生极其消极的影响。

其次，突发事件的多样化需求凸显政府的局限性。任何的应急管理都是面对危机客体的管理，而当前出境旅游突发事件成因复杂、呈现灵活性的特征使传统政府科层制的管理体制面临严峻的挑战，传统政府的组织结构已经越来越不适应应急合作的现实需要。所以目前在大多数应急处置中，政府只是根据普遍的情况进行标准化和统一化的管理，并不能根据突发事件发生所在的地域、程度、变化等差异提供差异化的服务。并且政府依靠严密的科层制来保证其权力的运行方式，但这种方式也不可避免地产生传递时效性降低、各级政府职能的缺位或越位，部门之间的协调成本高产生互相推诿，各个部门的职责与管理权限的分配不一致等问题，大大降低了突发事件的应对效率。当前政府的应急管理机制是建立在职能分工基础之上的，无论是哪种类型的突发事件，其应急处置都是依据相应的部门职能，条条分割带有浓厚的部门色彩。而当今出境旅游突发事件的独特性越来越明显，越来越需要针对性、精细化的管理，传统的统一式管理已很难适应现代旅游突发事件异质性和全球性的管理需要。而且，从历次的实践经验来看，政府往往更注重旅游突发事件的过程处理，即在发生时期采取各种措施应对，但在旅游突发事件的预警和预防期的重视程度仍然不够。社会组织的灵活性可以根据突发地的情况灵活地更换应急措施、高效地进行合作，并且可以提供心理辅导、关注残障人士等多元化的服务，相比于政府可以更加灵活和迅速。种种事实都表明政府部门当前的组织结构让政府在危机管理方面确实力不从心、无暇顾及，以至于无法面面俱到。

最后，"全能政府"的理念让政府在应急处置时稍显无力。长期以来，政府由于把控着强大的权力资源、组织资源和资金资源，一直作为应急处置的主体，各种突发事件亲力亲为。不可否认，这是由政府的职责所决定的，但这种理念体现在应急合作中就是习惯性地用强大的政治手段参与救援任务，而忽略了很多社会力量的参与。这种方式不但增加了政府的负担，影响应急合作的有效性，而且会打击社会组织参与的积极性，致使两者之间合作的天平向政府倾斜，更严重者导致两者合作关系的破裂。究其原因，主要是政府的执政理念追求于管理区域的长期稳定，当出现较为严重的突发事件影响到社会的长治久安时，政府渴望用较短的时间控制住局面，实现社会秩序的平稳运行，因此在短时间内不可避免地用较强硬的行政手段实现突发事件的治理。而且现实中政府各种社会组织的接触难度较高，一般两者沟通的方式是政府邀请进行会议的研讨，但这种方式本身就是政府主导，社会主体的主动性无法充分发挥。而且迫于自身的权威和传统理念的全能，政府更希望发挥自身的权力来解决旅游突发事件。但是目前突发事件应急处置所需要的资源和信息日趋增多，如随着新冠疫情进入到常态化防控阶段，这场突发性公共卫生事件的治理必定是一个需要长期投入服务的阶段，其中既有物质资料的恢复，历史文化的延续，还包括人们的复工复产，都需要政府调动大量的人力、物力、财力等资源，这些不可避免地增加了政府的负担，导致政府的救援质量往往难以得到大众的认可。一言以蔽之，多元主体通过密切沟通、建立深度合作、形成统一目标等方式进行应急合作，形成应对各种出境旅游突发事件的治理网络，这对于我国的出境旅游突发事件合作治理具有重要的借鉴意义。

四、多元主体博弈的结果

博弈论作为一种对策论在研究具有竞争性质现象的实际案例中具有广泛的应用。出境旅游突发事件的应急处置是旅游应急管理的主体和出境旅游突发事件的主客体之间的博弈。在这场博弈中，区域国家、政府以及社会组织都是利益相关者，同时又包含着同一组织内部之间的博弈，这样就使得出境旅游突发事件的应对处置变得更为复杂。在出境旅游突发事件发生后，首先出境客源国和目的地国首先会发生博弈，由于不同国家的经济实力、综合国力等实力不同，导致每个国家所保有的应急资源、应急专业人才储备各不相同，从系统的角度说这种资源的稀缺性即不平等分布必然会导致不同主体之间的竞争与合作；其次，社会应急资源并非全部掌控在单一治理主体中，而是多元地分散在各个社会组织间，要实现资源的合理配置需要所有主体共同努力，由于利益的竞争性导致这些非政府组织也会发生动态博弈。此外，在理性人的假设下，政府与非政府组织具有不同的价值考量，政府部门渴望利用自身的权威以及政策的力量来参与应急救援，非政府组织则渴望通过救援获得一定的社会认同和合法性认同，但不论各自的利益目标如何，他们均期望以最小的成本获得最大的收益。因此，政府与非政府组织在应急合作治理的过程中，各自会依据情景态势调整策略，形成政府与非政府组织间的动态博弈关系。因此，分析出境旅游应急合作救援中各个主体之间的利益博弈关系，认识各个主体在合作中的角色、预期的行动措施以及建立在利益之上的稳定合作关系，具有重要意义。

（一）出境客源地和目的地政府之间的博弈

历次出境旅游突发事件的处置中，作为事发地的目的地政府会首先进行响应，即遵循"属地管理"的原则，并同时向涉及的出境国报告请求相应的援助。由于政府作为地方利益的代表，当预期的公共收益甚至个人收益与预期不相符甚至发生冲突时，就可能导致集体非理性的可能。两地政府参与突发事件的应急救援过程和"智猪博弈"类似。首先，假设出境客源地 A 和目的地 B 在 B 地发生了旅游突发事件，两者要共同应对突发事件，则涉及的博弈双方分别为 ={A 地和 B 地}，由于 A 的综合实力比 B 高，所以 A 地的突发事件应急能力更强。假设两者合作救助成功，获得的收益为 M。那么两地所面临的选择策略有两个：要么是一起行动，要么就是一方等待另一方先行动，但此时，因为突发事件的紧迫性与破坏性，选择立即行动救援的一方就需要多支付 e 的救援成本。现在假设：A 地和 B 地一起救援，成功地应对了出境旅游突发事件，A 地获得了收益 n，B 地获得了收益 M-n。除去救援所付出的成本，那么 A 地最终获益为 n-e，B 地最终获益为 M-n-e，但因为 A 地的救援能力较强，所以 A 地所获得的收益大于 B 地的收益，也即 n>M-n，进一步可得 n->M-n-e；如果 A 地立即行动，B 地选择等待，则 A 地的收益为 n+b-e，B 地的收益为 M-n-b；若 B 地选择立即行动，A 地选择等待，尽管 B 首先采取行动，但因为这次突发事件的影响范围较广，B 自身的实力无法单独解决，虽然较早参与但救援效果并不理想，只能需要 A 加入。这时候 A 在 B 的基础上进行救援，并且因为自身实力的雄厚获得了理想的效果而获得了较高的收益，而 B 虽然救援效果不佳但前期付出了较高的成本，此时却不能带来回报，收益为负，此时 A 地最终获益为 w（w>n+b-e），B 地的最终获益为 M-w-e<0；如果两地都选择等待，则救援不获益。最终两地之间的四种组合模式如表 4-1 所示。

表 4-1　两地政府之间应急合作博弈的收益矩阵

		A 地	
		立即行动	等待
B 地	立即行动	（n-e, M-n-e）	（w, M-w-e）
	等待	（n+b-e, M-n-b）	（0, 0）

这个博弈模型给了竞争中的弱者（B 地）以等待为最佳策略的启发，也揭示了旅游突发事件应急合作中"坐船"或者"搭便车"的现象。由于出境

所导致的应急机制和奖惩机制的不完善，相对理性的政府部门都会做出最理性的选择，这样就导致旅游应急能力相对弱小的政府或者应急资源相对匮乏的旅游行政管理部门尽管全力投入支援中，但是却得不到预期的收益。因此一些国家和地区就会采取一些不负责任的行为逃脱救援任务或者等到旅游突发事件已经得到整体控制以后再采取行动。这样既可以将应急资源的损失缩小到最小，也可以完成救援任务。这种做法体现了国家或地区在应急合作方面的积极性不够。因此，尽管两地之间的应急合作的目的是进行应急救援处置，是为了维护游客的生命健康，为了共建旅游基础和辅助措施，为了事发地的历史文化不会断层，但同时也为了进一步提升应对危机的能力。但是由于每个国家的实际情况不同，彼此在建立应急合作的关系时总是存在难以解决的问题。一方面是由于博弈关系的存在，双方认为在双方的合作中自己并不能收益，合作只会为自己带来更复杂的问题，不利于突发事件的解决；另一方面则是因为没有建立稳定的安全合作利益关系，以至于在合作中付出了巨大的成本却得不到应有的回报。那么这些方面的种种原因就给政府应急合作带来了重重障碍，使他们无法正常进行，阻碍了应急合作的深入发展。因此要想打破这种局面就需要建立在制度上的深度合作，避免两国家或地区政府之间的推诿现象。

（二）出境客源地和目的地旅游企业之间的博弈

在突发事件应急处置的恢复和重建时期，非政府组织之间的博弈显得尤为激烈。旅游业是一个极度敏感和脆弱的产业，因此突发事件将会给旅游企业带来巨大的损失。在恢复阶段，旅游企业作为恢复的中坚力量会通过市场营销的手段展开博弈。此期间的博弈方式类似于囚徒困境。首先，假设出境客源地旅游企业 A 和目的地旅游企业 B 在出境旅游突发事件影响区域都具有较高的市场份额，在事件之后都迫切地想通过销售旅游产品恢复市场份额，继而实现灾后复苏。A 和 B 两家旅游企业的销售策略均是｛降价，不降价｝。此时假设：若一家企业降价，另一家企业不降价，则降价方获得收益 m，维持原价的一方相对于降价方价格过高导致获益 n；如果 A 和 B 都选择降价，则双方都获益 u；如果 A 和 B 都选择不降价，则双方获益 r。最终双方的博弈组合如表 4-2 所示。

表4-2　两地旅游企业应急合作博弈的收益矩阵

		A 企业	
		降价	不降价
B 企业	降价	（u, u）	（m, n）
	不降价	（m, n）	（r, r）

在这个博弈模型中，m>r>u>n，因此，对于 A、B 两个企业而言，无论对方的结果如何，自己选择降价都是最优的，最终导致纳什均衡仅落在非合作点上。囚徒困境所反映出的深刻问题是，目的地企业看似站在极端理性主义的角度上去为企业做出最正确的选择，但却殊不知会对集体利益造成损害，即使短期内取得了明显的收益，但这种利益并不能长久。在出境旅游突发事件发生以后，由于迫切想恢复自身企业的利润而采取降价的措施，这样如同多米诺骨牌导致其他企业纷纷效仿。如果各个旅游企业之间并不能同仇敌忾，不能建立稳定的恢复发展联盟，而是彼此之间进行博弈，那么事发地的旅游市场复兴就会遥遥无期。应急处置是需要利益相关者互助合作的，但问题在于每个企业都是处于整个社会网络中的一个节点，单个企业的行动必然会导致其他网络节点的行动，在成本与利益不符合的形式下，博弈的结果就是无法完成应急合作。因此对于我们的启示是，政府作为一只有形的手，在旅游目的地市场的恢复过程中，要充分地协调目的地企业之间的利益，否则利益就会成为阻碍合作的一个屏障。在旅游突发事件发生的危机情境下，这种博弈所产生的影响是全面而深刻的，会严重影响应急合作的效果。因此，未来的合作应明确旅游企业的职责、进一步明晰利益分配的机制，建立深度的合作。

（三）出境客源地与目的地政府和社会组织之间的博弈

社会组织作为应急合作力量的重要补充，在应急合作中发挥着不可替代的重要作用。例如，每次的自然灾害中都能看到红十字会的身影，近些年出现的一些民间组织也能发挥越来越大的作用。然而，不同的社会组织源于不同的利益群体，尽管其在维护公共利益上存在着一致的目标，但当组织利益目标与公众利益目标发生冲突时，利益偏好就会让其行为偏离公共利益而追求组织利益。例如，很多的社会组织往往追求的是政府对其合法性的承认，而政府的目标是让这些组织能够摒弃各自的利益，通过物资、资金捐赠、自发救援等参与到合作中，希望能够提供更多的充满人道主义的、不求任何回报的救助，当这两种目标产生冲突时，两者就存在合作的博弈关系。政府方面，尽管一直强调社会组织参与应急合作的重要性，但是却并没有采用法律条文的形式将各个主体在合作中的任务责任进行框定，这样产生的严重后果就是行动重复，导致真正有效的救援行动大大受限，也导致了各种资源的浪费。另外在政府部门看来，社会组织存在的合理性是为政府的政策服务，在关于社会权威方面，政府的地位是不可取代的。如果给予了社会组织较高的地位，那么在社会治理的过程中很可能也要考虑到社会组织对自己的监督。而从社会组织看来，鉴于未能获得合法身份而不能进行组织的健康发展，导致其在博弈中受损。一些社会组织尚未形成良好的"志愿文化"，在志愿者服务的过程中，一方面由于缺乏培训导致自身的服务技能欠缺，未能够充分发挥志愿工作的最大价值，另一方面由于服务意识尚未完全形成，所付出的志愿服务大多是被动的，消极的，不能够给予被救者充分的人道主义关怀。在这种动态博弈的过程中，需要逐步建立稳定的、长效的合作机制。在社会组织方面，政府部门通过不断地完善奖励机制，积极地培育这些组织的服务精神，另外相对于一些物质性的奖励，可以探索更多的社会福利、荣誉称号等奖励手段，进一步加强政府对其社会组织合法性的承认。针对社会组织参与突发事件的风险承担问题，可以出台相应的政策完善资金筹集的渠道，以此来弥补社保基金的不足。总而言之，应该建立多元主体之间的利益和成本对等机制，通过进一步明晰各自主体承担的责任和义务为应急合作提供制度保障，也为多元主体协作提供了内在动力。

第二节　中国公民出境旅游突发事件应急合作治理的可能性分析

一、新亚洲安全观的持续深入

出境客源地和目的地之间能否顺利开展应急合作的关键在于安全观念的建立，安全观决定着这个国家或地区对外合作的方式和手段，这是国家意识领域对于安全的指导。一个国家安全观念的形成主要来源于两个因素，首先是这个国家的传统文化和历史经验，这是安全观念生长的土壤，并且生成了安全观念的基因；其次来源于对客观环境的认识，因此，各国安全观念也就不尽相同。纵观世界各国，安全观念主要可分为两类，一类是传统安全观，另一类是新安全观。传统的安全观念具有对抗性和"零和"性，国与国之间存在着猜疑，这种信任的缺乏使彼此之间的安全合作很难真正建立起来，即使存在一定的安全合作，也往往是临时性的，受限于军事领域，一旦共同的安全威胁解除，安全合作也相对停止。例如，冷战时期的军事联盟，现今仍然存在的北约等都是以这种安全观为指导的。而随着全球化潮流的不断涌进，一种关注"全球"与"人类"安全的新安全观逐渐兴起。相对于传统的安全观，新安全观更关注非传统安全问题，追求共同安全、维护共同安全利益、促进世界和平发展是新安全的核心要义。这种安全观念深度契合我国几千年来的历史文化、治国理念、对外交流方针，并且经过了大量实践的检验，在观念不断完善中逐渐形成了我国的对外安全合作观念，即新亚洲安全观的产生。这一安全观念为当前我国的出境旅游安全乃至亚洲和世界的安全问题提供了破解与防范之法，也为我国与其他国家旅游突发事件应急合作治理的有效开展提供了前提条件。

"共同、综合、合作、可持续"的亚洲安全观是习近平总书记在上海亚信峰会上提出的。这一安全观念顺应了当今时代发展的潮流，切合了需要加强合作解决众多安全挑战的现实，也为全世界范围内各种复杂的安全问题解决提供了新的思路（左凤荣，2021）。这种安全观念为各国深入推进旅游突发事件的合作治理奠定了观念上的可能性。

首先，亚洲安全观为出境旅游突发事件的应急合作治理凝聚了共识。亚洲安全观在观念层面上突破了以往个人层次的安全，强调各个成员之间的集体安全。这一观念强调彼此的安全合作是公开的、透明的，能最大限度地避免合作中不诚信的现象，并且坚持不结盟的原则，摒弃某些小团体之间的不正当安全利益，并且这一观念强调安全合作是公平的，即不因为参与国力量的弱小而受到歧视。（侯水仙等，2017）。事实上，所有国家之间开展的安全合作归根结底是为了确保游客的安全，衡量一个国家旅游安全的一条重要标准就是对于游客伤亡情况的统计。针对出境旅游突发事件频发的态势，合作是进行治理的根本途径，有合作安全才有共同安全。因此，越是面对复杂的出境旅游突发事件形势，就越是要合作应对，只有这样才能将共同的压力变为动力。面临着错综复杂的出境突发事件，单打独斗不能解决任何问题，合作治理、集体安全才是解决问题的正确选择。出境旅游突发事件使两国的安全利益唇齿相依，由于利益的一致性形成了你中有我，我中有你的局面，2020年年初暴发的新冠病毒感染这一突发性公共卫生事件就是一个最好的证明。当前的出境旅游突发事件区域性和全球性交织在一起，任何国家都不能独善其身，各国的安全利益已经紧密融合在一起。合作才有出路和未来。通过合作促进突发事件的解决，确保出境旅游安全的平稳运行。此外，为进一步凝聚应急合作共识，还建立针对出境旅游突发事件的学术研究机构，通过学术交流推动应急合作问题，建立常态化的旅游合作机制，以直面出境旅游突发事件，不能"谈旅游应急合作而色变"。

其次，亚洲安全观为出境旅游突发事件应急合作治理提供了普遍原则。具体而言就是在应急合作的原则、内容、条件方面进行共商；在合作机制、智囊团建设、专业人才组建、设施设备生产等方面采取共建的方式；在应急合作信息、应急合作收益等方面实行共享。同时，共商共建共享原则也清晰界定了应急合作治理的主体和客体。该观念下的应急合作治理的客体对象非常明确，即两国所遇到的旅游突发事件。该观念下应急合作治理的主体包括两国的政府部门、国际组织、两国企业和一些社会组织，其中国家是主要主体，承担应急合作治理的主要责任。各国通过加强沟通推动应急治理。亚洲新安全观倡导下的应急合作拒绝损人利己的行为，拒绝小圈子主义，凡是参加应急合作的成员都是一视同仁，同一区域发生的突发事件应该由同一区域共同治理。因此，各国通过共商共建共享，摒弃以往单一层面的、传统的安全观念，在多元主体利益相通、行动一致的基础上走出一条安全合作共赢之路。

最后，新亚洲安全观为建立应急合作共同体提供了思想指导。中国积极提倡推动构建亚洲安全命运共同体并不是为了一己私利，而是针对当前世界变化形势为世界安全提出的创新思路。这种大的背景为各国的应急合作提供了较好的合作平台。在这种大背景下，中国在一些国际战略中提出了各种安全机制，有力推动了各个领域安全合作的深化。在当前一系列严峻的安全形势带来的挑战明显上升的情形下，中国积极推动在亚洲形成利益一致、行动互通的应急合作共同体将为全球的应急处置做出重要贡献。当前，中国所提倡的这种安全观念经受住了实践的检验，且赢得了越来越多人的支持。依托目前中国的国际影响力，中国提倡的安全观念也显示出强大的生命力，不断地在世界范围内接受检验并取得认同，一方面在为中国游客出境旅游安全提供安全保障的同时，另一方面也为相应的出境旅游目的地国家的安全问题积极建言献策。由此可见，随着这些安全共同体、命运共同体理念的持续深入，为各个国家应急处置树立了合作共赢的新思维，同时也为中国与主要的出境目的地国家创建了更加良好的合作环境。新亚洲安全观是中国作为应急合作的主要倡导者就当前突发事件形势提出的新理念，应急合作共同体则是在这一理念下中国的又一生动实践，不断深化中国与世界的交往。

二、国际制度的建立

国际制度为安全领域内的争斗提供了一个和平解决的机制，相当于一个行为准则，国际层面的安全制度为各个国家之间的安全问题提供了一个解决的范式，从这个意义上说，具有权威性和国际性的制度的建立是安全合作成功的关键（吴志成等，2005）。在上述章节中提到的安全困境就是以为人们在不确定的环境中难以做出抉择，但实际上包括区域和国家在内的行为体总是在不确定中寻找确定。按照化学体系中的熵值理论，任何体系都存在一定的混乱度，人们通过做功的方式赋予混乱体系以能量，从而将无序的状态变得有序，使不确定的情况变得确定。在这里，变不确定为确定性的方式之一就是确定国际制度，只有制度的规则力量才能确保各个成员体之间的行为一致，凡事依规则行事才能够最大限度地避免不确定因素。拓展到国际层面上也即是国际制度的建立，这种国际制度超越了国家的范畴居于国家之上，对国家的行为做出一定的限制。安全制度应该是开放的，如果一个多边性质的安全机制不吸纳甚至排斥某些国家的参与，就不可能成为一个健全的、成功的制度（苏长和，1998）。从这个角度出发，国际制度能够最大限度地避免国家之间的不确定性问题，如欺骗和恐惧。因此可以通过引入国际制度帮助国家确定利益和规范行为，制度化应急合作就成为最优的选择，即在自愿原则的基础上，加强和深化国家之间的对接，为世界各国的突发事件应急处置提供制度性合作的新框架与新平台。

首先，国际制度可以建立多元高效的信息沟通渠道。欺骗、恐惧等很多问题都是由于信息渠道的不完善所导致的。国家机构因为所处的结构和功能不尽相同，因此所获取的信息也不尽想同，而应急合作中需要提供大量的信息交换，以保证救援的及时与准确性。此外，由于每个国家提供信息的标准也不尽相同，导致其在进行应急分享的过程中会出现分享障碍。另外不同国家具有不同的信息系统，不同信息系统所存储与浏览信息的方式也存在差异，这些问题都导致了应急合作中信息的沟通障碍。而国际制度的建立可以改变传统的信息共享观念，高质量的旅游救援信息平台应该包括以下功能：一是决策支持系统。正如前文所述，旅游突发事件的应急处置需要政府快速准确做出决策，然而受限于传统政府的职能，难免会出现"政府失灵"的现象。因此需要使用科学的手段辅助于政府的决策，提高决策的准确性。决策支持系统通过事先存储的数据库分析旅游突发事件的整个过程，建立应急救援的方案。同时，通过精确计算游客伤亡数量、受灾程度和现场环境得出救援物资的最小需求数量，政府部门可以通过这个数据与专家预测的数据进行对比，从而做出更加科学的应急决策。二是数据库系统。主要包括目的地国家或地区的人口数量、社会经济情况、主要救援力量以及地理空间数据信息，这些信息是救援决策制定的基础。三是救援信息发布系统。该功能在纵向上可以使得政府、社会、市场、游客等群体对救援信息实现实时共享，在横向上也能有选择地将救援信息传递至同一主体的各个部门，为应急救援赢得更宝贵的时间。

其次，国际制度的建立在更高层面上规范国家之间的行动，并且通过确立的规则能够清晰各行为体未来的行动措施，从而增加彼此之间的预期。因为在明确制度的规范下，任何行动者之间违反规范的行为都会遭受其他成员体之间的联合抵制，不仅不利于本国风险危机的解决，并且这种行为还会造成不良的国际影响，显然是一种不利的选择。2005 年，卡特里娜飓风袭击美国，给美国带来了灾难。灾民们的生活和安全受到了巨大的威胁，需要联邦政府给予必要的援助。但美国政府在对待多方救援的问题上却极尽拖延。首先由布什总统公开表态，不接受任何国家的援助，美国完全有能力自己解决这次危机，由此可以看出美国的高傲态度。先声明"并不期待国际援助"，联邦政府对于委内瑞拉提供的援助也仅部分接受，尽管古巴等国第一时间提供援助，但因为美国不肯放下之前的敌对关系，导致许多救援力量被美国拒绝，这直接导致部分灾民未在科学的黄金救援时间内得到救助，许多人因此付出了生命的代价。而对于处于社会主义制度的我国来说，无论是旅游合作还是应急合作，我国内地与香港都有着十分丰富和成熟的合作经验。这其中包括国家层面与区域层面上的顶层设计方案；在区域层面上已经建立了较为成熟的旅游突发事件应对机制，成立了专门针对突发事件的应急小组；在非政府机构层面，每次香港突发事件爆发后，非政府组织都提供大量的救援资源进行互帮互助，此外还通过学术机构的交流来深入推进两者之间的安全合作。总之，基于互惠基础的国际制度合作，未来在国际上应急合作将是大有可为的。通过积极的国际制度建设，将一系列的合作行为规范纳入制度的框架里开展制度化安全合作，这样制度因素形成的外部环境压力将持续深化为各国安全合作的压力。适当的压力既确保了国家在出境旅游突发事件面前能够目标行动一致，同时也能够最大限度地消除各个国家之间对于合作的怀疑与恐惧，彼此信任，并且愿意自觉进行合作和维护合作安全的美好前景。

三、传统安全领域的合作为突发事件应急合作提供平台

自从改革开放以来，中国对外开展了一系列安全合作的措施，并且经过了实践的检验经历了较大尺度的修改，现如今所面临的国内外安全形势已经发生了巨大的变化。如今中国的对外安全合作强调和平发展，即自身的发展不牺牲其他国家的利益。也正因为这个安全价值观，所以近些年来中国与世界各国、世界上的许多区域都建立了全方位多层次的安全合作，安全合作的范围不断拓宽，安全合作平台的搭建也越来越完善，这些都为出境旅游突发事件的应急合作提供了较好的平台。根据中国主要的出境市场，可划分为东北亚、中亚、东南亚这些区域，近些年根据中国的实践在这些区域建立了一系列安全合作，具体来说，体现在以下几个方面。

首先，从地缘战略的角度讲，东北亚地区主要涉及中国、俄罗斯、日本、朝鲜、韩国、蒙古。这一地区的复杂因素较多，既有不同历史文化价值观之间的碰撞，也有社会体制不同的争鸣，同时也有社会意识形态不同的差距。更为重要的是，美国的重返亚太战略为这一地区又增加了许多不确定性的因素。这些因素共同决定了东北亚安全合作实践有着现实可能性。例如，在它的参与主体中，并不排除其他成员加入，即使是地理位置不临近的国家，只要有安全合作的需要都可以参加。秉持着开放的心态接受其他国家之间真诚的合作，尽最大的努力求同存异。其次东盟地区论坛所倡导的信任建立和规范塑造等也应当成为处理东北亚安全问题的基本原则。最后，中国同东北亚地区通过协议建立了一系列合作的平台，2012 年两国又建立了"海洋事务高级别磋商机制"和"海上紧急联络机制"。特别是在 2018 年，在中国的积极促成之下，中日韩领导人发表了《第七次中日韩领导人会议联合宣言》等。总之这些非固定的、固定的安全合作为各个国家出境旅游突发事件的应急合作提供了深厚的基础，使彼此之间的应急合作有了更强的契机，提供了应急合作的可能性。

其次，近些年来，中国积极地寻求与中亚地区的旅游安全合作，以上合组织为代表，为中国与中亚地区的旅游安全合作搭建了共赢的平台。2004—2006 年，我国在战略层面上同中亚地区的国家签订了一系列的旅游合作协

议（于国政等，2015）。这些旅游合作协议聚焦于旅游资源的开发，旅游市场的监管，旅游者合法权益的保障等，为中国公民的出境旅游奠定了良好的基础。上合组织作为我国重要的对外交流平台之一，近些年对旅游安全合作发挥着越来越重要的作用。上合组织明确地将安全合作纳入自己的日常事务中，同时也作为各个成员国之间安全合作的重要领域。在顶层设计上，上合组织通过签署各种安全合作的公约进一步提升各个成员国对自身安全合作的认识，通过公约进一步明确安全合作的重要目标是打击恐怖主义，并详细制订了未来的方向和方式。此外，上海合作组织积极地打击三股恐怖主义，在与恐怖分子不断地博弈中更新了一系列的关于安全合作的新理念和新模式，并且积极融入实践。该组织在联合反恐、打击犯罪、文化交流等方面都开拓了新的渠道，解决了一些因为领土问题而长期困扰各个国家的难题。正是在这种大的背景下，中国同其他国家的出境旅游突发事件应急合作才有了共同的基础，以上海合作组织为桥梁，连接了经济文化的发展与旅游安全的合作。上海合作组织为中亚各国旅游突发事件跨境合作提供了较好的平台，在此组织的引领下，各个国家之间能够建立互信机制，使得有关国家在不确定的环境中有了更加坚定的方向。因此，未来在应急合作的理念、内容、原则、方式、途径等方面，上海合作组织都能够为其提供有效借鉴，应急合作作为安全合作重要的一环，在该组织的引领下必将能实现治理上的共享与共赢。

四、小结

出境旅游突发事件应急合作治理是风险全球化背景下我国旅游应急管理未来的方向，多元主体之间的充分合作对于提升旅游应急管理的水平，维护我国公民在海外的合法权益，以及构建安全的旅游目的地具有重要意义。本研究在总结我国出境旅游突发事件应急合作现状的基础上，从主观因素与客观因素两个层面论证了当前我国出境旅游突发事件应急合作的困境。当前参与应急处置的多方都存在各自的优势与劣势，正是因为多元主体参与的多样性优势可以弥补单一主体治理的局限性，出境旅游突发事件的应急合作治理才存在着必要性与可能性。本研究从地缘政治学、合作博弈论、后现代主义安全哲学等多个视角深入阐释了应急合作的必要性和可行性。得出结论具体包括以下几个方面。

（1）当前我国正面临着区域性和国际性安全威胁不断加剧下的出境环境，出境旅游安全问题之所以面临着如此复杂严峻的考验，是因为它具有旅游业的特殊属性和国际社会的背景与内涵。旅游业因为其综合的属性正好承接了突发事件产生的各种风险危机的挑战，许多问题并不由于旅游业孕育而生，旅游业只是仅仅作为一个载体，映射出国际社会错综复杂的问题。当前我国同澜湄区域、东盟区域、"一带一路"等沿线国家和地区都建立了一定的合作关系，但跨境合作的"无政府状态"导致都存在着应急合作体系不健全、信息共享效率低下、合作机制体制不全面、主体责任承担、利益共享不清晰等一系列问题，迫切需要学术的关注和现实实践的回应。

（2）我国出境旅游突发事件应急合作面临的困境是多方面的，从哲学层次上分析主要是二元分离对立的现代主义哲学认识论强调竞争而排斥合作，现代主义哲学中工具理性与价值理性的内在矛盾不利于合作；从意识形态上分析，主要是合作理念未深入人心、合作主体身份认同的争论、公共责任缺位等；从体制机制上分析，主要存在应急合作协调机制、应急合作信息沟通的困境。这些多重的问题与困境直接影响着应急合作治理的绩效。

（3）当前，出境旅游突发事件因为跨越国境并且超越了一定的行政边界而表现出其他旅游突发事件所不具备的情形，如持续影响深、致损程度重、应对难度大等，仅仅依靠单一区域的旅游行政力量难以达到治理效果，这是开展应急合作的最直接的考量。当下，国家之间面临着共同的安全威胁，追求共同的安全利益是开展应急合作的本质追求。尽管政府作为应急合作的主体凭借各种组织资源优势发挥着不可替代的作用，但目前突发事件的多样化需求已经凸显政府的局限性。而其他多元主体的迅速性、民间性、提供服务的多样性等优势正好可以弥补政府部门的局限性，这是开展应急合作的重要原因。应急合作是出境地和目的地两国政府之间、出境地和目的地两国旅游企业之间、出境地和目的地政府和社会组织之间博弈的结果，这种基于各自利益博弈做出合作的决策是开展应急合作的根本原因。

（4）当前，以"共同、综合、合作、可持续"为核心内容的新亚洲安全观为各国深入推进旅游突发事件的合作治理奠定了观念上的可能性；新自由主义提出的安全国际制度可以帮助国家确定利益和规范行为，为各国旅游突发事件的合作治理提供了制度上的可能性；而我国长期与东北亚、中亚、东南亚这些区域建立的上海合作组织、G20 二十国集团、亚太经合组织（APEC）、东盟地区论坛（ARF）、大湄公河次区域经济合作（GMS）等都为出境旅游突发事件的应急合作提供了平台上的可能性。

第三节　中国公民出境旅游突发事件应急合作治理的现实基础：动态博弈视角

对于高敏感性和高脆弱性的旅游业来说，旅游安全一直是旅游业发展的首要考虑因素（张玉玲，2012）。随着出境旅游目的地范围的扩大和突发事件类型的复杂，加之全球旅游风险的频繁干扰，出境旅游应急合作显得尤为必要。出境旅游安全是国际旅游顺利开展的前提，是国际旅游发展的根本性问题，也是旅游全球化的关键性问题（李柏文，2007）。出境旅游安全不仅关系到旅游目的地的正常运行，也影响着出境游客对目的地的信心，导致旅游客源地与目的地市场结构的巨大变化（戴林琳，2011）。近年来，泰国普吉岛沉船事件、印度尼西亚沉船事故等旅游安全事件频繁发生，不仅严重威胁到了中国公民的出境旅游安全，也阻碍了中国出境旅游业的平稳运行。旅游突发事件频发对客源地和目的地危害巨大，加强出境旅游应急合作对于中国公民出境旅游安全发展迫在眉睫。科学探讨中国与周边国家和地区开展出境旅游应急合作的现实基础，对于及时有效处置出境旅游突发事件、营造良好出境旅游环境、推动我国出境旅游业平稳向前发展具有重要的理论意义和实践价值。

出境旅游应急合作研究以出境旅游安全事故频发为基础展开。纵观已有文献，出境旅游安全事件的事故类型和时空分布规律研究已粗具规模。从以城市为载体的出境旅游安全事件研究到对旅游交通事故的微观统计（Hall，1984；Mcpheters，等，1974；Hall，1996；Willks，等，1999），从重大危机事件的影响探究到恐怖袭击和自然灾害的案例分析（Paraskevas 和 Arendell，2007；Ritchie，2004；Buda，2016；Liu，2017），出境旅游安全研究经历了微观风险事故到宏观危机灾难的演变（谢朝武，黄锐，陈岩英，2019）。出境旅游安全事故类型主要包括自然灾害（Jennifer，2008）、人为事故灾难（Leggat 和 Fische，2006；沈阳，谢朝武，2015）、社会治安事件和社会卫生健康事件（Zhu，等，2003）等。目前学界对于出境旅游安全事件引致因素的探索主要集中在宏观层面，如社会因素、自然因素、旅游者自身的因素（杨芳，2011；方旭红，戚丹丹，2011；沈阳，杨崇美，2015）等。相关安全事故存在明显的空间分布特征，其类型与区域分布显著相关，如东亚旅游频发自然灾害和事故灾难；东南亚出境旅游的高发事故则集中于自然灾害、事故灾难，以及由民族文化所引发的旅游安全事件，即风险因素和风险事件与出境旅游区域强相关（谢朝武，张俊，陈岩英，2018）。此外，黄锐和谢朝武（2019）研究认为中国出境旅游安全事故的区域分布呈现异质性和高度凝聚的分布态势，安全事故主要集中在东亚和东南亚地区，一般意外受伤和气象灾害则是高频事故类型。正因为此，部分学者开始将视线聚焦于游客层面的旅游风险感知的时空分异研究，发现空间集聚性特征以及同质性与异质性并存的空间分布特征广泛存在于欧洲和亚洲的出境旅游市场（朱尧，邹永广，2020；朱尧等，2020）。探究出境旅游安全事故的成因，国内学者黄锐和谢朝武（2019）从目的地和客源地两大类别，目的地风险、目的地保障、客源地旅游流和客源地游客行为四个维度分别展开，研究发现：目的地风险和客源地旅游流分别是影响安全事故时空分布的核心因素和主导因素，也即目的地与客源地的安全管理同等重要。

从理论发展和产业实践的需求来看，出境旅游应急管理相关研究还有待突破。从量化的角度对应急合作的现实基础进行探索也是亟待解决的问题，有助于更客观、清晰地揭示出境旅游应急合作关系。本研究对于衡量各个国家和地区出境旅游应急合作的现实条件，探究双方应急合作的现实基础具有重要意义；对于深化出境旅游应急合作，准确把握合作方向，确保中国公民在出境旅游应急合作的博弈过程中处于有利地位具有参考价值和指导意义。

一、中国出境旅游应急合作现实基础的测评模型

（一）旅游应急合作现实基础的衡量模型

如何开展出境旅游应急合作，学者们对此进行了大量研究。相关建议有建立应急合作管理机制，实现多层次、全方位旅游安全保障体系建设（谢朝武，黄锐，陈岩英，2019）；根据不同区域安全事件发生的不同时空分布和引致因素，建立有针对性的旅游应急合作管理机制（谢朝武，张俊，陈岩英，2018），采用有针对性的治理措施（沈阳，谢朝武，2015），以可持续发展促进可持续安全（马超，张青磊，2016）；与其他出境组织建立联系，开展旅游危机经验交流会（陈雪钧，2010），加强国际救援合作（张丹，谢朝武，2015）等。其中，建立出境旅游安全评估体系和旅游安全风险预警体系是出境旅游安全的基础和前提（谢朝武，2010）；加快出境旅游合作平台建立，包括应急救援体系和灾后恢复合作，是保障出境旅游安全的重要途径（谢婷，2011）；当然，游客和旅游企业等旅游活动主体也是旅游安全合作的重要考虑要素。从政府层面和产业层面构建出境旅游安全合作机制和保障体系，始终是出境旅游安全合作的奋斗目标（谢朝武，黄锐，陈岩英，2019）。在安全事件的处置阶段，现有研究认为两国政府和企业应该在预警响应、救援处置和善后恢复方面紧密有效合作（郑向敏，邹永广，2013）。本研究致力于以中国公民赴周边国家和地区出境旅游安全合作现实基础为基础，试图综合考量中国出境旅游往来强度、出境旅游实力、出境旅游风险指数、出境旅游应急合作摩擦指数，并将其引入出境旅游应急合作现实基础的衡量模型，从博弈的角度分析中国出境旅游应急合作的现实条件。研究创造性地将出境旅游应急合作现实条件进行量化，客观揭示中国出境旅游应急合作的现实基础，为双方的旅游应急合作提供衡量标准。

"影响力"一词最早出现在人际关系和交往中（聂艳梅，2015），后被达尔引入政治学领域，国际影响力就是"影响力"在国际关系上的拓展和延伸（罗伯特·A.达尔，1987）。影响力，即通过无形或间接的方式改变人（或事）的态度、行为以及性质的能力，其本质是使外界发生于自己的变化有利的能力或力量（约瑟夫奈，2005）。本研究在借鉴国际影响力概念的基础上对出

境旅游应急合作现实基础进行探索，将其界定为某一国家或地区在不同的旅游安全利益驱动下，凭借自身旅游实力对其他国家或地区产生的一种受旅游往来程度约束的作用能力以及合作的现实可能性。

　　基于以上分析，本研究将出境旅游应急合作现实基础的测评模型构建如图4-1所示。模型分为四个部分，其中，国家和地区是主体，出境旅游实力是基础，旅游往来强度、旅游风险和旅游应急合作摩擦是约束条件。四者相互作用，缺一不可。

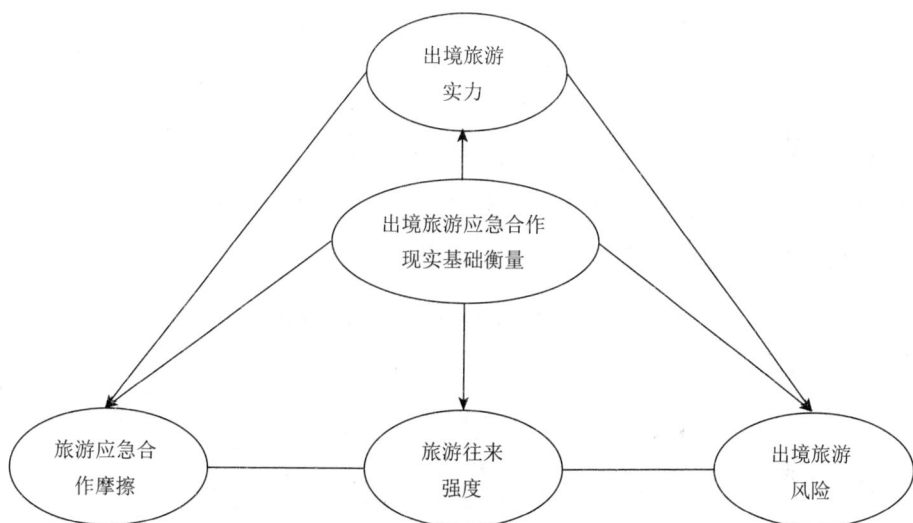

图4-1　出境旅游安全影响力测评的概念模型

1. 旅游往来强度（*TII*）

　　旅游往来强度指数（*Tourism Intensity Index*, *TII*）是由贸易强度指数而来，是衡量两个国家和地区旅游关系强弱的综合指标，分为出境旅游强度和入境旅游强度。指数大小与双方之间的出境旅游关系正相关，指标数值越大，二者的出境旅游关系越强。*TII* 通常以"1"为分界点，当 *TII* > 1 时，二者间的出境旅游关系相较于与其他国家和地区的出境旅游联系程度更为强烈（周茂荣，杜莉，2006）。*TII* 指数反映了两个国家和地区间的旅游关系以及其在世界中的重要程度，指数的大小也反映出双方出境旅游关系的强弱程度。计算公式如下：

$$TII_X = (EX_{ij}/EX_j)/[IM_j/(EX_w - EX_i)] \qquad （4.1）$$

$$TII_M = (IM_{ij}/IM_i)/[EX_j/(EX_w - EX_i)] \qquad （4.2）$$

式（4.1）、（4.2）中，TII_X、TII_M 分别表示出境旅游和入境旅游的往来强度；EX_{ij}、EX_i、EX_j 分别表示 i 地对 j 地的出境旅游人数，i 地和 j 地的出境旅游总人数；IM 则表示入境旅游的各项指标。

2. 出境旅游实力（M）

出境旅游实力，是一国发展出境旅游的全部实力，是国家或地区间出境旅游相互影响和竞争的基础。为较全面反映国家或地区出境旅游实力，本研究借鉴暴向平等学者（2015）提出的在国家旅游实力测量指标的基础上根据现有出境旅游数据稍做调整，采用主成分分析法对各个指标进行赋值，共同构成出境旅游实力的衡量体系（见表4-3）。

表4-3　出境旅游实力的主要衡量指标

一级指标	权重	二级指标	权重
旅游业从业人员	0.18	旅游业从业人员（千人）	0.04
		住宿业从业人员（千人）	0.06
		餐饮业从业人员（千人）	0.04
		交通运输业从业人员（千人）	0.04
旅游业承载力	0.19	航空旅客承载量（千人）	0.05
		酒店数量	0.06
		房间数量	0.06
		房间入住率	0.02
国际旅游	0.24	国际旅游收入（亿美元）	0.04
		国际旅游支出（亿美元）	0.06
		国际旅游客运项目收入（亿美元）	0.04
		国际旅游客运项目支出（亿美元）	0.05
		国际旅游旅行项目收入（亿美元）	0.05

一级指标	权重	二级指标	权重
出境旅游	0.14	出境旅游人数（万人）	0.04
		出境旅游消费（百万元）	0.05
		出境旅游交通消费（百万元）	0.05
入境旅游	0.25	入境旅游人数（万人）	0.03
		入境旅游收入（百万元）	0.06
		入境旅游交通收入（百万元）	0.05
		入境在某个宾馆住一夜人数（千人）	0.04
		入境旅游空运人数（千人）	0.05
		入境旅游陆运人数（千人）	0.02

3. 出境旅游风险指数（R）

旅游安全事件具有跨域性和复杂性等特点（王薇，2016），单独的行政区域难以有效预防和应对重特大旅游安全事件（滕五晓，王清，夏剑霭，2010）。因此，区域间旅游安全合作平台的搭建刻不容缓。而是否需要搭建区域之间的旅游安全合作平台，除了要考虑出境旅游往来强度和实力，出境旅游风险指数也必须包含在内。本研究用各个国家和地区之间的旅游突发事件发生密度来衡量旅游风险指数。

评估出境旅游风险指数，第一步，依据旅游突发事件的危害程度对其进行赋值，具体分类标准及赋值，如表4-4所示。第二步，汇总旅游突发事件，加总计算出双方风险数据。第三步，对旅游风险数据进行标准化处理，形成旅游风险指数。

表4-4　旅游突发事件的分级分类及旅游风险指数

级别	具体情形	赋值
特别重大（Ⅰ级响应）	造成或者可能造成人员死亡（含失踪）30人以上或者重伤100人以上；旅游者500人以上滞留超过24小时，并对当地生产生活秩序造成严重影响；其他在境内外产生特别重大影响，并对旅游者人身、财产安全造成特别重大威胁的事件。	4

级别	具体情形	赋值
重大 （Ⅱ级响应）	造成或者可能造成人员死亡（含失踪）10人以上30人以下或者重伤50人以上100人以下； 旅游者200人以上滞留超过24小时，对当地生产生活秩序造成较严重影响；其他在境内外产生重大影响，并对旅游者人身、财产安全造成重大威胁的事件	3
较大 （Ⅲ级响应）	造成或者可能造成人员死亡（含失踪）3人以上10人以下或者重伤10人以上50人以下； 旅游者50人以上200人以下滞留超过24小时，并对当地生产生活秩序造成较大影响； 其他在境内外产生较大影响，并对旅游者人身、财产安全造成较大威胁的事件	2
一般 （Ⅳ级响应）	造成或者可能造成人员死亡（含失踪）3人以下或者重伤10人以下； 旅游者50人以下滞留超过24小时，并对当地生产生活秩序造成一定影响； 其他在境内外产生一定影响，并对旅游者人身、财产安全造成一定威胁的事件	1

4. 旅游应急合作摩擦指数（β）

旅游应急合作摩擦与旅游应急合作休戚相关，旅游应急合作摩擦是指发生在旅游应急合作过程中的阻碍国家或地区间合作的一种现象，能够直接反应国家和地区间旅游应急合作的状态。从应急管理的流程角度，旅游应急合作包括事前的合作协议约定、安全救援知识分享、预警信息分享等，事发时的联合救援，事后的共同恢复重建、治理经验分享等内容。应急合作摩擦即发生在双方合作的基础上，贯穿于合作的始终，与双方的合作程度负相关；当合作双方的合作协议达成越多，相互之间的应急信息分享越频繁、联合救援的效率越高时，其合作摩擦指数就越小。评估旅游应急合作摩擦指数，主要考量应急合作的深入程度。研究以可操作性、精确性为原则主要采用合作协议数量、信息分享频数作为双方应急合作程度的测量指标，如表4-5所示。

表 4-5　旅游应急合作摩擦的分级分类及指数赋值

摩擦等级	双方旅游安全合作深入程度	摩擦指数 β
Ⅰ级	双方不曾有过旅游安全合作	$(0.66, 1]$
Ⅱ级	双方的旅游安全合作较少，没有相关的合作协议，仅在安全事件涉及双方利益时按照 UNWTO 的约定进行救援工作	$(0.33, 0.66]$
Ⅲ级	双方在旅游安全方面合作密切，互通有无，双方达成的旅游安全合作协议较多，及时的信息分享与救援，帮助对方进行灾后的恢复	$(0, 0.33]$

（二）衡量模型的数学解析

本研究采用的出境旅游应急合作现实基础的测评模型由经济地理学中计算某地区位势的公式转化而来（胡志丁等，2014），具体公式如下：

$$T_{ij}=R\sum_{k=1}^{m}M_{jk}exp(-\beta\gamma^{ij}) \tag{4.3}$$

其中，T_{ij} 即地区 j 对地区 i 的旅游应急合作现实基础；R 即出境旅游风险指数，取值区间 $[0, 1]$，具体取值与突发安全事件的等级有关；$\sum_{k=1}^{m}M_{jk}$ 即地区 j 的出境旅游实力；γ^{ij} 即地区 i 和 j 的旅游往来强度；β 即旅游应急合作摩擦指数。

二、中国出境旅游应急合作现实基础的分析方法

（一）完全信息动态博弈

博弈论（Game Theory）被定义为对智能的理性决策者之间的冲突与合作的数学模型研究（迈尔森，等，2015），其为分析涉及两个及以上参与者且其决策影响相互福利水平的情况提供了一般性的数学方法。根据博弈参与者对博弈过程、策略、收益等信息的了解程度，博弈论可分为完全信息博弈和不完全信息博弈（孙红，2013）。根据博弈双方参与决策的顺序，分为静态博弈和动态博弈（李力行，苗世洪，孙丹丹，等，2018）。根据上述两种方式，可将博弈分为四种类型：完全信息动态博弈、完全信息静态博弈、不完全信息动态博弈和不完全信息静态博弈。

完全动态信息博弈，即在任何一方参与者都对其他所有参与者的特征、收益以及策略等信息准确把握下，参与者的决策顺序存在先后，且掌握博弈

历史信息，并能根据当前所有获得的信息选择最优方案。本研究所提出的出境旅游安全合作博弈的参与者分别为中国大陆与出境旅游的 9 个国家和地区，假定博弈双方以理性决策为行为准则，以最大化安全收益为博弈目标。博弈过程中，博弈参与者完全掌握对方的策略和收益等信息。中国大陆以其强劲的出境旅游安全实力处于主导地位，其他博弈国家或地区根据双方合作优劣选择最优的博弈方式。基于此，研究将采用完全信息动态博弈方法对中国出境旅游安全合作进行深入分析。

（二）旅游应急合作分析过程

出境旅游应急合作现实基础的衡量模型包括出境旅游往来强度、出境旅游实力、旅游风险指数以及应急合作摩擦系数，综合反映一个国家或地区的旅游安全情况。以出境旅游应急合作现实基础为基础，通过博弈论的方法对双方进行出境旅游应急合作现实基础进行分析是一个切实可行的途径。

基于博弈论，本研究构建的博弈分析过程如图 4-2 所示。第一步，计算指标进而明确各个出境旅游国家和地区对中国（大陆/内地）的出境旅游应急合作现实基础。第二步，从整体和局部两个方面分别探讨出境旅游应急合作现实必要性，整体方面采用出境旅游应急合作现实基础的数值进行直接判断；局部方面则采用旅游风险指数与旅游应急合作摩擦系数进行博弈分析，根据

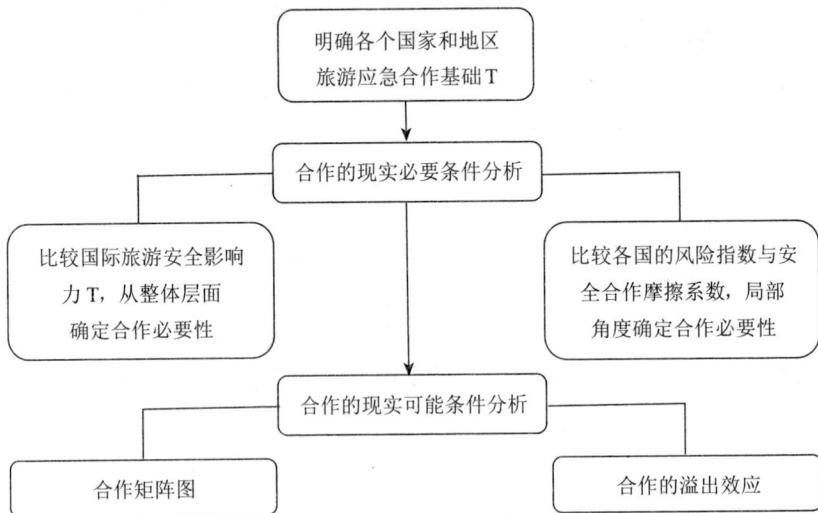

图4-2　出境旅游应急合作分析过程

数值的不同，得到的合作收益矩阵亦存在差别。对比两种方法，得出合作现实必要性分析结果。第三步，通过合作系数和风险指数的比较，分析双方合作的可能性。通过现实合作必要条件与可能条件分析，得出研究结论即是否与之建立旅游应急合作关系。

三、中国出境旅游应急合作现实基础的衡量

（一）数据来源

本研究以 2010—2019 年近十年的数据为基础，以亚洲为研究区域，基于双方的旅游交往密切程度，选取了 9 个与国家及地区为研究对象，对出境旅游安全影响力进行研究。其中，出入境旅游往来强度指标的相关数据来源于世界银行 WDI 数据库（http://www.Worldbank.org.cn）；出境旅游实力相关数据主要来源于联合国数据库（http://data.un.org/）；出境旅游风险指数的相关数据由作者从权威媒体中的出入境旅游安全报道事件中提取而来。详细数据来源，如表 4-6 所示。

表 4-6　相关数据来源

构成要素	指标	数据来源
出入境旅游往来强度	出入境旅游人数相关指标	世界银行数据库 http://www.worldbank.org.cn
国际旅游实力	旅游业从业人员相关指标	联合国数据库 http://data.un.org/
	旅游业承载力相关指标	联合国数据库 http://data.un.org/
	出境旅游相关指标	联合国数据库 http://data.un.org/
	入境旅游相关指标	联合国数据库 http://data.un.org/
	国际旅游相关指标	世界银行数据库 http://www.worldbank.org.cn
国际旅游风险指数	出入境旅游安全事件	作者基于权威媒体的报道整理而来

鉴于港澳台地区的特殊政治背景，本研究特将选取港澳台作为出境旅游

安全合作研究对象的原因有如下几个方面。根据我国特殊的国情和政治背景，纵观现有文献，国内学者在研究出境旅游时无不把港澳台包含在内。张广瑞（2002）认为我国出境旅游形式由于政治体制和发展历程等多种因素被分为"港台游""边境游""出国旅游"三种类型。戴斌等（2013）在探讨我国出境旅游发展阶段特征时沿用了这一说法，将港澳台旅游作为出境游的重要组成部分，即港澳台旅游从属于出境旅游。在研究签证便利度对出境旅游的影响作用时，刘祥燕等（2018）以港澳台自由行政策为例，证明签证便利化对出境游具有明显带动作用。同样，中国入境旅游指外国公民以及港澳台公民因旅游目的在大陆境内不超过 12 个月的停留（中国旅游大辞典，2012）。时至今日，国家统计局仍将港澳台旅游包含在出入境旅游中，出境旅游收入也同样涵盖港澳台同胞在中国（大陆／内地）境内旅行的花费[①]。

　　港澳台旅游隶属于出境旅游，但又与其他国家和地区的出境旅游存在着差异。在入境游客时空分布中，港澳台游客与其他国家游客的时空分布差异较大，其入境（中国大陆／内地）时间分布更加均匀，无明显的淡旺季变化（唐弘久，保继刚，2018）；在目的地选择方面，港澳台游客受经济联系和目的地经济发展水平影响，倾向于选择距离较近且有经济联系的国内城市（李旭，秦耀辰，宁晓菊，等，2014）。而在出境旅游方面，我国出境旅游的安全事故主要集中于港澳台地区、泰国、日本、韩国等地区（黄锐，谢朝武，2019）。因此，本研究将港澳台地区纳入我国出境旅游安全合作的研究区域。

（二）模型计算

1. 出境旅游往来强度计算

　　旅游往来强度包括出境旅游往来强度和入境旅游往来强度，本研究首先根据旅游往来强度公式对 9 个国家及地区与中国（大陆／内地）的出入境旅游往来强度进行计算，其次，将出入境往来强度进行加总，得到各个国家与地区与中国（大陆／内地）的旅游往来强度。数据结果如表 4-7 所示。

---

　　① 国家统计局 .http://www.stats.gov.cn/tjsj/zbjs/201912/t20191202_1713044.html.

表 4-7　2010—2019 年各个国家与地区和中国（大陆/内地）的旅游往来强度

	2019 年	2018 年	2017 年	2016 年	2015 年	2014 年	2013 年	2012 年	2011 年	2010 年	平均值
日本	4.04	3.46	3.73	3.86	3.69	2.87	2.34	2.66	2.48	2.38	3.15
韩国	4.60	4.76	3.88	7.00	6.72	6.60	5.99	8.97	11.30	14.55	7.44
泰国	3.32	3.31	3.78	3.11	3.63	2.68	2.79	2.26	2.08	1.17	2.81
印度	0.27	0.28	0.31	0.28	0.26	0.25	0.41	0.37	0.35	0.32	0.31
印度尼西亚	1.71	1.68	2.07	1.74	1.51	1.20	1.39	1.43	1.41	1.54	1.57
马来西亚	1.40	1.48	1.31	1.20	0.99	0.87	0.81	0.72	0.93	1.34	1.11
中国香港	16.78	17.13	18.92	19.16	19.25	20.80	21.96	24.28	26.41	31.79	21.65
中国澳门	11.02	10.87	11.82	11.98	12.03	12.08	13.09	13.63	15.39	20.21	13.21
中国台湾	3.28	3.50	4.05	5.07	6.02	6.34	8.20	9.07	9.04	10.59	6.52

　　显然，香港澳门一直与我国内陆地区建立着良好的旅游合作关系，这与我国"一国两制"的基本国策密切相关；日韩国家因其经济实力强劲，与中国的旅游往来强度一直处于稳定的高水平状态；泰国作为中国公民出境旅游的热门目的地，始终与中国有着较好的旅游往来关系。然而，虽然印度将中国作为出境旅游的首选目的地之一，但国内游客始终对赴印度出境游的意愿不足，因此中国与印度之间的旅游往来强度较弱。

2. 出境旅游实力计算

　　出境旅游实力反映了一个国家和地区的发展出入境旅游的能力。数据的计算过程如下：

　　第一步，将收集到的数据进行极差标准化处理；第二步，按照权重对各个指标进行加权求和。测度数据如表 4-8 所示。

表 4-8　2010—2019 年各个国家和地区的出境旅游实力

	2019 年	2018 年	2017 年	2016 年	2015 年	2014 年	2013 年	2012 年	2011 年	2010 年	平均值
中国（大陆/内地）	0.5693	0.5494	0.5124	0.5044	0.4929	0.4865	0.4688	0.4652	0.4425	0.4170	0.4908
日本	0.5525	0.5205	0.4691	0.4400	0.4007	0.3704	0.3620	0.3906	0.3635	0.3833	0.4252
韩国	0.3495	0.3377	0.2943	0.2860	0.2588	0.2667	0.2511	0.2456	0.1983	0.1737	0.2661
泰国	0.4908	0.4608	0.4280	0.3733	0.2968	0.3077	0.3119	0.2113	0.2395	0.2077	0.3327

续表

	2019 年	2018 年	2017 年	2016 年	2015 年	2014 年	2013 年	2012 年	2011 年	2010 年	平均值
印度	0.6231	0.5619	0.4983	0.3590	0.3280	0.3146	0.2763	0.2659	0.2377	0.2077	0.3672
印度尼西亚	0.2513	0.2132	0.1893	0.1582	0.1490	0.1468	0.1374	0.1225	0.1133	0.0942	0.1575
马来西亚	0.2033	0.2211	0.1959	0.1926	0.1888	0.2170	0.2010	0.1884	0.1821	0.1638	0.1954
中国香港	0.3738	0.4381	0.3694	0.3928	0.4031	0.4130	0.3842	0.3546	0.3336	0.2942	0.3756
中国澳门	0.1581	0.1602	0.1450	0.1261	0.1257	0.1230	0.1145	0.1239	0.1001	0.0621	0.1238
中国台湾	0.2199	0.2499	0.2075	0.2015	0.1925	0.1894	0.1711	0.1641	0.1461	0.1278	0.1869

由表 4-8 可见，在各个国家和地区出境旅游实力排名中，中国（大陆／内地）在 2010—2019 年出境旅游实力强劲，一直处于十个亚洲国家和地区的首位，日本紧随其后，中国香港地区次之。尽管中国澳门的旅游业发达，但由于其区域面积较小、旅游资源和旅游从业人员远远少于其他国家和地区，故旅游实力在十个国家和地区中位置靠后。

3. 国际旅游安全风险指数计算

研究在国内权威媒体上对 2010—2019 年中国（大陆／内地）与周边各个国家和地区的出境旅游安全事件进行统计，并按照我国突发事件的分类分级标准对相关事件进行赋值加总，后通过极差标准化的方法计算出各地区的旅游风险指数。具体数值如表 4-9 所示。

表 4-9　各个国家及地区的出境旅游风险指数

国家	日本	韩国	泰国	印度	印度尼西亚	马来西亚	中国香港	中国澳门	中国台湾
出境旅游风险指数（R）	0.31	0.14	1.00	0.02	0.21	0.24	0.16	0	0.62

在本研究所统计的各个国家和地区与我国（大陆／内地）发生的出境旅游安全事件中，泰国以沿海地区多自然灾害、多溺水风险等原因风险指数较高；中国台湾地区同样以其特殊的地理位置，如地震、海啸等自然灾害等频发，导致其旅游风险指数居高不下。由于我国（大陆／内地）与印度的旅游来往不够密切，相关的旅游风险自然远远低于其他国家和地区。

4. 旅游应急合作摩擦系数评估

不同国家和地区与我国（大陆/内地）的旅游应急合作摩擦系数不同，和双方的合作程度有关。本研究认为根据双方历来合作事件确定应急合作摩擦系数是可行的。二者的旅游应急合作越密切，双方的合作摩擦就越少；反之亦然。泰国作为我国游客的主要出境国，旅游突发事件频发，引起了双方政府以及学界的高度关注，政府间的相关合作如中泰战略研讨会、"中泰旅游友好协议"、《关于加强旅游市场监管合作的谅解备忘录》等，学界关于中泰旅游安全的研究也占比较重，相关研究集中在中泰旅游安全事故的时空分布（李月调，谢朝武，2019）、应急管理体系的建设（谢朝武，2010）、跨境舆情的合作处置（陈金华，胡亚美，2020）等。由此可见，中国与泰国之间的旅游安全合作密切，双方在合作上的摩擦相对较小，β 取值为 0.1。同样，我国港澳台地区与内地的旅游安全合作较泰国更为密切，β 取值 0.05。日本、韩国、印度尼西亚、马来西亚作为中国出境游客的目的地国家，相关的旅游安全合作虽然没有与泰国密切，但当安全事件发生，相关政府还是会协助保障中国游客的人身财产安全，因此 β 取值为 0.5。而印度虽然与中国的关系友好，但中国公民出境印度的旅游人数比重较少，相关安全事件发生率低，中印之间的旅游安全合作相对比较少，β 取值 1（见表 4-10）。

表 4-10　各个国家和地区与中国（大陆/内地）的旅游应急合作摩擦系数

国家	日本	韩国	泰国	印度	印度尼西亚	马来西亚	中国香港	中国澳门	中国台湾
旅游应急合作摩擦系数（β）	0.50	0.50	0.10	1.00	0.50	0.50	0.01	0.01	0.01

5. 出境旅游应急合作现实基础的计算

出境旅游应急合作现实基础，即其他国家和地区对我国（大陆/内地）出境旅游安全产生的作用力。其中，泰国对中国的出境旅游应急合作的基础远远高于其他国家和地区，中国澳门的旅游应急合作基础最小，T 值为 0，详细数据如表 4-11 所示。

表4-11　各个国家及地区对中国（大陆／内地）的出境旅游应急合作现实影响力

国家	日本	韩国	泰国	印度	印度尼西亚	马来西亚	中国香港	中国澳门	中国台湾
出境旅游应急合作现实影响力（T）	0.0273	0.0009	0.2513	0.0054	0.0151	0.0269	0.0484	0	0.1086

四、中国出境旅游应急合作基础的博弈分析

（一）旅游应急合作现实必要条件的博弈分析

1. 关于出境旅游应急合作现实基础的博弈

出境旅游应急合作现实基础的四方面要素，分别是出境旅游往来强度（T），出境旅游实力（M），旅游风险指数（R）和合作摩擦指数（β）。其中，泰国对中国的出境旅游应急合作的现实影响力最大（0.2513），得益于其出境旅游风险指数最大，且合作摩擦系数较小，即泰国与中国的旅游安全事故发生率高，且双方旅游合作密切深入。中国澳门对中国内地的旅游安全影响力最小，趋近于0，虽然内地与澳门之间的旅游往来密切，但澳门地方较小，旅游资源相对较少，旅游实力明显弱于其他国家和地区，且双方涉及的旅游安全事件发生率低，所以澳门对中国内地的出境旅游安全影响力为0。中国台湾作为中国不可分割的一部分，始终与大陆保持旅游关系往来，也因为台湾的旅游突发事件较为频繁、风险指数较高，所以台湾对大陆的旅游安全影响力（0.1086）仅次于泰国。由表4-11可知，在出境旅游安全影响力排名中，泰国（0.2513）遥遥领先于其他国际和地区，中国台湾（0.1086）、中国香港（0.0484）紧随其后，日本（0.0273）、马来西亚（0.0269）属伯仲之间，中国澳门最后，影响力为0。

综上，按照出境旅游应急合作的现实影响力的综合排序，与泰国、中国台湾、中国香港地区建立旅游安全合作是中国构建出境旅游安全体系的当务之急；与日本、马来西亚、印度尼西亚的合作可以逐步推进；与韩国、印度、中国澳门的合作有待进一步观望。

2. 局部博弈

在合作博弈中，实力一方掌握话语权和主动权（孙红，2013）。在中国与

出境目的地国家和地区的旅游安全影响力对比方面，中国（大陆／内地）的出境旅游实力始终高于其他国家和地区，旅游安全影响力亦高于其他国家和地区。因此，在旅游安全合作平台是否建立的大国博弈中，中国（大陆／内地）占据主导权。

在博弈中，本研究首先假定双方合作的收益矩阵，即当双方均采取不合作的方式时，双方受益值均为0；依据双方合作摩擦指数可将双方的合作消耗值定为 −1，−2，或者 −3；依据双方旅游风险指数将双方合作的收益值定为1，2，3。具体来讲，当旅游安全事件涉及双方利益时，双方均不采取行动，则二者没有收益。当双方选择合作时，根据双方的合作摩擦指数，摩擦指数越高，双方合作消耗越大，成本越高；而双方的合作收益也会随着风险指数的升高而增大，即当合作双方的旅游风险指数较大时，二者建立合作会物尽其用，最大可能发挥合作效用，增加相对收益。

此外，研究假定合作双方实现共赢的收益值相同。理由如下：夏普里值，即在某一个联盟博弈中，某个参与人在各种可能的参与人组成的排列中与前面的参与人构成的期望贡献的平均值（孙红，2013）。具体来说，假定合作双方没有合作时收益为0，联合行动后收益为 c，即 $V(A)=V(B)=0$，$V(A, B)=c$，A 和 B 对合作的收益值都有贡献。在 AB 顺序下，A 边际收益为0，B 边际收益为 c；在 BA 顺序下，B 边际收益为0，A 边际收益为 c。在两种情况下，A 和 B 的平均贡献或期望贡献为（$0+c$）/2=c/2。即两方的期望贡献值均为 c/2，分配也应该一样，为 c/2。因此，本研究将中国（大陆／内地）与其他国家或地区进行旅游应急合作的收益值均等化。

由于各个国家和地区国际旅游应急合作现实影响力不同，中国（大陆／内地）是否与之建立合作关系还需要有针对性地进行深入探讨，详细过程如图4-3所示。

在旅游应急合作博弈中，中国（大陆／内地）由于国际旅游实力强劲一直处于主导地位，掌握绝对话语权。在以中国（大陆／内地）为主导的旅游应急合作中，中方一直秉承"共商共建共享"的全球治理观，力图与世界各个国家和地区建立友好合作关系。由于双方合作需要投入绝对的人力、物力和财力，如何使旅游安全合作平台更好地发挥作用、达成双方利益的更大化合作是本研究博弈的重点。如图4-3所示，中国（大陆/内地）主导，旅游安全风险指数越大，说明双方之间发生的旅游安全事故越多，建立合作关系才能使二者利益最大化。

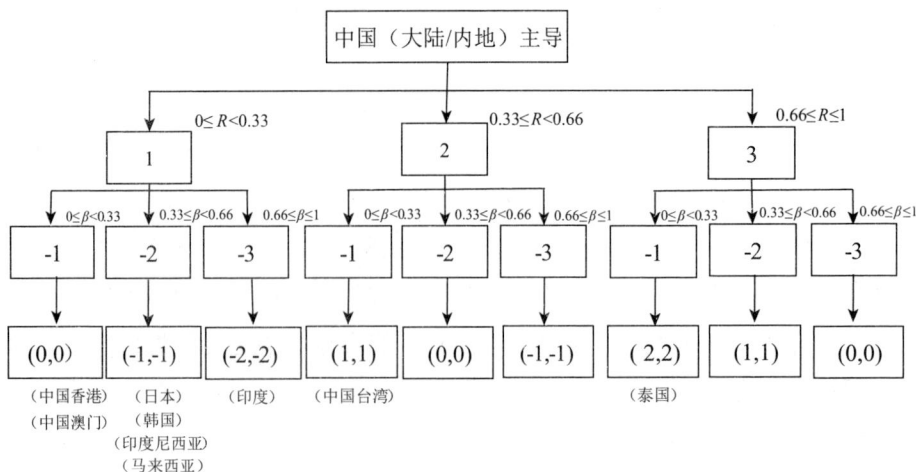

中国（大陆/内地）主导

	1	2	3
	$0 \leqslant R < 0.33$	$0.33 \leqslant R < 0.66$	$0.66 \leqslant R \leqslant 1$

$0 \leqslant \beta < 0.33$	$0.33 \leqslant \beta < 0.66$	$0.66 \leqslant \beta \leqslant 1$	$0 \leqslant \beta < 0.33$	$0.33 \leqslant \beta < 0.66$	$0.66 \leqslant \beta \leqslant 1$	$0 \leqslant \beta < 0.33$	$0.33 \leqslant \beta < 0.66$	$0.66 \leqslant \beta \leqslant 1$
-1	-2	-3	-1	-2	-3	-1	-2	-3
(0,0)	(-1,-1)	(-2,-2)	(1,1)	(0,0)	(-1,-1)	(2,2)	(1,1)	(0,0)
（中国香港）（中国澳门）	（日本）（韩国）（印度尼西亚）（马来西亚）	（印度）	（中国台湾）			（泰国）		

图4-3 出境旅游应急合作的博弈树

由于研究将旅游应急合作的收益值分为1，2，3三个等级，相应地，旅游安全风险指数 R 的取值同样进行三等分。当 $0 \leqslant R < 0.33$ 时，双方合作收益为1；$0.33 \leqslant R < 0.66$ 时，双方合作收益为2；$0.66 \leqslant R \leqslant 1$ 时，合作收益为3。根据图4-3所示，泰国旅游安全风险指数为1，因此合作收益值取3；中国台湾旅游安全风险指数为0.62，属 $0.33 \leqslant R < 0.66$ 范畴，合作收益值为2；其他国家及地区的旅游安全风险指数均在（0，0.33）区间，合作收益值为1。同样，根据本研究提出的旅游应急合作摩擦的分级分类及指数赋值方法，合作消耗值 -1，-2，-3三个等级分别对应 $0 \leqslant \beta < 0.33$，$0.33 \leqslant \beta < 0.66$，$0.66 \leqslant \beta \leqslant 1$。泰国、中国香港、中国澳门和中国台湾属于 $0 \leqslant \beta < 0.33$ 范围，合作消耗值取 -1；印度系 $0.66 \leqslant \beta \leqslant 1$，合作消耗值为 -3；其他地区合作消耗值 -2。综上所述，合作博弈收益为正值的有中泰（2，2），大陆与台湾（1，1）；我国内地与港澳旅游安全合作的投入产出相抵，最终收益值为（0，0）；中国与日本、韩国、印度尼西亚、马来西亚的合作投入大于产出，收益为负值（-1，-1）；印度与中国的旅游往来程度弱于其他国家，相关旅游安全事件发生较少，合作收益（-2，-2）。

基于上述整体和局部方面的合作博弈分析，中国（大陆/内地）与泰国的旅游应急合作势在必行，双方的合作在出境旅游应急合作现实影响力方面，以及旅游风险指数与应急合作摩擦系数方面都占有绝对优势；与中国台湾、中国香港的旅游应急合作同样至关重要，需要受到重点关注；与日本、韩国、印度尼西亚、马来西亚的应急合作从合作的必要条件来看目前还处于亏损状态，可以慢慢提上日程；中国与印度的旅游应急合作可以待双方旅游交往更为密切时再行考虑。此外，虽然中国澳门对内地的出境旅游应急合作现实影响力由于澳门旅游实力较小的原因近乎 0，但是双方的合作仍然密切，且具有良好的合作基础，仍然需要加强出境旅游应急合作。

（二）旅游应急合作现实可能条件的博弈分析

研究将风险指数与合作摩擦系数清晰地展示在坐标图 4-4 中，并将双方合作情况分为九个不同模块。图 4-4a 即为各个国家和地区风险指数和合作摩擦系数的矩阵图，图 4-4b 为将合作摩擦系数转换为安全系数以方便比较。如图 4-4b，从原点出发，中国（大陆 / 内地）与各个国家和地区旅游应急合作的现实可能条件逐渐增大，印度接近原点，因此双方目前不太需要合作；泰国离原点最远，亟须与之进行旅游应急合作。此外，从图 4-4b 中可以明显看出，中国（大陆 / 内地）与各个国家和地区的合作系数大于风险指数，也说明未来中国（大陆 / 内地）与各个国家和地区都有进行旅游应急合作的现实可能基础。

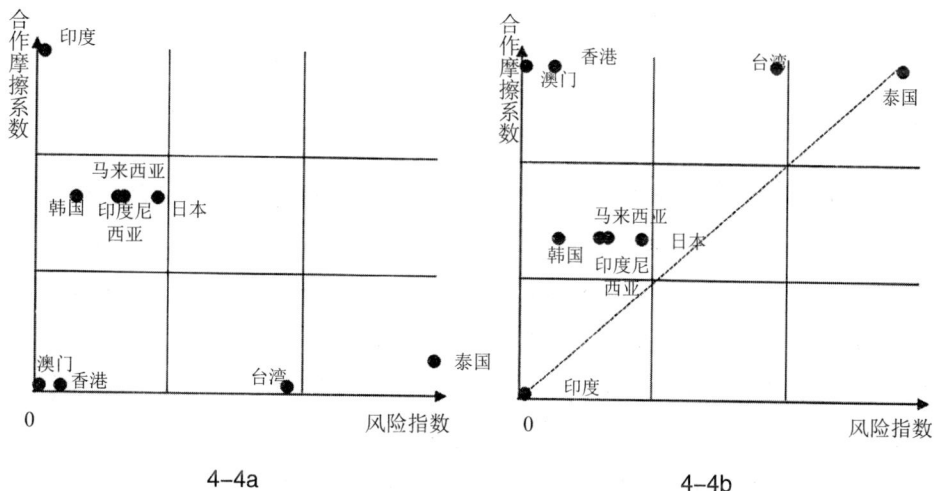

图 4-4 出境旅游应急合作—风险矩阵

通过上述分析可知，中国（大陆/内地）与周边各个国家和地区存在旅游应急合作的可能性，原因不仅在于双方的合作系数大于风险指数，更在于合作带来的溢出效应。出境旅游应急合作不单单在保障出入境游客人身、财产等安全方面发挥作用，同时也营造了出境旅游安全氛围，对增强出境游客的旅游安全感知意义重大。

加强出境旅游应急合作可以使游客在旅游安全感知的三个方面建立旅游安全信心，增加目的地的竞争力。首先，出境游客通过旅游动机、旅游感知风险以及旅游安全合作关系等内外部制约因素综合权衡，选择安全需求等综合效用最大的目的地，即旅游安全合作影响出境游客的安全感和目的地选择。其次，游客的安全感知形成于旅游目的地的体验过程中，旅游安全合作贯穿于游客的旅游过程中，包括安全标志、安全设施设备等。最后，安全期望与实际感受会在旅游结束后被游客进行比较，影响口碑宣传及重游意愿等，即旅游安全合作作用于目的地形象的形成与宣传，以及游客重游意愿等。

综上，旅游应急合作既保障了出入境游客旅游过程中的安全不受威胁，也加强了出境游客的旅游安全感知和旅游信心，有利于深化双方出境旅游发展与交流。因此，从旅游应急合作的现实必要条件出发，中国（大陆/内地）首先要与泰国、中国台湾、中国港澳地区进行安全合作；从旅游应急合作的现实可能条件出发，中国应致力于与世界各个国家和地区加强旅游安全联系，为出境旅游者提供一个安全的旅游环境。

五、中国出境旅游应急合作现实基础判定

旅游安全是出境旅游顺利开展的前提，事关客源地和目的地的出境旅游业稳定发展，科学探讨出境旅游突发事件应急合作的现实基础迫在眉睫。本研究通过建构出境旅游突发事件应急合作现实基础的测评模型，以中国公民出境旅游的9个国家和地区为对象，进行旅游应急合作的完全信息动态博弈分析。采用博弈论的方法对中国（大陆/内地）与周边国家和地区旅游应急合作的现实必要条件与可能条件进行分析，为我国（大陆/内地）出境旅游安全应急合作决策提供了参考依据，主要的研究判定如下。

第一，中国与出境旅游目的地国家和地区的应急合作现实影响力存在差

异，基本呈现 U 形递增结构，且与出境旅游风险指数（R）高度相关，出境旅游风险指数是出境旅游应急合作影响力的主要影响因素。各个国家和地区的出境旅游安全相对影响力自小到大依次是中国澳门（0）、韩国（0.0009）、印度（0.0054）、印度尼西亚（0.0151）、马来西亚（0.0269）、日本（0.0273）、中国香港（0.0484）、中国台湾（0.1086）和泰国（0.2513）。而各个国家和地区出境旅游风险指数（R）的波动上升趋势与此高度相关，即出境旅游风险指数是出境旅游安全合作影响力的主要影响因素。

第二，中国与各个出境旅游目的地国家和地区旅游应急合作完全动态博弈的收益矩阵呈现不对称的倒"V"形分布，表明合作共赢是中国出境旅游应急治理的主流。倒"V"形的最高点出现在（-1，-1）处，共包含 4 个国家和地区，分别是日本、韩国、印度尼西亚和韩国。以合作收益（-1，-1）为原点，其右侧分布的国家和地区较多，且分布密集程度随着收益矩阵的增加而逐步减少。其中，中国香港和中国澳门的合作收益矩阵为（0，0），收益矩阵为（1，1）和（2，2）的国家和地区各有 1 个，分别是中国台湾和泰国。

第三，出境旅游合作系数总是大于或等于各个出境旅游目的地国家和地区的出境旅游风险指数，合作系数与风险指数的差值呈现中间密集两边分散的分布形态，佐证了中国未来与各个出境旅游目的地国家和地区建立旅游应急合作的现实可能性。中国香港和中国澳门的出境旅游合作系数明显高于出境旅游风险指数。印度和泰国分布在出境旅游安全合作矩阵图的对角线两侧，虽然合作系数和风险指数的数值存在显著差异，但二者的差值约为 0，表明印度和泰国合作与风险并存。韩国、日本、印度尼西亚、马来西亚和中国台湾共五个国家和地区的合作系数和风险指数数值相差无几，分布在中间区域，其中中国台湾的合作系数与风险指数明显高于其他四个国家。

本章的出境旅游应急合作动态博弈分析，尝试采用完全信息动态博弈的方法从出境旅游应急合作现实基础影响的角度，对中国（大陆/内地）与其他各个国家和地区进行出境旅游安全合作的必要性与可能性进行分析，对于衡量各个出境旅游目的地国家和地区的出境旅游突发事件应急合作现实必要条件和现实条件，探究双方应急合作的现实基础具有重要意义。

第五章　中国公民出境旅游突发事件应急合作治理的理论逻辑：建构主义范式的解释

　　本章从社会建构主义视角，阐释应急合作共同体的社会建构理论内涵，抽象应急合作治理的理论逻辑。本章研究内容界定了应急合作治理的理论内涵，认为应急合作共同体的建立是拥有共同的认同、共同的价值观的共同体能够进行多方位的直接的互动关系，具有互惠和利他主义的规范、认同和社会化建构的过程。诠释了应急合作治理的理论外延，包括应急合作治理的特征、应急合作治理的条件、应急合作共同体的建构过程分析等。抽象了应急合作治理的理论逻辑，研究认为应急合作治理存在两个主要的内在逻辑：共同的安全威胁促成了应急合作（权力的制衡）、共同的规则建构深化了应急合作（认同的建构）。

第一节　中国公民出境旅游突发事件应急合作治理的理论内涵

　　随着我国出境旅游的蓬勃发展，出境旅游突发事件构成的安全问题已经逐渐受到了重视，并日益成为阻碍出境旅游业稳定发展的一大因素。随着全球风险社会的到来，各种旅游突发事件的发生率正在呈现一个上升的趋势，出境旅游突发事件早已不是几年一遇，而是以较高频率出现在人们的视野中。

出境旅游突发事件爆发以后可能会在极短的时间以内迅速传播，并且随着现代社会高度的互联互通，极有可能超越多个地理区域演化成公共危机。随着风险因素错综叠加，加之各国之间区域经济联系的不断加强，出境旅游突发事件的破坏性不断升级，对出境旅游业造成的影响也越来越巨大。例如，根据中国旅游研究院的测算，2020 年春节前后暴发的新冠疫情使得 2020 年一季度和全年的入境旅游人次负增长 51.7% 和 34.7%，国际旅游收入负增长 59.8% 和 40.6%，全年分别较上年减少 5032 万人次和 534 亿美元；一季度和全年的出境旅游人次分别负增长 42.6% 和 17.6%，全年较上年减少 2763 万人次（戴斌，2020）；2002 年爆发的印度尼西亚巴厘岛爆炸案致多人死亡和受伤，并且波及周边国家和地区的旅游业。种种事实表明，出境旅游突发事件的应对往往需要联合不同国家的旅游安全综合治理资源，仅仅依靠单一区域的旅游行政力量难以达到治理效果。尤其是在应对重大旅游突发事件时，应急管理中的国际合作与交流就变得格外重要。

一、应急合作治理的理论内涵分析基础

事实上，我国已经与许多出境国家和地区建立了旅游安全合作。2003 年，内地与香港签署《关于建立更紧密经贸关系的安排》（简称 CEPA），双方在旅游安全合作方面又跨上了一个新台阶。2010 年 4 月 7 日，《粤港合作框架协议》签署生效，《协议》就双方在共同维护游客安全利益，打造安全目的地方面达成共识，广东和香港的旅游安全合作从此有了更清晰的方向（戴斌等，2013）。2015 年，中国与泰国在曼谷举行工作磋商，双方就共同关注的旅游市场、旅游交通等问题进行了深入沟通，彼此同意进一步提升旅游服务水平、探索旅游合作治理机制、解决旅游质量纠纷、加强执法部门应急联动，为中国游客营造良好舒适的安全环境。此外，中方还决定在泰国首都曼谷设立专门解决中国游客赴泰旅行的旅游办事处，并且针对各种突发事件建立常态的沟通机制，共同加强出境旅游安全保障，通过合作对话来解决游客的安全问题；2016 年年初澜湄合作机制正式诞生，澜湄六国的合作中把旅游合作作为未来进一步努力的方向。经过多年的发展，这些安全合作机制日臻成熟，在有效地解决旅游突发事件、进行旅游突发事件的应急合作

治理方面正扮演着重要的角色。但同时也必须清楚地认识到，与中国等国家在参与地区旅游安全合作的现实、积极为地区旅游安全合作做出的准备与努力相对比，参与地区旅游安全合作的某些国家，诸如日美等国在某些方面发挥阻碍作用。另外一些其他的国际安全合作组织中国家之间关系常常陷入安全困境的现实也不禁让我们反思为什么有些应急合作共同体能够长期得以存在和发展，而有些则因为各种矛盾的叠加难以真正建立一个稳定的应急合作共同体？对于一个具有一体化特征的旅游应急合作共同体来说，是否存在一种深层次的结构性因素决定着旅游突发事件应急合作共同体的形成与发展？如果有，它是凭借何种内在逻辑来对旅游突发事件应急合作共同体发挥作用的？

未来回应上述问题，本研究采用建构主义来系统建构出境旅游合作的理论逻辑。建构主义为我们研究问题提供的崭新但又合理的研究思路。作为国际关系三大主流范式之一的建构主义（Constructivism），兴起于 20 世纪初国际关系的研究中，其最初由 Nicholas 提出并引入国际关系研究领域，从而拓宽了国际关系的研究范畴（Nicholas 等，1989）。它强调社会学的研究视角在国际关系研究中的重要作用，并聚焦于探索一系列的社会存在的规范在国际各种机制形成中的作用，而并不强调已存在的物质结构。建构主义认为世界是被建构的，人类社会存在的准则认同等要素在其中发挥着重要作用。建构主义的应急合作共同体是基于集体认同的旅游突发事件应急处置的高级形式，它为应急合作共同体研究提供了新的视野与新的语境。首先，建构主义强调应急合作共同体是被来自规范、认同和社会化进程建构的过程（Rhinard，2008）；其次，建构主义是一种结构理论，建构的目标就是如何将体系中物质条件、利益、观念等多个因素建构成一个整体（Alexander，1994）；最后，建构主义强调"规范"和"认同"在建构过程中的独特作用，这些关键因素伴随着国家的现代化进程并在其中作为关键性的变量（Friedrich 等，1989）。这种认识超越了以往的以西方自由民主学术思想的研究理论，认为国际中的无政府状态和安全困境是可以逾越的，在西方世界以外的第三世界同样可以建构"应急合作共同体"。这些经典阐释都为旅游突发事件应急合作共同体的建构提供了新的思路。当然任何理论都是有其自身边界的，因为随着世界形势的不断改变与人们认知的不断加深，原有理论的解释力可能存在不足。对于本研究，建构为旅游应急合作研究提供了一种新的解释框架，通过将本体论和方法论的探讨融入应急合作问题中，能够拓宽以往传统的应急合作的认识范畴。在关于旅游突发事件的应急治理上各个国家具有超越意识形态合作的必要性，而建构主义的思想恰好契合这种应急合作的逻辑阐释，因而具有较强的理论适用性。因此，本研究从社会建构主义视角切入，从应急合作治理存在两个主要的内在逻辑出发，界定应急合作治理的理论内涵，诠释应急合作治理的理论外延，为中国公民出境旅游突发事件应急合作提供理论上的支持。

二、应急合作治理的理论内涵阐释

在"安全共同体"的生成理论中，建构主义范式详细地阐述了安全合作充分必要条件和美好前景（Adleran 和 Bamet，1998）。首先，之所以能够有安全共同体意识的产生是由于外界强大的压力，这是共同体产生最重要的推力；其次，核心权威国家的权威实力在共同体中对其他国家具有吸引、示范作用；再次，国际安全制度和机制对安全集体认同以及安全文化培育有着重要的促进作用；最后，关于安全合作的前景，该理论认为如果各个成员体之间在彼此合作交往的过程中已经相互形成了最高层次的集体认同，对于安全合作提供了可依赖的预期，那么该共同体之间各个成员之间就能够建立稳固且长期持续的安全合作关系。因此建构主义对于"安全共同体"的阐述给旅游突发事件的应急合作共同体带来了新的启示。建构主义对安全合作的看法充满了辩证性与反思性，因此它既继承了物质分配的理性安全权力，同时也突破了由观念、认同和身份建构的安全观。它从国际体系实际上是由各个行动者之间的社会关系通过彼此的互动所形成的这一立场出发，阐述了观念在国家安全合作中的作用。在"应急合作共同体"中合作将是主流，应急合作也因此是现实的、客观的，建立在互惠的、共同认知基础上积极的安全合作关系。

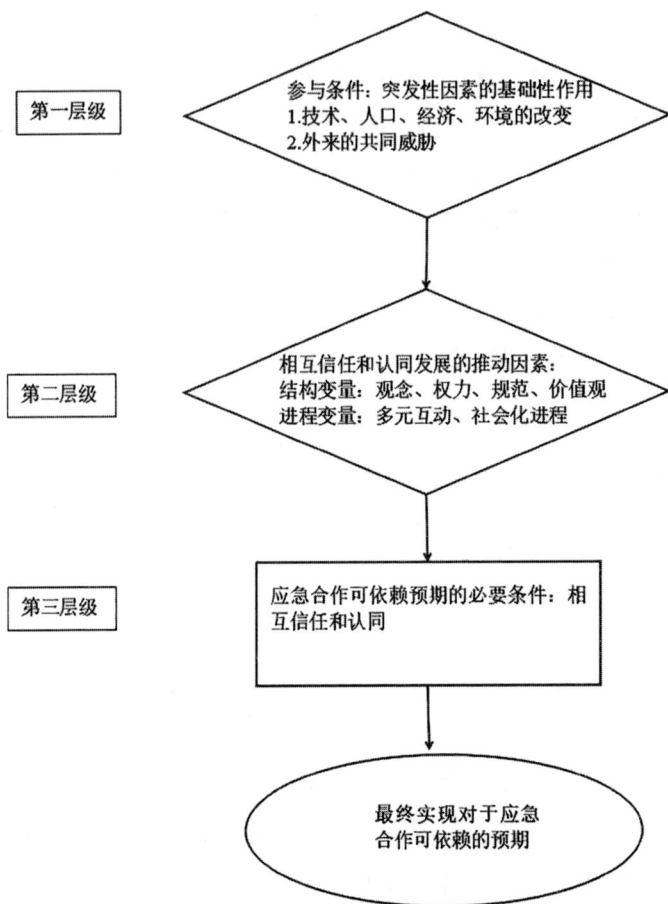

图 5-1 应急合作可依赖预期的三个层级结构

　　关于"应急合作共同体"社会建构理论内涵可以从以下几个方面理解。首先，从概念上看，应急合作共同体应该定义为：由主权国家组成的跨国地区，同时该地区的国家或地区对于旅游突发事件的合作治理有着可依赖的预期。即应急合作共同体的概念由各个国家互信的深度、国家或地区的应急处置能力、国家或地区所处的社会进程所决定。其次，从建构主义视角出发，应急合作共同体具有三个特点：（1）内部成员之间共同享有相同的价值观；（2）成员国之间的关系存在多元结构；（3）共同体内部的成员国之间能够表现出明显的互惠性和利他主义。这样彼此之间形成了最高层次的集体认同，使得各成员为安全合作提供了可依赖的预期，并成为应急合作的本质属性，那么为了实现这个本质属性，存在一种什么样的形成机制呢？本研究尝试借助"三个层级"理论，提出应急合作治理的三个层次演进，如图 5-1 所示。第一层级关注的主要是参与条件，主要包括技术进步、人口变化、经济发展、环境变化和外部威胁的参与条件构成了突发性因素的基础性作用，这些因素和条件相当于外部共同威胁的出现进而加强了国家之间的交流与合作；第二层级主要是指客源国与目的地国家之间的结构变量和进程变量，也即相互的动态互惠关系。最后，这些变量层层递进，促进了集体认同的形成，使得参与合作的国家之间对未来合作的美好前景形成了可依赖的预期。

（一）互惠和利他主义的合作规范

首先，有利于合作的规范是应急合作共同体建设最重要的原则之一，应急合作的发展离不开法制的支持，应急法制是应急合作走向系统性与规范性不可或缺的重要内容。正如前文所述，在国际层面上，世界旅游组织第十三届大会通过的文件《全球旅游伦理规范》中强调各个国家要保护旅游者特别是出境旅游者的人身财产安全，基于这一共识会形成某种无形的力量，为"通过合作解决出境旅游者的安全问题"原则的确立与贯彻奠定观念基础，这同时也彰显了国际制度在应急合作的产生和维系中发挥的重要作用。尽管当前我国与主要的出境目的地国家或地区并未签署专门的针对旅游突发事件的应急合作协议，但是在一些非传统安全领域内签署的一系列安全合作协议将为应急合作规范的建构奠定重要的合作基础。例如，中国与泰国在曼谷举行工作磋商，双方就共同关注的旅游市场、旅游交通等问题进行了深入沟通，彼此同意进一步提升旅游服务水平、探索旅游合作治理机制、解决旅游质量纠纷、加强执法部门应急联动，为中国游客营造良好舒适的安全环境。此外，中方还决定在泰国首都曼谷设立专门解决中国游客赴泰旅行的旅游办事处，并且针对各种突发事件建立常态的沟通机制，共同加强出境旅游安全保障，通过合作对话来解决游客的安全问题；澜湄六国的合作中把旅游合作作为未来进一步努力的方向；2002 年签订的《中国与东盟关于非传统安全领域合作联合宣言》正式拉开了中国与东盟国家在非传统领域内合作的序幕；截至 2016 年，中、老、缅、泰四国已圆满完成 43 次联合巡逻执法，这也为东盟各国之间的旅游安全合作奠定了良好的合作基础。这些正式性的规范使得各个国家的应急合作走上了系统化,有法可依的道路。

其次,具有互惠和利他主义的规范对于应急合作共同体的建立具有重要作用。这一规范保障国家作为独立个体的自主性,在合作中充分尊重各个国家的独立主权,保证国家之间根据自身的真实需要,有必要地共享旅游突发事件信息和应急资源,实现共享共治旅游突发事件,通过多方面的沟通体系加强沟通,消除误解,同时辅以道德、风俗的约束(David,1966)。传统国际理论强调国与国之间是一种"弱肉强食、欺诈霸凌"的逻辑,具体反映在国家交往上就是霸权主义、强权政治和零和博弈。而具有互惠和利他主义的规范强调应急合作共同体成员之间是一种共需、互利、共赢的新型关系。在这种新型关系中,面对突发事件依靠合作来共同解决问题,共享应急资源,提供应急产品,可以达到自我利益和整体利益兼收,突破了自由建构主义下唯国家利益优先的窠臼。

最后,中国与主要出境国家或地区之间具有很强的互惠逻辑。由于地理位置上的临近性,中国与这些国家或地区之间的同质性较高,在语言、历史、意识形态、经济结构的同质超过异质,彼此之间团结互助。互惠和利他主义不仅为应急合作体系的构建奠定了基础,而且也为应急合作治理模式提供了和谐、稳定的环境,从而使其得以延续和发展。

(二)共同价值观与观念的认同

建构主义强调观念在建构中的重要作用,一个稳定的结构只有辅之以观念才能得以稳定。观念认同主要是指行为体不仅对观念本身认可而且与提出这个观念的行动者存在心理感情上的联系和身份的同一性(Gopi,2003)。中国对地区安全现实的解释和对外部威胁的认知,造成了其特有的安全观,这种安全观与大多数合作国家都有着现实的基础,继而有望持续推动应急合作的深入。随着全球化浪潮冲击下异质化力量的崛起,人们面临的风险挑战越发增多,追求和平的呼吁越发强烈。因此在应对突发事件时,各国秉持着诚信的原则,将旅游者的生命健康权放在首位,这种价值观充分体现了人道主义关怀,具有极高的价值追求。

中国与出境国家或地区的应急合作有着共同的价值观和观念的认同。人类命运共同体的提出是习近平总书记面对当前世界形式对人类未来走向的思考，因此，越是面对复杂的出境旅游突发事件形势，就越是要合作应对，只有这样才能将共同的压力变为动力，面临着错综复杂的出境突发事件，单打独斗不能解决任何问题，合作治理，集体安全才是解决问题的正确选择。出境旅游突发事件使两国的安全利益唇齿相依，由于利益的一致性形成了"你中有我，我中有你的局面"①。因此，从人类命运共同体出发，任何单方独立解决跨境突发事件是不可能的，各国必须跳出非此即彼的思维模式，寻求合作治理。应急合作需要以互信为基础进行，当面临重大突发事件救援时，国家共同遵守行为规则会形成一个良好的氛围，即形成一种示范效应。无论意识形态和国家综合实力的差异有多大，无论应急能力和应急资源的多或寡，都有权利平等地参与到协商、处理事关本国安全利益的事务中。

同时，共商共建共享原则也清晰界定了应急合作治理的主体和客体。该观念下应急合作治理的客体对象非常明确，即两国所遇到的旅游突发事件；主体包括两国的政府部门、国际组织、两国企业和一些社会组织，其中国家是其中的主要主体，承担应急合作治理的主要责任。各国通过加强沟通，深化共识，增进互信，推动应急合作治理。因此，亚洲新安全观倡导下的应急合作拒绝损人利己的行为，拒绝小圈子主义，凡是参加应急合作的成员都是一视同仁，同一区域发生的突发事件应该由同一区域共同治理。

由此可见，随着这些安全共同体、命运共同体理念的持续深入，中国与主要出境国家的应急合作也具有了观念层面的指引，新安全观也将作为应急合作治理的顶层设计，为各个国家应急处置树立了合作共赢的新思维，为双方的合作创建了更加良好的环境。应急合作共同体的建设也可以作为中国这一应急合作的主要倡导者就当前突发事件的形势提出的新尝试与新实践，它将在应急合作治理中发挥方向性的指引功能，它的贯彻落实将在全球突发事件频发的态势下满足不同国家多样性的安全需求，不断深化中国与世界的交往。

---

① 习近平.顺应时代前进潮流 促进世界和平发展——在莫斯科国际关系学院的演讲［N］.人民日报，2013-03-24（2）.

（三）多方位互动和社会化建构

在旅游突发事件的应急处置中选择合作是国家行动者经过深入思考之后得出的，当国家意识到在应急救援中彼此相互依赖，自身无法实现安全利益的最大化，而合作的收益大于不合作的收益或者合作的损失小于不合作的损失时就会做出合作的选择。国家是立足于具有互惠和利他主义的合作规范、具有共同价值观与观念认同的合作网络中的，由于做出合作的判断很少是国家行动者自己独自的判断，而是以一系列权力、规范、观念为依据和指导作出的。换而言之，国家是嵌入在社会关系的网络中的，合作是合作主体对于其所处社会关系的深度理解。要维系这种社会关系，国家必须通过多方位的互动来维持，多元主体通过互动寻求沟通，以便在相互了解的基础上通过谈判、协商的方式进行合作。不可否认的是，突发事件涉及多种复杂利益使得很多应急合作无法深入，其中很大一部分原因在于各方没有保持一个常态化的互动机制，只有通过互动与沟通对应急合作中的利益分配和权力行使达成共同的理解和认可，合作才能够深入维持。即多元互动的意义对于应急合作来说在于产生相互理解，权力因素、利益分配和观念认同都是行动者之间在互动行动中完成的，正是这种相互理解黏合了权力、规范、观念等多方面因素，保障着应急合作的持续进行。有学者认为多元互动是一种重要的社会化机制，是行动者本身内化安全合作制度的重要方式（惠耕田，2007）。国家之间多元互动能力的具备使得应急合作成为可能，互动对于应急合作困境的缓解、应急救援合作和机制的产生、应急合作制度化的加强乃至最终应急合作共同体的实现都会发挥积极作用。

互动行为成为重要的社会化机制源于以下几个原因。国家所处的国际社会包括文化、社会、个性三个结构性要素，文化是行动者互动之间共同获得关于某种事物的理解，并且按照知识存储起来加以解释；社会包含合法的秩序，这些行动者在拥有着合法秩序的社会互动中加强对秩序的理解，并且在互动中规范着行为，逐步把行动者纳入团体之中并巩固联合；个性即行动者在参与互动的过程中所理解的自身在群体中的同一性。互动中达成的相互理解有助于合作知识的传承和更新，互动行动有助于社会统一和联合，互动产生的社会化过程有利于个人同一性的形成。这样，在应急合作领域，文化再造为已有的合作规范提供了合法性，促使行动者认为遵守合作规范才能符合自身利益。行动者的统一联合同时又由于合作规范的合法性增强而得到巩固，并且随着行动者对合作规范认识的不断加深会产生社会化的过程，进一步增强了合作成员之间的认同感，提升了遵守合作规范的自觉性，这样应急合作共同体中合作的规范化、合作规范的合法性、行动者的社会化过程逐渐构成了一个闭环，合作的深度也会不断加深。

　　总而言之，多元互动本身作为一种重要的社会化机制，有助于合作规范的加强，而合作规范的加强会使面对共同旅游突发事件的行动者产生新的认同，这些新的认同将重新界定其安全利益，这种互动行动是合作规范内化的机制，二者是同步进行的。到了应急合作共同体状态，行动者就会确信彼此之间都将通过合作的方式来共同解决旅游突发事件。

第二节　中国公民出境旅游突发事件应急合作治理的理论外延

一、应急合作治理的特征

（一）价值相容

　　韦伯将理性区分为价值理性与工具理性（张全忠，2003）。具体来说，工具理性是对个体外在的表现以及对他者行动的预期，并把这些预期作为实现目的的条件或者手段，借此实现自己的目标，但这种实现目标的过程是理性的。而价值理性则是对某种包含在特定行为方式中的无条件对固有价值的纯粹信仰，无论该价值是伦理的、美学的、宗教的还是其他的阐释，其注重的是这种行为本身，而无关乎结果如何。换而言之，工具理性强调以最小的代价得到最大的收益，而价值理性则关注行为动机和行为本身的合理性。而后现代主义则在利益问题上提倡彼此是互助的，在"本体论"坚持平等导向，一个国家并不比另一个国家更为优越。国家之间的关系是内在的、本质的、构成性的，国家本身并不具备各种应急属性，它只是借助于这些属性同其他国家发生表面上的相互作用，但这些相互作用并不影响国家的利益。因此，在应急合作治理中，各个国家之间的利益是相容的，即每个国家的利益都是相互依存的，国家个体的利益和它作为一部分的应急合作共同体的整体利益是分不开的。在应急合作治理中，国家与国家之间并不是竞争者的关系，而是互助的关系，在这种基础上合作是自然而然的事情，安全困境也就迎刃而解了。

从出境旅游突发事件的特征来看，跨越行政区域和功能边界使得进行应急合作治理具有迫切性。由于具备了利益的协调机制，当突发事件发生时，迫于巨大的政治或者外部压力，地方主体都会在利益共谋的基础上，寻求地方区域边界内外的利益最大化。因此这种合作是真诚的，根本原因是由于价值理性思维的驱使下不同主体之间合作关系的深化。在出境旅游突发事件的应急合作中，一切环节都要以游客的生命为重，它是旅游安全工作的出发点与落脚点（刘宽红等，2009）。因此，在当前的应急合作中更应该避免工具理性张扬、价值理性弱化的趋势，强调重塑应急合作的价值理性，即优先考虑人的生命健康权和环境的可持续发展权，它出于对游客生命等合法权益的尊重。这种最能够引起大部分国家所欣赏的价值观在应急合作中具有较强的指导性。总而言之，如果彼此之间的合作仅仅是为了达到安全利益的最大化，完全站在利益等理性的角度思考，那么所谓的应急合作也只是徒有其表，难以经受住时间的考验。

（二）相互依存

在应急合作治理中，各个国家之间是相互需要的关系，即相互依存是应急合作治理的重要特征。面对突发事件时国家间都有强烈的合作与交往需求，从而使国家与国家之间、国家与各地区部门之间的互动不断增强，在互动沟通中彼此以互惠的行为互为回报，基于互惠的合作关系使得两个国家获得了新的角色，导致进一步合作。应急合作治理中的相互依存主要分为客观相互依存和主观相互依存，二者之间互相影响，相伴而生。一方发挥作用是以另一方的存在为前提，当客观相互依存存在并且发挥作用时，国家才能在主观上感受到对方存在，并间接形成集体认同。两者之间既非传统统计学意义上的相关关系，也非数学逻辑中的因果关系，作为建构主义的重要概念，在严格意义上两者属于建构关系。尽管二者关系是建构的，但彼此之间内在的逻辑关系使得客观相互依存状态向主观相互依存转化也是在一定特殊状态下才能够实现。应急合作治理中相互依存的程度与互动的"互动密度"有关，高互动密度意味着高度相互依存。目前全球各类风险因素不断叠加，再加上出境旅游突发事件因为跨越国境并且超越了一定的行政边界而表现出其他旅游突发事件所不具备的特征，具体如持续影响深、致损程度重、应对难度大等，这些都决定了国家间的相互依存现象日益明显，并且日益呈现高"互动密度"。这些外界的情境效应是如此重要，便使得相互合作是彼此之间最佳的选择，否则就无法实现自身的目标。出境旅游突发事件不仅具有传统的跨境性特点，而且使得出境客源地和入境目的地之间存在着相互依存的状态，同时由于各类旅游突发事件等安全问题的影响程度如此深远，并且都发生在国外，出境客源地只能依靠在外国的驻地外交机构提供真实的信息。这些外交机构大都同事发地政府有着密切的合作关系，作为突发事件处置的关键核心和基础力量，中国驻地领事馆、中国政府加强与旅游目的地国之间的旅游安全合作，增强两国间的友谊，争取当地民众的积极支持。

在应急合作治理中各个国家之间的相互联系是多渠道的，首先主要包括两国之间政府的非正式或正式的关系，非政府组织之间甚至是跨国组织之间的联系在大大加强。在治理过程中，国家或两个组织之间的界限越来越难以划清，许多过去在国内暴露的应急治理能力的短板在合作之间会被放大，并且会进入国际关系议事日程上。其次，相互依存的趋势将对国家权力和国家利益起溶解作用，推动整体利益的形成，最终成为通向未来没有国界限制的应急合作共同体。与权力政治不同，相互依存强调"一荣俱荣，一损俱损"的国家间法则。最后，根据罗伯特·基欧汉和约瑟夫·奈的相互依存理论，正是以为国与国之间敏感性和脆弱性的存在，才显得合作是如此重要。敏感性是指在合作治理过程中一国的变化导致另一国变化的敏感程度的大小。脆弱性是指两国为了保持相互依存的状态而付出的维护成本的多少。在一个相互依赖的共同体中，"敏感性"和"脆弱性"具有双重属性，一方面既可以作为多元主体合作的制度约束，保障应急合作的深度开展，另一方面正是因为这些属性的存在，客源国和目的地国家和地区之间的应急合作才是可能的。如果各个国家都已经足够强大，拥有丰富的应急资源和应急经验，完全可以凭借自身力量应对突发事件，那么进行合作反而会多此一举，"敏感性"和"脆弱性"构成了合作的需求因素。

（三）利他主义

在两个国家之间的出境旅游突发事件治理中，需要每个国家都要为治理作出贡献，没有任何一个组织、任何一个国家能够以所谓的"理性的利益"避免突发事件对自己的影响，并以此来避免自己的责任。因此，应急合作治理也具有明显的利他主义的特征。这样，在共同体内部，就如同后现代主义所提倡的那样尊重他者的利益，倾听他者的诉求。对于此，中国古代传统儒家思想的"己所不欲，勿施于人"提供了最切合的描述。在处理合作关系时，秉持着"利他主义"的成员国就要做到"己所不欲，勿施于人"，换而言之就是要在进行应急处理的时候将心比心，在保证自己利益的同时，充分考虑他者的利益，充分地处理好在"我者"与"他者"之间的关系，一方面既要充分地发现自身的价值，清晰自身在合作中的定位和自身的价值，另一方面也要尊重对方的价值，最终实现"老吾老以及人之老，幼吾幼以及人之幼"的状态，并且在内部建立一个包容的、利他的合作氛围，应急合作治理也将走上常态化的道路。在利他主义的规范中，应急合作治理存在三个层次。首先是个体主义的利他层次，这种个体主义的利他行为较为普遍，主要是由于在救援中当利己与利他无矛盾时，在兼顾到自己利益的同时也能够顺便兼顾他人的利益。但值得注意的是，这种行为并不是个体的本意，利他行为也仅仅只是顺手之劳，当我者与他者之间的矛盾冲突时，个体还是会选择照顾自身利益。尽管如此，这种行为也有助于克服应急合作中互相推诿的行为。其次是人道主义的利他行为，这是一种较为高级的利他行为，它强调国家之间的互相帮助，只有当个体为整体做出贡献的时候才能期望获得一定的报偿。它有多种表现形式：其一是出于人道的目的，建立在两个国家高级别的外交关系上；其二是在人性论和人道主义指导下的利他行为。最后是集体主义的利他行为，这是一种以集体主义为道德原则指导的行为，但由于受限于各个国家的意识形态，这种最高层次的行为很难开展。但集体主义的利他行为强调要把应急合作共同体的利益放在最高层次，当个体利益与共同体利益相互冲突时，应该以共同体利益为先。因此利他主义应该积极促进由个体层次的利他主义向人道主义和集体主义的利他层次转变。

二、应急合作治理的条件

（一）完善的应急合作体制

体制是指组织模式和主体相互权力关系的正式制度建构（高小平等，2009）。当前，出境旅游突发事件应急合作体制最突出的问题在于缺乏统一高效的突发事件应急合作综合协调指挥机构，而合理的协调机构设置，既是各主体应急合作有效运行的前提条件，也是各主体应急合作功能发挥的基础。现行的属地为主的管理机制造成了出境突发事件区域间、部门间的职责划分不清晰，跨越不同国家行政区划的体制性障碍更使得不同主体在应急合作中协作困难重重。在国家层面上并未与出境国建立具有决策功能的综合体系和常设性的综合协调指挥机构，在区域层面上缺少一个行动高效的行动平台。之所以会出现这样的合作难题，是由于缺乏多元主体共同行动平台的统一指挥，造成双方的信息不对称现象，不可避免地给行动带来障碍和盲目性。从理论上讲，联合行动是两国政府为了确保旅游突发事件的有效治理，认知、行动以及结果是统一协同的过程，其实质是一种高级状态的合作行动。显然当前信息沟通不畅、组织治理目标不一致以及合作逻辑差异等现状都造成了集体行动的困境。不可否认，临时性的应急机构对于突发事件的处理具有重要作用，但它也存在着巨大的缺陷：平时缺少对突发事件的预防和预警，当突发事件瞬间来临时，无法在短时间内形成聚力以及时地进行应对。

因此要实行对出境旅游突发事件的合作治理，必须要建立一个完善的应急合作体制，如图5-2所示。该合作体制是建立在跨越国家行政权力之上的组织机构，各个国家基于志愿的原则参加，参与治理的方式主要是协调。由两个国家派出代表成立旅游应急合作委员会，作为应急合作治理的最高领导机构，负责统筹整个旅游应急合作治理的全过程，其下设常务机构和临时机构，主要成员由各个国内负责应急管理的相关部门主要领导、旅游企业董事长或者旅游行业协会会长、旅游突发事件研究领域的知名专家组成。常务机构负责旅游应急合作平台日常事务的管理，负责应急保障的建设以及应急预案的编制等。临时机构主要是应对突发事件的突发性，主要功能是制订各类旅游突发事件的救援方案，组织各种应急能力的训练，并且负责将这些紧急预案按照实际情况执行，确保各类旅游突发事件都能够得到妥善处置。

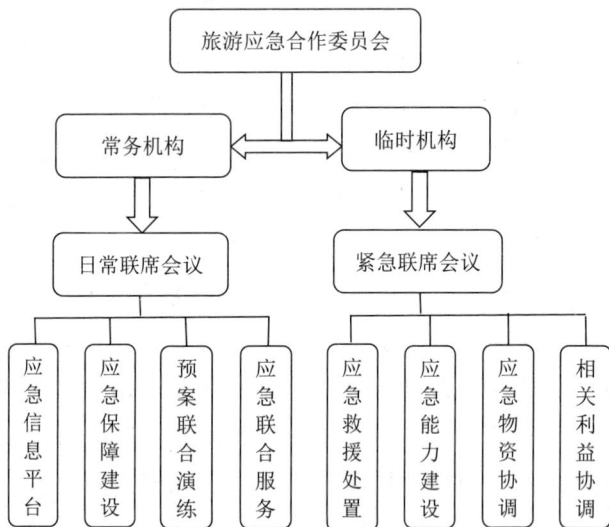

图 5-2　旅游应急合作体制

（二）完备的应急合作协调机制

完备的应急协调机制是构建高效应急合作治理网络所必需。旅游应急合作治理需要对相关的规律、规则进行总结，需要明确具体的工作关系、工作流程和工作方法，将其系统整理为旅游应急合作的协调机制。完备的旅游应急协调机制涉及旅游突发事件的预防与应急准备、监测与预警、处置与救援、恢复与重建及指挥与协调的各个部分，从国际层面到国家层面再到下层的各个部门之间进行全覆盖。其中又以利益协调机制、信息沟通协调机制最为关键。利益协调机制是建立旅游应急合作机制的时势之所需，能够极大地抑制在一些重大的出境突发事件的应对上"搭便车"的现象，因为具有适当的利益协调机制，能够使参与合作的国家充分发挥自身的实力，提高各个国家的积极性，大大提高救援效率。即在应急合作治理过程中对做出重大贡献的国家或地区进行奖金、荣誉之类的奖励，对于违反合作共识和损害集体利益的国家或地区进行相应的惩罚。通过选择性激励这样一种有效的心理效应机制进一步鼓励各个国家积极参与应急合作，调动各个国家的主体能动性，并逐步让国家的应急合作水平成为衡量国家形象的重要标志。另外，目前突发事件救援所需要的信息越来越丰富，对于信息渠道的要求也越来越高，特别是多元信息源沟通的建立，会将信息之间传递的失真和偏差大大降低，进而增强多元主体在应对突发事件上的协作能力与效果，同时也减少了受影响地区由于信息沟通不顺畅所带来的应急成本。如今依靠运用"互联网＋"、大数据等技术搭建的多元主体信息沟通平台能够建立高效的沟通平台，保证信息的充分畅通。

（三）规范的应急合作法制

旅游应急合作的发展离不开法制的支持，应急法制是旅游应急合作规范化、制度化、法制化运行的依据。规范的旅游应急合作法制应该涉及不同区域层面，不同主体之间的关系。由于出境旅游应急合作在一定权力上超脱了国家行政主权的范围，因此缺乏规范的法制会使旅游应急合作变得无法可依，进而会导致各个行动主体的随意行动问题，甚至于缺少法律的规范导致各自的行动偏离公平公正的行动底线等。因此，旅游应急合作治理亟须建立在当今区域尺度下，以国家作为法律中的独立行为主体的合作法制。当然，各个主体参加的原则并不是在大国的胁迫之下，而是自愿参加。具体的合作内容由各个国家签订的各项具体合作协议和共同召开的旅游安全合作会议来确定。总之，应充分利用法律的权威以及强制性和权威性，将应急合作的各项工作纳入法律体系当中，用法律来限制和协调多元主体的利益和行为，使区域旅游应急合作真正走上规范化发展的道路。

在法律的缔结程序上，旅游应急合作的法律应该充分尊重各个国家原有的涉及旅游突发事件的法律基础，根据各个国家的实际情况并经各个国家充分讨论而来。而一旦以法律的形式固定下来，就是合作方对旅游应急合作治理达成的共识，是对合作的一种契约规范。并且有必要明确各主体签订的协议在合作体系中的作用，通过具体的表述展现协议的重要性和约束力，避免其成为一纸空文。在法律的具体内容上，应该涉及旅游应急合作治理的宗旨、原则、合作方式，以及明确各方应承担的权力和义务。由于各类旅游突发事件具有不同的性质，因此针对不同的旅游突发事件要设立具体的法律，在一个整体的旅游应急合作治理的框架原则下分门别类地设置不同的法律用以处置不同的旅游突发事件。由于不同国家的基本国情不同，应该根据不同的国情和本国的法律体系进一步完善，构建专门的针对出境旅游应急合作的法律体系。

第三节　中国公民出境旅游突发事件应急合作治理的双重逻辑

一、应急合作治理的理论逻辑解释框架

出境旅游突发事件应急合作治理是跨越了国家行政边界的国家或地区的旅游行政管理部门、旅游企业、社会组织和游客群体，在共同安全利益和风险威胁的基础上，本着自愿原则，根据共同的契约约定，针对旅游突发事件的整个过程进行共防、共治和共担的合作行为，其涵盖了旅游应急处置全过程的深度合作。因此，根据建构主义的观点，本研究将应急合作共同体的建构过程阐述为：应急合作共同体的建立是拥有共同的认同、共同的价值观的共同体能够进行多方位的直接的互动关系，具有互惠和利他主义的规范、认同和社会化建构的过程，如图 5-3 所示。

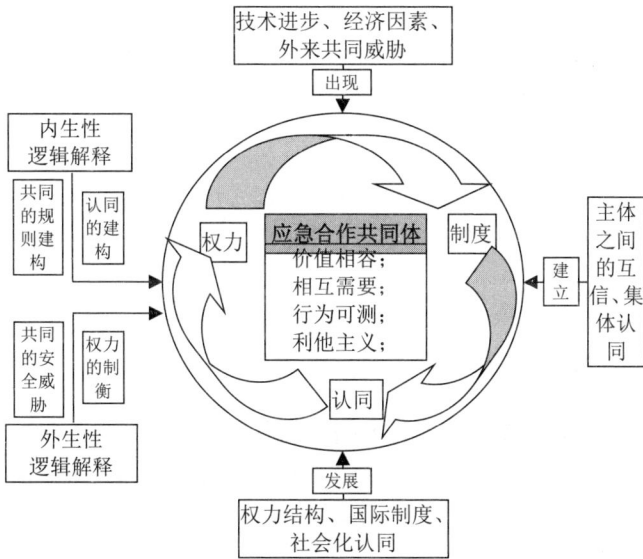

图 5-3　应急合作治理社会建构理论逻辑

　　这一定义从观念、认同、互动、规范等概念出发，赋予国家间合作安全关系以新的内涵，丰富了人们对安全内涵和应急合作治理思想的理解。同时，该范式认为应急治理的合作结构不仅具有现实物质基础，更重要的是一些意识形态领域的因素在它的社会性建构过程中发挥的作用，强调共有的知识、文化和观念对理解应急合作具有重要意义。与此同时，权力、制度、认同作为影响应急合作治理的三个关键变量，三者之间紧密相连、相互制衡，其内部关系结构可表述为：权力是基础，制度是保障，认同是关键（Medeiros，2002）。权力影响制度的建立和变迁，制度反映权力，制度的形成也可以反作用于权力，制约权力的实行，二者互为表里，相互影响。认同作为一种观念性力量，其形式是无形的，但内容上是丰富的，它决定权力的意义、属性和内容，并且认同建构权力的使用过程。同时，认同也不能脱离权力，认同要想发挥作用必须依赖权力的权威，从而产生更强的影响力。认同的最终目标是形成在各主体统一的认识与目标，将其用条文的形式表现出来即是制度。这个过程看似水到渠成，但如果没有认同作为铺垫，制度就建立不起来。总之，权力、制度、认同是对立统一、相互转化的，彼此之间层层递进的逻辑关系构成了应急合作治理动力的形成要素（Huybers，2000）。综上所述，应急共同体的建立是在外来威胁域外力量介入的外部推力与内在进程性要素——包括规范建构、观念认同、多方互动、国际制度建设——共同推动了应急合作共同体的形成。这两方面的动力通过促进地区共同利益、增进成员国互信、塑造集体身份等方式来实现成员国对应急合作的期待，从而增强应急合作共同体的"一体化"。

二、应急合作治理的外生性逻辑

（一）共同的安全威胁以及成员国共同利益和集体身份的形成

权力作为现实主义的核心概念，主要强调国家之间行为改变的关系和国家的影响力，现实主义认为国际关系在本质上表现为各个国家之间因为利益的争夺而进行的权力斗争，这种动态的结构斗争形成了目前世界的国际关系。权力因素对旅游突发事件应急合作的影响主要体现在共同安全威胁促成了应急合作。随着经济全球化与增长全球化的发展，影响世界和国家的因素日益增多，各种传统的、非传统的突发事件不断发生。有学者提出，人类社会自20世纪50年代以来就进入了风险社会，各种风险因素空前集聚，风险因素的来源途径更加扑朔迷离，其影响程度也由表及里层层深入。这些特征都使得各个主体难以做到独善其身，风险的规避也变得异常艰难。纵观历次重大旅游突发事件，如日本历史上罕见的大地震、泰国的普吉岛沉船悲剧以及全球新冠疫情，这些耸人听闻的突发事件无不牵动着人们的内心，并且这些鲜活的旅游突发事件以其巨大的冲击力增强了各国的风险意识。我们每个人都处在这种时代背景下，任何不可预测的、突发的事件都会对我们产生较大的影响，每个人都无法独善其身。因此，当各种对于我们生活具有重大影响的旅游突发事件降临时，各个国家之间的共同安全利益诉求使得彼此紧密团结，缔造了应急合作共同体，通过利益一致的目标加强彼此之间的联系。尤其是对于具有高度敏感属性的旅游业来说，突发事件必然会给旅游业带来沉重的打击，唯有整合资源、携手应对，才是各国双赢的选择。

Barry（1983）认为，在面临共同安全威胁的情况下，国家一般会有两种选择：第一种充分依靠自身国家的实力来构建出一套独立的应对策略；第二种是依赖于当前国际体系来解构，将自己反嵌进国际安全结构中。国际安全战略是以权力在相关国家的分配为基础来运行的，由于单个国家不足以应对旅游突发事件，只有通过建立地区组织，通过与他国的合作才能抵御外部威胁。在合作的过程中，各个国家之间相互制衡，权力分配形式也就决定了应急合作的方式是自愿性的合作而非结盟，以此渐进性地向应急合作共同体发展。当国家作为应急合作中的行为体存在时，权力和收益就是其考虑的主要因素（Cetinski 和 Weber，1996）。因此，讨论应急合作治理问题首先要对国家的权力以及国家使用权力所带来的收益问题做出适当的分析。国际政治的实质是国家追求权力、维护权力和彰显权力的过程，国家在应急合作中所获得的资源与其他国家支持的核心依然是国家权力。国家权力是一个综合的概念，既包括国家保护自身合理正当权益、推行对外战略和带动影响其他国家或地区的能力，也包括其所拥有的保持其内部生存和发展的物质和精神力量。此外，部分学者认为国家权力包含两个部分：第一部分是物质权力，即传统意义上的军事力量（Aanonsen，1997）；第二部分包括经济实力、政治实力、文化实力等。在旅游突发事件的应急合作治理中，权力具有重要的制约作用，制约各种政策、目标和行为方式。总体而言，在出境旅游突发事件的应急合作治理过程中，各个国家所采取的应急合作行动取决于它的国家综合实力以及应急能力的强弱。国家权力在很大程度上决定了其在应急合作中的地位与作用、在重大救援决策问题上的话语权，以及拥有影响合作关系的手段和途径的多少。由于旅游突发事件是关于旅游者人身财产的救援，关系国际人道主义的遵守，所以在很多合作中并没有权力特别突出并且推行霸权的国家，合作也相对超出了各个国家的意识形态范畴，因此各个国家之间权力往往相互制衡，共同联合来推进旅游突发事件的应急处置。

共同的安全威胁促进了客源国和目的地国之间集体身份的形成。首先，国家之间的集体身份形成于对其他国家作为"他者"的认知过程中。在两个国家应急合作的过程中，两国在价值观、国家制度、意识形态、历史文化等方面会充分发生多层次的互动，这一互动过程将"我者"与"他者"之间的边界逐渐模糊了，进而逐渐具有了"我们感"的意识，这是集体身份形成的重要基础（Beirman，2011）。其次，在旅游突发事件的处理中总是先采取一系列手段控制住事态的发展，以防止事态的进一步升级产生危机。因此在各国采取的一系列手段中总是避免更多外部力量的介入，这是两国之间实现内部协调的重要原因。当两国意识到有共同的外部力量介入导致彼此的利益受损时，这种外部的阻力反而会成为两国之间加强凝聚力，促进整合的动力。

（二）权力的制衡

各个国家在应急合作中的行动还受到国际权力结构的制约。一般来说，国际权力结构主要包括单级结构、两级结构和多级结构。而在出境突发事件的应急合作中，又主要是以两级结构和多级结构为主。其中，两级结构是指出境客源地与目的地之间的实力不对等的情况下所产生的应急合作，这在当前的应急合作中极为普遍。由于国际权力结构会产生一种结构化力量间接地通过国家的社会化和彼此间的竞争两种方式影响国家的行为（Krasner，1991），因此当基于出境客源地与目的地之间的"强—弱"实力产生了两级权力结构时，反而更有利于合作的进行。也即大国在旅游突发事件的治理中涉及利益相对较多，必须积极主动地寻找应急处置的方法，一切有利于处置的方式都会被纳入行动体系当中，因此与自身力量相对弱小的国家就有了合作上的可能性。这种由强国所主导的应急合作秩序更为稳定。强国拥有绝对的权力优势，通过权力提供应急救援物资而谋求自身利益，同时应急合作也正是大国权力优势向外交政策优势转化的途径。因此大国在应急合作中为了保护自身的大国形象、扩大世界影响力，在政策上会同弱国进行持续的、友好的应急合作。由于权力力量不同，两者在合作中能够就权力分配与利益分配产生有效良好沟通，甚至能产生理想化的应急合作。而应急合作中相对力量弱小的一方必须依靠大国来进行处置，一旦出现突发事件会基于友好模式主动地寻求与大国的合作，并且有意愿将应急合作常态化，最终走向应急合作共同体，以御突发事件。不可忽略的是，这种两级结构权力制衡所产生的应急合作是由权力和利益之间的关系所决定的。现实主义者假设国家是单一的"经济理性人"，国家依据权力和所获得的利益做出对外行为决策（Stahura，2012）。而权力作为国家间的结构关系要想实际转化为国家间稳定的利益，最合适、最理想的方式就是合作，这一转化机制的关键在于观念的形成。如果把权力和利益看作物质性变量的话，那么不同国家的出入境旅游市场结构就将权力和利益捆绑在了一起，应急合作的过程也就是权力、利益之间动态制约、相互作用的过程。正是这种由权力相互制衡所产生的利益关系将两者绑在了一起，促成了彼此之间的合作。

应急合作中国家权力的多级结构，即是指在应急合作中存在多个具有关键影响力的行动者，有学者认为，多极结构有助于力量中心的自我约束。因为有共同的安全威胁，每个国家之间独立的且在相对平等的意义上参与应急合作，他们会通过一系列的协调，努力形成意义整体的共同体。就体系中的国际权力分布而言，多级结构往往体现为均势状态，意味着在合作中没有一个大国或者集团能够主导合作结构中其他的行动者，合作完全是在动态的博弈过程之中实现了相互制衡。但多级结构同时也是一种不稳定的权力结构，每个国家或地区都知道合作的基本规则，但如果其中个别个体不遵循这些合作原则，合作体系就会不稳定（Kemp，2009）。由于多级结构中不存在一个大国能够主导其他个体的行为，因此合作的稳定性一旦受到了威胁，那么这种合作就将快速瓦解。同时，相较于单级或者两级结构，国家之间应急合作的选择性变得更为多样化，如在某个国家同一个区域联盟进行应急合作治理时，当该国的出入境结构发生变化导致与联盟中一个国家的合作变得日渐衰弱时，它就会转而投向与其联盟中其他国家的合作。此外，多级结构也会带来合作信息成本的增加，会出现不履行义务的"搭便车"现象与难以控制应急信息沟通的问题。多级结构通过合作成本与不确定性两个途径影响着应急合作的成败。在合作费用上，参与国数量越多，合作成本越多，应急合作主导国的压力会相应增加，这意味着要提供更多的应急资源来确保合作的持续运行。在不确定性上，由于参与国数目的增加，国家之间的利益诉求更加多元，彼此之间的矛盾和冲突就会增加，而为了避免这种行为，参与国维持应急合作的成本会提升。总之，共同的安全威胁、旅游突发事件的介入在国家之间形成"长期的共同利益"与"集体身份认同"，是形成国家对应急合作可靠预期的核心要素，并最终促进应急合作共同体的建设，如图5-4所示。

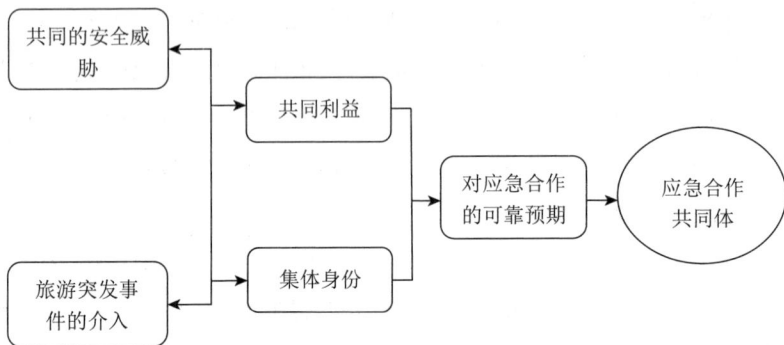

图 5-4　应急合作治理外部推力的作用方式

三、应急合作治理的内生性逻辑

（一）共同的规则深化

所有规则都同时具有构成性和限制性作用（Nicholas，1989），规则构成认同或者规定行为，或者两者兼有（Peter 等，1996）。限制性作用主要表现为通过规则的执行逐渐内化为行动者本身行为观念的一部分，并且成为指导行动者行为的准则。规则的深化即是表明行动者认同这一规则，并且将此规则纳入行为体行动的一部分。事实上，旅游突发事件应急合作的结果并不是由单一的因素造成的，认同的因素往往被其他学者所忽略。但应急合作本身就是一个认同合作的发展过程，由于突发事件具有紧急处置的迫切性，所以进行应急处置的各个国家本身就对于合作解决危机有基本的认同感，因此规则建构的认同深化了出境客源地与目的地之间的应急合作。

规则指供大家共同遵守的具有一定限制性的行为规范，规则都具有绝对的或相对的约束力。在旅游突发事件的处置中，影响合作因素的复杂性是一个单一模型所无法涵盖的，规则的优势在于可以通过汇聚各个国家的预期，保障在复杂因素中的某种可预测性，因而极大地促进了合作。通过提供应急信息、降低合作成本和减少旅游突发事件的不确定性的功能推动合作的持续进行。因此稳定合作模式的维持除各方对基于通过合作能够最大效度地解决突发事件以产生的预期收益作为前提之外，还必须有规则的保障和支持

（Robert，1989）。规则分为默示和成文两种，在应急合作治理的过程中既存在着把旅游者生命安全放在第一位这类的默认规则，也存在着应急资源分配这类明示的规则，如果这些规则只是停留在默示阶段而又要发挥作用，就必须依靠有关国家间心照不宣的合作。但这种合作的弊端也是极其明显的，原因在于规则是默示的，所谓违反规则的一方可以以不存在或者不认同默认规则为由而逃脱责任。由此可见规则必须成为制度时才能有效减少合作中的冲突问题，对行动者的合作成果预期会起到更加稳固的作用。

（二）制度的规范

根据世界旅游组织第十三届大会通过的文件《全球旅游伦理规范》中第一条的表述，保护来访旅游者的安全是当地政府不可推辞的责任与义务（张广瑞，2000）。因此，在国际层面上，世界旅游组织创立了一种特有的规则规范，即各个国家要保护旅游者特别是出境旅游者的人身财产安全。基于这一共识会形成某种无形的力量，为"通过合作解决出境旅游者的安全问题"原则的确立与贯彻奠定观念基础，这同时也彰显了国际制度在应急合作的产生和维系中发挥的重要作用。

除了世界旅游组织所规定的全球旅游伦理规范以外，在涉及跨越国境的出境旅游突发事件中，供国际社会行动者遵守的一套行为规则即国际制度也在发挥着重要的规范作用。例如，2017年9月，在四川成都召开的世界旅游组织大会发布的《"一带一路"旅游合作成都倡议》中明确提出要共同应对挑战，加强旅游风险处置能力，这一倡议增强了"一带一路"沿线国家通过合作来应对旅游突发事件的期望。此外，2015年中泰签订的《中泰磋商旅游安全合作》中提出要加强中国游客在泰旅游安全保障，加强中泰在完善安全保障方面的措施，进一步加强合作为中国游客赴泰旅游创造安全、舒适、温馨的环境。《东盟旅游战略发展规划2016—2025》中明确指出，各国携手创造更加安全的旅游环境。这一系列国际制度的建立都为旅游突发事件的合作治理凝聚了共识，奠定了基础。

国际制度即国家行动者之间对彼此行为的一种"期许"，它是国与国之间相互存在的信念和期望，国家要想更好地立足于国际社会就必须遵守国际制度。作为一种国际社会的共识力量，国际制度规范并制约着各个国家的行为。

另外，国际制度应该是开放的，如果一个具有开放性质的合作制度不接受甚至排斥某些国家的参与，就不可能成为一个健全的、成功的制度（苏长和，1998）。从新自由主义的观点出发，国际制度和规范有助于减少国家在应急合作中相互意图的不确定性，增加彼此之间的相互信任。因此可以通过引入国际制度帮助国家在应急合作中确定利益和规范行为，这样制度化应急合作就成为最优的选择，即在自愿原则的基础上，通过共同遵守的制度规约，为世界各国的突发事件应急处置提供制度性合作的新框架与新平台。制度促进合作是由国际制度的功能决定的，总体而言国际制度具有提供信息沟通渠道、调整和协调各个国家政策和行动等作用。

首先，国际制度可以提供信息沟通渠道。国家机构因为所处的结构和功能不尽相同，因此所获取的信息也不尽相同，而应急合作中需要提供大量的信息交换，以保证救援的及时与准确性。此外，由于每个国家提供信息的标准也不尽相同，导致其在进行应急分享的过程中会出现分享障碍。另外不同国家具有不同的信息系统，不同信息系统所存储与浏览信息的方式也存在差异，这些问题都导致了应急合作中信息的沟通障碍。而国际制度的建立可以改变传统的信息共享观念，建立高质量的旅游救援信息平台（Brent 和 Ritchie，等，2004）。而国际制度的建立可以改变传统的信息共享观念，使人们摒弃信息隐藏的心理，通过合理的信息分享可以加快应急处置的效率从而创造出双赢的结果。其次，合理的国际制度还有助于建立三级安全预警机制，政府针对突发事件的不确定性和动态性提高两国在信息和知识方面的共建共享，从目的地国和驻外使馆处获得最新最有用的突发事件信息，对执行部门传达最正确的示警；同时旅游企业会凭借旅游相关知识和技能优势在突发事件出现预兆时，及时传递危机信号，扩散突发预警信息，游客接收应急信息，不断提高应急技能。

（三）认同的建构

由于在出境旅游突发事件的处置中并不存在一个严格位于两个国家之上的管理机构，因此对于合作效果的监督并不能由权力来进行。在建构主义视角下，通过建构来发挥认同的作用，继而通过合作来解决的共识逐渐内化为中国与其主要出境旅游目的地的行为认同。"认同"概念最初来自心理学，是将"他者"的价值内化为"我者"的过程，用于界定"我者"特征，以显示与"他者"的不同（张旭鹏，2004）。建构主义者在研究复杂的国际关系时发现不同国家之间的关系形成具有明显的边界概念，即个体会将不属于自身边界的观念划归到另一体系中，以彰显自身边界的限定性，在此基础上提出了建构主义视角下国际关系的认同（Alexander，1994）是"民族和国家属性的建构"（袁正清，2005）。在国家与国家之间的交流互动中，有学者认为，彼此的身份会影响利益的归属，同时具有什么样的利益倾向就会有具体的行为与之相匹配，即共有的身份认同使行动者之间乐于分享利益，进而决定着行动者之间具有积极的互动实践与共有的行为规范。在国际关系领域，认同能够对国家之间的合作产生重要影响，当将国家作为合作中的个体单位看待时，"集体认同"便产生了持续合作的动力。国家间集体认同的前提是承认国家间利他主义的存在，比较明显的是这种认同突破了从传统理性价值视角出发，从认知和情感的角度形成，认为一旦形成了集体认同，就可以将他者的利益纳入自身的利益体系中，继而将对方纳入合作共同体，彼此利益共生，模糊了我者与他者利益的边界，从而将自我与集体利益合二为一，通过这种集体认同，利益就具有了利他性。建构主义认为国家间形成集体认同是完全可能的，在这个基础上一旦集体认同形成，便形成了由他者价值向我者价值的转化机制，集体认同因此成为"应急合作共同体"成立的逻辑主线和转化机制。从建构主义视角出发，集体认同的深化需要不断进行认知的加工，它并不是一个形而上学的静止的概念，而是不断地被社会建构的过程，这个过程可以有效理解应急合作过程中国家之间参与合作的模式（Mcpheters，1974）。温特认为国家间集体认同的因素主要受共同命运、同质性以及自我约束三个变量制约，这三个变量不仅推动着国家间集体认同的形成，同时也决定着应急合作治理能够持续进行和发展。

1. 共同命运

如果相互依存源于突发事件导致危机情境下双方的高度互动，那么共同命运在外界环境的压迫下被动形成，指的是行动者之间具有较高的同质性，因此在面对相同的外界环境时处境相同。在出境旅游突发事件的应急处置方面，共同命运的相同处境往往是由两国所面临的相同的外界危机压力造就的，如果救援不及时或者处置效率不高，两国会面临共同的被外界质疑和内部谴责的命运。相反，如果国家在共同命运前选择合作，那么两个行为体之间就具有了风险互担的关系，并且这种关系会强化彼此作为合作者角色的认同，集体认同中的合作关系将得以深化和内化。但建构主义同时强调，并不是所有的集体认同都会形成共同命运，因为在共同命运面前国家也会有多种选择。只有那些相信通过彼此的合作能够解决自身暂时无法解决的问题并保证彼此会致力于凝聚合作力量才是形成集体身份的重要条件。正如前文所述，中国与其他出境目的地国家正面临着共同的威胁，世界形势的风云诡谲多变，人类社会的结构发生了前所未有的深刻变革，进入了一个变迁速度、范围加快，各种风险潜藏和复杂性、不确定性空前深刻的"全球风险社会"时代。当前，全球气候变暖、各种资源短缺、环境问题与人口问题、核污水排放、网络安全加剧、单边主义横行特别是新冠疫情肆虐全球等一系列不安全问题困扰着全球，各种不可估量的、难以预测的事件不断涌现，具有复杂层次与逻辑的风险正在重塑现代社会的制度。当前在全球化、现代化浪潮的不断冲击下，国际形势和地缘政治日趋复杂与多变，中国也因此镶嵌在这种区域性和国际性安全威胁风险因素所塑造的再建构网络之中，中国所面临的出境旅游安全环境和国际环境中不确定因素日益增强。

2. 同质性

同质性也称为"相似性"，同样在集体认同的形成中作为一个重要的变量。同质性的归类是应急合作共同体根据自身的特点来进行划界的行为，如果某个行为体的特征正好与自己相符，并能引起其他群体成员的共鸣，那么通过划界这一机制会将对方视为属于自己的同类，这种行为大大增强了我者和他者之间的客观同质性，奠定了客观同质性是集体认同形成的最基础条件。在此条件下，个体会通过亲善的态度进一步加强和对方的沟通，通过沟通进一步增加彼此的相近性，当超过一定的阈值后可以促进国家间集体认同的形成。但客观同质性的增强仅仅是集体认同形成的基础，如果在奠定同质性关系基础之后没有进一步采取措施，反而会产生反作用（Geoffrey，1994）。如因两国间同质性增强造成在合作中分工减少，则会弱化相互依存感和共同命运感，从而产生影响集体认同塑造的反作用，因此对于同质性的影响应更多考虑实际条件与具体语境。中国与主要出境目的地具有地理临近的天然优势，这是拥有同质性的重要原因。在长期的发展中相互依赖不断加深，彼此共同命运意识逐渐增强，同时中国经济上的成功引起其他各方对中国文化的高度欣赏，特别是对于中国悠久的儒家文化有了重新的认识。同质性一面逐渐增多，使各国的安全观念发生了转变，由中国所推崇的和合共生的理念更多为其他国家所接受。总而言之，共同面对的突发事件威胁使区域内国家的安全利益紧密联系在一起，而且这些跨境突发事件的解决需要目的地国和客源国之间携手共同解决。因为各个国家之间存在共同的安全需求，并且中国成功使周边国家意识到与中国共同安全需求的存在，以及随着中国的崛起以及新亚洲安全观的不断深入，合作国家之间也存在足够的信任。这些不仅加深了当前有关国家或地区对中国合作安全观的认识，同时也为各个国家之间的应急合作创造了有利条件。在出境突发事件发生时，各国选择应急合作策略能够实现各自的安全利益最大化。为了共同的安全利益，各国在互动中进一步反思自身的不合适行为，并努力克制，形成集体认同感，从而为中国与主要出境国家的应急合作治理的形成奠定了基础。

3. 自我约束

建构主义认为，自我约束也是集体认同形成的一个不可或缺的重要因素。新自由主义认为，具有理性自私特征的民族在选择集体认同时面临的最根本障碍是自己在集体合作中的收益是否会被集体中其他成员所"吞没"。而要超越这层障碍，就必须先在观念上正确看待与其他成员之间的差异性，在充分尊重差异性的基础上对行为实现自我克制和约束。这样会形成一个群体氛围，即群体成员之间会在自我方面加强克制。在应急合作治理方面，形成了自我约束氛围的成员之间会产生信任对方自我约束的能力，即在应急处置方面不存在"搭便车"现象，并由此实现彼此之间的合作预期。由于自我约束更多地探讨对于合作主体中行为体的限制问题，因此可以从出境旅游突发事件治理的共同体角度出发探讨其落地的路径。首先，应该在事先建立对全部成员具有普遍约束力量的应急行为准则和规范，规范能够确保许多不确定性的因素，从而确保集体认同的形成，但同样的，仅仅是形成了自我约束并不能获得集体身份认同，后续的实现还有待于各个主体能够不断地遵守和服务规范，内化于心，逐渐将应急合作共同体的规制内化到心理层面，由此，外部制约因素内化为内部制约因素，国家间的合作关系控制主要通过成员国自我控制得以实现。

中国与主要出境目的地之间的自我约束和彼此互信的建立主要是通过如下一系列的发展路径实现的。首先，在制度框架层面，中国同各个国家积极地签订各种安全协议、备忘录以及通过共同召开学术会议来进一步明确各自需要约束的内容，并且通过会议等沟通机制进一步完善约束机制。如中国签订的《中日双边海上搜救合作框架协议》《第七次中日韩领导人会议联合宣言》等。总之这些非固定的、固定的安全合作为各个国家出境旅游突发事件的应急合作提供了深厚的基础，使彼此之间的应急合作有了更强的契机，提供了应急合作的可能性。其次，2000年以来，中国与中亚各国的跨境旅游合作不断加强，尤其以上合组织为代表。近些年利用该交流平台，解决了许多长期未能解决的问题，取得了令人瞩目的成就。在顶层设计上，上合组织通过签署各种安全合作的公约进一步提升各个成员国对自身安全合作的认识，通过公约进一步明确安全合作的重要目标是打击恐怖主义，并详细制订了未来的方向和方式。此外，"上海合作组织"积极地打击三股恐怖主义，并在与恐怖分子不断的博弈中更新了一系列的关于安全合作的新理念和新模式，并且积极融入实践。该组织在联合反恐、打击犯罪、文化交流等方面都开拓了新的渠道，解决了一些因为领土问题而长期困扰各个国家的难题。正是在这种大的背景下中国同其他国家的出境旅游突发事件应急合作才有了共同的基础，以上海合作组织为桥梁，连接了经济文化的发展与旅游安全的合作。

综上所述，上述三个变量虽然共同作用于合作成员国之间集体认同的形成与深化，但并不是同时需要。其中自我约束为首要因素，共同命运和同质性作为次要因素，形成集体身份的必要条件是次要因素中至少一个因素要同自我约束相结合，三个变量同时存在程度越高，集体认同形成的可能性就越大。如上所述，出境旅游突发事件应急合作治理中上述三个主要变量都在不同程度地发挥着作用，从而极大地推动了应急成员国之间集体认同的形成，如图5-5所示。

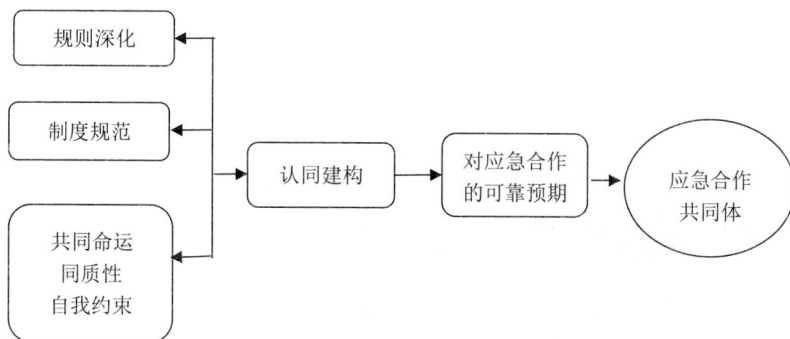

图 5-5　应急合作治理的内在进程作用方式

本章分析中国公民出境旅游突发事件应急合作治理的要素，主要包括治理主体与角色，从系统动力分析视角，建构要素间因果逻辑架构完整的应急合作治理体系和治理动力；同时采用社会网络分析方法，借助典型案例分析，剖析了社会网络治理的结构，建构了一个跨境、跨组织、跨层级、多主体、全过程的合作网络动态化治理体系。最后，本章探索了合作治理模式：构建政府、市场、社会与游客四重逻辑互动的应急合作网络化治理模式。

第一节　中国公民出境旅游突发事件应急合作治理的主体与动力：系统动力分析视角

一、中国公民出境旅游应急合作治理的主体

出境旅游应急合作治理中界定合作的主体是该研究的首要任务，主体界定不清会导致存在责任承担不明而相互推诿的现象，进而阻碍出境旅游应急合作的深度与广度。近些年来随着各种风险因素错综叠加，加之各国之间联系的不断加强，导致出境旅游突发事件的波及范围、致损程度、应对难度、持续影响等相对于普通的旅游突发事件有了质的提升。出境旅游应急治理也迫切需要各多元主体在明晰各自角色、了解自身所应该承担责任的前提下进行深度

合作。目前出境旅游应急治理主体的相关研究主要从政府、市场、社会、游客四个层面展开。首先，政府是风险化解的主要主导者（颜烨，2007），是政权范围内利益的维护者（赵定东，2011），同时也是旅游突发事件治理中责任的承担者（王宏伟，2010）。学者们普遍认为不论是针对突发性的出境旅游突发事件管理还是常规性的旅游应急管理都需要两国政府间的密切合作，而且这种合作更需要全方位深层次的合作，涉及两国政府之间、省市（州府）之间、部级间，以及各个相关职能部门之间的上下合作（李九全，2003）。另外，由于出境旅游突发事件在一定程度上是国际社会问题在旅游领域的折射和延伸（李柏文，2007），因此国际政府之间的合作是全球化加剧背景下各国有效应对出境旅游突发事件的必然要求，政府的合作可以有效整合各种旅游要素，从而化解风险危机所带来的挑战（薛群慧，2006）。其次，出境旅游应急合作治理的完成不能仅仅依赖政府层面的主导，市场作为出境旅游的运行主体也必须参与到旅游应急合作中。一方面，出境旅游突发事件的发生会扰乱两国之间出境市场的稳定性，市场的动荡会使很多出境旅游企业如国际旅行社面临着巨大的经济损失。这些市场主体是旅游突发事件的直接利害关系者，并且在事件发生后都不能独善其身，其自身趋利避害的特性使得他们更加积极主动参与到出境旅游突发事件的应急治理中（Kemp，2009）。另一方面，市场主体本身具有丰富的救援经验和事故处理能力，一旦发生突发事件，他们能够在短时间内迅速组织好人力、财力、物力等资源迅速应对，成为突出事件应急治理的重要力量（付钢业，2011）。再者，各社会主体上接政府、下接市场主体和普通游客，在应对突发事件的过程中能够充分发挥出沟通优势（邹慧君，2010），能够处理政府不愿意处理但又是自身熟悉领域内的事务（杨帆，2007），具有非营利性、非政府性、志愿公益性等特征。非政府组织凭借自身来源于民间的特点拥有着较高的亲民性和联系性，并且其组织体系较之正规组织较为灵活，可以灵活地处理各类旅游突发事件，因此也成为政府应对突发事件时不可或缺的重要伙伴（康伟，陈茜等，2014）。最后，学者们也关注到了游客在应急合作治理中的独特作用。尽管游客在应急救援中更多是作为被救援的对象，但游客间的自救、互救、他救却能够在外部应急救援力量还未到达的时候发挥着关键作用（石勇，姚前等，2021）。游客群体是应急处置全程的参与者，其风险预防意识和紧急求助联系是出境救援力量的重要基础。尤其是导游、领队通常都拥有丰富的应急救援知识和安全事故处理能力，他们的参与是应急人力资源的补充（谢朝武，2013）。总之，游客群体是出境旅游应急合作中最为庞大的群体，但普遍存在着力量分散不易聚集的问题，应急合作需要这一群体的充分参与，发挥其在市场与政府之间的缓冲作用，协助突发事件的妥善解决。

纵观已有研究，危机情境下应急主体探讨的相关研究呈现出丰富性和多元性，但仍然存在以下问题值得进一步探索。第一，旅游突发事件下应急救援力量的合作得到了学界的普遍重视，但出境旅游背景下各主体如何参与的研究仍然比较缺乏。出境旅游应急救援的跨境合作涉及众多利益相关者的利益，并且由于旅游业的综合属性，旅游应急合作救援产生的利益还会产生溢出效应，影响国家之间的政治关系和主权。但同时也必须值得注意的是，每个国家的具体实际国情不同，对于应急合作救援的态度也不相同。因此在这种情形下界定各主体，明晰各主体的角色身份关系到出境旅游业的可持续发展，因此是亟待拓展的、具有重要现实意义的研究问题。第二，既有研究多将政府、市场、社会、游客等主体割裂开来进行单一维度的阐释，虽然探讨了各个主体的作用，但是对于出境旅游背景下的合作效果探讨还较为缺乏，显然这与当前频繁发生的出境旅游合作救援实践极不匹配。因此将政府、市场、社会、游客主体综合起来考虑，纳入应急合作治理的范畴具有重要意义。

（一）政府的主导主体

尽管不同国家的制度不同，但出境旅游突发事件的治理是关于旅游者人身、生命和财产的救援，关系到国际人道主义的遵守，无论意识形态和国家综合实力的差异有多大，无论应急能力和应急资源的多或寡，两个国家都应该有权利平等地参与到合作治理中。在这种多元主体应急合作治理的过程中，两国政府由于天然的角色身份承担而自然而然地成为应急合作治理中的主导主体。对于出境旅游突发事件的应急处置，两国政府之间的合作重要性不言而喻，这种重要性主要体现在以下方面。首先是政府的公共强制力和法律合法性。政府依据法律赋予的权力依法制定相关的政策和颁发命令，可以确保整个社会系统的结构稳定。当面对严重的出境旅游突发事件时，通过这些行政命令的有效行使可以确保旅游系统秩序的整体稳定并逐渐恢复。其次是政府强大的资源把控能力。长期以来，政府由于把控着强大的权力资源、组织资源和资金资源而一直成为一个"大家长"的角色，当重大旅游突发事件影响到社会的稳定时，政府能够在较短的时间调动大量的资源以控制住局面。最后是政府拥有强大的应急治理系统。例如顶层设计层面的应急法制体系、落地层面的应急资源储备，以及具体实施层面的应急专业人才，这些都充分体现了政府所拥有的雄厚实力在应急合作治理中的作用。也由此可见政府是出境旅游应急合作治理中最重要的推动力量，同时也是合作的主导主体。

中国出境旅游应急合作中的政府主体主要包括外交部、国务院、交通运输部、文化和旅游部、我国驻当地使领馆、我国涉事游客所在省市政府等相关部门以及出境目的地国（地区）的旅游警察局、旅游局等相关部门、特殊事务部、外交部、海事局、交通部、防灾减灾中心、各地方（府/州）政府以及所在地的公安、消防、医疗、新闻等相关部门。出境旅游突发事件的应急救援需要这些政府部门主动配合协调，保证各项处置工作的顺利完成。随着出境旅游应急管理重要性的凸显，出境游客的安全保障和合法权益保护逐渐被纳入政府合作的内容之中。在国家层面，最早由原国家旅游局颁布的《中国公民出境旅游突发事件应急预案》中明确指出，要建立由国务院统一领导、境内外协调和部门协调的出境旅游突发事件应急处置机制，并且各级政府要参照事发国（地区）法律法规的相关规定主动配合协调。与此同时，《国家涉外突发事件应急预案》《旅游突发公共事件应急预案》等有关应急预案中均强调要深化出境旅游应急合作，保障出境旅游安全。

截至 2019 年，中国已批准 140 个国家和地区为中国公民出境旅游目的地[①]。在跨境层面，我国早已同绝大多数旅游目的地国家或地区建立了政府层面的旅游应急合作。2015 年中泰签订的《中泰磋商旅游安全合作》；2017 年 9 月，世界旅游组织大会提出的《"一带一路"旅游合作成都倡议》和《东盟旅游战略发展规划 2016—2025》。显然，出境旅游应急合作已经被提上旅游行政部门的议事日程，出境旅游突发事件一旦发生，政府的公众强制力、动员力可以保证调动一切力量参与到突发事件的救援中，并且政府之间的合作还能为

---

① 腾讯网.我国批准140个国家和地区为公民出境游目的地. https://news.qq.com/a/20191228/001380.htm.

其他主体之间的合作提供引导，成为其他主体进行合作的依据。但随着如今突发事件的性质和影响越来越复杂，政府主导的主体作用也在不断发生变化，例如随着新冠疫情进入到常态化防控阶段，这场突发性公共卫生事件的治理必定是一场需要投入大量人力、物力、财力等各种服务的长久拉锯战，对此社会各界也需要增强信心，缓解新冠疫情影响下的社会压力，同时政府也需要增强对各种风险危机的预判，以避免出现不可控的局面。但这些不可避免地增加了政府的负担，导致政府的救援质量往往难以得到大众的认可，因此也迫切需要其他主体的参与，构建多元主体参与的出境旅游突发事件治理网络。

（二）市场的支撑主体

出境旅游应急合作治理归根结底是为了能够更有效地保障出境游客的生命财产安全，同时为了维护社会整体秩序的有序进行，通过事先签订的各种合作协议，根据旅游突发事件进展的不同时期灵活采取各种应急应对措施。诚然，从历次出境旅游突发事件的应急治理实践来说，政府始终是各类重大突发事件的主要应对者，政府作为主导主体发挥了重要作用。但政府作为主导主体而不是唯一主体，应急治理的纵深化发展有待各市场主体的加入，唯有形成合力，建立起"政府主导、市场支撑"的体系结构，才能够形成高效的应对各种出境旅游突发事件的治理网络。

中国出境旅游应急合作中的市场主体主要包括专业化的出境安保企业和中外旅游要素企业。专业化的出境安保企业包括国内保险机构、商业医疗机构、商业救援机构等；中外旅游要素企业具体指涉事旅行社、涉事酒店、涉事的餐饮企业、涉事各景区企业等。各市场主体提供的应急资源是根据商业化规则提供的旅游安全产品资源，在应急治理中能够发挥出重要的作用。例如，在2011年3月11日发生的日本大地震中，港中旅集团、春秋国旅、中旅总社、上海中旅、中青旅以及航空公司在涉事旅游者数据统计、涉事旅游者信息联系、危机信息预警、旅游者退票改签以及帮助旅游者归国等方面发挥了不可或缺的作用，有力配合了政府的应急救援，成为出境旅游应急合作的配合主体。由此可见，市场主体参与出境旅游应急治理显然是一个双赢的选择，尤其是在当前我国境外旅游救援过度依赖政府、出现重大突发事件往往依赖政府"撤侨"和资金人力支持的情况下，市场主体的灵活、专业性能力等不同方面的优势，能够弥补政府在应急处置工作上的不足。而且更为重要的是，政府机构由于自身结构的限制，在应急资金、应急效率等方面难以满足日益增长的出境旅游需求，应急救援的市场化不足会严重阻碍应急治理的纵深发展，长期以政府为主导的模式会引导应急救援走向畸形的发展模式，不利于出境旅游应急治理的长期可持续发展。因此市场主体所具有的市场化、商业化的应急资源的加入一方面可以弥补政府治理的缺陷和漏洞，另一方面也能够在危机时期获得旅游者的信任和政府的合法性确认，进而不断提升自身的危机处理能力。

（三）社会的辅助主体

社会主体一般是指提供各类志愿服务的社会组织，例如救援类的公益机构、全球性的红十字委员会、红新月会国际联合会、青年志愿者协会、律师协会、旅游学术机构等组织。同政府机构严密的科层制组织机构不同，这些组织具有灵活的架构体系，依靠其强大的社会联系网络，在旅游突发事件的发生期可以迅速组织人力和物力资源进行救助，在旅游突发事件的善后处置期可以组织资源力量对游客进行心理健康治疗。同时由于这些组织代表社会大众群体的利益，因此也可以充分地发挥监督职能，避免政府在治理过程中可能发生的责任缺位问题。因此，社会主体可以作为出境旅游应急合作治理的辅助主体，并在应急治理中发挥着独特的作用。

具体来说，救援类的公益机构普遍具有较强的专业性，并且在各个国家的普及性很高。一些知名的公益救援组织如中国的蓝天救援队、马来西亚卫理公会救援赈灾事工组织、美国国际救援队（ATTI）等对社会大众的亲和力较高且影响力较大成为应急合作治理的有益补充。红十字会作为一个独立的社会救助团体，主要负责开展备灾救灾工作。通过制订应急预案、建立应急救援队伍、积极筹集资金，为受到各类突发事件侵袭的民众提供社区关怀、健康救助等。青年志愿者组织的普及率最高，他们在突发事件发生以后往往能够第一时间到达，依靠组织成员所具备的专业技能在人道主义关怀思想的指导下迅速开展救援。同时志愿者在情报提供、社会援助方面也发挥着重要的作用。特别地，由于青年志愿组织亲民的草根性，他们更能及时了解游客的心理从而提供更加需要的服务。旅游学术机构以其专业的学术水平可以为应急救援提供更加科学、更加高效的建议，能够为各类复杂事件的救援提供智力支持。总而言之，这些社会主体不存在组织与组织之间的利益冲突，可以调动最广泛的社会力量来治理日益复杂的应急救援问题，并且往往能够为建立良好的、持续性的应急合作治理机制提供意想不到的组织基础和条件帮助。

（四）游客的基础主体

游客作为出境旅游突发事件直接威胁的对象，既是需要在应急治理中保护救援的对象，同时也是应急救援最积极的参与者。一方面，由于游客主体的组织程度较为分散，内部之间并没有形成一定的组织力和团结力，彼此之间力量薄弱，因而较容易受到突发事件的冲击和伤害。另一方面，当许多恶劣的条件使得突发事件的外部救援力量一时无法抵达时，游客群体之间的互救就具有重要的意义。因此游客的个人安全素质在应急治理中具有重要作用。游客的安全素质是指在旅游过程中为了防范和应对可能危及自身生命和财产安全的各种风险因素，通过事前培训的方式而获得了关于出境旅游安全各方面的知识和技能，据此可以将游客的安全素质分为物理层面上的安全体质、操作层面的安全技能和认知层面上安全意识三个方面。安全体质是游客安全素质的物理条件，也是安全素质的基础，具备了强健的安全体质，其他安全素质才有了可能；安全技能是游客在面对突发事件时采取的一系列操作和措施，是安全素质的外在条件，可以通过后天学习；安全意识是游客对于外在环境条件可能会对自己造成伤害的一种戒备和警觉的心理状态，属于安全素质的观念层面。

从以上安全素质的构成中可以发现，只有不断增强游客的安全体质，训练游客的安全技能、增强游客的安全意识从而推动游客安全素质的成熟与发展才能增强游客主体在面对突发事件的救援或自救能力，这是保障游客个人安全的重要基础，同时也是应急合作治理中发挥游客基础主体作用的重要方面。

总而言之，出境旅游应急合作治理强调对"多部门协作"和"多元治理"理念的推崇，中国应该致力于形成多元主体共治的合作体系。这种体系的构建有着内外部的驱动力。外部环境下，我国长期与东北亚、中亚、东南亚这些区域建立的上海合作组织、G20 二十国集团、亚太经合组织（APEC）、东盟地区论坛（ARF）、东南亚国家联盟（ASEAN）、大湄公河次区域经济合作（GMS）等都为出境旅游突发事件的应急合作提供了平台上的可能性；内部环境下，以"共同、综合、合作、可持续"为核心内容的新亚洲安全观为各国深入推进旅游突发事件的合作治理奠定了观念上的可能性，各国在观念、认同、价值观不断巩固的情况下，具有参与应急合作治理的内在动机。进而形成了政府主体、市场主体、社会主体、游客主体的共同参与的格局，如图 6-1 所示，并分别在合作治理中承担着行政主导、商业支撑、公益辅助、行为基础的作用。

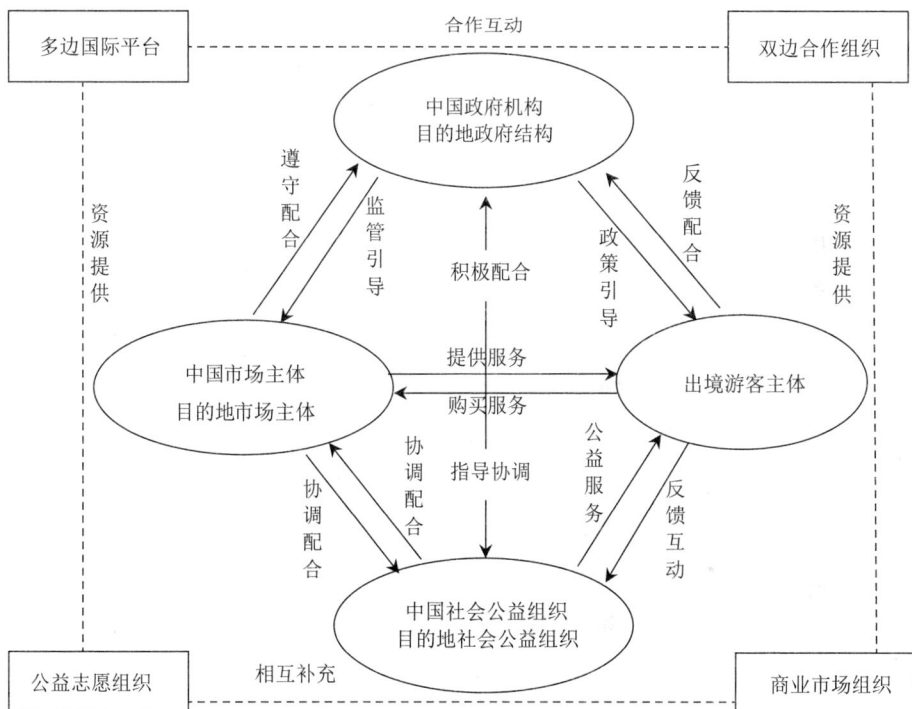

图 6-1　中国出境旅游应急合作治理的主体结构

二、出境旅游突发事件的演变与合作主体的作用

旅游突发事件的应急治理是在突发事件发生的过程中，为了最大限度减少突发事件带来的损害，在分析突发事件成因、过程和结果的基础上对突发事件进行系统管理的过程（David 和 Beirman，2011）。目前，学者们对旅游突发事件治理路径的探讨大多基于传统的应急管理模型对旅游突发事件按照不同的时间序列进行探讨，相关研究主要是对于旅游应急管理模型的建构和

针对特定事件案例的实践分析。

纵观已有研究，虽已有针对大量旅游突发事件治理路径的探讨，但鲜有文献针对已经跨越国家行政边界的出境旅游突发事件的演化过程和治理路径的探讨，而且更为重要的是，在应急合作治理中涉及多个不同利益的多元主体，不同利益主体会通过各自的途径开展应急治理。因此根据出境旅游突发事件发生的不同阶段对各自主体的作用做出清晰的界定，能够有效避免多元主体各自为战的局面，从而大大提高了合作治理的效果。基于此，本研究根据旅游突发事件的生命周期，将出境旅游突发事件的演化过程划分为发生、发展、演变和消亡四个阶段，通过典型案例分析，归纳总结每个阶段中各主体所应承担的角色。

（一）出境旅游应急合作救援的案例选择

本研究通过搜集典型案例来分析多元主体在应急合作治理各个阶段发挥的作用。案例确定基于以下原则：首先，该突发事件新闻的报道曾经引起了政府和媒体的广泛关注，如出现微博热搜词条，并且该事件经过中国驻事发地大使馆官方网站确认，以确保案例材料的真实准确性；其次，该事件的案例材料必须包含发生、发展、演变和消亡四个阶段，保证案例材料的完整性；最后，案例材料中必须包含中国游客且参与救援的单位具体明确。最后依照上述规则，选取 2010 年 8 月 23 日菲律宾马尼拉人质事件、2011 年 3 月 11 日东日本地震、2011 年 10 月 31 日台湾苏花公路塌方事故、2017 年 1 月 28 日马来西亚船只失联事件、2018 年 7 月 5 日普吉岛游船倾覆事故这 5 件重大出境旅游突发事件为样本，通过百度和 360 搜索引擎在国家级组织机构官网和一些知名新闻网站上获取数据资料。另外，由于各个国家的体制机制存在较大不同导致各旅游应急成员单位的名称有些存在差异，但是职能相似，因此在数据处理时，先将职能相同的单位（部门）及具有隶属关系的单位和部门进行整合。例如原国家旅游局公共服务处（应急办）、值班室、旅行社处、质量监督处、亚大处等各处皆统称为原国家旅游局，驻东京、大阪旅游办事处皆统称为驻地旅游办事处，我国驻日使领馆称为驻地使领馆等，港中旅集团、春秋国旅、中旅总社皆称为旅游企业。

（二）各主体在出境旅游突发事件演变中的作用

1. 出境旅游突发事件的发生期

旅游业的敏感性导致其易受各种风险致灾因子的侵袭，当风险因素集聚突破之后旅游突发事件就会发生，并且会以逐渐发展和突然爆发两种形式表现出来，不同类型的出境旅游突发事件在发生期的表现形式、影响程度和持续时间都不相同。一般而言，自然灾害类和事故灾难类所经历的发生期较短，公共卫生类发生期较长。在出境旅游突发事件的发生期内，各相关主体应该立即采取应急处置措施，力图控制事态的进一步升级，防止其演化成旅游危机事件。总体而言，在事件发生期内，各主体的相应配置为：我国的文化和旅游部、外交部、驻地使领馆、外交部领事保护中心、驻地旅游办事处、交通运输部；出境目的地国家或地区的旅游局、海军、外交部、旅游部、特殊事务部、州政府和海事局、一些旅游企业和社会组织机构等，如表 6-1 所示。

表 6-1　发生期各主体选择与作用

主体	具体机构名称		主要作用
	中国（举例）	境外（举例）	
政府	文化和旅游部、外交部、交通运输部、我国驻日使领馆、外交部领事保护中心、驻东京、大阪旅游办事处、中国驻马来西亚大使馆、中国驻泰国使领馆	日本国土交通省观光厅、泰国旅游局旅游和体育部、马来西亚旅游局、马来西亚外交部	统筹应急治理工作、启动应急机制、组织救援力量、传递救援信息
社会	中国红十字会、蓝天救援队、中国国际救援队、中国青年志愿者协会	泰国红十字会、马来西亚红十字会、日本红十字会	积极配合政府和市场需求，积极筹备救援物资
市场	港中旅集团、春秋国旅、中旅总社、上海中旅、中青旅、国航、南航、东航、春秋航空、马蜂窝旅行网、携程网、飞猪、深圳浪花朵朵国际旅行社	乐高乐园、迪沙鲁海岸、云顶世界、玛丽娜岛旅行社、丽阳机构、闪亮砂鸥，大众假期、泰好玩自由行、萨瓦迪卡自由行、OA 旅游大巴运输公司	配合政府企业发布风险提示、搜集涉事游客信息
游客	赴日旅游团、赴马来西亚旅游团、赴泰旅游团	—	听从政府指挥、配合所在旅行社登记信息

由此可见，在出境旅游突发事件的发生期中，两国政府机构之间的合作占据主导地位。在事件发生以后，先由中国外交部、我国驻地使领馆两个部门联合指挥，及时进行风险提示并迅速组织应急救援力量，立即启动应急机制，并且根据需要可以成立由交通运输部、文化和旅游部等多部门组成的联合工作组赴现场进行指挥。总体而言，中国驻地领事馆在发生阶段发挥着传递中国和目的地国家或地区双方救援信息的重要作用、中国外交部负责统

一协调两国之间的应急治理。

2. 出境旅游突发事件的发展期

在出境旅游突发事件的发展期，通常突发事件的影响程度已基本可知，也并不会在原来发生期阶段的基础上衍生出新类型的突发事件，仅仅是基于爆发初期在时间和空间上的进一步延伸，但这个时期旅游突发事件仍然在不断发展。该时期内各部门的重要任务是调动一切资源进行应急救援，及时控制住事态的进一步发展。总体而言，在事件发生期内，各主体的相应配置为：中国政府层面的文化和旅游部、中国外交部、我国驻地使领馆、外交部领事保护中心、驻地旅游办事处、交通运输部、各涉事省市政府机构；目的地国家或地区政府层面的旅游警察局、旅游局等相关部门、特殊事务部、外交部、海事局、交通部、防灾减灾中心、各地方（府/州）政府以及所在地的公安、消防、医疗、新闻等相关部门；市场主体层面的保险机构、商业医疗机构、商业救援机构、旅游企业等，如表 6-2 所示。

表 6-2 发展期各主体选择与作用

主体	具体机构名称		主要作用
	中国（举例）	境外（举例）	
政府	文化和旅游部、外交部、交通运输部、我国驻日使领馆、外交部领事保护中心、驻东京、大阪旅游办事处、中国驻马来西亚大使馆、中国驻泰国使领馆、广东省人民政府、浙江省人民政府、江苏省政府	日本国土交通省观光厅、普吉府尹、海军、水警和旅游警察、海事局、防灾减灾中心、泰国旅游局旅游和体育部、沙巴州政府、沙巴州海事局、沙巴州旅游部、马来西亚旅游局、马来西亚外交部等	统筹应急治理工作、成立联合工作组、制定救援计划进行救援、协调救援力量
社会	中国红十字会、蓝天救援队、红新月会国际联合会、中国青年志愿者协会、中国国际救援队	连氏援助组织、清迈国际公益园、报德善堂、泰国红十字会、马来西亚红十字会、日本红十字会、马来西亚宗乡亲联合总会、日本灾害救援队等	组织机构力量进行积极救援、统筹应急救援物资、社会募集资金和志愿资源、危机监控、危机情报提供
市场	港中旅集团、春秋国旅、中旅总社、上海中旅、中青旅、国航、南航、东航、春秋航空、马蜂窝旅行网、携程网、飞猪、深圳浪花朵朵国际旅行社	乐高乐园、迪沙鲁海岸、云顶世界、玛丽娜島旅行社、丽阳机构、闪亮砂鸥，大众假期，好玩自由行、萨瓦迪卡自由行、OA 旅游大巴运输公司	启动应急预案、提供商业性救援物资、旅游突发事件上报、涉事旅游者数据统计

续表

主体	具体机构名称		主要作用
	中国（举例）	境外（举例）	
游客	赴日旅游团、赴马来西亚旅游团、赴泰旅游团	—	及时反馈信息、自救互救她救

该过程中目的地国家或地区的各主体发挥着主要作用，我国各主体发挥配合作用。如在 2018 年 7 月 5 日普吉岛游船倾覆事故中，习近平主席作出重要指示，外交部和我驻泰国使领馆要加大工作力度，要求泰国政府及有关部门全力搜救失踪人员，积极救治受伤人员。文化和旅游部要配合做好相关工作。但与发展阶段所不同的是该阶段中各市场主体充分参与到出境旅游突发事件的应急救援中，在与政府的配合中发挥着重要的作用。

3. 出境旅游突发事件的演变期

出境旅游突发事件在经历了一系列时间延伸和空间扩散以后，可能因致灾因子的消失、应急管理的干预、承载环境的恢复而逐步走向消亡，也有可能会因为游客的一系列不安全行为或者应急救援的一系列错误操作而走向恶化。当多元主体的应急行动成功地阻止了突发事件时，该事件停止演化走向消亡，反之当救援失效则单一事件在与各主体相互作用下可能会衍生出次生事件和衍生事件，该事件进一步升级演化，同时伴随着外界关注和社会舆论的介入可能会产生信息爆炸效应和舆论聚合效应使得该事件进一步走向失控（王晶晶，陈金华等，2010）。由此可见该阶段各主体的主要合作目的是通过采取合适的应急救援模式遏制事态的进一步恶化，以消减旅游突发事件所带来的巨大损害。总体而言，在事件演变期内，各主体的相应配置为：中国政府层面的文化和旅游部、中国外交部、我国驻地使领馆、外交部领事保护中心、驻地旅游办事处、交通运输部、各涉事省市政府机构；目的地国家或地区政府层面的旅游警察局、旅游局等相关部门、特殊事务部、外交部、海事局、交通部、防灾减灾中心、各地方（府 / 州）政府以及所在地的公安、消防、医疗、新闻等相关部门；市场主体层面的保险机构、商业医疗机构、商业救援机构、旅游企业等；社会层面的救援类的公益机构、全球性的红十字委员会、红新月会国际联合会、青年志愿者协会等组织；游客层面的导游领队等，如表 6-3 所示。该阶段内各主体参与的层次进一步扩大，尤其是游客群体中导游在应急救援中发挥着重要作用。导游通常是旅游突发事件的直接经历者，当外界救援力量还未到达时，身处一线的领队可谓功不可没。例如，在 2011 年 3 月 11 日日本东部地震事件中，众多领队临危不惧，协调沟通，确保了政府部门能够第一时间获取关于受灾游客的准确信息、做出了科学决策，最终使 55 个团队、1550 名游客成功回国[①]。由此可见，政府层面的科学决策、市场与社会层面的广泛联动以及游客层面的积极主动配合能够充分提升应急救援的能力和有效地遏制突发事件的进一步升级，对于健全和完善旅游应急合作治理机制具有积极的现实意义。

表 6-3　演变期各主体选择与作用

主体	具体机构名称		主要作用
	中国（举例）	境外（举例）	
政府	文化和旅游部、外交部、交通运输部、我国驻日使领馆、外交部领事保护中心、中国驻马来西亚大使馆、中国驻泰国使领馆、中国海上搜救中心	日本国土交通省观光厅、普吉府尹、海军、水警和旅游警察、海事局、防灾减灾中心、泰国旅游局旅游和体育部、沙巴州政府、沙巴州海事局、沙巴州旅游部、沙巴州特殊事务部、马来西亚旅游局、马来西亚外交部、马来西亚驻华大使馆	调整救援计划进行重点救援、充分发动地方力量进行属地救援
社会	中国红十字会、蓝天救援队、红新月会国际联合会、中国青年志愿者协会、中国国际救援队	连氏援助组织、清迈国际公益园、报德善堂、泰国红十字会、马来西亚红十字会、日本红十字会、马来西亚宗乡亲联合总会、日本灾害救援队、日本旅行社业协会、文莱救援组织	有针对性地派遣救援力量、进行应急救援力量的补充、继续社会募集资金和志愿资源
市场	港中旅集团、春秋国旅、中旅总社、上海中旅、中青旅、国航、南航、东航、春秋航空、马蜂窝旅行网、携程网、飞猪、深圳浪花朵朵国际旅行社	乐高乐园、迪沙鲁海岸、云顶世界、玛丽娜岛旅行社、丽阳机构、闪亮砂鸥、大众假期、泰好玩自由行、萨瓦迪卡自由行、OA 旅游大巴运输公司	旅游者心理安抚、旅游者与政府沟通协调
游客	赴日旅游团、赴马来西亚旅游团、赴泰旅游团	—	及时反馈信息、维护自身安全状态配合救援

[①] 中国政府网.旅游行业展开应急行动 积极应对日本特大地震.［EB/OL］.http://www.gov.cn/govweb/gzdt/2011-03/21/content_1828483.htm.

4. 出境旅游突发事件的消亡期

该时期内旅游突发事件已基本上得到了有效处置，在空间上逐渐停止扩散，在影响程度上也在不断减弱，对旅游业所造成的影响也在逐步消失，出境旅游突发事件逐步走向消亡。但值得注意的是消亡并不代表着消失，并不意味着旅游应急治理工作的结束，旅游突发事件所导致的损失可能需要未来很长一段事件去修复。因此该阶段各主体的合作目标是弥补受灾游客的心理创伤、进行旅游目的地的恢复与重建、提升旅游目的地的形象等。总体而言，在事件消亡期内，各主体的相应配置为：中国政府层面的外交部、我国驻地使领馆，市场主体层面的保险机构、商业医疗机构、商业救援机构、旅游企业、航空公司等，社会层面的全球性的红十字委员会、红新月会国际联合会、青年志愿者协会等组织等，如表6-4所示。其中政府主体在这个过程中主要负责护送受伤游客回国、亲属接待、事件的调查等相关善后处置工作，商业保险机构负责保险理赔金和救助赔偿金等理赔工作、旅游企业则负责具体的退票、改签等事宜，共同组成了旅游突发事件消亡期的核心力量。

表6-4　消亡期各主体选择与作用

主体	具体机构名称		主要作用
	中国（举例）	境外（举例）	
政府	文化和旅游部、外交部、我国驻日使领馆、外交部领事保护中心、中国驻马来西亚大使馆、中国驻泰国使领馆	日本国土交通省观光厅、沙巴州旅游部、沙巴州特殊事务部、马来西亚旅游局、马来西亚外交部	负责受伤游客的后续治疗、游客回国、亲属接待、理赔等工作、开展事故调查、总结评估
社会	中国红十字会、中国青年志愿者协会	泰国红十字会、马来西亚红十字会、日本红十字会	配合各种救援工作的收尾
市场	马蜂窝旅行网、携程网、飞猪、中国人寿、平安人寿、太平洋人寿、华夏人寿	玛丽娜岛旅行社、丽阳机构、泰好玩自由行、萨瓦迪卡自由行、OA旅游大巴运输公司	对接具体的理赔工作、开展旅游地受损设施的重建工作、恢复重建的目的地形象
游客	赴日旅游团、赴马来西亚旅游团、赴泰旅游团	—	进行身体心理治疗、与保险公司进行理赔

总而言之，出境旅游突发事件的各个阶段具有不同的性质和特点，各主

体依据自身职能的不同分别以不同的组合参与其中的每个阶段，不断推动着应急合作治理向着纵深处发展，其演变与合作主体的作用如图6-2所示。

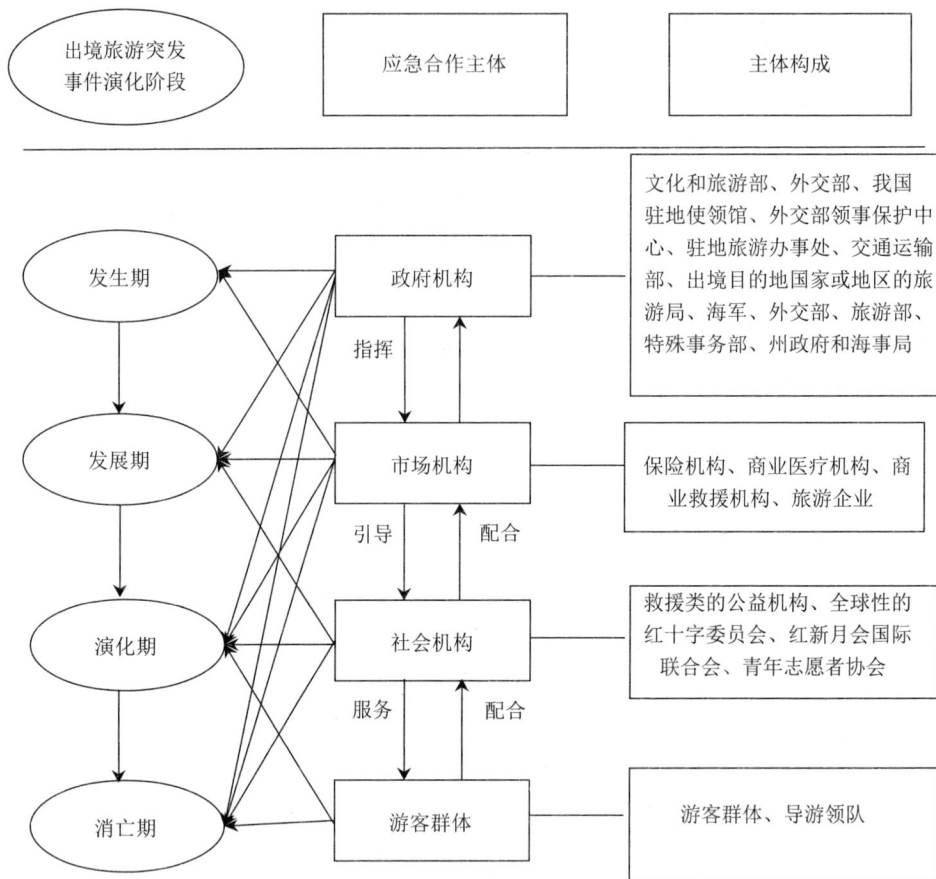

图6-2　出境旅游突发事件的演变与合作主体的作用

三、中国公民出境旅游应急合作治理的动力

（一）出境旅游应急合作治理动力的内涵

动力是促进事物发展和前进的作用力量，出境旅游突发事件应急合作治理是跨越了国家行政边界的国家或地区的旅游政府部门、旅游企业、社会组织和游客群体，在共同安全利益和风险威胁的基础上，本着自愿原则，根据

共同的契约约定，针对旅游突发事件的整个过程进行共防、共治和共担的合作行为，其涵盖了旅游应急处置全过程的深度合作。中国出境旅游有着巨大的需求，出境旅游突发事件构成的安全问题已经逐渐受到了重视，并日益成为阻碍出境旅游业稳定发展的一大因素，沉重的现实实践催生了一系列的理论探索。目前学界所探讨的动力要素也主要从政府、市场、社会、游客四个层面展开。首先，政府层面的旅游应急合作可以从预警/预防、处置和事后恢复三个方面着手。在预警方面，国家要构建境外旅游安全预警系统，针对疫情、战争等突发事件可以快速发出预警信号，做到及时的出境旅游安全信息告知（谢婷，2011）。但也有学者认为，类似于社会安全、自然灾害类的突发事件，预警系统很难监测因而会导致失效，此时旅行社提前制定应急预案，就会在遇到突发事件时变得主动（黄怡，2012）。

在目的地政府层面，目的地政府必须要提供安全的设备和安全的环境，这使得中国游客在国外、境外更有尊严和更有安全感（雷蕾，刘智勇，2013）。同时国家也应该加大对出境旅游安全的监管力度，对出境旅游业务发生重大失误的旅行社给予严惩（廖玉环，范朋，2017）。在出境旅游安全应急处置方面，国家应该建立出境旅游突发事件专项管理机构，如美国成立 FEMA 机构在每次应对突发事件时都取得了良好的效果。建立这种常态化、固定性的专项管理机构可以有效解决临时成立小组的临时性、短暂性等问题。随着中国游客在境外安全需求的不断攀升，中国政府投入的领事保护力量也在不断提升，但中国在领事保护层面投入的资源还远远不能满足当前游客的需求（邹统钎，2017）。同时建立多部门联动机制，加强国际旅游救援合作平台的共建和共享（马超，张青磊，2016），促进救援信息的共享，充分调动旅游力量等使遭遇突发事件的游客都能够及时得到本土化的救援帮助，从而大大提升救援的效率。在应急救援的善后处置方面，加强中国与目的地国家或地区的旅游保险的对接（郑向敏，邹永广，2013），提供更多面向出境游客的法律援助服务，促进出境旅游司法协作、进行事故理赔管理等都是应急合作的重要途径。另外，有学者提出由国务院负责建立出境旅游安全调查和公告制度，能够发现更多事发目的地国家或地区不愿意让我们看到的消息，从而增加了出境旅游安全信息的清晰度与透明度，对于促进出境旅游市场健康、有序发展具有重要意义。

在市场层面，商业性的应急资源是出境旅游应急合作的重要保障力量，主要包括商业保险力量、商业医疗力量、商业救援力量等。其中，商业保险力量主要包括旅行社责任险、境外旅游意外伤害险、航空意外险和国际救援医疗保险等（饶婧婧，2010）。由政府牵头，商业机构建立的一套出境旅游保险体系能够化解我国游客在出险地理赔手续复杂、速度慢等一系列问题。例如2010年10月我国与俄罗斯签订的《中俄旅游保险合作协议》，让我国游客通过在国内购买商业性的保险，在国外就能享受到紧急救援服务，大大保障了我国公民出境旅游的安全。商业性救援力量主要是指境外医疗咨询、境外递送药物、境外医疗监控、境外紧急救治等一系列服务。商业救援力量是指出险地山地搜救、沙漠搜救、水上搜救、自驾救援等一系列方式。通过这些措施使得我国出境游客在遇到突发事件的时候能最大限度保障自身的生命和财产安全（覃福晓，2011）。

在社会层面，良好的公益安全环境是出境游客安全的重要保障。各类公益性民间组织形成的公益救援联盟、公益救援力量、公益救援基金等成为中国出境旅游应急合作重要的公益补充和助力。此外，一些公益组织例如红十字会通过建立应急救援队伍、积极筹集资金对受到各类突发事件侵袭的民众提供社区关怀、健康救助以及旅游者心理安抚等。特别地，由于青年志愿组织亲民的草根性，他们更能及时了解游客的心理从而提供更加需要的服务。旅游学术机构以其专业的学术水平可以为应急救援提供应急决策建议，能够为各类复杂事件的救援提供智力支持。总而言之，这些社会公益组织力量的参与往往能够为建立良好的持续性的应急合作治理机制提供意想不到的组织基础和条件帮助，能够为中国公民出境旅游营造良好的公益安全环境。

在游客层面，游客在出境旅游时的个人行为不仅仅代表着个人安全意识，同时也是国家安全形象的代表。如果游客的个人安全素质不高，很可能会因为冒犯目的地国家或地区当地风俗习惯而产生一系列的旅游冲突。因此在出行前应充分了解目的地旅游禁忌以及可能出现的旅游安全事故和突发事件，增强风险预防意识，切实提升自身的安全素质。此外，当许多恶劣的条件使得突发事件的外部救援力量一时无法抵达时，游客群体之间的自救互救他救、紧急求助联系就具有重要的意义（谢朝武，陈岩英等，2016）。

（二）出境旅游应急合作治理动力要素的系统分析

基于上文的讨论，应急合作治理的动力要素广泛而复杂，如何合理地利用这些要素，不同动力要素引发的出境旅游应急合作治理效果的方向性并不一致。因此，依据上述应急合作动力要素内涵的分析，基于系统动力学方法，运用 Vensim 系统动力学模拟软件分别从出境旅游突发事件的预警 / 预防、处置、善后恢复三个方面结合政府、市场、社会、游客四个动力要素的逻辑关系和影响机制进行分析。

1. 预防期应急合作治理动力要素逻辑关系

预防期出境旅游应急合作治理系统的运行主要围绕政府、市场、社会、游客四个动力提供的信息服务、监管服务、资源服务、安全素质四个关键要素进行博弈。预防期出境旅游应急合作治理成效与信息服务、监管服务、资源服务、安全素质呈正反馈的回路关系，即信息服务、监管服务、资源服务、安全素质的水平越高，预防期出境旅游应急合作治理成效越高。这四者之间各自影响预防期出境旅游应急合作治理成效的同时又紧密相关。因此，要想提升预防期出境旅游应急合作治理成效，需要从这四方面入手。这四个要素之间又各自包含若干层级的子因素。其中，信息服务包括两国政府提供的安全信息告知、出境风险提示、安全信息共享；监管服务包括出境旅游监管、出境旅游安全控制、出境安全行为引导；资源服务包括目的地市场主体提供的安全设备、安全环境，目的地社会主体提供的安全氛围；安全素质包括出境游客主体的风险预防意识和游客安全知识。预防期出境旅游应急合作治理系统主要存在的因果关系回路，如图 6-3 所示。

回路 1：应急合作治理成效↑→安全信息告知↑→信息服务↑→应急合作治理成效↑。

回路 2：应急合作治理成效↑→出境风险提示↑→信息服务↑→应急合作治理成效↑。

回路 3：应急合作治理成效↑→安全信息共享↑→信息服务↑→应急合作治理成效↑。

回路 4：应急合作治理成效↑→出境旅游监管↑→监管服务↑→应急合作治理成效↑。

回路 5：应急合作治理成效↑→出境旅游安全控制↑→监管服务↑→应急合作治理成效↑。

回路 6：应急合作治理成效↑→出境安全行为引导↑→监管服务↑→应急合作治理成效↑。

回路 7：应急合作治理成效↑→安全设备↑→资源服务↑→应急合作治理成效↑。

回路 8：应急合作治理成效↑→安全环境↑→资源服务↑→应急合作治理成效↑。

回路 9：应急合作治理成效↑→安全氛围↑→资源服务↑→应急合作治理成效↑。

回路 10：应急合作治理成效↑→风险预防意识↑→安全素质↑→应急合作治理成效↑。

回路 11：应急合作治理成效↑→游客安全知识↑→安全素质↑→应急合作治理成效↑。

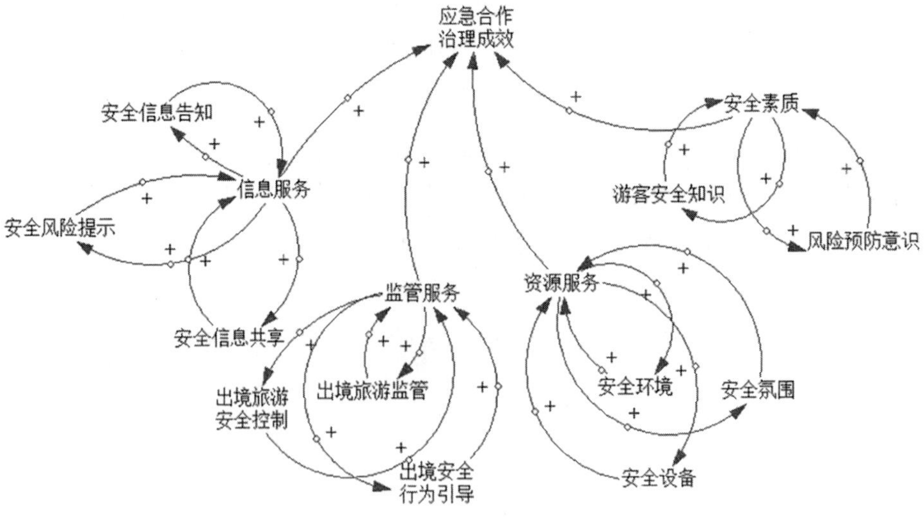

图 6-3　预防期出境旅游应急合作治理系统因果关系回路

2. 处置期应急合作治理动力要素逻辑关系

处置期出境旅游应急合作治理系统的运行主要围绕政府、市场、社会、游客四个动力提供的救援服务、救援机制、支援服务三个关键要素进行博弈。处置期出境旅游应急合作治理成效与救援服务、救援机制、支援服务呈正反馈的回路关系，即救援服务、救援机制、支援服务的水平越高，处置期出境旅游应急合作治理成效越高。但这三个关键要素之间也有一系列的子结构。救援服务包括公共救援、商业救援、公益救援、个人救援四部分组成，其中公共救援包括境外安全救援、旅游警察服务、安全领事保护；商业救援包括商业保险力量、商业医疗力量、商业救援力量；公益救援包括公益救援力量、公益救援联盟、公益救援基金；个人救援包括自救互救他救、参与应急处置、紧急求助联系。救援机制包括面向入境游客安全机制、应急联动协调机制。支援服务包括医疗支援和搜救支援。其中医疗支援包括境外医疗咨询、境外递送药物、境外医疗监控、境外紧急救治；搜救支援包括山地搜救、沙漠搜救、水上搜救、自驾救援。处置期出境旅游应急合作治理系统主要存在的因果关系回路，如图 6-4 所示。

回路 1：应急合作治理成效↑→公共救援↑→救援服务↑→应急合作治理成效↑。

回路 2：应急合作治理成效↑→商业救援↑→救援服务↑→应急合作治理成效↑。

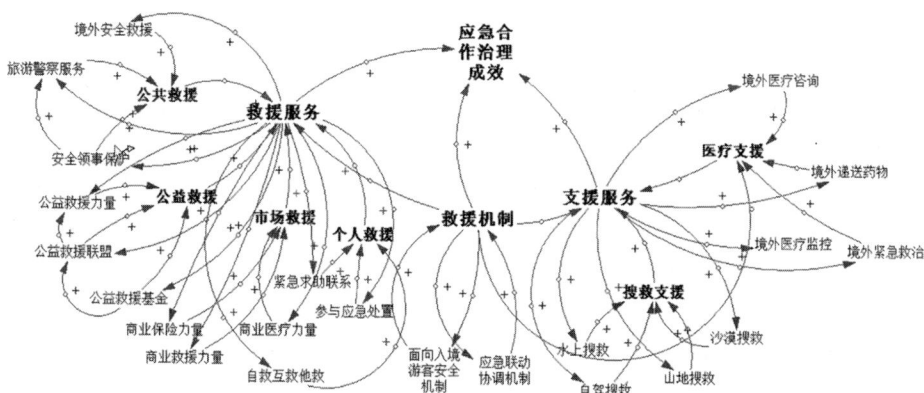

图 6-4　处置期出境旅游应急合作治理系统因果关系回路

回路 3：应急合作治理成效↑→公益救援↑→救援服务↑→应急合作治理

成效↑。

回路4：应急合作治理成效↑→个人救援↑→救援服务↑→应急合作治理成效↑。

回路5：应急合作治理成效↑→面向入境游客安全机制↑→救援机制↑→应急合作治理成效↑。

回路6：应急合作治理成效↑→应急联动协调机制↑→救援机制↑→应急合作治理成效↑。

回路7：应急合作治理成效↑→医疗支援↑→支援服务↑→应急合作治理成效↑。

回路8：应急合作治理成效↑→搜救支援↑→支援服务↑→应急合作治理成效↑。

3.善后期应急合作治理动力要素逻辑关系

善后期出境旅游应急合作治理系统的运行主要围绕政府、市场、社会、游客四个动力提供的司法服务、调查理赔、保障恢复三个关键要素进行博弈。处置期出境旅游应急合作治理成效与司法服务、调查理赔、保障恢复呈正反馈的回路关系，即司法服务、调查理赔、保障恢复的水平越高，处置期出境旅游应急合作治理成效越高。但这三个关键要素之间也有一系列的子结构。司法服务包括境外法律援助、旅游司法协作、出境旅游调查三部分组成；调查理赔包括事故费用核算、事故理赔管理、境外事故勘察、事件调查处置；保障恢复包括旅游者身心治疗、社区关怀、亲属接待、公共安全教育、目的地形象恢复、境外安全返回、中文语言服务。善后期出境旅游应急合作治理系统主要存在的因果关系回路，如图6-5所示。

回路1：应急合作治理成效↑→境外法律援助↑→司法服务↑→应急合作治理成效↑。

回路2：应急合作治理成效↑→旅游司法协作↑→司法服务↑→应急合作治理成效↑。

回路3：应急合作治理成效↑→出境旅游调查↑→司法服务↑→应急合作治理成效↑。

回路4：应急合作治理成效↑→事故费用核算↑→调查理赔↑→应急合作

治理成效↑。

回路 5：应急合作治理成效↑→事故理赔管理↑→调查理赔↑→应急合作治理成效↑。

回路 6：应急合作治理成效↑→境外事故勘察↑→调查理赔↑→应急合作治理成效↑。

回路 7：应急合作治理成效↑→事件调查处置↑→调查理赔↑→应急合作治理成效↑。

回路 8：应急合作治理成效↑→旅游者身心治疗↑→保障恢复↑→应急合作治理成效↑。

回路 9：应急合作治理成效↑→社区关怀↑→保障恢复↑→应急合作治理成效↑。

回路 10：应急合作治理成效↑→亲属接待↑→保障恢复↑→应急合作治理成效↑。

回路 11：应急合作治理成效↑→公共安全教育↑→保障恢复↑→应急合作治理成效↑。

回路 12：应急合作治理成效↑→目的地形象恢复↑→保障恢复↑→应急合作治理成效↑。

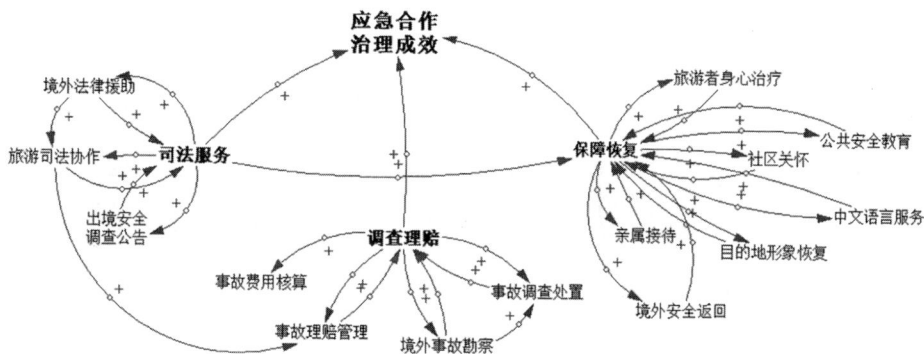

图 6-5　善后期出境旅游应急合作治理系统因果关系回路

回路 13：应急合作治理成效↑→境外安全返回↑→保障恢复↑→应急合作治理成效↑。

回路 14：应急合作治理成效↑→中文语言服务↑→保障恢复↑→应急合作治理成效↑。

4. 出境旅游应急合作治理动力整体运行机制

出境旅游应急合作治理动力系统是在客源国和目的地国两者之间的政府、市场、社会、游客四个系统的一系列动力要素的组织运行演化过程中形成的，如图 6-6 所示。在出境旅游突发事件的预防期，政府部门会通过一系列的监管服务来加强对出境旅游的管理，这对于出境旅游突发事件的发生有着重要的预防作用。同时，政府部门会连同社会主体和市场主体共同提供出境信息服务和资源服务，使得游客的出境安全有了较强的保障。特别注意的是，游客的安全素质在其中起着重要的基础作用，上述各主体的动力要素往往把游客的安全素质提升作为重要的落脚点与出发点。在出境旅游突发事件的处置期，大量的应急力量用于突发事件的应对。各个主体提供的救援服务和政府制定的应急机制使得应急合作有序进行。在出境旅游突发事件的善后期，受

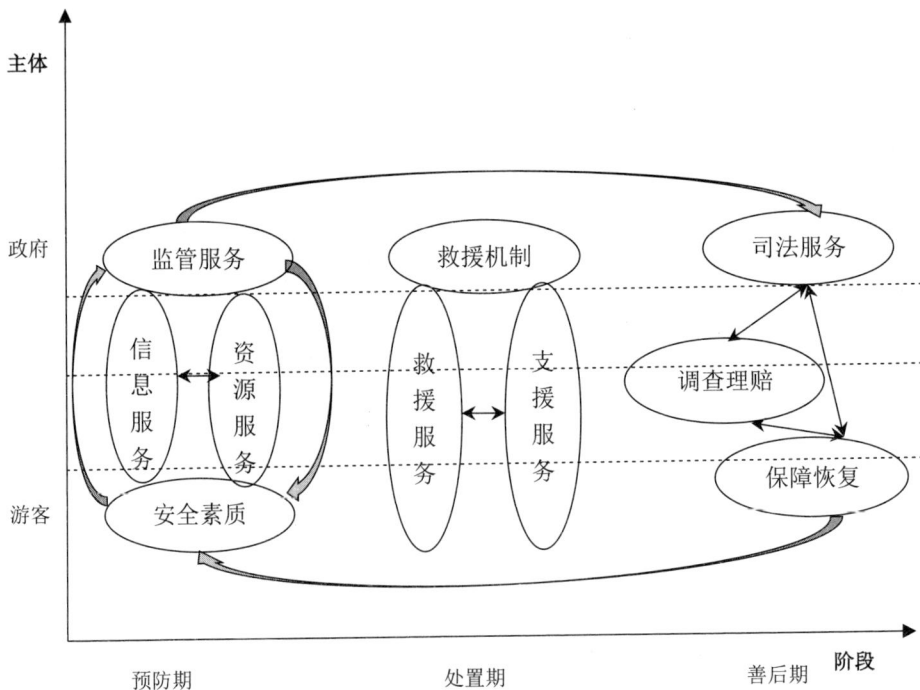

图 6-6　出境旅游应急合作治理动力系统运行机制

伤游客的护送回国、亲属接待、事件的调查等相关善后处置工作是该阶段的主要工作内容。政府和市场主体提供的司法服务和保障恢复有助于旅游者的维权和事件的妥善处置，而针对突发事件的调查能够规范出境旅游市场，促进出国、出境旅游市场健康。

第二节　中国公民出境旅游突发事件应急合作治理的结构关系：社会网络分析视角

近年来，境内外各类突发事件频发，对经济社会环境造成了重大的负面影响。突发事件具有突发性、高度不确定性、影响社会性、非程序性决策等特点（薛澜，张强等，2011），处置突发事件也成为摆在众人面前亟待持续深入探索的难题。理论研究和实践应用表明，公共治理是多个相互冲突或不同利益主体上下互动、共同协商，使之调和并采取联合行动的过程。它强调治理主体的多元性，需要包括政府组织和非政府组织等多个治理主体，主体间的合作是建立在平等、自愿的基础上的（张贵群，张欣，2012）。突发事件公共治理具有多组织参与、政府主导、营利组织和群众自愿参与、合作内容和形式多样化和阶段性合作的特征（李琦，2008）。突发事件公共治理通过整合多个组织的资源进行优化配置，发挥各个组织的优势，相互合作，以提高突发事件应急处置的效率，减少资源的浪费。

本研究主要回应以下研究问题：一是出境旅游突发事件应急处置需要哪些主体参加？二是各主体在应急处置网络中处于什么位置，发挥什么作用？三是随着旅游突发事件的发展变化，各应急主体的角色和作用如何变化？为了回应上述问题，本研究以中国公民赴马来西亚旅游安全事故案例（"1·28"马来西亚失联船只事件）为例，并进行剖析，揭示各个主体在事故救援过程中所发挥的作用，作用程度，以及角色的演变过程。利用社会网络分析法对各个主体在不同类型的突发事件中所做出的贡献进行可视化评价，生成旅游安全事故的跨国合作救援网络结构可视图，并根据各主体在系统中的协作程度与关系程度，提出跨国旅游安全合作治理建议。

一、中国出境旅游应急合作网络关系分析的必要性

随着旅游活动涉及面增多和旅游环境的不确定性因素增加，各类旅游突发事件频发，旅游突发事件的应急处置引起了政府部门与学者的关注。但旅游突发事件的应急处置是一项复杂的工作，仅仅依靠单个旅游行政管理部门难以实现，需要发挥区域内多部门的联合作用进行综合治理，旅游突发事件公共治理成为应急处置的重要举措和战略选择。

另外，还需重视的是如何有效配置多部门资源进行协同处置，以规避众多部门"无序"参与而出现"无为"结果。由于国情和制度环境的差异，区域内公共部门的权力、地位和作用不同，如何调动和整合区域公共资源和力量进行协同治理，也是需要加以考虑的问题。旅游突发事件应急合作的相关研究主要围绕以下方面展开。一是旅游突发事件的应急机制研究。孟维娜从预警、信息、紧急处置和善后协调四个方面探讨了旅游突发事件应对机制的建设（孟维娜，2006）；郑向敏等从预防、预警、响应、控制和恢复五个部分提出了我国旅游突发事件的应对机制（郑向敏，邹永广，2012）。二是旅游突发事件应急合作研究。邹巧柔提出区域旅游应急合作是指不同区域间的旅游行政管理部门、旅游企业、第三部门为了应对旅游突发事件在各个阶段开展的合作行为（邹巧柔，2014）。学者们基于不同的合作主体和合作层面提出了旅游突发事件应急合作的机制，Beirman 研究了应急服务机构和供应商、政府部门和私营部门在旅游行业的合作（Beirman，2011）；郑向敏等从政府和企业两个层面构建了旅游突发事件的应急合作机制（郑向敏，邹永广，2013）。三是旅游突发事件应急管理。Becken 等从减缓、预备、响应、恢复四个方面提出了旅游应急管理的方法（Becken 和 Kennet，2013）；王伟从预防与监测、应急处置与救援、恢复与评估三个方面提出涵盖旅游突发事件事前、事中、事后的旅游应急管理模型（王伟，2015）。若旅游突发事件应急处置不当，可能会衍生网络舆情事件，为此，学者黄坚峰等构建了旅游突发事件网络舆情管理的预警机制（董坚峰，肖丽艳，2015）。

综上而言，突发事件公共治理的研究已形成了一定的研究基础，为旅游突发事件应急处置提供了思路和启示。旅游突发事件的相关研究主要从整体

上探讨旅游突发事件的应急处置方法，对于各个部门具体如何开展旅游突发事件合作治理的研究较少。针对旅游突发事件公共治理的研究比较零散，需要系统、全面、深入地探索与研究。无论是理论研究还是实践层面对于旅游突发事件的公共治理还存在以下尚需深入探索的地方：跨国和地区旅游突发事件应急处置需要哪些部门参加？各部门在应急处置网络中处于什么位置，发挥什么作用？上述问题亟待寻找科学的理论回应，对于研究旅游突发事件公共治理合作显得尤为重要和紧迫。

二、数据来源与研究方法

本研究通过搜集典型案例材料，分析中国公民赴马来西亚旅游遭遇突发事件后，各救援主体在应急救援中发挥的作用。案例资料的搜集主要基于以下原则：一是案例材料来自政府官网、官方媒体等报道，引发政府部门、媒体等高度关注和重视，以保证材料的真实性和权威性；二是案例材料必须跟踪报道，事件发生后的应急响应、救援和善后处置等整个过程的内容翔实，保证了材料的完整性；三是案例材料中，明确报道中国公民的相关情况，同时含有华侨华人或组织参与旅游突发事件应急救援的描述，以此可以判断应急救援所处的阶段；四是案例材料参与应急救援的组织或单位具体明确，以保证救援参与主体的确定性。依照上述案例资料搜集原则，经过严格的甄选，本研究选取"1·28"马来西亚失联船只事件为案例。

1月28日，一艘载有28名中国游客和3名马来西亚船员的游艇在马来西亚沙巴州环滩岛附近海域失联，其中两名船员上岸救助，一名船员协助中国游客漂流等待救援。事故发生后，中国国家旅游局、中国驻马来西亚大使馆、中国驻马来西亚哥打基纳巴卢总领事馆等立即启动应急机制，并及时联系马来西亚海军、沙巴州旅游部等多个部门迅速参与救援。在中国、马来西亚、文莱等多方力量的努力下，最终有20名中国游客获救，4名中国游客不幸遇难，还有4名中国游客和1名马来西亚船员失踪。

本研究的案例数据主要来自以下四个方面。（1）国家级组织机构官网：包括中国驻哥打基纳巴卢总领馆官网、中国驻马来西亚大使馆官网、中国国家旅游局官网。（2）省市级旅游部门及政府部门：涵盖广东省、湖北省、北京市、深圳市、江苏省、安徽省、湖北省、四川省等省市的旅游部门和政府官方网站。(3)新闻媒体:主要是东方新闻的滚动播报[①]。(4)搜索引擎:通过百度和360搜索引擎搜集与"1·28"马来西亚失联船只事件相关新闻。在上述官网和权威媒体网站搜集并整理出"1·28"马来西亚失联船只事件的整个详细过程资料,资料信息包括了时间、地点、参与救援主体和整个事件经过等研究需要的素材,保证了研究资料的信度和有效性。

基于以上四个渠道搜集的案例资料,按照社会网络分析方法对案例资料进行了处理:首先,剔除重复的案例材料,以事件发生的时间顺序并按照事件救援处置和善后的进展,梳理出"1·28"马来西亚失联船只事件事故线,形成了事件的案例文本数据。

其次,梳理出参与公共救援的所有组织机构,并对其统一进行规范命名;考虑到数据的同质性,本研究对一些组织进行了合并命名。

再次,划分事件的时间阶段。以"1·28"马来西亚失联船只事件发生的时间作为研究起点,以最后一批被救中国游客的返回时间为研究终点,即研究周期为1月28日至2月13日,共计17天。按照跨国旅游安全事件应急处置的内容,将事件救援处置过程划分为 T_1 应急响应(1月28日)、T_2 救援处置(1月28日至2月13日)、T_3 善后处置(1月30日至2月13日)三个阶段。

最后,构建社会网络分析矩阵。在马来西亚失联船只事件的合作救援过程中,将具有合作关系的两个应急主体在矩阵中记为1,没有合作关系的记为0,同一个阶段重复合作的应急主体不进行叠加,依此构建出应急响应、救援与处置、善后处置三个阶段应急主体的合作矩阵。组织机构间的合作关系是相互的,所构建的矩阵为邻接矩阵。合作关系矩阵的构建,为采用社会网络分析方法探讨应急主体的角色作用提供了基础。

---

① 资料来源:东方新闻.http://news.eastday.com/china/2013tfzt/n1038722/index.html.

三、中国出境旅游应急合作网络关系分析

1. 识别并分类参与的组织

按照国别，梳理出参与"1·28"马来西亚失联船只事件的各国组织机构如表6-5所示。

表6-5　组织机构汇总

国别	组织机构			
中国	中国政府	中国国家旅游局	中国国家旅游局驻新加坡办事处	中国驻马来西亚大使馆	中国驻马来西亚哥打基纳巴卢总领事馆
	中国外交部	中国交通运输部	中国海上搜救中心	广东省人民政府	安徽省人民政府
	湖北省人民政府	合肥市人民政府	苏州市人民政府	武汉市人民政府	江苏省公安厅
	湖北省公安厅	合肥市公安局	淮安市公安局	苏州工业园区公安分局	中国志愿者
	四川省旅游发展委员会	江苏省旅游局	广东省旅游局	北京市旅游发展委员会	湖北省旅游发展委员会
	安徽省旅游局	深圳市文体旅游局	淮安市旅游局	苏州市旅游局	武汉市旅游局
	南京市旅游委员会	淮安市人民政府	金湖旅游局	马蜂窝旅行网	北京百程国际旅游股份有限公司
	飞猪	深圳浪花朵朵国际旅行社			
马来西亚	马来西亚政府	马来西亚皇家海军	马来西亚海警局	马来西亚外交部	马来西亚旅游局
	马来西亚海事执法机构	马来西亚搜救中心	马来西亚交通部	马来西亚空军	沙巴州政府
	沙巴州旅游部	沙巴州特殊事务部	沙巴州海事执法局	沙巴州水警行动部队	沙巴警察局
	哥打基纳巴卢市市政厅	哥打基纳巴卢法院	哥打基纳巴卢警察局	哥打基纳巴卢伊丽莎白女王医院	纳闽医院
	马来西亚志愿者	马来西亚沙巴超自然旅行社	马来西亚沙巴金卖旅行社	马来西亚华人殡仪馆	
文莱	文莱救援组织				

从表 6-5 中可以看出参与合作救援的机构组织共有 62 个，其中中国方面参与的组织机构有 37 个，马来西亚方面参与的组织机构共有 24 个，62 个组织机构在整个救援过程中发挥着至关重要的作用。此次沉船事件的搜救范围覆盖马来西亚沙巴州以及文莱海域，文莱的救援组织也作为重要的救援力量参与其中。

2. 跨国合作救援网络特征：应急响应阶段

基于统计数据，使用社会网络分析软件，得到以下数据：应急响应阶段参与合作救援的组织机构共有 14 个，各组织机构间非重复合作 38 次。其中中国方面的组织机构有 7 个，分别是中国政府、中国驻马来西亚哥打基纳巴卢总领事馆、中国驻马来西亚大使馆、中国外交部、中国国家旅游局驻新加坡办事处、中国国家旅游局和中国交通运输部。马来西亚组织机构有 7 个，分别是马来西亚旅游局、马来西亚皇家海军、马来西亚外交部、沙巴州旅游部、沙巴州特殊事务部、沙巴州政府和沙巴州海事局。此阶段合作网络的密度值为 0.095，整体网络较为稀疏。

基于各组织机构绝对点度中心度的值，使用网络可视化工具 NetDraw 生成旅游安全事件应急响应阶段的合作救援网络图，如图 6-7 所示。从图 6-7 中可以看出在应急响应阶段主要是由中国的国家组织机构参与，其中中国政府负责协调指挥中国外交部、中国驻马来西亚大使馆、中国驻马来西亚哥打基纳巴卢总领事馆、中国国家旅游局、中国交通运输部启动应急机制，并由相关部门联系马来西亚的救援部门参与旅游安全事件的救援。图中，中国驻马来西亚哥打基纳巴卢总领事馆的节点最大，其与中方关联的组织机构有中国政府、中国外交部、中国驻马来西亚大使馆，与马方关联的组织机构最多，有沙巴州政府、沙巴州海事局、沙巴州旅游部、沙巴州特殊事务部。上述表明：中国驻马来西亚哥打基纳巴卢总领事馆在应急响应阶段发挥着传递中国和马来西亚双方救援信息的重要作用。

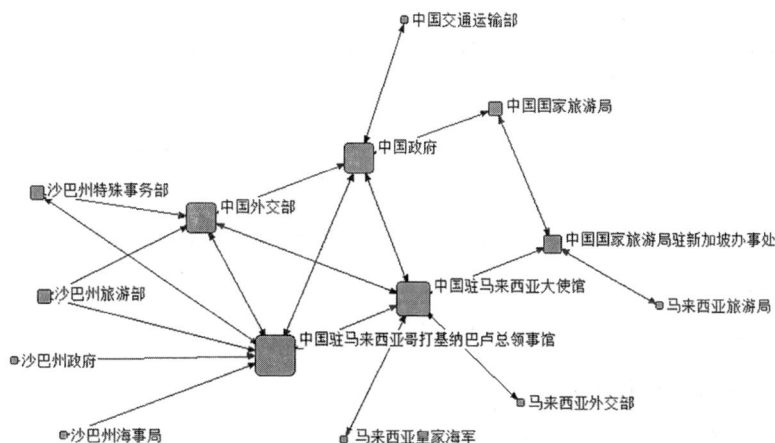

图 6-7　应急响应阶段的合作救援网络

将 14 个组织机构按照相对点度中心度、相对中间中心度和相对接近中心度的大小进行排序（下文的排序顺序同），测量结果，如表 6-6 所示。

表 6-6　应急响应阶段合作救援网络中心性指标值

组织机构	相对点度中心度	组织机构	相对中间中心度	组织机构	相对接近中心度
中国驻马来西亚哥打基纳巴卢总领事馆	53.846	中国驻马来西亚大使馆	47.436	中国驻马来西亚哥打基纳巴卢总领事馆	65.000
中国驻马来西亚大使馆	46.154	中国驻马来西亚哥打基纳巴卢总领事馆	40.385	中国驻马来西亚大使馆	65.000
中国政府	38.462	中国政府	25.000	中国政府	59.091
中国外交部	38.462	中国国家旅游局驻新加坡办事处	17.308	中国外交部	59.091
中国国家旅游局驻新加坡办事处	23.077	中国外交部	10.897	中国国家旅游局驻新加坡办事处	46.429
中国国家旅游局	15.385	中国国家旅游局	2.564	中国国家旅游局	43.333
沙巴州旅游部	15.385	沙巴州旅游部	0.000	沙巴州旅游部	41.935
沙巴州特殊事务部	15.385	沙巴州特殊事务部	0.000	沙巴州特殊事务部	41.935
马来西亚旅游局	7.692	马来西亚旅游局	0.000	沙巴州政府	40.625

续表

组织机构	相对点度中心度	组织机构	相对中间中心度	组织机构	相对接近中心度
中国交通运输部	7.692	中国交通运输部	0.000	沙巴州海事局	40.625
沙巴州政府	7.692	沙巴州政府	0.000	马来西亚外交部	40.625
马来西亚外交部	7.692	马来西亚外交部	0.000	马来西亚皇家海军	40.625
马来西亚皇家海军	7.692	马来西亚皇家海军	0.000	中国交通运输部	38.235
沙巴州海事局	7.692	沙巴州海事局	0.000	马来西亚旅游局	32.500

从表 6-6 中可以看出:

相对点度中心度:排在相对点度中心度的前三个组织机构依次为:中国驻马来西亚哥打基纳巴卢总领事馆、中国驻马来西亚大使馆、中国政府,表明这三个组织机构居于应急响应合作网络中的核心地位。由于中国国家旅游局在马来西亚没有设立办事处,中国国家旅游局驻新加坡办事处在此阶段作为中国国家旅游局、中国驻马来西亚大使馆和马来西亚旅游局信息传达的重要组织机构,因此其相对点度中心度较为靠前。而马来西亚旅游局、马来西亚皇家海军、马来西亚外交部、沙巴州旅游部、沙巴州特殊事务部、沙巴州政府和沙巴州海事局虽然相对点度中心较低,但其在应急响应阶段作为马来西亚主要的协调与救援力量,因此中方组织机构第一时间响应这些部门参与救援。

相对中间中心度:排在相对中间中心度的前三个组织机构依次为中国驻马来西亚大使馆、中国驻马来西亚哥打基纳巴卢总领事馆、中国政府,表明这些节点充当着大多数信息传达的中介,在应急响应合作网络中发挥着重要的桥梁作用,控制网络的信息流动。在此阶段,马来西亚主要是由中方组织发动救援,以其他组织机构暂未形成合作,因此这些节点的相对中间中心度均为 0。

相对接近中心度:排在相对接近中心度的前三个组织机构依次为:中国驻马来西亚哥打基纳巴卢总领事馆、中国驻马来西亚大使馆、中国政府,表明这三个组织机构与其他组织机构的合作较为密切,属于网络中的主导者,受外界的控制程度较小。同样,马来西亚的组织机构的相对接近中心度相对较小,但对后续应急处置阶段的救援工作起着重要的协调重要。

综上可知,中国驻马来西亚哥打基纳巴卢总领事馆、中国驻马来西亚大使馆、中国政府的网络中心性相对较强，在应急处置阶段作为联系中马双方的主要组织机构，在合作网络中扮演领导角色，协调各方的救援信息。其中中国驻马来西亚哥打基纳巴卢总领事馆作为中国与马来西亚信息传达的重要节点，其在中国政府的指导下，与中国驻马来西亚大使馆、中国外交部、中国国家旅游局等组织机构合作，共同联系马来西亚的相关部门组织力量参与救援。

3.跨国合作救援网络特征：救援处置阶段

救援处置阶段参与合作救援的组织机构共有 21 个，各组织机构间非重复合作 230 次。其中中国方面的组织机构有 6 个，包括中国驻马来西亚哥打基纳巴卢总领事馆、中国外交部、中国驻马来西亚大使馆、中国国家旅游局、中国国家旅游局驻新加坡办事处、中国海上搜救中心。马来西亚方面的组织机构有 14 个，包括马来西亚政府、马来西亚旅游局、马来西亚驻华大使馆、马来西亚海警局、马来西亚皇家海军、马来西亚空军、马来西亚海事执法机构、马来西亚搜救中心、沙巴州政府、沙巴州旅游部、沙巴警察局、沙巴州海事局、哥打基纳巴卢市警察局和纳闽医院。此外还有文莱的救援组织参与救援处置阶段的救援。此阶段合作网络的密度值为 0.548，合作网络较为紧密，救援处置阶段的跨国合作救援网络，如图 6-8 所示。

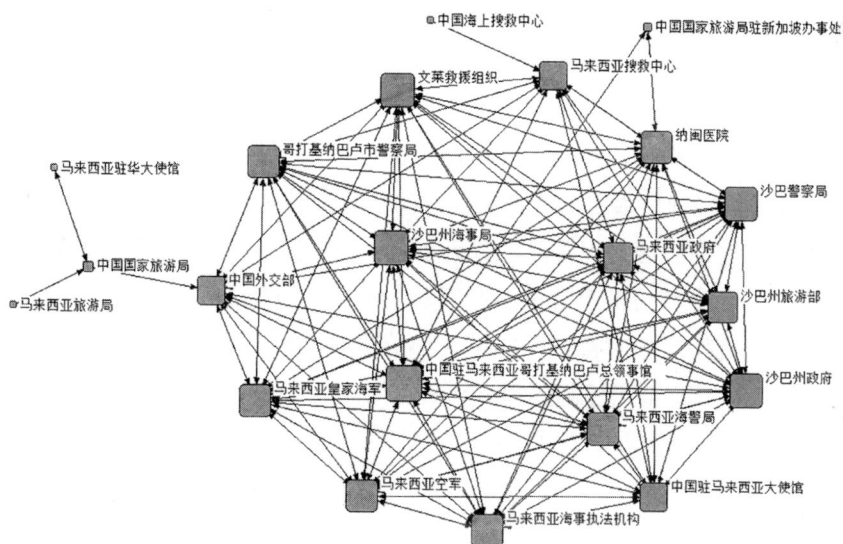

图 6-8　救援处置阶段的合作救援网络

从图 6-8 中可以看出，救援处置阶段的核心节点主要为马来西亚的组织机构。马来西亚政府、马来西亚海警局、马来西亚皇家海军、马来西亚空军、马来西亚海事执法机构、马来西亚搜救中心、沙巴州政府、沙巴州旅游部、沙巴警察局、沙巴州海事局、哥打基纳巴卢市警察局和纳闽医院与中国驻马来西亚哥打基纳巴卢总领事馆、中国外交部、中国驻马来西亚大使馆构成的合作救援网络非常紧密，表明这些机构在救援处置阶段是核心的救援力量。

对救援处置阶段的 21 个组织机构合作救援网络中心性指标测度结果进行排序，如表 6-7 所示。

从表 6-7 中可知，相对点度中心度：救援处置阶段的节点相对点度中心度相差较为悬殊，其中中国驻马来西亚哥打基纳巴卢总领事馆的合作组织机构高达 16 个，相对点度中心度最大，表明其依然作为跨组织合作网络的核心节点。中国驻马来西亚哥打基纳巴卢总领事馆在此阶段主要负责与中国驻马来西亚大使馆、中国外交部、中国国家旅游局驻新加坡办事处合作，协助马来西亚的组织机构参与救援，并向国内的组织机构传达救援信息。相对点度中心度靠前的主要为马来西亚各个行政级别的组织机构以及文莱救援组织，表明了属地救援与就近救援的重要性。

相对中间中心度：中国外交部相对中间中心度最高，表明其在应急处置阶段对信息流通的控制能力最强，充当中介的程度最高，在网络中占据最多的结构洞。整体而言，相对中间中心度的值较低，表明网络中的节点间的联系大部分不需要通过太多的中介，节点间的交流较为顺畅。

相对接近中心度：中国驻马来西亚哥打基纳巴卢总领事馆的相对接近中心度最高，表明其与各个节点的联系最为密切，在网络中的影响力最大。马来西亚组织机构的相对接近中心度大部分大于 60%，表明这些机构自身的独立性较强，被其他节点控制的程度较低。

表6-7　救援处置阶段跨国合作救援网络中心性指标值

组织机构	相对点度中心度	组织机构	相对中间中心度	组织机构	相对接近中心度
中国驻马来西亚哥打基纳巴卢总领事馆	80.000	中国外交部	27.225	中国驻马来西亚哥打基纳巴卢总领事馆	76.923
沙巴州政府	75.000	中国国家旅游局	19.474	沙巴州政府	74.074
文莱救援组织	75.000	马来西亚搜救中心	10.913	文莱救援组织	74.074
沙巴警察局	75.000	中国驻马来西亚哥打基纳巴卢总领事馆	7.348	沙巴警察局	74.074
沙巴州海事局	75.000	纳闽医院	3.892	沙巴州海事局	74.074
马来西亚海警局	70.000	沙巴警察局	1.296	哥打基纳巴卢市警察局	71.429
哥打基纳巴卢市警察局	70.000	文莱救援组织	1.296	中国外交部	71.429
马来西亚海事执法机构	70.000	沙巴州海事局	1.296	马来西亚海警局	68.966
马来西亚皇家海军	70.000	沙巴州政府	1.296	马来西亚皇家海军	68.966
纳闽医院	70.000	哥打基纳巴卢市警察局	0.997	马来西亚空军	68.966
马来西亚空军	70.000	马来西亚皇家海军	0.913	马来西亚海事执法机构	68.966
马来西亚政府	65.000	马来西亚海警局	0.913	中国海上搜救中心	66.667
沙巴州旅游部	65.000	马来西亚海事执法机构	0.913	纳闽医院	64.516
马来西亚搜救中心	60.000	马来西亚空军	0.913	沙巴州旅游部	62.500
中国外交部	60.000	马来西亚政府	0.470	马来西亚政府	62.500
中国驻马来西亚大使馆	60.000	沙巴州旅游部	0.423	中国驻马来西亚大使馆	60.606
中国国家旅游局	15.000	中国驻马来西亚大使馆	0.423	中国国家旅游局	46.512
中国国家旅游局驻新加坡办事处	10.000	中国海上搜救中心	0.000	中国国家旅游局驻新加坡办事处	45.455

续表

组织机构	相对点度中心度	组织机构	相对中间中心度	组织机构	相对接近中心度
中国海上搜救中心	5.000	中国国家旅游局驻新加坡办事处	0.000	中国海上搜救中心	40.816
马来西亚旅游局	5.000	马来西亚旅游局	0.000	马来西亚旅游局	32.258
马来西亚驻华大使馆	5.000	马来西亚驻华大使馆	0.000	马来西亚驻华大使馆	32.258

综上可知，中国驻马来西亚哥打基纳巴卢总领事馆是协调联系中国、马来西亚与文莱组织机构的关键节点，中国外交部跨组织合作网络的核心中介，而马来西亚与文莱的组织机构是救援处置阶段的主力。

4.跨国合作救援网络特征：善后处置阶段

善后处置阶段参与合作救援的组织机构共有 49 个，各组织机构间非重复合作 176 次。其中中国方面的组织机构有 33 个，分别为中国国家旅游局、中国外交部、中国驻马来西亚大使馆、中国驻马来西亚哥打基纳巴卢总领事馆、中国国家旅游局驻新加坡办事处、广东省人民政府、湖北省人民政府、安徽省人民政府、湖北省公安厅、江苏省公安厅、北京市旅游发展委员会、湖北省旅游发展委员会、四川省旅游发展委员会、江苏省旅游局、广东省旅游局、安徽省旅游局、南京市旅游委员会、苏州市人民政府、武汉市人民政府、合肥市人民政府、合肥市公安局、淮安市公安局、苏州工业园区公安分局、淮安市旅游局、武汉市旅游局、苏州市旅游局、深圳市文体旅游局、金湖旅游局、深圳浪花朵朵国际旅行社有限公司、马蜂窝旅行网、北京百程国际旅游股份有限公司、飞猪、中国志愿者。马来西亚方面的组织机构有 16 个，分别为马来西亚政府、马来西亚交通部、马来西亚搜救中心、沙巴州政府、沙巴州旅游部、沙巴警察局、沙巴州水警行动部队、沙巴州海事局、哥打基纳巴卢市警察局、哥打基纳巴卢市市政厅、哥打基纳巴卢法院、哥打基纳巴卢伊丽莎白女皇医院、马来西亚沙巴超自然旅行社、马来西亚沙巴金卖旅行社、马来西亚华人殡仪馆、马来西亚志愿者。善后处置阶段的合作网络较为稀疏，网络密度值为 0.075。善后处置阶段的跨组织合作网络如图 6-9 所示。

从图 6-9 可知，中国国家旅游局、中国驻马来西亚哥打基纳巴卢总领事馆、沙巴州旅游部、哥打基纳巴卢伊丽莎白女皇医院、中国外交部等组织机构作为善后处置阶段的重要节点，主要负责受伤游客的后续治疗、亲属接待、理赔及事件的调查等相关善后处置工作。其中中国国家旅游局的节点最大，表明其作为善后处置合作网络的核心协调者，协助相关组织做好跨国旅游安全事件善后工作。

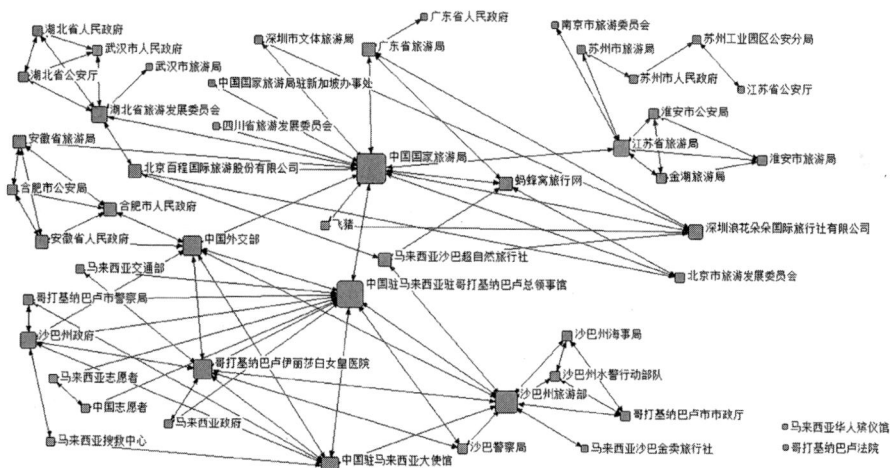

图 6-9　善后处置阶段的跨国合作救援网络

对 49 个组织机构在善后处置阶段的中心性指标测度结果进行排序，具体如表 6-8 所示。

表 6-8　善后处置阶段跨国合作救援网络中心性指标值

组织机构	相对点度中心度	组织机构	相对中间中心度	组织机构	相对接近中心度
中国国家旅游局	29.167	中国国家旅游局	62.058	中国国家旅游局	25.668
中国驻马来西亚哥打基纳巴卢总领事馆	25.000	江苏省旅游局	28.635	中国驻马来西亚哥打基纳巴卢总领事馆	24.242
沙巴州旅游部	20.833	中国驻马来西亚哥打基纳巴卢总领事馆	27.792	中国外交部	23.881

续表

组织机构	相对点度中心度	组织机构	相对中间中心度	组织机构	相对接近中心度
哥打基纳巴卢伊丽莎白女皇医院	16.667	沙巴州旅游部	16.961	江苏省旅游局	22.222
中国外交部	16.667	中国外交部	15.610	北京百程国际旅游股份有限公司	21.918
中国驻马来西亚大使馆	14.583	湖北省旅游发展委员会	15.160	深圳浪花朵朵国际旅行社有限公司	21.719
沙巴州政府	12.500	苏州市旅游局	11.436	马蜂窝旅行网	21.622
湖北省旅游发展委员会	12.500	苏州市人民政府	7.801	沙巴州旅游部	21.622
江苏省旅游局	12.500	安徽省旅游局	4.635	湖北省旅游发展委员会	21.622
深圳浪花朵朵国际旅行社有限公司	10.417	广东省旅游局	4.019	安徽省旅游局	21.239
安徽省旅游局	8.333	苏州工业园区公安分局	3.989	哥打基纳巴卢伊丽莎白女皇医院	21.145
马蜂窝旅行网	8.333	马来西亚沙巴超自然旅行社	3.496	广东省旅游局	21.145
广东省旅游局	8.333	中国驻马来西亚大使馆	2.794	中国驻马来西亚大使馆	21.053
安徽省人民政府	8.333	北京百程国际旅游股份有限公司	1.961	马来西亚沙巴超自然旅行社	21.053
马来西亚沙巴超自然旅行社	8.333	沙巴州政府	1.792	北京市旅游发展委员会	20.961
北京百程国际旅游股份有限公司	8.333	哥打基纳巴卢伊丽莎白女皇医院	1.624	深圳市文体旅游局	20.870
合肥市人民政府	8.333	深圳浪花朵朵国际旅行社有限公司	1.407	飞猪	20.870
哥打基纳巴卢市市政厅	6.250	马蜂窝旅行网	0.956	中国国家旅游局驻新加坡办事处	20.690
北京市旅游发展委员会	6.250	安徽省人民政府	0.926	四川省旅游发展委员会	20.690
淮安市公安局	6.250	合肥市人民政府	0.926	沙巴州政府	20.513

续表

组织机构	相对点度中心度	组织机构	相对中间中心度	组织机构	相对接近中心度
淮安市旅游局	6.250	北京市旅游发展委员会	0.030	沙巴警察局	20.339
湖北省人民政府	6.250	淮安市公安局	0.000	哥打基纳巴卢市警察局	20.000
哥打基纳巴卢市警察局	6.250	深圳市文体旅游局	0.000	安徽省人民政府	19.917
沙巴州水警行动部队	6.250	哥打基纳巴卢市市政厅	0.000	合肥市人民政府	19.917
金湖旅游局	6.250	沙巴州水警行动部队	0.000	马来西亚志愿者	19.835
合肥市公安局	6.250	淮安市旅游局	0.000	马来西亚政府	19.835
沙巴警察局	6.250	飞猪	0.000	中国志愿者	19.835
沙巴州海事局	6.250	金湖旅游局	0.000	马来西亚交通部	19.835
武汉市人民政府	6.250	马来西亚华人殡仪馆	0.000	苏州市旅游局	18.824
湖北省公安厅	6.250	沙巴警察局	0.000	淮安市旅游局	18.533
飞猪	4.167	中国国家旅游局驻新加坡办事处	0.000	合肥市公安局	18.533
苏州市旅游局	4.167	马来西亚志愿者	0.000	淮安市公安局	18.533
马来西亚政府	4.167	马来西亚政府	0.000	金湖旅游局	18.533
苏州市人民政府	4.167	沙巴州海事局	0.000	南京市旅游委员会	18.391
苏州工业园区公安分局	4.167	哥打基纳巴卢市警察局	0.000	哥打基纳巴卢市市政厅	18.113
马来西亚搜救中心	4.167	马来西亚搜救中心	0.000	武汉市人民政府	18.113
马来西亚交通部	4.167	马来西亚交通部	0.000	沙巴州水警行动部队	18.113
马来西亚志愿者	4.167	马来西亚沙巴金卖旅行社	0.000	湖北省人民政府	18.113
深圳市文体旅游局	4.167	南京市旅游委员会	0.000	沙巴州海事局	18.113
中国志愿者	4.167	广东省人民政府	0.000	湖北省公安厅	18.113

续表

组织机构	相对点度中心度	组织机构	相对中间中心度	组织机构	相对接近中心度
马来西亚沙巴金卖旅行社	2.083	哥打基纳巴卢法院	0.000	马来西亚沙巴金卖旅行社	17.978
江苏省公安厅	2.083	江苏省公安厅	0.000	武汉市旅游局	17.978
中国国家旅游局驻新加坡办事处	2.083	中国志愿者	0.000	马来西亚搜救中心	17.647
南京市旅游委员会	2.083	合肥市公安局	0.000	广东省人民政府	17.647
广东省人民政府	2.083	湖北省人民政府	0.000	苏州市人民政府	16.216
武汉市旅游局	2.083	湖北省公安厅	0.000	苏州工业园区公安分局	14.159
四川省旅游发展委员会	2.083	武汉市人民政府	0.000	江苏省公安厅	12.500
马来西亚华人殡仪馆	0.000	武汉市旅游局	0.000	马来西亚华人殡仪馆	—
哥打基纳巴卢法院	0.000	四川省旅游发展委员会	0.000	哥打基纳巴卢法院	—

从表 6-8 中可以看出：

相对点度中心度：整体而言，各个组织机构的相对点度中心度较低。结合图 6-9 可知，对中国善后处置涉及多个省份，包括 28 名游客所在的省市及负责管辖涉事旅行社及旅游在线平台的省市，而各省市的善后工作又涉及人民政府、旅游部门、公安部门等多个机构，各个组织机构的善后处置对象不一，不同省市间的组织机构较少需要合作。网络规模相对较大，而合作相对较少，因此各个组织机构的相对中心度也较低。中国国家旅游局、中国驻马来西亚哥打基纳巴卢总领事馆、沙巴州旅游部的相对点度中心较大，表明这三个组织机构是善后处置阶段各个组织机构的主要协调者。马来西亚华人殡仪馆、哥打基纳巴卢法院的相对点度中心度为 0，这与两个机构的工作内容有关，他们直接面向此次旅游安全事件的中国公民服务。

相对中间中心度：中国国家旅游局的相对中间中心度最高，表明其作为善后处置阶段信息传达的核心节点。一方面，中国国家旅游局直接与北京市、湖北省、四川省、江苏省、广东省、安徽省、深圳市等多个省市的旅游部门直接进行联系，与这些部门共同督促深圳浪花朵朵国际旅行社有限公司、北京百程国际旅游股份有限公司、马蜂窝旅行网、飞猪配合马来西亚的相关组织机构开展善后工作；另一方面中国国家旅游局负责协助中国外交部、中国驻马来西亚哥打基纳巴卢总领事馆等督促马来西亚相关部门处理善后事宜。善后处置合作网络中有过半节点的相对中间中心度为 0，表明这些节点处在网络的边缘位置，不充当网络的中介。

相对接近中心度：排在相对接近中心度前三的节点依次是中国国家旅游局、中国驻马来西亚哥打基纳巴卢总领事馆、中国外交部，表明这三个节点在善后处置阶段的合作网络中影响力较大，与其他组织机构的联系密切。江苏省旅游局的相对接近中心度仅次于前三个部门，因为此次事件的 28 名游客中江苏省的就有 9 名。9 名涉及苏州市、南京市和淮安市三地，通过马蜂窝旅行网和深圳浪花朵朵国际旅行社有限公司两处购买（由马来西亚沙巴超自然旅行社提供）的沙巴一日游产品。因此，江苏省旅游局在善后处置阶段联系的组织机构相对较多。马来西亚华人殡仪馆、哥打基纳巴卢法院与其他组织机构均无联系，因此无相对接近中心度。

综上可知，"1·28"马来西亚失联船只事件的善后处置阶段涉及的组织机构较多，形成的合作网络规模较大。虽然组织机构间的合作相对较少，但各个组织机构的分工明确。中国国家旅游局的相对点度中心度、相对中间中心度与相对接近中心度的值均为最高，表明其在善后处置阶段的网络中心性最强，是合作救援网络中的主要领导和协调角色。

四、中国出境旅游应急合作网络结构关系

本研究通过对 "1·28" 马来西亚失联船只事件进行剖析，应用社会网络分析方法，借助 Ucinet 软件网络可视化工具 NetDraw 生成的网络结构图和中心性指标数据，按照跨国旅游安全事件应急处置的内容，将事件救援处置过程划分为应急响应、救援处置和善后处置三个阶段，并分析了合作救援网络特征，主要合作网络关系特征表现在以下几个方面。

第一，参与 "1·28" 马来西亚失联船只事件的各国组织机构，共有 62

个，其中中国组织机构最多，有 37 个，马来西亚参与的组织机构共有 24 个，马来西亚当地组织机构在整个救援过程中发挥着至关重要的作用。

第二，应急响应阶段参与合作救援的组织机构共有 14 个，各组织机构间非重复合作 38 次。中国驻马来西亚哥打基纳巴卢总领事馆、中国驻马来西亚大使馆、中国政府的网络中心性相对较强，在应急处置阶段作为联系中马双方的主要组织机构，在合作网络中扮演领导角色，协调各方的救援信息。其中中国驻马来西亚哥打基纳巴卢总领事馆作为中国与马来西亚信息传达的重要节点，其在中国政府的指导下，与中国驻马来西亚大使馆、中国外交部、中国国家旅游局等组织机构合作，共同联系马来西亚的相关部门组织力量参与救援。

第三，救援处置阶段参与合作救援的组织机构共有 21 个，各组织机构间非重复合作 230 次。中国驻马来西亚哥打基纳巴卢总领事馆的相对点度中心度最大，依然作为跨组织合作网络的核心节点；中国外交部相对点度中心度最高，在应急处置阶段对信息流通的控制能力最强，充当中介的程度最高，在网络中占据最多的结构洞。中国驻马来西亚哥打基纳巴卢总领事馆的相对接近中心度最高，与各个节点的联系最为密切，在网络中的影响力最大。中国驻马来西亚哥打基纳巴卢总领事馆是协调联系中国、马来西亚与文莱组织机构的关键节点，中国外交部是跨国合作网络的核心中介，而马来西亚与文莱的组织机构是救援处置阶段的主力。

第四，善后处置阶段参与合作救援的组织机构共有 49 个，各组织机构间非重复合作 176 次。中国国家旅游局、中国驻马来西亚哥打基纳巴卢总领事馆、沙巴州旅游部的相对点度中心度较大，这三个组织机构是善后处置阶段各个组织机构的主要协调者。中国国家旅游局的相对中间中心度最高，作为善后处置阶段信息传达的核心节点。中国国家旅游局、中国驻马来西亚哥打基纳巴卢总领事馆、中国外交部的相对接近中心度较高，这三个节点在善后处置阶段的合作网络中影响力较大，与其他组织机构的联系密切。总体上，中国国家旅游局的相对点度中心度、相对中间中心度与相对接近中心度的值均为最高，在善后处置阶段的网络中心性最强，是合作救援网络中的主要领导和协调角色。

第三节　中国公民出境旅游突发事件应急合作治理的模式选择

一、理论基础：网络治理理论

（一）网络治理理论

在国家与私人部门依赖性日益增强的时代，市场制抑或是科层制都无法恰当有效地治理突发公共事件，唯有网络才是治理的新形式（鄞益奋，2007），唯有网络治理才有新的特征（Kohler，1995）。正因为此，网络治理理论应运而生，成为20世纪90年代以来跨区域、跨层级、多层次、全方位解决公共突发事件的新型公共治理理论。不同于传统科层制理论，网络社会环境下公共突发事件的繁杂性和各组织间资源相互依赖性的交相辉映，与新公共管理理论、新公共服务理论以及公共选择理论的吐故纳新一并造就了网络治理理论。承袭联盟与合作的思维模式，融合组织关系理论的重要元素，网络治理理论旨在以治理机制的优化推动政府、市场、社会、个人等多元主体的协同共治，从而实现公共突发事件的有效治理，象征着第三方政府、协同政府、数字化革命以及消费者需求四种时代趋势的共生与合流（Kettle，1993）。

网络治理理论主要围绕着5个核心内容展开，即主体多元、公共价值、协同行动、资源共享以及共同规则，如表6-9所示。具体来说，（1）主体多元。政府、市场、社会、个人抑或是非政府组织、企业等主体共同构成了治理网络，每个主体由于各自的属性不同、责任不同，作为网络节点承担着不同的角色与任务。就一国而言，在出境旅游突发事件的合作治理中，该国政府扮演"元"治理角色，在整个协调解决过程中起主导作用，统领全局；市场则以利益为导向，在旅游突发事件中施以调节作用；社会公益性组织以及个体志愿者自发参与突发事件的救援，协同政府进行工作；而游客在被卷入突发事件的同时，也成了整个事件治理过程中的重要一环，自救或救助其他游客，参与突发事件的应急合作治理。（2）公共价值。"经济人假设"作为经济学基础理论之一，同样适用于社会的其他领域。社会中的各个主体都在以追求个人利益为主要目的进行社会活动，即利益是社会网络主体采取行动的动力。而当网络中的各个主体有着共同目标、共同利益追求时，他们会以共同利益为目标，进行资源共享与置换，以实现共同目的、践行公共价值。也即，当某一出境旅游突发事件涉及多国多方利益时，相关主体会自发地达成某种协议、采取行动对受灾群众施以救援，践行公共价值以期实现共同目标。（3）协同行动。如果说社会网络的形成基础是各主体之间的关系，那么维系关系的纽带则是各行动主体之间建立的长期信任与互惠互利合作，它使得这种关系既不是松散易变化的市场交易，也不是结构稳定的科层级组织（Milton L.，2015）。所以，信任与合作是网络治理的基本运作机制，社会网络中的各个主体在相互信任的基础上平等对话协商，以期通过资源交换协同治理公共突发事件。当出境旅游突发事件发生在目的地国家时，客源地国家须与目的地国家在彼此信任的基础上相互协同合作，才能保证突发事件的顺利解决。（4）资源共享。作为网络治理关系建立的基础，资源共享贯穿整个社会网络治理过程，各行动主体为实现共同目标，在相互信任的基础上共享并交换资源，以确保结果的最大化、最优化实现。对于出境旅游突发事件合作治理而言，各行动主体在整个救援治理过程中按照比较优势原则各自发挥最大资源优势，以个体最小化代价实现共同最大化利益。（5）共同规则。在整个社会网络主体的行动过程中，各行动者必须遵循共同规则，以共同规则约束各主体的权利与义务。同样，为避免行动过程中产生摩擦，各区域、各国家、各行动主体亟须制定一个共同准则，规定并制约各个参与者在出境旅游突发事件治理中的责任与义务，保障救援治理工作的有序开展。

表6-9　网络治理理论核心内容

治理方式	网络治理
参与主体	多元主体：政府、社会、市场、个人
运作目的	共同价值
运作基础	信任与合作

续表

治理方式	网络治理
合作形式	资源共享
约束条件	共同规则
形式代表	战略联盟、虚拟企业

不同于将管理过分寄托于权威和指令、建立在严格等级制度基础之上的科层制，也不同于以自由竞争为基、用协议与契约进行治理活动的市场制（哈拉尔，1999），网络治理理论强调以多元主体的关系为基础，以信任与互利合作为纽带，打破传统的组织边界，通过共同规则约束参与者进行资源共享，从而实现共同价值。

（二）网络治理理论的应用

网络治理理论的核心要素与出境旅游突发事件应急合作治理要求不谋而合，其有效回答了跨区域、多层级旅游突发事件的救援合作问题，是出境旅游安全合作管理的圭臬。所谓出境旅游突发事件应急合作治理，是指不同国家间的政府、市场、社会、游客等多元主体，在共同安全利益和风险威胁的基础上，本着自愿原则，根据共同的契约约定，针对旅游突发事件的整个过程进行共防、共治和共担的合作行为，其涵盖了旅游应急处置全过程的深度合作。即网络治理理论是出境旅游突发事件应急合作治理的应有之义，图6-10即为网络治理理论在出境旅游突发事件应急合作治理中的应用。

如图6-10所示，在出境旅游突发事件的应急网络合作治理中，合作双方的政府、市场、社会、游客四个层面的多元主体在信任的基础上，以两国签订的合作协议、文件等为共同准则约束各行动主体的行为，从而使得各主体在预防、预警、响应、控制、恢复的旅游应急管理五个阶段进行资源共享，从而达成其所追求的出境旅游安全共同价值。

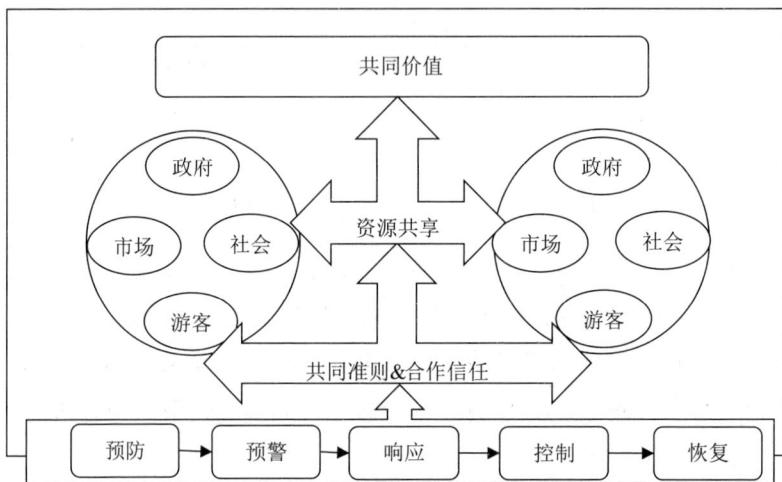

图 6-10　网络治理的理论应用模型

从政府层面，作为风险化解的主要主导者（颜烨，2007），政权范围内利益的维护者（赵定东，2011），以及旅游突发事件治理中责任的承担者（王宏伟，2010），政府在出境旅游应急合作治理网络的组建和协调方面义不容辞。关于共同价值，客源地政府必须维护本国公民的生命健康权益，因此维护本国公民的出境旅游安全是客源地政府的职责所在。同时，对于目的地政府来讲，"人道主义"原则和"属地管理"原则是各客源地国家和地区在国际交流与世界发展层面所遵循的共同原则，救助在当地遇险的国外游客是目的地政府的使命与义务。本着对游客安全的考量，各客源地国家和地区政府签订了区域层面、国家层面、府际层面的旅游安全协议，如《"一带一路"旅游合作成都倡议》《中泰磋商旅游安全合作》等。以旅游安全合作协议为约束准则，各客源地国家和地区政府在相互信任的基础上进行着旅游安全资源的合作共享，协同行动以保证各客源地国家和地区游客的出境旅游安全。

从市场层面，各出境旅游涉及的各类型企业为追求本企业的利益最大化，应当也必须参与到出境旅游的应急合作治理中，即利益最大化是各市场主体参与网络治理的共同追求。市场中的各行动者在政府部门的统一领导下，在市场机制的调节下，以合作的形式共享各方面资源，在旅游应急管理的各阶段发挥作用。例如，各旅行社在突发事件发生时进行涉事旅游者数据统计、涉事旅游者信息联系、危机信息预警、旅游者退票改签以及帮助旅游者归国等活动，各商业保险企业则在对遇险遇难游客的赔偿补助方面起主力军作用。当然，具有高度社会责任感的市场主体也会积极主动参与外围救援安抚工作，如开通救援热线服务、提供必要的救援设施设备及食物等，扩大救援治理网络，集中更多力量解决治理难题、提高治理效率。

从社会层面，社会各营利性和非营利性组织、志愿者团体以及个人凭借其较强的专业性、亲民的草根性、联系的广泛性及组织结构的灵活性等特点成为政府应对公共危机的重要合作力量（康伟，陈茜，等，2014）。充分发挥灵活性反应优势，在应急合作治理中参与专业性救援工作、于外围辅助救援、筹集并发放物资等工作都是社会层面的参与者力所能及的事情。诸如我国专业执行应急救援任务的志愿者队伍——公羊队，也如美国国际救援队（ATTI）等，都是充分发挥了民间专业救援能力，为社会特殊群体利益维护提供了极大的帮助。他们在政府的统一领导下、在市场的多元调节中协同进行突发事件的应急治理，推动治理网络的完善使其发挥最大化作用。

从游客层面，作为出境旅游突发事件的当事人，自救与互救是涉险游客的必经之路。自主型自救、求救型自救以及协作自救、互救等都是游客在突发事件发生时所进行的救助性行为方式。相较于政府、市场、社会、游客大尺度的网络治理结构，涉险游客在自主救援与互助救援中也形成了小规模的救援网络。大网络中嵌套着各个层面的小网络，共同构成了出境旅游突发事件应急合作网络治理体系。

如上述所言，出境旅游突发事件应急合作治理是高度复杂的合作体系，需要跨区域、跨部门，全方位、多领域地协调各层级多元主体，综合运用各方社会资源对突发事件进行处置安排。这与网络治理理论强调的"多元性"殊途同归，二者均要求多元主体之间以共同准则约束多方行为，在治理的各个阶段以信任为基础进行资源共享与资源互换，协同行动发挥"1+1>2"的系统效应，以期达到共同目标多元主体的利益最大化。如高可靠性组织理论认为，高韧性与高灵活性的组织更能够有效应对突发事件并进行应急响应，跨国界跨区域的旅游突发事件唯有网络结构才能更好地进行治理。

出境旅游突发事件具有高度的跨域性和复杂性（王薇，2016）。国内外旅游突发事件的应急案例表明，单独的行政区域难以有效预防和应对重特大危机事件（滕五晓，王清等，2017）。因此，我国一直在探索一条出境旅游突发事件的合作治理路线。从国家出境旅游安全整体合作层面来看，我国与各主要出境国家和地区共同协商，建立双方旅游突发事件合作的共同准则。如由于我国与泰国的出入境旅游往来密切，且我国公民在泰国发生的出境旅游安全事故显著高于其他国家，所以中泰双方政府高度关注两国的出境旅游安全合作治理工作。中泰战略研讨会、"中泰旅游友好协议"、《关于加强旅游市场监管合作的谅解备忘录》等都是双方政府在出境旅游突发事件的应急合作实践。而从突发事件合作治理的各个阶段上看，我国在每个阶段都在与各国相关部门保持密切沟通合作，以期在事故发生时快速高效救助受灾群众。在预防预警阶段，我国的各个国外领事馆始终关注其所在国家的安全动态，及时发布出境提示信息，提示中国公民注意出境旅游国家的社会安全态势。在应急响应与救援处置阶段，我国各政府机构及社会群体与出境国家通力合作，以中国政府为主导，中国驻当地大使馆、中国外交部、中国国家旅游局等国家机关与目的地政府部门、社会救援机构各司其职，共同助力出境旅游公民的救援工作。在善后处置阶段，我国各级政府、各省市公安局和旅游部门、出境旅游企业以及相关信息平台与目的地国家相关政府部门、社会机构以及各相关企业在中国国家旅游局的协调下合力开展善后处置工作，为我国出境旅游受难公民提供帮助与便利。

从单区域、专门部门应对到跨区域、跨层次、多领域、多元主体共同合作治理，网络治理在出境旅游突发事件应急合作治理中得到践行。同时，网络治理理论也在不断的实践中逐步发展成熟。从历来跨国旅游突发事件的应急处置案例中，学者们选择采用社会网络分析方法印证网络治理理论的实践应用，以此探讨出境旅游突发事件网络治理中各个主体所扮演的角色与作用（邹永广，林炜铃，2017；何月美，邹永广等，2018）。概括来说，学界通常采用中心度指标和社会网络关系图来分析旅游突发事件合作治理的社会结构，中心度大则表明该节点处于中心协调位置，反之则为边缘组织。从理论到实践不断探索使得网络治理理论与出境旅游安全合作治理不断契合，也为今后的实践提供强有力支持。

综上所述，网络治理在出境旅游突发事件应急合作治理方面是大势所趋。在政府层面，国家协同、区域合作、府际团结、部门配合，充分发挥旅游应急管理部门的综合治理优势和相关职能部门的专业处置强项，通力合作，实现政府之间的协同行动；在市场层面，出境旅游企业、旅游信息平台、旅游保险产品等出境旅游突发事件所涉及的产业链在国家政府的统一领导下，在市场"无形的手"的调节下，纷纷在出境旅游突发事件合作治理中发挥作用，成为合作治理中不可或缺的一环；在社会层面，公益性社会救援组织、营利性救援组织、志愿者团队、红十字会等社会各机构以人为本、充分发挥自身优势，在政府部门的统一指挥下加入救援治理行动中，协同各方主体参与出境旅游遇险公民的救助工作；在游客层面，出境游客在突发事件发生时应充分发挥主观能动性，在力所能及时加强个人防护、实施自主救援、互助合作帮助其他游客逃离险境、自主加入救援机构实施救助工作等。在出境旅游突发事件网络治理中，国家和地区合作，政府主导，公私协同，构建国家和地区间政府、企业、非政府组织、游客等多元主体共同参与的网络治理结构，实现各行动主体的互动协作。

二、出境旅游突发事件合作治理网络的现实条件

在网络治理理论的指导下，出境旅游突发事件合作治理网络的形成本质上是各国政府、市场、社会和游客等多元主体为了共同价值，在相互信任的基础上，以共同准则约束行动主体进行资源共享、协同合作的结果。结合相关研究，本研究认为出境旅游安全网络的形成主要受到出境旅游安全的共同追求、各级政府部门的合作协调推动、旅游安全管控的共同推进、旅游安全资源的空间共享和旅游安全事故的关联处置五个方面因素的影响，如图6-11所示。

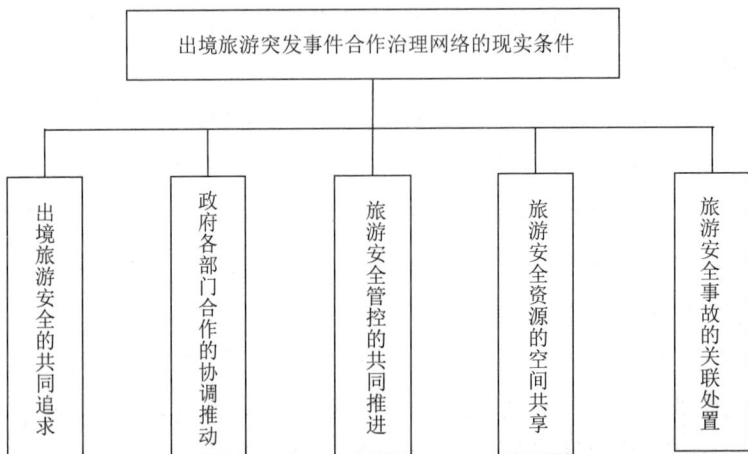

图 6-11　出境旅游突发事件合作治理网络的现实条件

（一）出境旅游安全的共同追求

出境旅游安全既是出境游客的基本要求，也是客源地国家、地区和目的地国家、地区各级政府等多元主体的共同追求。作为国际旅游顺利开展的前提，出境旅游安全既是国际旅游发展的根本性问题，又是旅游全球化的关键性问题（李柏文，2007），不仅关系到旅游目的地的正常运行，也影响着出境游客对目的地的信心，导致旅游客源地与目的地市场结构的巨大变化（戴林琳，2011）。因此，在客源地与目的地政府、市场、社会、游客的共同诉求下，出境旅游安全合作网络应运而生。

出境旅游突发事件合作治理网络的形成符合理性"经济人"假设。在政府层面，于客源地而言，遇险游客作为客源地的公民，理应受到政府部门的保护，保护出境公民安全既是公民的基本权利，也是各地政府的基本义务；而于目的地来讲，跨境游客的安全不仅涉及当地入境旅游业的持续稳定发展，也涉及地域间经济、政治、文化等多领域的交流合作，因此保障入境游客的人身、财产等安全是目的地国家的必由之路。在市场层面，出境游客安全与旅游企业的命运息息相关，当游客出现安全问题时，相关旅游企业是首要责任人，不仅需要支付赔偿金，影响企业正常运转，严重的甚至需要承担刑事责任。如在 2018 年 7 月 5 日的普吉岛沉船事件中，倾覆船只"凤凰号"便受到了法律的严厉处罚。在社会层面，社会各机构如社会救援组织、志愿者团队在"为人民服务"的宗旨下纷纷加入应急治理工作中，他们不求回报，旨在追求心目中的社会大义。而在游客层面，出境旅游安全关系到自身的生命健康，在旅游突发事件发生时，实施自救和互救是他们的必然选择。

具体来讲，出境旅游安全的共同追求可以从三个方面内容展开，分别是出境旅游突发事件发生的必然性与偶然性、目的地安全形象的展现、安全旅游环境的营造。

（1）出境旅游突发事件的必然性与偶然性。出境旅游具有高敏感性和高脆弱性，随着出境旅游目的地范围的扩大和突发事件类型的复杂化，加之全球旅游风险的频繁干扰，突发性安全事件是出境旅游难以避免的问题之一。具体而言，其一，突发事件受到"人"的因素的影响。作为社会运转中的独立个体，每个参与者的个性特点、社会需要、利益追求都存在着明显差异。正因为此，一些突发性事件如抢劫、绑架勒索等涉旅社会安全事件、"消费陷阱"、主客冲突等旅游业务安全事故屡屡发生。其二，旅游设施设备的折损。旅游相关设施设备广泛存在于出境旅游的全过程中，作为游客出行载体的旅游车辆，高危体验项目所涉及的设备安全等都是出境旅游安全的关键性议题。其三，自然灾害、新冠病毒等现象的发生与反噬。作为一个持续运转的星球，地球无时无刻不在发生变化，也正因为这些变化给我们的生产生活带来或大或小的影响。如因地壳运动产生的地震灾害、因气象变化带来的洪涝灾难等都威胁着出境游客的生命安全。当然，由于人类的过度开发，大自然回馈给我们的还有生物细菌、病毒等威胁到人体健康的沉重打击。2020年的新冠疫情便是如此，犹如晴天霹雳严重威胁旅游业尤其是跨境旅游业的正常运转。此外，突发事件的偶然性和不确定性也使得各级主体必须时刻保持警惕、广泛参与治理、协同进行救援，共同维护出境游客的生命、财产安全。

（2）目的地安全形象的展现。目的地形象是国家形象在某一特定领域的具体化呈现，二者存在相互影响关系（张静儒，陈映臻等，2015）。目的地安全作为目的地形象的一部分，也影响着目的地国家形象的展现。众所周知，安全的旅游环境对目的地国家形象的塑造具有重要影响。具体来说，安全的旅游环境是目的地社会稳定的体现，也在一定程度上映射了目的地国家经济、社会和文化环境，是向客源地国家乃至世界展现国际形象的窗口。另外，突发事件的应急治理情况也关系到国家形象的国际性展现。一个国家之所以能屹立于世界之林，不仅在于其维护现有公共秩序的能力，也在于其快速高效解决问题的能力。问题处理能力从侧面反映出一个国家的经济政治实力，强有效地塑造了国家的对外形象。

（3）安全旅游环境的营造。旅游环境安全对于目的地和客源地而言都至关重要。于目的地国家（地区）而言，出境旅游环境与出境游客的目的地选择、目的地旅游体验高度相关。安全的旅游环境影响到该国家（地区）旅游业的生存与发展，出境旅游环境越安全，游客的选择概率越高，当地的出境旅游业发展越好。于客源地国家（地区）而言，目的地旅游环境安全与本国公民的生命安全息息相关。出境旅游环境越安全，目的地公民的生命安全越有保障。

综上所述，出境旅游安全之于目的地和客源地国家（地区）同等重要，是出境旅游突发事件合作治理网络形成的基础。

（二）政府各部门合作的协调推动

各国各级政府间的旅游合作是形成出境旅游突发事件合作治理网络的主要动力。旅游合作是推动出境旅游协调发展的重要途径，而出境旅游安全合作作为旅游合作中的重要内容和内在要求，需要各国（地区）、各级政府部门通力合作，共同建立旅游突发事件应急治理体系，从而在突发事件发生时及时应对、快速救援、减少人员财产损失。

具体来讲，政府各部门合作的协调推动可以从突发事件的协同解决、安全旅游环境的联合保证、新冠疫情等国际性突发卫生事件的共同防护三个方面内容展开说明。

（1）突发事件的协同解决。在出境旅游安全管理中，由于突发事件的偶然性、不确定性以及涉事游客的多元性等特点，突发事件应急解决需要跨层级、多领域、各部门的相互协作。以2018年泰国普吉岛沉船事件为例，在事发时的救援行动中，中国驻泰国领事馆与泰国政府统一指挥、相互协调，泰国海军、空军、水警、旅游警察等政府部门和中方外交部、文旅部、交通部、涉事地级政府等协同行动，共同参与中国游客的救援、善后过程，以此助力突发沉船事件的顺利解决。无独有偶，马来西亚失联船只事件的顺利解决同样离不开马来西亚各级政府部门与我国政府的协同行动，中国外交部、驻马来西亚大使馆、国家旅游局、交通运输部以及各地市级政府部门、公安部门与马来西亚政府、外交部、旅游局、海警局、皇家海军等各机构联合行动，协作推动突发事件的圆满解决。因此，唯有政府各部门的协同合作，才能推动突发事件应急合作网络的构建，保证应急治理的顺利进行。

（2）安全旅游环境的联合保证。旅游环境安全需要各国（地区）各级政府的共同打造。一是对于客源地政府来说，旅游部门、交通部门、市场监督部门合力对出境旅游市场进行监察管理，营造安全的国内出境旅游市场。同时，驻外大使馆、驻外旅游局办事处监督出境市场的安全状况并及时更新国外旅游环境的安全状况。二是对于目的地政府而言，各级政府通力合作构建安全的出境旅游市场并且及时通报出境游客的安全状况，共同助力构建安全的出境旅游环境。

（3）新冠疫情等国际性突发公共卫生事件的共同防护。突发卫生事件属于国际性议题，需要各国政府部门的协同防护，共同应对。以新型冠状病毒感染（Corona Virus Disease 2019，COVID-19）为例，新冠病毒来势汹汹，彻底扰乱了出境市场的格局。一时间，出境旅游接连停止、国外机场防护提示不断、政府部门的预防条例层出不穷，各国（地区）各级政府纷纷加入新冠病毒的防护工作中，合力遏制新冠病毒的全球化蔓延与扩散。

各国家（地区）、各政府部门在构建旅游合作机制、签订旅游合作协议中，不单单要考虑如何促成区域间资源共享、客源互送等互惠合作，实现跨区域旅游业的共同发展，也要在完善旅游安全信息监测预报和共享、构建旅游突发事件应急协调处置机制、共同监管旅游市场秩序和旅游投诉等旅游安全合作方面进行重点考量。在各政府部门的协调合作中，我国驻外大使馆在完善旅游安全信息监测预报与共享和突发事件应急处置的工作中承担了重要工作：一是驻外领事馆会及时发布出行提示，提醒国内出境游客注意目的地国家的安全局势；二是当突发事件来临时，驻外大使馆首当其冲，成为国内外双方救援人员协同行动的主要协调者。而在共同监管旅游市场秩序和旅游投诉方面，各国（地区）旅游部门和市场部门则是主要负责人，承担旅游市场的监督监管责任。

（三）旅游安全管控的共同推进

国家间旅游安全风险的联防联控是形成突发事件旅游安全合作网络的重要推力。客源地游客在目的地国家（地区）会时常遭遇旅游安全事故，除了常见的如地震、火山爆发等涉旅自然灾害事件以及占比较高的车祸、船只倾覆之类的旅游事故灾难，也有如消费陷阱、滞留机场等旅游安全业务事故，当然也不乏新冠疫情、食物中毒等社会卫生事件和绑架勒索等社会安全事件。这些旅游事故都严重危害到了出境游客的生命、财产安全，也影响着目的地国家（地区）的旅游形象，需要目的地国家（地区）与客源地国家共同监管，营造安全、健康的旅游市场环境。

为切实解决两地存在的共同难题，营造安全的旅游环境，各国（地区）各级政府需针对客源地游客在目的地时常发生的旅游安全事件和游客经常投诉反馈的问题对症下药、进行有效监管和治理。如在旅游安全业务事故的治理中，客源地和目的地国家和地区需加强旅游市场的监督管理工作，以法律协议规定市场主体的责任和义务，当旅游从业人员出现问题时要做到有法可依、有法必依、执法必严、违法必究。而在社会卫生事件的防控工作中，政府、市场、社会、游客等多元主体需要协同合作，严防卫生事件的社会性传播。具体可以从以下两个方面展开。

（1）旅游安全合作机制的搭建。旅游安全机制作为出境旅游突发事件安全管控的基础性任务，需要各国各级政府相互协商、共同制定。为提高应对突发事件的能力和效率，各国政府在签订双方旅游合作协议时需着力对旅游安全合作机制进行协定、共同监管出境旅游市场突发事件的发生—解决全过程。如中泰战略研讨会、"中泰旅游友好协议"、《关于加强旅游市场监管合作的谅解备忘录》《中泰磋商旅游安全合作》等都包含着中泰双方关于出境旅游安全的协定。同样，《"一带一路"旅游合作成都倡议》也有异曲同工之妙，其以旅游安全合作协议作为"一带一路"沿线国家的约束准则，各国政府在相互信任的基础上合作搭建旅游安全应急机制，协力推进出境旅游市场安全管控工作。

（2）现实问题的解决。以旅游安全合作机制为行动准则，如何有效应用于实践也是推进旅游安全管控的重要内容。在预防预警阶段，各国政府、旅游部门、外交部、气象部门联合监控出境旅游市场安全态势，在旅游质监、市场环境管控、突发事件监察方面做到准确预警、及时通报。具体来说，首先，各管理主体应积极对出境安全风险进行识别、分类、评估，针对风险特点、程度从多个信息渠道发布预警信息，提醒我国出境游客、驻外企业提前采取安全措施（梁国鹏，2019）。其次，针对突发事件的不确定性和动态性，提高两国在信息和知识方面的共享共建，从目的地国和驻外使馆处获得最新最有用的突发事件信息，做出具有前瞻性和有效性的突发事件预测，对执行部门传达最正确的示警。最后，关于安全信息的碎片化问题，在应急预防阶段提前组建多条稳定通达的信息沟通渠道，建立应急信息中心则是高效处理突发事件的基本保障。

因此，出境旅游双方政府在相互协商的基础上共同构建的旅游质监、联合执法检查、无障碍投诉等联防联控工作机制，不仅是保障出境旅游安全、营造安全旅游环境的重要法宝，也是形成旅游安全合作网络的重要推力。

（四）旅游安全资源的空间共享

旅游安全资源共享是构建旅游安全合作网络的重要吸引力。由于资源的稀缺性和地域差异性，旅游突发事件应急合作需整合一切可利用的资源，从而实现资源共享、协同发展。同理，资源之于各个国家（地区）而言也存在分布不均的情况，包括旅游安全资源。按照突发事件合作治理的流程可将旅游安全资源分为安全信息、安全救援设施、安全治理能力共三方面。

（1）安全信息共享。游客作为出境旅游突发事件应急合作治理网络中的"弱势群体"，组织化程度低、获取信息的能力、渠道单一，因此需要各国和地方各级政府部门、市场企业、社会机构等多元主体进行及时的安全信息共享。在政府层面，各国政府在安全信息监管及发布中起主导作用，是出境旅游安全信息探测、监控、整合、预警的主要责任主体。在市场和社会层面，企业和各社会机构主要起上传下达作用，承接政府部门的预警信息，协助弥补政府部门示警工作中的缺漏，点对点向游客发布出境旅游安全注意事项，提醒出境游客提高甄别能力，遵守当地法规，加强安全防范；同时在应急响应和善后恢复阶段，企业和各社会机构承担为涉险游客联系家属等工作。综上，在突发事件各应急治理阶段组建多条稳定通达的信息沟通渠道，进行安全信息共享，有利于应急治理网络的形成。

（2）安全救援设施共享。"一方有难，八方支援"，突发事件的偶然性和破坏性使得单一部门无法及时进行救援设施的筹措，需要各国和地区各行动主体进行资源共享，为前线救援行动提供充足物质保证，助力应急处置工作的开展。由于资源禀赋差异，各国和地区在救援物资的储备方面存在不同。比如，沿海国家和地区善于水上救援行动，相关设备贮存充足，可以在海上救援合作中共享水上救援物资；内陆国家和地区物产丰富，粮食、衣物等资源充足，可以在应急治理合作中进行后勤保障工作；科技发达国家和地区则可以在应急治理的各阶段提供高科技设备和先进的技术支持，共同推动应急治理工作的进行。

（3）安全治理能力共享。由于经济发展状况、社会政治环境存在差异，各国政府部门、企业、社会机构的突发事件应急治理能力各有所长，因此安全治理能力的共享必不可少。比如，治理能力和治理体系不够完善的经济欠发达国家（地区）可以寻求治理经验丰富的国家（地区）政府部门、企业、社会机构施以援手，协助突发事件应急合作治理工作的开展，即依托高治理能力的行动主体，通过"借势"的方式进行资源共享、治理合作。

由于各国各区域间经济发展状况不同，旅游安全资源禀赋存在差异。另外，根据自身国情，各国在旅游安全资源的投入方面也各有不同，导致部分经济发达、旅游业发展态势良好的国家（地区）旅游安全资源富足，而经济欠发达国家（地区）的旅游安全资源投入明显不足。各国和地区在出境旅游突发事件的合作治理中为达成合作、实现共同治理目标，必须投入各自的比较优势资源，进行资源共享，以实现多方利益最大化。

因此，为实现出境旅游安全的共同追求，国家和地区间必须在信任与合作的基础上构建共享制度以达成资源的共享目的。比如协议成员间达成的旅游安全信息共享机制，实现了旅游安全信息监测共享、互报互送工作；部分相邻国家（地区）间还构建了旅游救援物资的应急共享机制，以期达成突发事件快速救援的目标。

（五）旅游安全事故的协同处置

旅游安全事故的协同处置是形成旅游安全合作网络的必然要求。由于旅游市场互通和客源互送机制的形成，两地游客分别在所在区域发生的旅游安全问题，需要部门间共同协调处置。具体来说，在旅游突发事件的应急救援处置中，客源地与目的地救援机构在双方政府临时组成的应急救援指挥部的统一领导下，各级政府机构、相关职能部门、社会组织等纷纷发挥作用，如海陆空军队联合公安局、各社会组织以及志愿者团队合力开展搜寻救援工作，以期实现遇险人员的快速搜救，减少人员伤亡。除此之外，市场相关企业也纷纷加入应急处置工作，如涉险旅游企业的快速救援游客行动、旅游保险企业的及时理赔工作，以及部分具有高度社会责任感企业的自发加入等，都给应急治理工作带来了极大帮助，共同构成了旅游安全事故的协同处置网络。而协同处置网络的形成少不了以下三个方面原因的推动。

（1）出境旅游突发事件的不确定性。突发事件的不确定性主要体现在以下方面。其一，突发事件的偶然性使得单一领域、单一机构无法进行准确预测，需要跨领域、多部门机构共同关注、联合应对。其二，游客主体的多样性与流动性特点致使出境旅游突发事件的涵盖面和伤亡率难以准确把握，需要各级政府部门、市场企业主体、社会机构时刻准备、及时加入救援工作，防微杜渐，遏制事件的扩散与发展。

（2）出境旅游突发事件的强影响性。突发事件存在的链状衍生性和信息不充分性问题导致其涉及领域广、影响范围大，需要区域间各行动主体应急联动、协同工作，共同助力突发事件的应急处置。以涉旅自然灾害为例，当自然灾害发生时，目的地国家（地区）的经济、社会都会受到巨大影响，尤其是次生灾害的发生对目的地国家（地区）的受灾程度具有加深作用，更遑论出境游客。此时，突发事件牵涉到目的地国家（地区）全行业、多领域的正常运转，需要当地政府部门的跨层次、全方位处置。而由于突发事件涉及客源地国家（地区）公民，基于保护本国公民生命安全的责任和义务以及国际交往间的"人道主义"原则，客源地国家（地区）需向受灾国家（地区）提供帮助，从救援处置、资源共享等方面协同参与突发事件的应急治理。

（3）出境旅游突发事件的跨区域性。出境旅游突发事件涉及的人员来自不同的区域，需要各区域政府、市场、社会机构协商应对。首先，出境旅游突发事件涉及目的地国家（地区）的出境旅游环境建设和客源地国家（地区）公民的生命财产安全，需要区域协同、关联合作。其次，旅游突发事件在政府层面属于各国外交部门、旅游部门、交通部门、应急管理部门以及涉事人员所属地市级政府的职责范围，需要各国各级政府机关联合行动，共同解决突发事件难题。最后，出境旅游突发事件与各国的市场主体高度相关，目的地国家（地区）与客源地国家（地区）的旅游企业在应急合作处置中具有义不容辞的责任与义务。另外，由于出境旅游突发事件的跨区域性，各国社会组织也会加入应急救援合作中，共同助力突发事件应急合作治理网络的形成。

目前，我国已与部分国家（地区）构建了针对旅游安全意外事故和突发事件的应急处置和善后处置机制，为更好地实现和打通客源地与目的地旅游安全一体化管控提供了极大便利。

综上所述，在网络治理理论的指导下，结合具体实践需求，出境旅游安全的共同追求、各级政府部门的合作协调推动、旅游安全管控的共同推进、旅游安全资源的空间共享和旅游安全事故的关联处置共五个方面共同推动了出境旅游突发事件应急合作治理网络的形成。

三、旅游安全合作网络关系模式

在有关合作关系模式的研究中，学者试图采用经济优化理论、治理理论等提出组织网络、管理网络等合作治理模式。这些合作模式仅仅是简单地描述治理的形式，并没有从合作网络及网络关系的角度提出一种能够较准确预测合作结构和合作网络有效性的网络治理模式。Provan 和 Kenis（2008）基于四个关键的结构性和相关性要素（合作主体间的信任、网络规模、目标的一致性和任务的性质）提出了三种合作治理模式：共享型治理（Shared Governance）、领导型治理（Lead Governance）和网络行政型治理（Network Administrative Governance）。共享型治理是合作成员共同构成治理网络，成员间交互作用，信任度较高，且网络高度密集、灵活但不稳定；领导型治理是网络密度较低，但具高度中心化，合作成员间依托一个核心成员来领导；

网络行政型治理是由网络外部的组织对网络进行治理，该类型网络密度适度，目标的一致性也较高，往往是合作成员自发组织或由外部的某个独立机构授权管理，类似于第三方治理模式（Provan 和 Kenis，2018）。共享型、领导型和网络行政型治理模式是从合作网络关系视角，为合作治理提供了治理路径。

从合作目的和本质来看，合作治理一般是理性的政府主体，基于各自的合作目的出发构建的网络的关系。马捷等（2014）认为地方政府合作主要包括资源交换的"交易关系"、目标驱动的"竞争关系"和共同收益的"合作关系"三种类型（马捷，锁利铭等，2014）。结合旅游安全合作内容分析，旅游安全合作更多的是资源共享、共同收益的"合作关系"，而非纯粹实现规模经济收益的"交易关系"和"竞争关系"。

综合上述，从我国与其他国家（地区）的旅游安全合作内容、旅游安全合作的网络结构、旅游安全合作网络的现实条件来看，旅游安全合作模式可以归为四种类型。

（一）"借势"领导型合作模式

"借势"领导型合作即依托具有比较优势主体展开的合作。具体来说，"借势"领导型合作模式以强势目的地国家（地区）为主导，各参与国家（地区）配合行动，通过协调推动，协同推进和资源互补，以主导国家（地区）的释放带动作用实现整体优势的最大化发挥。在出境旅游突发事件的合作治理网络中，旅游安全治理体系、治理能力、治理资源的弱势客源地国家（地区）依托强势目的地主体在突发事件预防预警、响应控制和善后恢复的各个阶段通过签订合作协议、共建安全管控平台、实现资源互补、协作关联处置进行突发事件的综合治理。

依托出境旅游突发事件合作治理网络的现实条件，"借势"领导型合作模式中的各国家（地区）主体在出境旅游安全的共同追求、各级政府部门的合作协调推动、旅游安全管控的共同推进、旅游安全资源的空间共享和旅游安全事故的关联处置方面的作用程度存在强弱差异，如表6-10所示。在出境旅游安全的共同追求层面，"借势"领导型合作由于参与主体实力存在差异，且双方合作关系仅拘泥于单次突发事件的应急治理，缺乏其他方面的外延性深入合作，因此出境旅游安全的共同追求对合作双方的影响力度较弱。此外，在出境旅游突发事件合作治理体系的其他方面，"借势"领导型模式的合作程度同样不够深入，原因在于旅游安全管控和旅游资源共享需要强有效的治理体系和强有力的经济基础支撑，当双方在治理能力方面的差异较大且没有利益关系时，协同合作关系难以维系，主导——依附关系应运而生。综上所述，合作双方实力悬殊促使"借势"领导型合作模式的产生，而两国之间的合作表层化则使得该种模式具有单次性和易散性的特点。

从实践层面考量，中国与美国、英国、日本、韩国等国家的旅游安全合作即为"借势"领导型合作模式。由于目的地国家安全资源丰富、治理体系完善、治理水平较高，以目的地国家政府为主导，我国协同参与是双方的主要合作模式。由国家政府牵头、双方旅游部、外交部和驻外领事馆承办，开展旅游年、旅游安全座谈会、签署旅游合作协议等是双方政府部门在合作协调方面的努力，如"中美旅游年旅游合作和旅行安全"座谈会、签署《中美旅游合作行动计划》等活动，在一定程度上规范了多元主体的治理行为，保障安全合作网络的顺利构建。发布出行提示信息是"借势"领导型合作模式在安全管控方面的简要尝试，而协作救援则是该合作模式的主要目的和实践重心。

表6-10 "借势"领导型合作模式分析

现实条件	影响作用程度	合作内容	网络合作治理的主体		可能的对象（具体的国家和地区）
			中国大陆	境外	
出境旅游安全的共同追求	弱	协作救援	—	—	美国、英国、新西兰、日本、韩国等发达国家
各级政府部门的合作协调推动	中	开展旅游安全座谈会 签署旅游合作行动计划	文旅部、中国驻外领事馆	外国政府旅游部门	
旅游安全管控的共同推进	弱	发布出行提示	文旅部、中国驻外大使馆	—	
旅游安全资源的空间共享	弱	安全资源互补	—	—	
旅游安全事故的关联处置	中	协作救援	外交部、驻外大使馆、涉事企业、志愿者	海陆空军队、警察等救援部门、医院、保险公司等市场企业	

综上所述，"借势"领导型合作模式是以实力强劲的目的地国家为依托展开的应急合作治理行动。由于双方的合作程度较弱，因此该合作网络具有单次性和易散性的特点，可以通过加强两国各方面的合作力度演变为"抱团"共享型合作模式。

（二）"地缘"相邻型合作模式

"地缘"相邻型合作即因主体地理区位相近而展开的协同合作。"地缘"相邻型合作的主要特点在于合作双方的地理位置较近，旅游突发问题相似程度高，便于协同行动，容易发挥出"1+1>2"的合作优势。为切实解决国家间、区域间共同存在的难题，"地缘"相邻型合作双方相比于其他合作模式更容易在旅游质监、联合执法检查、无障碍投诉等联防联控工作中节约协调成本、发挥合作优势，营造安全的旅游环境，实现旅游安全共同管控。

从出境旅游突发事件合作治理网络形成的现实条件角度观之，"地缘"相邻型合作模式中的各主要国家凭借"地缘"优势在应急治理中的合作程度较深，如表 6-11 所示。具体来说，合作双方在应急治理中的五个方面都呈现中等作用程度。在出境旅游安全的共同追求方面，由于突发事件的波及范围较广、合作双方地理位置较近，因此营造安全的出境旅游环境是两国的共同追求，而由于双方并未形成战略联盟，所以共同追求程度为中等。同理，一方面，合作主体地理位置相近、区位条件相似使得各行动主体在合作的各层面联系较深；另一方面，由于双方合作密切程度有待提升，尚未形成联盟体，所以"地缘"相邻型合作模式的各方面合作程度为中等，属于结构较稳定的合作治理网络。

"地缘"相邻型合作模式是中国与新加坡、马来西亚、菲律宾等周边国家旅游安全合作关系的高度凝练。以马来西亚为例，我国与马来西亚因为地理位置相近，致力于合力打造良好的出境旅游环境，促进双方旅游市场的发展。因此，双方政府在国家层面做出了较大努力。在政府部门的合作协调推动下，双方领导层在旅游安全相关治理体系的构建方面进行深入谈话与口头协议、开展"文化旅游年"、签订安全合作协议等，致力构建有效的突发事件应急合作治理体系。而在旅游安全管控方面，邀请中方领事馆成员对重点旅游区域进行安全检查则是马方旅游安全合作方面诚意的体现。此外，对突发事件应急处置时的资源共享与联合处置也因为双方区位距离较近更加容易开展。

表 6-11 "地缘"相邻型合作模式分析

现实条件	影响作用程度	合作内容	网络合作治理的主体		可能的对象（具体的国家和地区）
			中国大陆	境外	
出境旅游安全的共同追求	中	营造良好的旅游环境	—	—	新加坡、马来西亚、菲律宾等国家
各级政府部门的合作协调推动	中	文化旅游年 签署旅游合作行动计划 领导层沟通	文旅部、中国驻外领事馆	外国政府旅游部门	
旅游安全管控的共同推进	中	重点旅游区域安全巡检	中国驻外领事馆	旅游部门、警察局	
旅游安全资源的空间共享	中	安全信息、物资、救援人员的共享	中国驻外领事馆、企业、志愿者等	外国政府、旅游部门、警察局等	
旅游安全事故的关联处置	中	协作救援	外交部、交通部、旅游部、驻外大使馆、地市级政府、涉事企业、志愿者	国家政府、海陆空军队、警察等救援部门、旅游局、医院、保险公司等市场企业	

综上所述，因双方地缘关系密切，"地缘"相邻型合作模式在旅游合作治理网络形成的各现实条件的推动下形成并开展。地缘关系是该种模式形成的主推力，也在一定程度上保证了此类合作模式的稳定性。

（三）"抱团"共享型合作模式

"抱团"共享型合作在合作主体高度信任的基础上展开，合作双方构成战略联盟，具有紧密的合作网络关系，不仅在客源互送方面进行合作，在旅游安全资源的空间共享、关联处置等方面都具有深层次的合作关系（见表6-12）。"抱团"共享型合作通常在紧密的战略联盟基础上协同行动，合作双方不仅在地缘关系方面存在紧密联系，在其他如经济、政治、文化等方面的交往也相当密切。

从出境旅游突发事件应急合作治理网络形成的现实条件来看，由于战略联盟关系的形成，合作双方在共同的出境旅游安全追求下，各国家（地区）、各区域、各级政府部门在友好深入协商的基础上对出境旅游安全合作机制进行协定，共同监管出境旅游市场，无条件进行旅游安全资源的合作共享，并在突发事件应急处置方面协同行动，形成高稳定性的出境旅游安全合作网络、快速有效治理出境旅游突发事件。

在中国出境旅游突发事件的应急合作治理网络中，中国大陆与港澳台地区的旅游安全合作关系完美阐释了"抱团"共享型合作模式。中国大陆与港澳台地区不仅在政治、经济、文化、社会等方面始终保有坚不可摧的合作关系，同时在出境旅游安全方面也始终坚守"一体化"思维模式，共同搭建出境旅游应急合作治理体系、治理网络。在出境旅游突发事件应急治理的各个阶段，中国大陆与港澳台地区始终密切联系、协同行动，致力于构建安全的出境旅游环境，展现中国的大国形象与大国担当。

综上所述，"抱团"共享型合作模式的形成条件相对苛刻，需要合作双方在深度信任的基础上拥有高度一致的出境旅游安全追求、跨领域的政府部门协调合作、全方位的旅游安全监管合作、全行业的旅游安全资源共享以及强有效的旅游安全事故关联处置行动。正因为此，该合作模式具有超高强度的稳定性和灵活性，有效减轻了出境旅游突发事件的危害程度。

表6-12 "抱团"共享型合作模式分析

现实条件	影响作用程度	合作内容	网络合作治理的主体		可能的对象（具体的国家和地区）
			中国大陆	境外	
出境旅游安全的共同追求	强	构建安全的出境旅游环境	统一指挥 跨领域、多部门、全行业协同治理		中国港澳台地区
各级政府部门的合作协调推动	强	旅游安全合作协议 应急管理制度			
旅游安全管控的共同推进	强	统一监管 及时反馈			
旅游安全资源的空间共享	强	全方位 多领域			
旅游安全事故的关联处置	强	协作救援 救援主体的高度契合			

（四）"问题"解决型合作模式

"问题"解决型合作是以共同解决问题为宗旨展开的合作模式。合作双方以"解决问题"为导向，致力于完善治理网络、快速有效解决二者面临的共同难题（见表 6-13）。"问题"解决型合作模式之于出境旅游突发事件应急合作治理网络而言，其以解决突发事件为主要目的，通过跨国家（地区）、跨领域的多部门合作共同维护出境旅游市场秩序、提高跨境旅游安全意外事故或突发事件治理水平和治理能力。

在出境旅游突发事件合作治理网络形成的现实条件推动下，各合作主体始终保持着高度一致的解决出境旅游安全问题需求，各级政府部门、市场主体、社会机构在两国友好协定的基础上共同推进旅游安全管控工作和旅游安全资源共享模式，尤其在突发事件的应急合作处置方面保有高度一致的深层次协同行动。"问题"导向型应急合作治理网络具有焦点性和即时性特点，合作双方主要关注于问题的处理与解决，对于其他方面的合作缺乏考量。当然，以突发事件的"问题"解决型合作外延到出境旅游其他方面的深入合作是各国各机构乐见其成的合作方式。

在中国出境旅游往来强度较大的国家（地区）中，泰国的出境旅游突发事件发生概率一骑绝尘，是我国出境旅游安全事件发生的高聚集地。正因为此，以处理突发事件为目的、以营造安全的出境旅游环境为宗旨，中泰双方形成了"问题"解决型合作网络。在政府部门的合作下，双方进行了中泰战略研讨会，并签署了"中泰旅游友好协议"、《关于加强旅游市场监管合作的谅解备忘录》等旅游安全合作协定，以双方深度合作推进旅游安全监管工作，并在应急关联处置阶段充分发挥各主体优势，通过人力、物力、财力等多方面的资源共享助力解决出境旅游突发事件。此外，印度尼西亚与我国之间的合作关系也属于该模式。

综上所述，"问题"解决型合作模式的核心在于"解决问题"，通常存在于旅游往来密切且旅游安全事故高发的国家（地区）之间。该合作模式的目的性较强，以"问题"为导向，在出境旅游突发事件发生概率降低时会逐渐瓦解。

表 6-13　"问题"解决型合作模式分析

现实条件	影响作用程度	合作内容	网络合作治理的主体		可能的对象（具体的国家和地区）
			中国大陆	境外	
出境旅游安全的共同追求	强	解决出境旅游突发事件治理问题	—	—	泰国、印度尼西亚等国家（地区）
各级政府部门的合作协调推动	强	战略研讨会、"旅游友好协议"、《关于加强旅游市场监管合作的谅解备忘录》	文旅部、中国驻外领事馆	外国政府旅游部门	
旅游安全管控的共同推进	中	旅游质监、联合执法检查　重点旅游区域安全巡检	中国驻外领事馆	旅游部门、警察局	
旅游安全资源的空间共享	中	安全信息、物资、救援人员的共享	中国驻外领事馆、企业、志愿者等	外国政府、旅游部门、警察局等	
旅游安全事故的关联处置	强	协作救援	外交部、交通部、旅游部、驻外大使馆、地市级政府、涉事企业、志愿者	国家政府、海陆空军队、警察等救援部门、旅游局、医院、保险公司等市场企业	

　　无论是"借势"领导型、"地缘"相邻型、"抱团"共享型，还是"问题"解决型合作关系模式，都将使合作主体拥有更广阔的平台和市场空间，能更大范围地进行信息和资源共享，特别是在旅游互联互通和区域高度融合"一体化"的大背景下能更好地实现旅游安全环境共建，旅游安全信息共享，隐患控制互鉴，风险预警互通，应急救援联合以及恢复与重建互助等深度合作。

第七章　中国公民出境旅游突发事件应急合作治理机制与路径

通过剖析国外应急合作典型案例的成功经验，按照应急处置流程范式推演，建构应急合作治理机制。本章研究内容主要包括：建构涵盖预防、预警、响应、控制和善后的完整的应急合作动态治理机制；提出应急合作治理的落地需要具体的具有实操性的实现路径，并分别从政府、市场、社会和游客四个层面阐述在应急合作治理网络中各阶段的功能和角色，以及治理路径。

第一节　中国公民出境旅游突发事件应急合作治理的机制：应急处置范式的推演

全球化不断加深使出境旅游越来越受中国公民的青睐，但随着出境旅游人数持续攀升、出境旅游项目花样繁多，中国公民在国外遭受的旅游突发事件数量逐日递增，应对难度也提升了好几个层次。数据显示近年来我国旅游安全事故多发于东南亚国家，且每年都会造成上百名中国公民的意外身亡。例如，2020 年 9 月 7 日，泰国芭堤雅五名武装人员闯入中国游客住宅区抢走大量现金、物品[①]；2020 年 1 月 21 日，菲律宾长滩岛载有 12 名中国游客的游

---

① 中国网. 中国游客在泰国芭堤雅遭多名武装人员抢劫［EB/OL］. http://henan.china.com.cn/news/2020−09/08/content_41287042.htm.

船遭遇强风后侧翻，致一名中国公民死亡，3 人受伤①。加之新冠感染疫情全球大流行，出境旅游的公共卫生风险也大大增加，2020 年 2 月 15 日，一名 80 岁男性中国游客在法国因新冠感染去世②。如上述所说出境旅游突发事件频出，而跨境又导致了中国对出境突发事件的管理和救援之手"不能伸得太长""没法伸得太快"这一困境，因此，建立完善的中国公民出境旅游突发事件应急机制，保障中国公民出境时生命财产安全迫在眉睫。

一、应急合作治理机制的范式推演

出境旅游突发事件应急合作机制是为防止出境公共卫生事件、自然灾害事件、社会安全事件或事故灾难威胁出境游客生命健康和财产安全，而采取的应对措施集合成的相对应的机制体系（穆丽，2020），目的是降低跨越国境、损害我国公民出境安全的重大突发事件的爆发。学者们从不同视角针对不同类型的危机事件做了大量研究。斯蒂文·芬克在《危机管理：对付突发事件的计划》中从危机周期的角度切入，首次提出危机具有征兆期、发作期、延续期和痊愈期四个阶段的生命周期理论（Steven，1986）。米特洛夫和皮尔逊从企业危机管理视角提出了信号侦测期、准备和预防期、损害控制期、恢复期和学习期的五阶段模型（戴卫东，余洋，2021）等。虽然有大量关于危机事件治理机制和相关知识的探讨——其中不乏针对旅游突发事件的文献，但针对建立跨越国境的旅游安全应急机制的内容还不完备。本研究通过分析大量出境旅游安全突发事件应急案例，提出了中国公民出境旅游突发事件应急合作治理机制的模型——包含预防、预警、响应、控制和善后五个子机制，且以 2013 年 9 月 14 日海航"海娜号"邮轮滞留韩国这一案例来详细说明中国公民出境旅游突发事件应急合作治理机制。

---

① 新华网.菲律宾长滩岛发生翻船事件致一名中国游客死亡［EB/OL］. https://news.sina.com.cn/w/2020-01-21-doc-iihnzahk5601125.shtml.

② 新京报.法国出现首例新冠肺炎死亡病例系中国公民［EB/OL］. https://www.360kuai.com/pc/94cee5da38b9edc57?cota=3&kuai_so=1&sign=360_57c3bbd1&refer_scene=so_1.

2013 年 9 月 14 日，海航集团旗下"海娜号"邮轮被韩国济州地方法院扣留，起因是海航旗下大新华公司与沙钢船务发生的租船经济纠纷（王珏，2015）。从 14 日游览中被扣留船只到 17 日安全离港，四天时间内海航和我国驻济州总领馆针对该事件的措施有应对得当的地方，也有处理欠妥之处。早在 2012 年沙钢船务向英国伦敦仲裁庭申请追回大新华租船欠款，而海航集团对此熟视无睹埋下隐患，属应急预防不当；沙钢船务多次索要拖欠租金，海航集团资金安全链问题被大肆探讨，而该集团并未借此反思集团内部管理，属应急预警系统失灵；船只被扣后持续十多个小时未向游客公布扣留原因导致游客人心不稳，属应急响应不及时；中国驻济州总领馆及时发布信息以及海航集团组织法律专员前往济州法院办理手续以及开通 24 小时求救热线和免费长途等积极行为，属有效应急控制；"海娜号"离港后海航集团提出对游客的补偿措施以及积极面对经济纠纷、试图尽力恢复集团名誉的行为，属事后恢复的有效措施。

见微知著，从出境旅游突发事件的应急处置案例当中抽取其共性，就不难发现通过对突发事件的提前预防，可以将大量突发事件扼杀在萌芽状况；在突发事件出现苗头的时候及时预警，也有机会阻止突发事件进一步扩散，甚至将其平息；当所有前置措施无效，突发事件最终爆发的情况下，也能通过在事件发生期的积极响应和准确决策，将各方损失降到最小；如果突发事件不断发酵、演变或蔓延，就需要进行应急控制，通过政企合作，动用一切可利用的资源和力量实施紧急救援，尽可能保证游客安全；而在突发事件结束后，评估损失、协调赔偿、重振市场和恢复形象都属于善后恢复的内容。在上述分析基础上，本研究从应对出境旅游突发事件的角度出发，抽取出预防、预警、响应、控制和善后恢复五个阶段，将治理机制分为五个子机制，如图 7-1 所示。

预防机制	合作备忘录 应急预案制定 ｜ 紧急与日常联络 指挥机构成立 ｜ 信息沟通渠道 信息中心建立	★双边应急合作和紧急磋商机制建立（政府） ★发布目的地风险信息（市场、社会） ★做好突发风险应急防范（游客）
预警机制	有突发事件预报 → 安全警示 → 事件得以平息 无突发事件预报 → 势态失控、演变为突发事件	★通过外交部、使馆、国家旅游局等发布预警信息（政府） ★协助发布突发预警信息（市场、社会） ★提高应急技能、接收预警信息（游客）
响应机制	信息分析研判　信息监测　信息数据库 中国公民出境旅游突发事件应急响应平台 智库支持　突发事件判断　紧急磋商 重大、较大、一般　突发事件应急决策　自然灾害　事故灾难　公共卫生　社会安全	★利用双边信息处置平台，准确判断事态，实现信息速报（政府） ★提供应急决策的辅助服务（市场） ★辅助应急信息的决策和宣传（社会） ★做好旅游安全防范决策（游客）
控制机制	启动应急控制机制 客源地中国/**地区　目的地**国/**地区 当地相关部门、驻外机构、外交部、使领馆、旅游部门等　当地相关部门、驻地机构、外交部、使领馆、旅游部门等 应急救援　应急救援 整合资源　应急救助　应急救助　整合资源	★双边整合资源，全面应急控制、救援；做好领事保护（政府） ★提供商业性紧急救援服务（市场） ★动员一切社会力量紧急救助（社会） ★应急自救、互救，争取领事保护（游客）
善后机制	外交部、使领馆、旅游部门等　善后、恢复　相关企业、社会组织、志愿者等 事故评估　善后赔偿　形象恢复　机制完善	★共同妥善处置，尽快恢复市场（政府） ★旅游保险化解与善后（市场） ★善后捐助与协助恢复（社会） ★协助做好善后工作（游客）

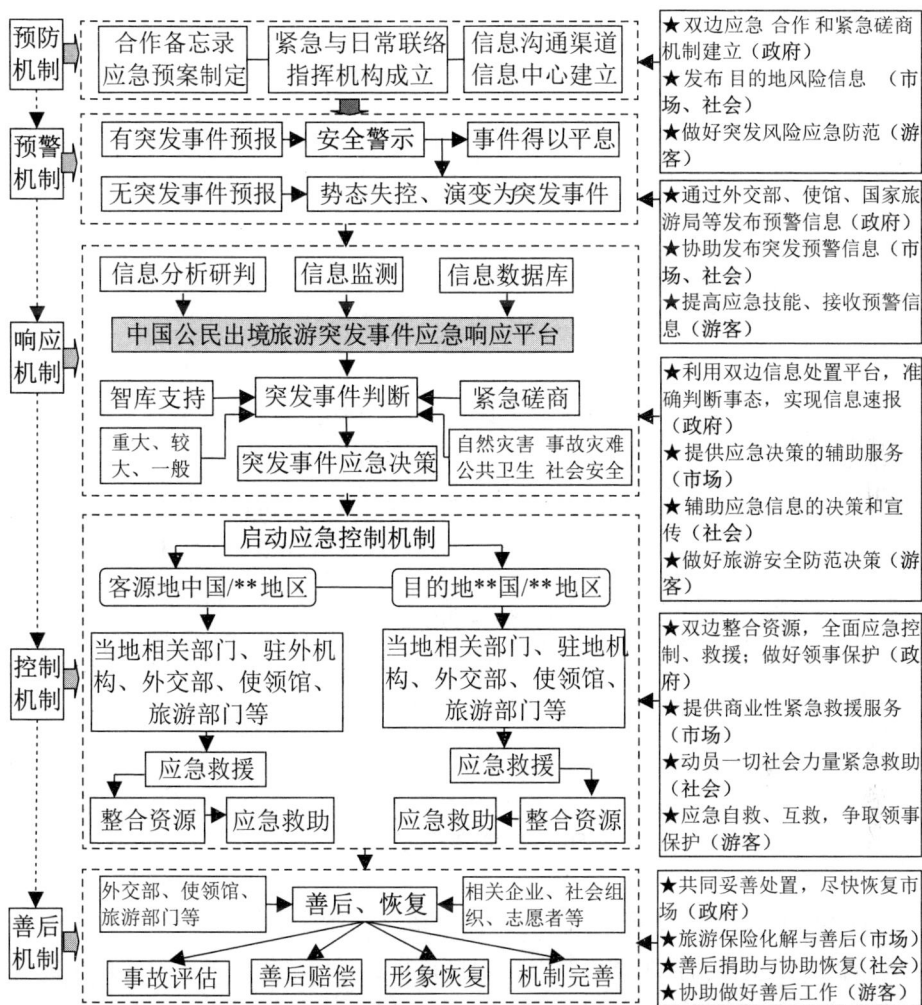

图7-1　中国公民出境旅游突发事件应急合作治理机制

二、应急合作治理机制的内容建构

（一）应急预防机制

中国古话说未雨绸缪，要事先做好准备工作以预防事故的发生。同样地，对于中国公民出境旅游中可能遇到的突发安全事件，进行提前预防往往比事后处理的作用更大，效果更好。应急预防机制就旨在通过出境旅游中两国政府制定相关合作法规、章程以及紧急预案，构架日常联络的信息沟通渠道，对出境旅游过程中安全风险进行预判和评估，从两国政府合作、市场主体协同、社会组织协作、游客配合四个层面，采取人力、物资、科技、心理等多方面预防手段，提高中国公民出境旅游安全系数，如图7-2所示。

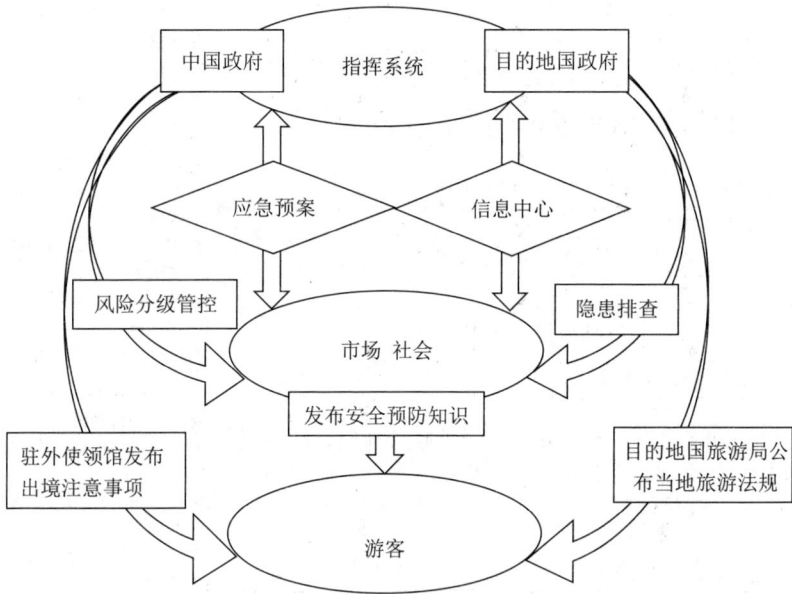

图7-2　应急预防机制

国务院安委会办公室2016年的文件提出要"构建安全风险分级管控和隐患排查治理双重预防性工作机制"[①]。根据该指示，出境旅游突发事件预防机制需要政府相关部门和市场中各企业在活动开展之前对危险源、有害因素和活动风险进行辨识并确定风险等级，对不同类型的风险采取针对性措施。除此之外，还需要完善隐患排查治理体系，在政府指导下行业内各经营单位进行事故隐患排查。依托应急预防机制，可以避免大量出境旅游安全事件的发生和目的地旅游形象的损害。而要达到这一效果，需要出境旅游中应急管理多元主体的共同努力。

---

① 国务院安委会办公室印发《实施遏制重特大事故工作指南构建双重预防机制的意见》[J].中国应急管理，2016（10）：33-35.

1. 政府推进双边应急合作和紧急磋商机制的建立

出境旅游中两国政府积极推动建立的双边应急合作和紧急磋商机制是应急预防机制不可或缺的部分。最重要的是改变以往发生特大境外突发事件后临时成立指挥小组开展应急工作的惯例，通过两国政府间各部门的良好合作，建立有层次、有条理、有效率的突发事件应急指挥机构，避免面对突发事件时无人领导、多头领导、责任不明、推诿不清的现象。例如，针对自然灾害事件，我国与目的地国家和地区的外交部、气象局、国家旅游局等部门可形成以我国外交部与驻外使领馆牵头、地方政府外办、气象局、交通运输部、驻外警务联络机构以及中资企业等其他部门协作的自然灾害突发事件应急指挥机构。机构内部需积极保持日常及紧急状态下的多边联络，提前培养应急合作默契。最有效的则是两国和地区政府建立应急指挥机构后编纂应急合作备忘录，提前制定应急预案，以应对出境旅游突发事件中系统繁杂及涉及两国政治、外交的复杂局面。总体应急预案内容应涵盖四类涉及游客安全事件的专项应急预案，包括自然灾害应急预案、事故灾难应急预案，公共卫生应急预案以及社会安全应急预案。每个专项预案中还应包括不同的部门预案，如自然灾害事件预案中，气象局等核心部门、宣传部等边缘部门均要编写相关预案，共同组成成熟有效的应急预案体系，明确规定出境旅游中各部门应急合作职责。而最关键的是突发事件信息的收取和传递。马航失联事件中信息混杂琐碎导致搜救行动停滞的例子足以说明应急信息碎片化、滞后性、数量大等特点对出境旅游突发事件应急治理的阻碍性。在应急预防阶段提前组建多条稳定通达的信息沟通渠道，构建应急信息中心则是高效处理突发事件的基本保障。例如，我国外交部建立的"出国及海外中国公民自愿登记"信息系统就有利于我国公民出境旅游遭遇突发事件后政府与其取得联系并提供帮助（梁国鹏，2019）。

2. 市场和社会协助发布目的地风险信息

旅游业市场作为联系出境旅游中两国政府同出境公民的纽带，借助两国政府间搭建的信息平台，并在与政府部门保持联系的基础上，及时发布目的地风险信息是它们作为应急合作主体之一的职责所在。同时，位于出境旅游目的国的民间实力派、华人集团等都是社会组织的中坚力量，相比于旅游企业和政府拥有更为丰富的社会资源和地域天然优势[①]，在出境旅游突发事件的应急管理中，可以承接许多官方不便着手的事情，包括对目的地国安全风险的及时感知以及相关信息的收集。企业和社会这两个主体需多层次发布安全注意事项，提醒出境游客提高甄别能力，遵守当地法规，加强安全防范。将外交部网站、中国领事服务网等外交部及其驻外使馆发布的海外安全提醒以更靠近个人的渠道进一步传播给我国公民。此外，旅游服务警示是由旅游行政部门提出的完善出境旅游预防的内容之一，旅游企业和社会组织将这些包含理性选择旅游产品、警惕旅游购物陷阱、增强风险防范意识等的旅游服务警示及时地从多个渠道扩散给我国潜在或已经出境旅游的公民，帮助其提升对出境旅游中突发安全事件的警惕。同时，旅游企业和社会团体还应当将出境旅游突发事件应急合作的实践困境及潜在现实问题自下而上反馈给两国政府部门，规避应急预案缺乏综合协调和相互衔接的问题，协助应急预案及信息系统的构建。

3. 游客积极做好突发风险应急防范

游客作为出境旅游突发事件中距离威胁最近的主体，既是被保护的对象，也是应急合作的积极参与者。相比于政府等其他三个主体，游客之间的组织化程度低，信息接受单一片面，长期身处陌生环境，就致使游客在出境旅游前提前做好突发事件预防显得尤为重要。在该阶段，游客需借助网络、社区等平台，通过自发阅读、观看官方发布的安全防范材料——如外交部颁布的《中国公民海外安全常识》、原国家旅游局颁布的《中国公民出境旅游文明行为指南》以及各地政府制作的海外安全提醒微视频课程（梁国鹏，2019）；积极参与社区或出境组织方举办的应急培训，仔细阅览出境旅游中官方分发的出境安全指南等方式，提前了解多种突发事件相关信息，学习突发事件个人基本应对方法，做好个人层面突发事件风险应急防范。

（二）应急预警机制

应急预警机制就是在监测到危险预兆时，多元治理主体积极对出境安全

---

① 国务院安委会办公室印发《实施遏制重特大事故工作指南构建双重预防机制的意见》[J].中国应急管理，2016（10）：33-35.

风险进行识别、分类、评估，针对风险的特点和程度从多个信息渠道发布预警信息，提醒我国出境游客、驻外企业提前采取安全措施（梁国鹏，2019）的过程中，涉的所有应对行为集合体系，如图 7-3 所示。包括监测机制、信息报告机制、应急决策和协调机制、分级负责和响应机制、公众沟通和动员机制、应急资源配置与征用机制等（闪淳昌，2005）。

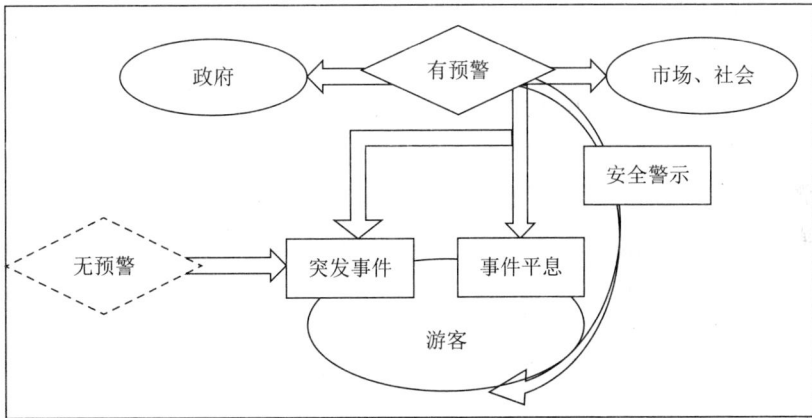

图 7-3　应急预警机制

　　发布预警信息是处理突发事件进行的首要环节。以此次新冠疫情为例，我国通过国家突发事件预警信息系统发布疫情防控信息约 86 万条，及时传递疫情信息以及风险提示等内容（刘颖杰，孙磊，郑江平，2020），为我国疫情控制做出了巨大贡献。对于出境旅游突发事件应急治理来说，有了预防阶段建立指挥机构和信息中心的基础，检测出境旅游目的地国的风险信息，进行科学预判并及时发布预警信息的难度将会大大降低。

　　一般来说，在预防系统检测到突发事件并做出预警的情况下，指挥机构会依照相应的应急预案，通过信息中心发布安全警示。若突发事件应急治理中的核心部门和边缘部门响应及时、应对有效，安全突发事件就有可能得到平息，从而避免一系列人员伤亡、经济损失以及名誉损坏等问题。当预防系统未对突发事件做出预报或发出预警后应对不当的情况下，出境旅游安全风险将在各方没有防备的情况下演变为安全突发事件，其形势和态势都不能在短期内为应急管理主体掌握，需要紧急启动突发事件响应机制做出应对。

1. 政府多部门发布预警信息

我国政府需要在目前已经建立的三级安全预警机制的基础上，加强与目的地国政府层面的合作，针对突发事件的不确定性和动态性提高两国在信息和知识方面的共建共享，从目的地国和驻外使馆处获得最新最有用的突发事件信息，做出具有前瞻性和有效性的突发事件预测，对执行部门传达最正确的示警。预警内容应包括突发事件类型、危险程度、注意事项、处理办法以及求助方式等，尽可能在预警中对突发事件做全面详尽的解释。依照获取的安全风险信息，我国外交部及各驻外大使馆联合发布预警信息，再由我国地方政府进行转载。该预警信息不仅可以从我国外交部、使馆的官方网站上公布，还可以通过新闻媒体、官方微博、电话通知等方式传播。两国政府需及时分析监测信息并做出预判，在突发事件前兆出现的时候做出警示，来保证我国公民出境旅游过程中的安全。

2. 市场、社会协助发布预警信息

出境旅游中突发安全事件除了对游客造成生命财产危害之外，还会在很大程度上打击目的地国旅游形象、旅游市场以及客源国旅游企业名誉，因此旅游市场出于趋利避害、免受损失的目的，会更加积极地配合政府的预警行动，参与到应急管理中来。一方面企业会凭借旅游相关知识和技能优势在突发事件出现预兆时，及时传递危机信号，并依赖自身连接政府和公民的桥梁作用配合政府发布、扩散突发预警信息；另一方面，旅游市场在预防阶段对从业人员进行安全教育和应急模拟演练，通过提升从业人员的应急能力来识别并应对突发安全事件，尽可能将其扼杀在摇篮之中。而像中国海外侨团等社会组织最大的优势在于拥有应急救援的专业特长以及更接近民众——甚至其本身就是出境公民的一部分。良好的成员基础、广泛的社会触角和便利的地理位置使得社会组织向上可以向政府及时反映危机信息，为政府的应急决策提供参考性意见；向下可以对公民提供不同形式和不同性质的预警服务。

3. 游客接收应急信息，提高应急技能

对于我国出境旅游公民来说，在应急预警阶段最重要的是积极主动查看政府、市场、社会三方的各类平台公告，及时接收预警信息，对可能出现的突发事件做好资源上、心理上、人员上的准备。同时结合应急预防阶段学习

到的应急知识和技巧，沉着冷静地做好个人防护，尽可能防止安全事件发生或尽可能避免人员伤亡、降低个人损失。

（三）应急响应机制

应急响应机制是指突发事件发生后所采取的处置、响应、合作和救援等一系列活动及治理路径的集合体。当潜在风险事态失控演化为突发事件之后，响应机制对减少我国公民人员伤亡及财产损失就至关重要了。以全球大流行的新冠疫情为例，各国政府利用大数据和智库辅助疫情治理，不仅提高了政府监测数据的能力，还能保证分析和决策的科学性。从信息层面来说，各国政府建立了实时医学监控系统，如美国的"疾病暴发与实时监控系统"，协助政府精准掌握感染情况；从决策层面来说，国内外研究团队通过构建不同流行病学模型，拟合估测累计确诊病例的消长过程，准确预测了新冠疫情的发展走势（田丰等，2021），政府凭此可针对疫情发展的不同阶段做出对应的治理措施。从物资层面来说，大数据和现代信息技术手段提高了政府对新冠疫情的响应速度和处理能力，也意味着可以最大限度地优化处置资源配置，提高治理效率。

借鉴治理新冠病毒感染的成功经验，政府需要建立我国公民出境旅游突发事件应急响应平台，核心部门持续对突发事件进行监测并将最新信息上传到该平台，应急治理指挥机构据此对最新态势进行分析判断。加上旅游、救援、社会团体等专业过硬的人员组成的"智库"的辅助支持，两国政府外交部、使领馆紧急磋商，从突发事件的类别和严重程度入手，分析该事件可能的扩散发酵程度，可能出现的人员财产损失，对突发事件的各个方面进行精准判断并做出应急决策，如图7-4所示。

1. 政府准确判断事态，实现信息速报

在预防阶段建立的信息中心和响应平台帮助政府将应急管理从碎片化迈向一体化，打破了一线人员缺乏全面信息的困境。在没有及时响应预警信息的情况下，防止个人事件演变成群体性事件、单一灾难发展成复杂灾难；避免由于无效沟通，导致救援设备和物资供应不及时、分配不均的情况。政府在整体性应急管理的情况下，就可以准确判断突发事件的态势，快速实现突发事件相关信息、处理办法的发布和传播。

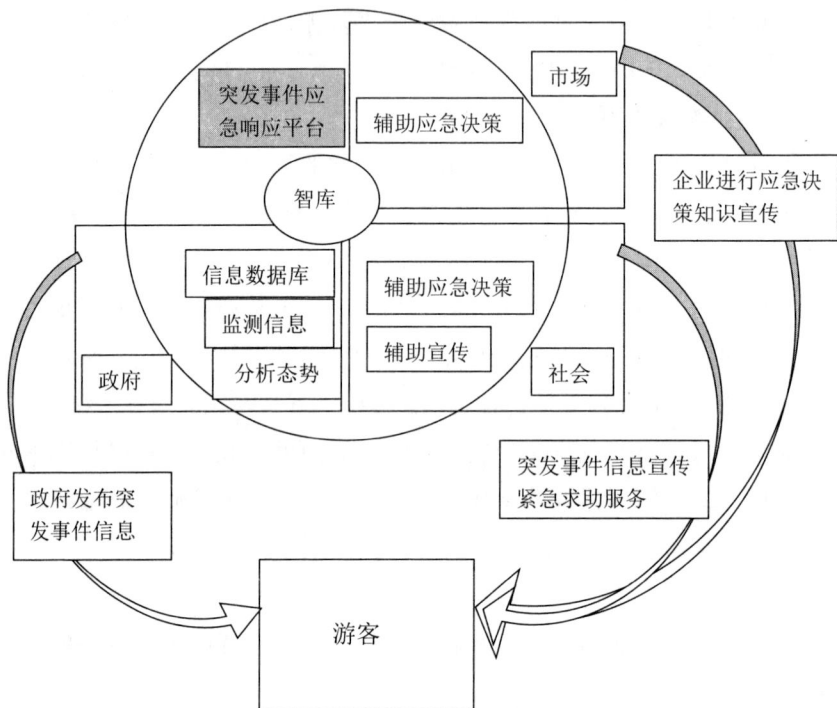

图 7-4　应急响应机制

　　首要判断的应是突发事件的类型和严重程度：准确判断该事件属于自然灾害、事故灾难、公共卫生还是社会安全事件，精准评估该事件最新的危险程度和等级。在此基础上，参考以往突发事件数据库、利用专业工具以及启用专业人才对突发事件的波及范围和蔓延程度进行合理科学的预测。除此之外，政府在该阶段的另一个重要任务就是信息速报，不仅要及时公布突发事件的具体信息，还要趁突发事件处于发生期，按事件类型将应对策略传达给气象局、海事局、旅游局、公安厅等各个核心管理部门，开展大规模官方应急行动；传达给社会组织，凝聚社会力量开展小规模应急活动；传达给旅游企业和游客个体，做出个体层面的应急决策。

　　2. 市场的应急决策辅助功能

　　突发事件的爆发是对政府应急治理能力的重大考验，而各领域的专业人才以及智库专家的咨政辅助则是政府应对考验的强大工具。专家针对突发事件进行研究，提出的专业性强、正确可操作的建议是妥善解决突发事件的强大外力。以新冠疫情为例，美国宾夕法尼亚大学的"智库与公民社会项目"（Think Tanks and Civil Societies Program，TTCSP）在编写的《全球智库报告2020》中新设"全球最佳政策及系统性应对新冠疫情榜单"。这些智库中正确的理论模型、成功经验和储备方案是应对类似突发事件的范本。

就出境旅游突发事件来说，旅游市场中不乏优秀的专业人才以及旅游集团智库，这将为政府做出应急决策提供重要辅助。例如，旅游市场曾在预防预警阶段对应急知识和措施组织大规模学习，这一经验让旅游企业可以在突发事件发生的第一时间对现场情况进行识别并将信息反馈给政府部门。旅游市场在该阶段还需要帮助游客学习个人应急决策知识，可以采取工作人员口授的方式，也能利用网络或纸质手册进行科普。

3. 社会的宣传和应急决策辅助功能

各领域的专业协会、救援类的公益机构、红十字会等社会组织也是处理突发事件的重要助力。专业协会借助过硬的专业知识可以进行术业专攻类救援或为救援队出谋划策，如我国郴州市登山户外运动协会于2021年2月在山林中搜救出八旬老人[1]；救援类的公益机构则擅长在山地、废墟等恶劣环境进行作业，如中国蓝天救援队曾在2017年前往斯里兰卡洪水和山体滑坡现场展开救援活动[2]。上述社会团体在应急治理中智力和行动两方面的辅助使其在应急响应治理中承担了辅助决策的任务。特别是国内外社会团体拥有良好的成员基础、广泛的社会触角和便利的地理位置，使他们能将突发事件信息和应对指示信息由点及面地铺开，起到宣传作用：一是呼吁更多社会团体参与突发事件救援救助活动，募集更多救援物资；二是传达政府发出的指示，告诫广大游客做好对突发事件的应急决策。

4. 游客做好旅游安全防范决策

美国的突发事件应急管理机制中，除了包括专门的组织机构、完善的预防预警机制和成熟的法律法规之外，还强调了应急治理中的个人责任，我国

① 郴州头条.郴州市登山户外运动协会山地搜救队搜救八旬老人［EB/OL］. https://www.0735.com/toutiao/detail-20278.html.
② 蓝天救援·中国.救援案例. http://bsr.net.cn/.

出境旅游应急机制的建立可以借鉴其经验。虽然我国政府性公益性应急救援不需要个人单独付费，但建议出游前购买旅游保险，强调学习自救知识、提高自救互救能力，了解应急常识的举措。因此游客需要在该阶段及时接收来自其他三个治理主体的突发事件信息和应急决策知识宣传，留意观察身边的危险信号预兆，做好个人层面的应急响应和决策。

（四）应急控制机制

应急控制机制是指在危机事件发生后迅速做出反应，获取危机信息并及时采取应对措施的集合机制，这个阶段着重强调时间和效率，以便于在黄金救援时间内抢救更多的受灾游客和财产（宁丽丽，2020）。例如，"8·23"香港人质案件中，菲律宾政府积极介入，第一时间采取警方武力救援，成功从武装暴徒手中解救了7名中国香港游客。除此之外，更重要的是争取更多的救援时间，持续收集突发事件信息、整合物资，还要充分了解突发事件的波及范围和二次灾害的可能性，为受害游客提供最优、最有效的应急救援救助。

在该阶段，四个治理主体均全身心投入救援活动中，两国政府主导当地外交部、旅游局等机构提供公共救援，旅游市场在有必要的情况下提供商业救援，社会团体发动一切力量提供公益救助，游客也可以在掌握应急救助知识的情况下主动展开自救、互救、他救，四方的共同目的均是减少人员伤亡和财产损失。除此之外，政府与社会、市场之间不仅仅注重信息合作，还加强了技术上的交互：旅游市场和社会团体凭借先进的专业技术在定位搜寻、信息监测和网络通信等方面为政府的控制治理手段注入新鲜血液，如图7-5所示。

1.政府全面应急控制，提供领事保护

在应急控制阶段，两国政府的合作从偏向静态的信息沟通转变为偏向动态的救援行动，双方共同出动救援，动员社会力量应对突发事件，其提供的公共救助主要包括领事保护、旅游警察服务和境外安全救援等。虽然两国政府对突发事件的处置没有社会组织和旅游市场那么及时、专业，但政府自上而下的强制性命令也带有独特的组织优势，而且政府坚实的财政支持可以保证在突发事件治理需要大量经费和物资的情况下，能源源不断地为事件一线提供稳定支持。

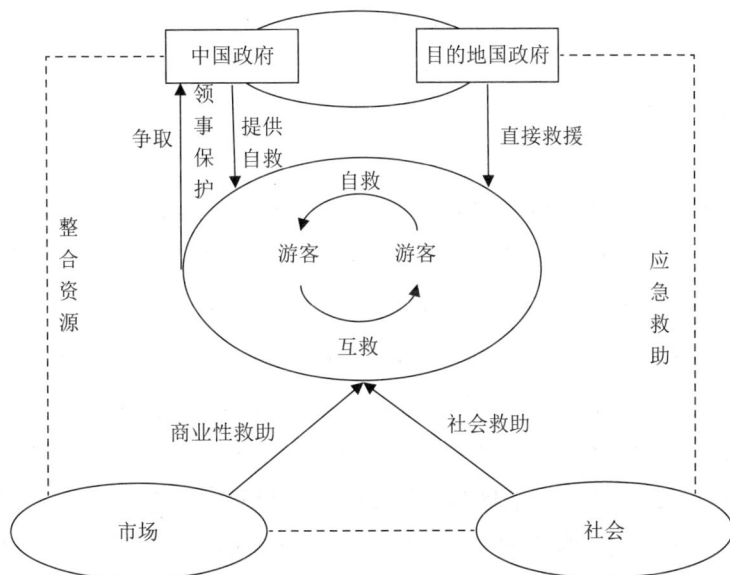

图 7-5　应急控制机制

中方政府在接到出境突发事件、驻外使领馆或我国遇难公民的求助信息后，需依照事件发展态势和应急预案中"谁派出、谁负责"的相关内容，紧急派遣官方组织前往事发地进行救援。我国游客因自然、政治、公共卫生等原因滞留境外时，我国派遣包机助其撤回是这类救援最常见的案例。其中，前往突发事件现场的除了不同岗位的专业人员这一人力资源之外，还包括随救援人员一同抵达的资质资源和经费资源，这些都是在境外维持高效救援的基础保障。目的地国家和地区政府则需要尽可能及时派出直接救援，或降低损失和伤亡，或争取更多救援时间。如 2015 年 6 月 11 日一名中国台湾游客被困澳大利亚乌鲁鲁山顶，澳方及时派遣搜救直升机进行垂直营救，并与被困者时刻保持通话，在 12 日救援条件允许后展开搜救将人救出[①]。

相比于社会主体和市场主体，政府面对出境旅游突发事件还能做到的一点就是向公民提供领事保护。通常所说的领事保护是广义上的，它是指驻外

---

① 中国新闻网. 中国游客在澳洲景点被困，当地派出直升机展开救援 [EB/OL]. https://www.cankaoxiaoxi.com/world/20150612/816044.shtml.

使领馆向本国公民或法人提供帮助或协助的行为，如提供国际旅行安全方面的信息、协助聘请律师和翻译、探视被羁押人员、协助撤离危险地区等（梁国鹏，2019）。

2. 市场提供商业性紧急救助服务

一般来说，市场手段是国外应急救援中的常用手段。主要包括企业和政府合作以及企业提供营利性救援两个方面。前者是指企业拥有强大的经济实力、应急物资和救援设备，可以和政府签订协议，在突发事件治理中发挥作用。如"9·11"救援中，美国政府就和当地企业间结成合作，参与废墟清理等活动（柯晶，2009）。后者是指企业向涉事游客出售商业保险、商业医疗和商业救援等营利性服务。如在新冠病毒感染大流行的背景下，游客均有机会在出境旅游前交通购票、景区购票等多个环节接触防疫保险，并选择购买等。由此在我国公民出境旅游突发事件应急治理机制中，市场需要在游客出境前做好商业保险普及和推荐的工作，在突发事件爆发后，尽可能提供价格合理、行动科学有效的营利性救援服务。

3. 社会组织动用一切力量紧急救助

非营利性的红十字委员会、蓝天救援队等社会团体在该阶段可以发动一切社会关系，寻求一切可以利用的社会力量参与到救助救援当中。具有亲民性特征的社会团体能从更多、更广的角度关注游客群体，招募志愿服务，引导涉事游客积极配合政府的救援措施。一是这类组织可以直接参与救援活动；二是它们可以募集资金，为救援工作提供资助。这不仅可以为救援活动添砖加瓦，还能将出门在外游客们的人心紧紧地凝聚在一起。社会组织所提供的公益救援主要有公益救援基金、公益救援行为和公益救援联盟等，除了大规模的组织提供救援行动外，小规模的社会组织还会提供支援服务，包括投送药品、初步治疗等医疗救助；极端环境搜救救助；心理疏导、安抚情绪等心理救助等。

4. 游客间自救互救，争取领事保护

在突发事件现场，游客才是四个应急治理主体中最接近事件本身的人，他们可能是突发事件的目击者、见证人或当事人（龚玮，2004），因此从游客发出的求救信号、事件叙述等有效信息都有利于救援工作的展开。游客在应急控制阶段可以采取两方面的行为来免受突发事件的影响。第一就是在救援力量到达之前，他们利用前期应急预防预警阶段所学的相关知识进行自救互救和他救，这一行为能在很大程度上降低突发事件带来的人员伤亡、经济损失和消极影响。除此之外，我国公民出境时最强有力的保护机构就是各国驻外使领馆，因此出境游客应提前查获当地大使馆联系方式和申请领事保护注意事项，以便于在突发事件爆发时，可以第一时间寻求使领馆的领事保护。

（五）应急善后机制

应急善后机制是指在出境旅游突发事件过后，为了弥补损失、重振市场、恢复形象，四方治理主体通力开展的善后协调处置行为和逻辑的集合。这个阶段还是要以政府为主导，社会组织与市场企业为辅助，进行事故评定、善后赔偿、善后募捐和形象恢复等补救措施，除此之外，还要进行应急治理机制的进一步完善，防止下次出现类似事故，如图7-6所示。特别地，两国政府间仍然要保持友好的合作关系，对损失惨重的一方给予积极援助、提供扶持帮助，针对游客损失加强磋商达成赔偿协议，共同维护两国安全形象。

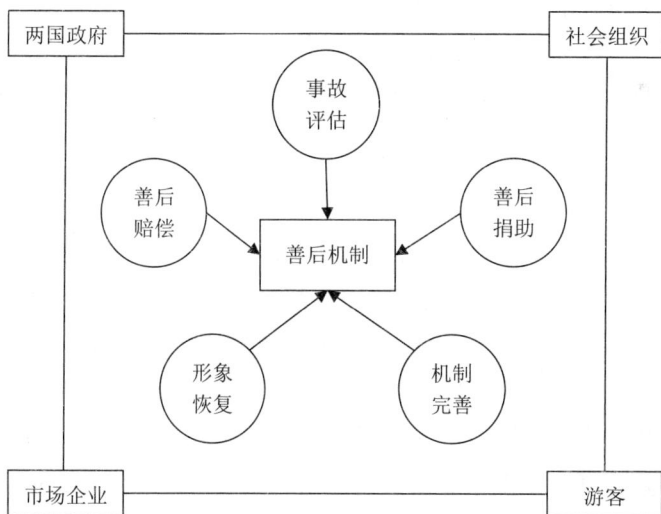

图7-6　应急善后机制

在该阶段的应急治理主要从司法服务、调查理赔和保障恢复三个方面展开。首先，涉事游客可以从我国政府派遣的法律专员、公益法律援助团体以及当地营利性法律机构处获取法律援助；其次，市场提供商业保险和社会爱心团体的募捐救助可以向涉事游客提供事故理赔和爱心捐款服务；最后，政府、社会和市场三方从多角度为游客身心、目的地和旅游业恢复提供保障，游客的积极配合将有助于目的地名誉和两国安全形象的恢复。

1. 政府协助处理，助力市场恢复

两国政府在该阶段首先要做的是将整个突发事件的前因后果以及治理情况进行详细精准的评定，例如，突发事件的危险等级、预警和相应阶段的具体情况、控制处置阶段参与救援的组织、个人等内容。如此，在向全社会、全行业通报事件情况的同时，还可以帮助商业性保险赔偿的认定以及扩散社会募捐救助信息。其次需要引导网上舆论，尽可能减少对目的地旅游形象的损害，或发布突发事件后重建的信息和救援先进事迹，帮助目的地恢复旅游形象。2021年云南丽江的两名导游因购物问题和散客团发生争吵，甚至出言辱骂游客的事件发生后，云南省政府的消极应对导致该事件不断发酵，最终演变成变成关于丽江旅游的负面舆论，给整个云南省的旅游业带来消极影响，这无疑是一个很好的"政府引导舆论"的反例。最后，中方政府可以通过在外交部等公信力较强的官方媒体上发布目的地国安全公报来恢复我国出境旅游市场的信心；目的地国政府则需要出台相关政策，以更优惠、更安全的旅游服务重新吸引我国的潜在出境游客。

2. 市场提供旅游保险善后

旅游保险已经成了旅游业应急善后中的重要部分，出境旅游应急治理更是如此，瑞士、日本、美国等国家都有完善的商业保险体系，可以为公民提供多种类型的保险服务。一般来说出境旅游保险主要包括意外及医疗保险、救援服务保险、旅行阻碍保障等类型。我国公民出境旅游应急治理完全可以借鉴这些先进经验，通过市场向出境游客介绍普及并出售商业保险，使游客遭遇突发事件后可以获得相应赔偿。但由于出境旅游"跨境"的特点和语言障碍，我国和目的地国保险市场还未做到全面联通，我国公民对出境旅游保险还不尽了解，因此仍然需要加强政府主导的双边合作，建立保险信息公开透明、对接完善的旅游保险体系，正如2010年10月中俄签署的旅游保险合作协议那样。

3. 社会幕后捐款，多方面助力恢复

突发事件发生后，非营利性的社会组织可以在市场、建筑、游客心理和经济等多个方面协助政府进行灾后重建和恢复工作。通过呼吁社会上各公益组织为涉事游客提供日常生活中急需的物品和知识援助，为目的地的重建提供必要的物资；通过招募医疗工作者，对涉事游客进行身体救治和心理疏导，帮助游客尽快从突发事件中恢复过来；通过招募志愿者，协助政府开展各种类型的宣传和培训，帮助受灾目的地尽快恢复秩序等。具体内容包括对旅游者身心治疗、社区关怀、亲属接待、公共安全教育、目的地形象恢复、境外安全返回、中文语言服务等。除此之外，还有许多爱心人士建立基金会，专项救助特定突发事件受害者。因此红十字会等较大的社会团体除了寻求组织帮助之外，还可以考虑根据突发事件性质和类型向个人基金求助。

4. 游客协助、配合善后工作

在接受其他三方多种多样的救援和帮助的同时，游客也需要积极支持善后工作的开展，帮助恢复目的地国旅游形象和两个国家的安全形象。其一是需要配合政府媒体的采访，将真实情况反馈给媒体大众，帮助宣传政府和各企业、社会组织的积极救援行动和光辉事迹。其二是需要和其他三方协商赔偿问题，尽可能在有理的情况下做到有理智，不发表过激言论抹黑目的地国，从事实出发来磋商保险理赔事项，协助政府等其他治理主体将突发事件对各方的损害降到最小。

第二节　中国公民出境旅游突发事件应急合作治理的路径：四维协同推进

上述章节分析了应对突发事件的多元主体在协作过程中的合作治理机制，但应急合作治理的落地需要具体的具有实操性的实现路径。本节在借鉴国外应急合作典型案例的成功经验并结合我国实际情况的基础上，基于上述合作治理机制的讨论，具体提出我国在出境旅游突发事件应急合作治理中多元主体避免协作失调、提高协作效率的策略及现实的发展路径，主要包括以下几个方面。在政府层面：双边政府应加强应急合作协调对话机制；建立制度约束与权力制衡机制；完善海外领事保护机制等。在市场层面：建设突发风险信息共享平台；完善商业性紧急救援服务；建立旅游保险化解机制等。在社会层面：深化社会认同机制；开拓应急资源的筹集与援助；发挥华侨华人的救援协助作用等。在游客层面：增强游客安全意识；提升应急自救、互救和他救技能；做好应急风险防范等。

一、政府层面的实现路径

（一）双边政府继续加强应急合作协调对话机制

1.共同加强出入境市场的监管

基于出境安全风险日益增强且错综复杂的现实背景，我国应尝试建立与更多国家或地区双边和多边模式的旅游突发事件应急合作协调对话机制。据中国旅游研究院的调查显示，中国公民旅游目的地国家和地区达到 150 多个，但真正与我国建立双边应急合作协调对话机制的国家或地区是少之又少。因此未来应该依托现有的国际合作平台，主动与中国公民旅游目的地国家和地区建立符合新形势、新变化、新问题、新诉求等与时俱进的全新协调对话机制。其中关键的在于出境旅游市场方面加强沟通，完善目前的安全保障措施，加强旅游市场秩序监管，规范廉价航空运营，确保中国游客出境旅游的安全、舒适、温馨。

另外，目前许多出境旅行社仍然存在法律和服务意识不高、进行虚假广告宣传和不良价格竞争的现象，例如收取高额的出境旅游押金、目的地市场缺少中文提示、银联服务、免费 Wi-Fi 等一系列针对中国游客的服务环境，这在一定程度上都是旅游突发事件引致的潜在因素。因此未来中国应与更多出境目的地深化旅游内涵服务。一是可以通过更加宽松的签证政策缩短办理手续的时间，优化签证程序，使出境旅游更加便捷，以减少不必要的麻烦和纠纷。二是推动出境目的地国家进一步改善中文服务、中文标识等公共环境，提升中国游客的便利化服务水平。三是要继续加强双方在宗教文化、民族文化、意识形态等层面的沟通，以合作促了解，在合作中进一步加深中国与出境目的地国家或地区之间的了解，消除目的地国家或地区对中国的疑惧和顾虑。

2. 共同建立应急合作利益补偿与利益分享机制

从出境旅游突发事件的特征来看，跨越行政治理边界的性质使得各国政府往往囿于局部区域利益而对突发事件采取"不作为"的态度。在市场经济的驱动下，政府会基于利益的驱使成为应急合作利益的博弈主体，因而往往会出现"搭便车"的现象。因此，在缺乏合理利益共享和补偿机制的情况下，各政府应急治理的目标不是调动力量从根本上解除危机，而是为了追求自身的政绩而采取权宜性的策略，避免受到社会大众和媒体的压力。因此只有建立起应急合作利益补偿与利益分享机制，才能最大限度克服政府作为"经济人"的理性意识。由于具备了利益的协调机制，当突发事件发生时，迫于巨大的政治或者外部压力，地方主体都会在利益共谋的基础上，寻求地方区域边界内外的利益最大化。因此这种合作是真诚的，根本原因是由于价值理性思维的驱使下不同主体之间合作关系的深化。一切环节都要以人的生命利益及其环境的可持续发展为根本，它是旅游安全合作的出发点与落脚点。

此外，可以依托区域性组织进一步设立多元主体的激励约束政策。即在应急合作治理过程中对做出重大贡献的国家或地区进行奖金、荣誉之类的奖励，对于违反合作共识和损害集体利益的国家或地区进行相应的惩罚。通过选择性激励这样一种有效的心理效应机制进一步鼓励各个国家积极参与应急合作，能够调动各个国家的主体能动性，并逐步让国家的应急合作水平成为衡量国家形象的重要标志。但由于应急处置的风险较高，在完善激励约束政策的同时也要兼顾风险的分担问题，让各个国家能够全身心投入到应急合作中。

与此同时，中国在进行利益分享的同时也要逐步彰显自身的大国形象，通过逐步加强应急合作协调对话机制来逐步提升中国在现存国际话语体系中的话语权。中国在坚持不结盟原则的基础上，将重点放在关注应急合作的利益上的同时也要发大声，讲正理，充分展示中国作为最大的发展中国家的能力和作用，中国作为一个负责任的大国也需要积极地创造和引导公平的应急合作利益补偿与利益分享。

3. 搭建应急联合行动整合平台

运用"互联网+"、大数据等技术搭建应急联动行动整合平台。应急合作治理的成效最终要在实践中经受住检验，在没有更高一级指挥机构的指挥时，通过搭建应急联动行动整合平台确保多方行动的整体划一是应急合作的关键。例如在香港南丫岛海难事件中，志愿者与当地政府部门在物资发放和救援的安排上产生了严重的分歧，从而导致应急救援效率的大大降低。之所以会出现这样的合作难题，是由于缺乏多元主体共同行动平台的统一指挥，造成双方的信息不对称现象，不可避免地给行动带来障碍和盲目性。从理论上讲，联合行动是两国政府为了确保旅游突发事件的有效治理，在认知、行动以及结果上统一协同的过程，其实质是一种高级状态的合作行动。显然当前信息沟通不畅、组织治理目标不一致以及合作逻辑差异等现状都造成了集体行动的困境。

因此在当前的应急处置中最考验的就是各个主体之间的信息沟通程度和行动配合程度。通过应急联动行动整合平台进一步加强政府部门的综合协调能力和快速动员能力，进而实现应急合作的有效信息沟通、资源共享和行动整合。从更严格的标准来说，这需要政府突破以往信息垄断的局面，打破以往各自为战的局面，变单打独斗为整合治理和合作共赢。建立统一的应急联合行动整合平台首先需要建立信任机制，这是各方在长期合作交流过程中形成的真诚的合作关系，构建信任机制目的在于通过各种正式的和不正式的措施强化不同政府合作理念，降低因为双方之间不信任而产生的成本。其次是要强化事前承诺，以正式的文本形式专门针对事后违反承诺行为而订立惩罚措施，尽可能避免地方政府进行属地治理时存在的机会主义，确保信任机制的有机运行。

4. 共同建立旅游救援信息平台

出境旅游突发事件的处置上在时间上具有紧迫性，处置效率的迟缓都很有可能造成突发事件的进一步扩大升级，进而演化成危机造成更大的社会影响。因此，旅游突发事件的解决需要政府在时间紧迫和情形多变条件下及时、准确地做出决策，而这其中的关键是能够确保应急信息的快速传递，并能够为政府的决策提供充分的参考依据。因此，要借助大数据、云计算和区块链技术建立旅游救援信息平台，其目的是能够及时传递和分享旅游突发事件应急治理过程中的各类信息，诸如人员伤亡信息、物资需求信息、物流通道信息，确保这些消息能够及时迅速为各方知晓，提升应急救援的效率。除此以外，在两国出境旅游发展的安全期，该平台也可以作为两国进行出境旅游信息沟通的交流平台，可尝试将游客、旅游企业等主体纳入该平台中，由中国政府提供更多关于中国出境游客的需求信息，由目的地政府提供更多关于目的地及时准确的信息，在减少信息不对等的同时也最大限度地将各种风险因素扼杀于摇篮之中。

高质量的旅游救援信息平台应该包括以下功能。一是决策支持系统。正如前文所述，旅游突发事件的应急处置需要政府快速准确做出决策，然而受限于传统政府的职能，难免会出现"政府失灵"的现象。因此需要使用科学的手段辅助于政府的决策，提高决策的准确性。决策支持系统通过事先存储的数据库分析旅游突发事件的整个过程，建立应急救援的方案。同时，通过精确计算游客伤亡数量、受灾程度和现场环境得出救援物资的最小需求数量，政府部门可以通过这个数据与专家预测的数据进行对比，从而做出更加科学的应急决策。二是数据库系统。主要包括目的地国家或地区的人口数量、社会经济情况、主要救援力量以及地理空间数据信息，这些信息是救援决策制定的基础。三是救援信息发布系统。该功能在纵向方向上可以使得政府、社会、市场、游客等群体对救援信息实现实时共享，在横向上也能有选择地将救援信息传递至同一主体的各个部门，为应急救援赢得更宝贵的时间。

（二）建立制度约束与权力制衡机制

1. 加强制度的建设并发挥权力的制衡

双方应继续强化制度规则方面的建设，确保制度继续保持绝对的或相对的约束力，奠定制度在应急合作的产生和维系中发挥的重要作用。例如，加强对《全球旅游伦理规范》中关于保护旅游者特别是出境旅游者的人身财产安全这一共识的理解，为"通过合作解决出境旅游者的安全问题"原则的确立与贯彻奠定观念基础。另外，应该及时调整和协调国家在应对突发事件时的政策和行动，并根据出境旅游突发事件的演变特点进行针对处置。我国应该在国家层面上与出境目的地国家或地区加强应急合作的顶层设计方案；在区域层面定期开展交流会议，成立了出境旅游应急管理联动机制专责小组等。通过制度的建设和发挥作用，形成一种相互规范与制约各应急主体安全行为的共同权力，而把这种共同权力转化为各出境旅游安全利益保障上来。逐步形成的这种最理想的合作方式和合作观念是应急共同体将相互权力转化成共同利益的关键。因此，中国应该积极主动地探寻与不同国家的出入境旅游市场寻求合作以建立深厚的利益关系，这样就将权力和利益捆绑在了一起，应急合作的过程实际上也是各国利益和权力之间相互博弈、彼此制约的过程。正是这种由权力相互制衡所产生的利益关系将两者绑在了一起，促成了彼此之间的合作。

另外，国家（地区）在应急合作中的行动还受到国际权力结构的制约。一般来说，国际权力结构主要包括单级结构、两级结构和多级结构。而在出境突发事件的应急合作中，又主要是以两级结构和多级结构为主。由于国际权力结构会产生一种结构化力量间接地通过国家（地区）的社会化和彼此间的竞争两种方式影响国家（地区）的行为，因此当基于出境客源地与目的地之间的"强—弱"实力产生了两级权力结构时，这种权力的非平衡性带来合作主体的非平衡态，反而有利于激发各方为维护安全权益形成合作治理的共识，也即大国在旅游突发事件的治理中涉及的利益相对较多，必须积极主动地寻找应急处置的方法，一切有利于处置的方式都会被纳入行动体系当中。因此与自身力量相对弱小的国家（地区）就有了合作上的可能性。这种由强国所主导的应急合作秩序更为稳定。强国拥有绝对的权力优势，通过权力提供应急救援物资而谋求自身利益，同时应急合作也正是大国权力优势向外交政策优势转化的途径。

2. 继续维护既有制度对于合作的约束力

除了世界旅游组织所规定的全球旅游伦理规范以外，在涉及跨越国境的出境旅游突发事件中，供国际社会行动者遵守的一套行为规则即国际制度也在发挥着重要的规范作用。例如，2017 年 9 月，在四川成都召开的世界旅游组织大会发布的《"一带一路"旅游合作成都倡议》中明确提出要"共同应对挑战，加强旅游风险处置能力"，这一倡议增强了"一带一路"沿线国家通过合作来应对旅游突发事件的期望。此外，2015 年中泰签订的《中泰磋商旅游安全合作》中提出要加强中国游客在泰旅游安全保障，加强中泰在完善安全保障方面的措施。《东盟旅游战略发展规划 2016—2025》中明确指出"各国携手创造更加安全的旅游环境"。这一系列国际制度的建立都为旅游突发事件的合作治理凝聚了共识，奠定了基础。因此应该继续维护既有制度对于合作的约束力，充分发挥制度性合作的共识力量，当制度真正发挥作用时，应急合作就朝着国际规则所描述的前景进一步发展。

3. 共同建立应急救援基金

在应急救援过程中，稳定可观的救援基金能够为应急救援的开展提供更好的物质保障，这些救援基金主要用于各种救援救灾装备的购买、涉事游客的赔偿、志愿者的奖励等。因此可以建立由政府主导，通过向社会公民、企业等发动筹集，并且获得媒体支持的稳定的应急服务资金渠道。例如，日本的灾害救助基金、震后复兴基金等在日本历次地震的过程中在减少经济和社会损失上发挥了很大的作用。面对复杂多变的旅游突发事件，双方应该进一步拓宽应急资金的筹集渠道，通过一些政策性奖励的方式积极鼓励更多民间资本的参与，并且通过保险、金融的方式进一步实现基金的效益化发展。首先由政府用法律形式明确基金的筹备来源和基金的管理，对于向游客、志愿者支付资金慰问的类型和方式进行明确的规定，并且对在旅游突发事件的预防、预警、响应、控制、恢复各个阶段基金的使用做出明确的法律界定，使得基金的效用能够最大化，真正用在需要的地方。其次运用财政政策明确专项救援基金的筹备责任，例如，设置从中央到地方的救援基金如中央应急基金、涉旅自然灾害救助基金、涉旅社会事故基金、复兴基金和灾后重建基金等，以便在旅游突发事件发生时，可以直接向事故发生地拨款，并且根据受灾的情况提供不同标准的基金援助。

（三）完善海外领事保护机制

1. 细化领事保护工作和丰富保护手段

完善的领事保护制度是维护海外公民权益的重要制度。中国 1979 年加入《维也纳领事关系公约》为开展领事保护奠定了基础。自从中国第一个领事馆在新加坡设立以来，中国一直致力于健全海外保护机制和丰富保护手段。在不断实践的基础上，中国目前已经建立了以"预防为主、预防与处置并重"

为原则的海外领事保护机制。在历次出境旅游突发事件中，海外领事保护机制一直发挥着巨大作用。在应急合作的预防环节，外交部联合其他部门加强对出境游客的安全教育，帮助出境游客做好前往旅游目的地前的准备工作；在预警方面，外交部定期发布海外安全预警信息，例如利用中国领事服务网站上的"领事播报""海外安全"等栏目为海外游客提供各种信息服务，利用"领事直通车"微信公众号和外交微博账号等发布预警信息；在响应环节，外交部连同驻外使领馆在最短的时间内调动一切可用的力量处理突发事件；在控制环节通过工作部际联席会议制度进行统一指挥和协调；在恢复阶段则通过提供法律援助，护送公民回国等方式发挥作用。因此，在出境旅游突发事件的全过程中，海外领事保护一直都发挥着重要的作用，但现行的领事保护机制仍然不足以应对频发的出境旅游突发事件，未来仍然需要依托驻地领事馆，进一步细化领事保护工作和丰富保护手段。

进一步完善针对出境旅游突发事件的海外领事保护机制，继续增强驻地领事馆在突发事件的信息预警、应急响应、紧急救援和善后处置的积极作用。在中国游客出境旅游目的地国，以驻地领事馆为依托和中介，发挥驻地领事馆的桥梁和纽带作用。一方面，在出境旅游目的地国发生重大性旅游突发事件时，依托驻地领事馆，中国可以迅速组织力量大规模地撤离中国游客，以充分保障出境游客的生命和财产安全。同时争取当地政府机构、民众的最大支持。中国出境游客所在国的政府机构和民众始终是突发事件处置的关键核心和基础力量，中国驻地领事馆、中国政府加强与旅游目的地之间的旅游安全合作，增强两国间的友谊，争取当地民众的积极支持。同时应该加强海外领事保护知识的宣传，通过宣传积累经验，坚持预防为主，提升出境游客海外安全防护意识和能力，让更多出境游客能更好地"走出去"。

2. 创新海外中国公民权益保护制度

现有的海外领事保护机制主要是依托中国外交部、各级地方政府、中国驻地大使馆、中国的海外企业以及中国公民在内的"五位一体"领事保护体系结构，在对海外公民的权益保护中发挥着重要作用（蒋新苗，刘杨，2021）。但总体上中国的领事保护资源数量毕竟有限，目前仍然不能满足日益扩大的出境旅游需求，因此需要国家来实施。随着中国企业在海外的进一步发展，未来可以依靠更多跨国企业，这些企业所拥有的雄厚的经济实力和丰富的海外资源，可以成为中国公民出境旅游应急管理过程中创新海外中国公民权益保护机制的重要渠道和途径。从领事保护的主体来说，现有机制主要依靠旅游权益保护的重要提供者。例如，在未来的撤侨行动中，海外企业可以凭借自身的资源充当撤侨主力军。从领事保护的服务来说，中国拟出台的《中华人民共和国领事保护与协助工作条例（草案）》明确了领事保护服务的提供对象，并且根据游客需要向其提供当地法律服务、翻译、医疗、殡葬等服务。从领事保护提供的方式来看，可以将该服务体系纳入市场经济体系，由各市场主体在市场规则下不断推出符合当前发展需要的新服务（蒋新苗，刘杨，2021）。例如，当前海外领事在目的地国家更多提供预警服务，但并不是实质的保护。因此可以考虑通过签订双边协议将更多的领事服务社会化，利用市场方案来提供中国公民在海外的保护服务，这样也可以解决某些特殊情况下中国驻外大使馆临时关闭、海外游客权益无法保障的问题。面对新形势下突发事件领事保护的工作内容也在不断拓宽。例如面对新冠疫情在海外大规模暴发，海外领事保护也需要进一步加强海外中国公民的人身安全、财产安全、出行安全、合法居留权等权益的维护与调整。

二、市场层面的实现路径

我国作为政府主导性国家，很多应急治理往往都是政府包办，但近些年有向服务型政府转变的发展趋势，这就使政府在社会生活、社会治理中减少行政手段，增加市场手段成了可能。特别地，随着我国各领域突发事件数量的不断增加，开展应急市场服务大有前景。因此在出境旅游突发事件治理中将部分本该由政府和市场共同承担的救援内容转向市场独自经营具有现实意义，而政府主要制定政策引导和监督市场的经营行为即可。市场在承担应急治理中部分救援内容时可以从以下三个路径开展。

（一）建设突发风险信息共享平台

在发生出境旅游突发事件以后，通常的做法主要是与驻地领事馆取得联系，并获得领事救助。驻地领事在旅游安全预警提示、旅游安全紧急救援协作和善后处置等方面发挥了重要作用，但在中国游客出境旅游人数猛增的形势下，驻地领事承载着越来越大的救援压力，是否还存在可争取的旅游安全救援协助的其他资源呢？诚然，为了有利于出境旅游的持续健康发展，迫切需要将市场运作手段纳入出境旅游合作当中，充分发挥市场的力量。在2015年江西召开的全国旅游大会中提出"中国旅游515战略"，明确指示要加快旅游紧急救援体系建设，在类似政府政策的支持下构建旅游突发事件应急体系将指日可待，其中旅游风险信息共享平台的建设应是当务之急。

1. 两国市场之间建设风险信息共享平台

两国市场主体的首要合作就是信息上的合作，这指的是中方市场和目的地国市场之间经过信息交流和情报传递来达到互联互通的效果。市场中的组织不像政府那样具有层级森严的组织结构，其结构往往相对单一，且灵活性较高，因此企业间的信息平台效率和信息共享速度往往比政府更高、更快。因此，多方位、多尺度的突发风险信息共享平台，可以使信息共享的多方主体充分地了解到旅游突发事件在发生前、发生时与发生后的全部信息，避免信息沟通中的不对称情况，同时，由于旅游突发事件的动态演变性，该信息平台也要对信息进行及时更新，不断完善信息更新的频率与效度，最大限度克服旅游应急合作中因为信息不对称而产生的一系列问题，提升整体应急合作效果。

在该信息共享平台的建设中，我国旅游企业可以上传涉事游客的具体信息，国外救援企业可以及时共享最新救援情况等。诸如此类的企业间信息共享可以使在平台中的各企业快速互联互通，在突发事件预防预警和响应控制阶段分别对事件本身情况有良好的认识，便利社会救援行动的开展。

2. 两国市场之间建设信息沟通渠道

应急合作中的信息沟通是危机管理的重中之重，但由于应急响应对信息的需求量巨大、应急环境中的不确定性、动态性和复杂性，以及各个国家对于信息统计的口径和标准不一致和各自操作系统的兼容性等问题都会使应急合作中信息很难共享和协调。这些救援中的实际需求无一不显示建设信息沟通渠道的重要性。

为了搭建多条通达的市场间信息沟通渠道，首先要加强旅游行业中相关企业之间的信息沟通，因为出境旅游中突发事件往往发生在酒店、景区、饭店等传统的旅游场所，因此这种企业往往是突发事件的第一接收处理者，只有两国旅游企业间先建立信息沟通，才能在第一时间尽可能完善事件全貌，并尽快向官方组织求援。其次是旅游企业需要各自与救援市场中的企业（如美国 SOS 集团）建立合作关系，将其写入本企业的应急救援预案当中，在突发事件爆发后，通过这类企业间信息渠道就可以及时获取市场上的商业性救援。通过建设这些标准化的突发风险信息渠道，可以改变传统的信息共享观念，使人们摒弃信息隐藏的心理；通过合理的信息分享，可以加快应急处置的效率从而创造出双赢的结果，改善信息质量和减少信息的不对称性，增强合作透明度以增加相互信任，由此提升应急救援的有效程度。

（二）发展商业性紧急救援机构

除了政府投入资金和政策支持主导的公共救援服务以外，紧急救援服务还需要市场化的解决方案，商业性的紧急救援资源是出境旅游应急合作的重要保障力量。在许多发达国家（地区），商业性救援被看作一种产业，甚至在某些国家（地区）被当作支柱型产业①。具体指在旅游突发事件发生以后可以提供包括信息、技术、物资、人才、交通等在内的一种以营利为目的的商业性活动。这可以在突发事件中自救力量不足或政府救助无法到达时，在一定程度上给予受灾者救援服务。我国的应急救援治理急切需要借鉴这些成功经验，来鼓励我国市场中建立起成熟完善的商业救援机构。

1. 支持建设商业救援机构

到目前为止，很多国家（地区）已经建立起了完备的应急救援体系，商业性救援也成为其中重要的组成部分。很多国家（地区）不仅拥有国内救援企业，还早就按照商业运行规则建立了国际化救援机构，作为政府公共救援的补充，提供跨国际救援服务。美国拥有超 50 家跨国救援机构，法国拥有 15 家跨国救援机构。就我国商业救援机构建设现状来说，由于政府的包揽型救援习惯，营利性的商业救援机构面临很多发展困境，首先就是投入费用高昂但收益较低。美国的应急救援在救援细则中明文规定企业提供的救援活动，甚至部分政府救援活动都需要按救援时长进行收费。而我国的政府公益性的

---

① 党勇.分析我国应急救援产业及发展趋势［J］.现代商业，2013（23）：278.

救援行为往往使价格较高的商业性救援缺乏市场，甚至还会遭到公民指责"致富无道"。其次是我国从十一届三中全会以来才尝试并实行社会主义市场经济体制，各行各业蓬勃发展时间较短，对于商业救援产业来说更是还没有走进我国广大公民的视野当中。

因此我国政府需要全面出台政策推动商业救援企业或机构的建设。对于出境旅游应急救援来说，突发事件往往会出现在不同的地理环境和政治环境中，呈现出不同的突发情形，表现为不同的危机形态。因此在短时间内建立起全领域商业救援机构较为困难，政府可以先鼓励专项救援机构的成立。就旅游行业来说，突发事件往往发生在交通等领域内，故考虑先扶持交通救援、搜寻救援等类型的救援机构。除此之外，政府还要针对救援机构初建期专业人员配备、机构收益等问题，从颁布政策加强该类人员入职和提供经济补贴等方面对救援机构或企业做出支持。

2. 完善商业性紧急救援服务

（1）加强商业性紧急救援服务的顶层设计。商业性紧急救援除了要推动建立救援机构从量上发展之外，还要考虑提升其服务质量，只有高质量的服务才能保证该行业在我国持续健康地发展下去，形成高质量商业救援服务—救援产业发展—更高质量商业救援服务这样的良性循环。因此，我国的文化和旅游部、外交部、商业部应该联合主要出境目的地的相关部门进行商业性紧急救援服务的战略规划，进一步明确商业性紧急救援服务体系建设的方向，并且积极地提供政策资金支持，以促进中国旅游企业在境外的发展。

在推动商业救援服务的顶层设计的初期，我国政策方面可以充分借鉴国外成熟的设计经验，例如，公共服务领域内的"委托—购买"模式，由政府出主要资金、涉事游客出小部分资金，企业承接的模式，让我国公民逐步了解商业性救援活动。在建设中后期政府则需要向公民加大对救援产业的宣传力度，减少资金支持，使商业救援慢慢独立成为个体。

除了借鉴成熟经验以外，还要根据我国商业性应急救援机构发展现状，形成具有中国特色的应急机构政策。比如，根据我国不同的经济成分，可以帮助救援机构依靠国有企业，帮助他们在已有的财力物力强劲的情况下，吸纳更多专业救援人才充实救援机构，提供更科学的出境旅游突发事件商业救援服务。特别地，还要加强商业性救援机构备案，保证其出境救援预案和我国政府的出警救援预案相接轨。避免出现政企各行其是，出境旅游救援资源冗杂混乱的情形。

（2）推动商业性紧急救援服务的分类建设。目前在世界范围内的多个国际救援组织如亚洲国际紧急救援中心（AEA）和国际SOS救援中心等在多次全球危机的应对中发挥着重要的作用，其救援对象包括个人、旅行团体、自助旅行者等，主要救援内容包括医疗支援服务、法律支援服务、交通支援服务等多项内容，参与了许多旅游突发事件的救援。

而在中国游客出境旅游业市场蓬勃发展，出境旅游人次逐年增加的背景之下，中国公民在出境旅游的"食、住、行、游、购、娱"等各个环节的突发事件类型层出不穷，旅游安全问题也愈发突出。因此应该建立多样化的紧急救援服务体系以满足日益多样化的需求。商业性的紧急救援服务不仅要以提供范围广泛的旅行援助服务为主，还应包括旅行支援、道路救援、紧急医疗和事故处理在内的各种紧急救助服务。除此之外，商业性应急预案也应该按照突发事件类型进行分门别类，要尽可能覆盖针对各类旅游突发事件的应急预案。每个专项预案中还应包括不同的具体事件预案，如自然灾害事件预案中需要包括山洪灾害预案、地震灾害预案等多种类型的应对措施。

（3）加强对商业性旅游救援服务的宣传和引导。虽然众多的旅游企业先后推出了很多旅游救援产品，但真正从事旅游紧急救援业务的商业机构还寥寥无几，原因在于这部分的市场利润和企业家的社会认知程度还远远不足，因此迫切需要国家（地区）支持，引导和推广。

首先要做的就是让商业救援企业看到该行业有利可图，这样才能刺激其提供商业救援服务。为了达到这一目的，政府可以从受众群体入手，让我国公民充分认识到这类服务，也可以采取将该类商业救援事迹广泛传播、宣传的方式，让公民认识到其效用。在商业救援服务发展初期，利用政府公信力，采取政府、市场合作的方式，将商业救援服务带到涉事游客身边。随着商业救援服务这一产业被更多人知晓，新加入的企业数量就会越来越多。当该产业成为应急救援的支柱之一时，市场就完全可以在政府救援还没到达的时候，提供高质量的应急救援、物资储备等。

（三）建立旅游保险化解机制

利用保险赔付已经成为发达国家应对经济损失的主要手段之一。目前，出境旅游保险主要由四部分构成：针对受伤游客提供的医疗保障、对在救援服务中存在的问题、旅游者在旅游过程中的财务安全和其他旅行过程中可能出现的阻碍进行保障。随着我国公民收入水平的不断提升以及散客群体的保险意识在不断增强，越来越多的公民在出境旅游的时候愿意选择能够承担风险的旅游保险产品，因此通过旅游保险来化解出境旅游风险的未来前景大有可为。但因为旅游突发事件的发生地在境外，理赔过程往往手续繁杂、速度慢等一系列现实问题阻碍了游客对出境旅游保险的信心。因此，在与目的地国家和地区的旅游安全合作中，应该强调出境旅游保险的落地与实施，完善旅游保险体系。

1.建立健全出境旅游保险的法律法规

在国外的应急管理体系中，保险是非常常规且有效的手段之一，而且政府会对其提供法治层面的支持。而在我国无论是《中华人民共和国旅游法》《旅行社责任保险管理办法》还是《保险法》都未对出境旅游保险做出专门规定，这使得出境旅游保险缺失了法律层面的保障，因此亟须健全我国出境旅游保险相关的法律法规。

就我国旅游保险发展现状来说，政府最重要的是要出台界定保险公司、旅行社和被保人责任的相关法律法规。这是由于出境旅游当中突发事件所造成的危害类型复杂繁多，受灾程度难以界定，保险公司往往会因为理赔问题和游客发生争议和冲突。因此当政府出台相关文件之后，可以根据该政策来界定游客受伤和损失等级，从而帮助调节保险公司、旅行社和涉事游客之间的矛盾。以新冠疫情为例，健康保险赔付有三种分类方式，第一类是确诊人的感染程度，第二类是出现症状排除之后生活受影响的程度，第三类是因新冠感染就医的花费程度。另一个方面是，在出台旅游保险法律法规后，可以帮助避免旅行社不履行提供相关证据的义务，组团社和地接社在突发事件出现后推诿以及不负责任的行为，以及旅行社忧患意识不足而不对游客进行投保的行为，最终保证旅游者的合法权益。

2. 提升保险服务机构的水平

当前中国人保、太平洋保险、美亚保险、平安保险等提供的出境旅游险是游客选择的主要种类，但都存在着保险价格太高、保障范围不够全面、理赔过程太过复杂等一系列问题，这些都需要保险公司不断提高出境游保险的服务质量，从以消费者权益为中心的落脚点出发力图为出境游客提供优质高效的出境游保险服务，同时政府和保险主管部门监管也不可或缺。保险内容可以借鉴国外的成熟经验：一是政府在经济上支持保险公司在大型突发事件中面临的巨额赔偿，如美国"9·11"事件中，保险公司在赔付双子大楼倒塌所引发的 35 亿元巨额赔偿时就申请了政府支持；二是鼓励再保险机制的充分普及，让保险公司和再保险公司二者共同承担赔付责任，这样一来就将风险分散开来，使突发事件应急管理中保险的作用落到实处。

除此之外，由于出境旅游"跨境"的特点，我国公民在了解目的地国家和地区旅游保险时还需要面临语言方面的困境，因此我国以及目的地国家和地区的保险行业还需要考虑语言服务，让出境游客尽可能了解清楚相关商业保险的具体内容。或者继续加强政府主导的双边合作，建立保险信息公开透明、对接完善的旅游保险体系，使国内外出境旅游保险可以做到一体化。

三、社会层面的实现路径

（一）深化社会认同机制

1. 应急合作集体认同的深化

由于在出境旅游突发事件的处置中并不存在一个能够同时指挥和协调两个国家的组织管理结构，因此只有应急合作共同体通过安全权益的维护作为契约达成的基础，并以此作为共同合作的约束规则，通过这种"建构性"应急合作共同体发挥作用，继而通过合作来解决的共识逐渐内化为中国与其主要出境旅游目的地的行为认同。认同能够对国家（地区）之间的合作产生重要影响，当将国家（地区）作为合作中的个体单位看待时，"集体认同"便产生了持续合作的动力。集体认同首先从认知和情感出发，分析了自私主义和利他主义在国际社会关系中的存在，并且将集体认同看作社会大众将他者利益转化为我者利益的重要形成机制。在产生集体认同的基础上，将对方纳入合作共同体，彼此利益共生，模糊了我者与他者利益的边界，从而将自我与集体利益合二为一，通过这种集体认同，利益就具有了利他性。因此，社会认同机制对于应急合作治理持续进行和发展具有重要意义。当前社会共同的安全威胁使得人们在面对旅游突发事件时感到相同的命运，旅游突发事件安全问题不是仅凭一己之力就能解决的，而是需要多元主体合作应对持续推动着共同命运的理念不断深入。

集体认同可以从共同命运、同质性和自我约束出发，推动着国家间集体认同的形成，同时也决定着应急合作治理能够持续进行和发展。当前，全球气候变化、各种资源短缺、金融危机涌现、恐怖主义抬头、核污水排放、网络安全加剧、单边主义横行特别是新冠疫情肆虐全球等一系列不安全问题困扰着全球，各个国家在面对旅游突发事件时始终感到共同威胁，这种危机情境下的共同命运使彼此之间的同质性不断增强，持续推动着各个国家共同命运的理念不断深入，并携手进行应急治理。同时在合作的过程中也要充分发挥中国悠久的儒家文化的吸引力，引起各方对中国文化的欣赏，通过国家之间友好的往来促进最高层次集体认同的产生与维持。最后在观念上正确看待与其他成员之间的差异性，在充分尊重差异性的基础上对行为实现自我克制和约束。这样在应急处置方面能更好地克制"搭便车"现象，并由此实现彼此之间的合作预期。

2. 合作观念和互惠规范的持续深化

在社会上大力弘扬人类命运共同体、"共同、综合、合作、可持续的亚洲安全观"的观念。首先，这些观念的弘扬在社会上为出境旅游突发事件的应急合作治理凝聚了共识，2020年初暴发的新冠病毒感染这一突发性公共卫生事件就是一个最好的证明，它使得不同国家（地区）之间形成了你中有我，我中有你的局面。其次，新亚洲安全观共商、共建、共享的原则也为出境旅游突发事件应急合作治理提供了指导。具体而言就是在应急合作的原则、内容、条件方面进行共商；在合作机制、智囊团建设、专业人才组建、设施设备生产等方面采取共建的方式；在应急合作信息、应急合作收益等方面实行共享。同时，共商共建共享原则也清晰界定了应急合作治理的主体和客体。各国通过加强沟通与交流，签订合作协议和备忘录等形式推动应急治理的进行。随着这些安全共同体、命运共同体理念的持续深入，中国与主要出境国家（地区）的应急合作也具有了观念层面的指引，新安全观也将作为应急合作治理的顶层设计为各个国家（地区）应急处置树立了合作共赢的新思维，为双方的合作创建了更加良好的环境。

其次，有利于合作的规范是应急合作治理最重要的原则之一，具有互惠和利他主义的规范对于应急合作治理有重要作用，国家（地区）在保证自主性的基础上共存、共享应急信息、共治突发事件。互惠和利他主义的规范强调应急合作成员之间是一种共需、互利、共赢的新型关系。在这种新型关系中，面对突发事件依靠合作来共同解决问题，共享应急资源，提供应急产品，可以达到自我利益和整体利益兼收，突破了自由建构主义下唯国家（地区）利益优先的窠臼。而中国与主要出境国家或地区之间由于地理位置上的临近性，在文化上的相似性，在语言、文化风俗等方面拥有的共同点较多，本身具有很强的互惠逻辑，因此能为应急合作体系的构建奠定坚实的基础。

（二）开拓应急资源的筹集与援助

1.发挥非政府组织的沟通桥梁作用

当前，主要的社会主体有各个不同主题的旅游行业协会、旅游学术机构以及红十字会、青年志愿者协会等公益性组织等。其中，旅游行业协会作为重要的桥梁应该充分发挥协调作用，可以由双边政府牵头，积极号召涉旅社会组织成立依附于旅游政府部门的旅游行业协会，一方面在出境旅游突发事件的应急处置中可以更好地传递政府政策的声音，在应急预案的编制中也可以兼顾政府和旅游企业的整体性和衔接性，另一方面，旅游行业协会脱胎于接待出境旅游的从业者，可以在旅游突发事件发生时为身处异地的旅游者提供更多本土化的救援服务。同时，旅游行业协会自身所带的监督性也可以进一步规范出境旅游市场，促进出境目的地国家或地区当地的旅游部门和旅游相关产业对中国游客的了解与尊重。例如，2011年美国东西海岸旅游从业者成立的"美中旅游协会"，成员多来自经营着接待中国出境游客业务的旅游从业者，他们在联合目的地的旅行社制定旅游突发事件的应急预案和出境游客的安全保障方面发挥着巨大的作用。因此，旅游行业协会的成立对于规范市场秩序、保护旅游从业者、加强旅游市场安全、抵制无序竞争、维护游客的利益等发挥重大作用。

2. 旅游学术机构的"智库"支持

旅游学术机构主要由在这个领域内有较高知名度的专家学者组成，因为本身的专业性，因此可以在政府有关应急决策的建议中扮演着"智库"的角色。特别是在出境旅游旅游突发事件这种跨学科、跨领域、跨部门的事件中，政府部门的政策决策往往存在一定的局限性，旅游学术机构可以通过加强出境旅游突发事件研究、召集研讨会、举办各种学术探讨活动增加政府应急决策的科学性。因此，旅游学术机构作为出境旅游突发事件应急处置的重要"智库"可以主要负责生产有关应急处置的知识、讨论应急治理的政策并提供解决方案。其功能作用的发挥可以通过以下途径来具体实现。首先，应该重视信息技术和平台的建设，扩大自身影响力。可以依靠大数据、云计算等新技术，专注于现代先进技术对应急治理的促进作用，致力于研究新形势下特别是全球化背景下出境旅游突发事件的新特点，为政府部门提供更符合新实践的政策建议。其次，应该注重旅游突发事件新议题的设置，掌握政策话语权。如设置关于本次新冠疫情之类的突发性公共卫生事件的专题研究，召集各位专家学者探讨在全球突发性公共危机情境下如何实现旅游业的恢复与发展问题，探讨推动旅游业可持续发展的可行之道。除了探讨当今形势的热点问题，还应该关注未来的如网络恐怖主义等一系列具有前瞻性的问题，为未来此类突发事件的预防做好应急准备。最后，应该注重人才培养工作，建立人才交流机制。通过人才交换，使得一大批具有深厚专业知识的人才能够在安全领域的各个岗位上发挥重要的作用。并且人才交换也能够破解不同组织内部的"茧房"效应，知识伴随着人才的流动而丰富，能够帮助各个部门提高决策的全局性和战略性。

3. 公益性组织的应急资源筹集

作为具有公共性、合法性、非政府性、非营利性的志愿者组织，在应对突发事件的过程中日益发挥着越来越重要的作用。例如，红十字会具有强烈的人道主义色彩，在旅游突发事件的救援中更能够彰显其贴近民生，反映民间的利益诉求的民间性。同时又因为其价值立场是为普通群众发声，因此在社会上具有极强的社会渗透力和社会呼吁力，可以凭借其组织优势迅速地在短时期内筹集大量的物资资源。在应急处置中，应该充分地利用好公益性组织的优势，在提供事故现场信息、现场引导、人员疏散、心理抚慰、宣传解释等方面发挥其作用。另外，应急处置中最核心同时也是最基础的方式是要提升游客自身的安全素质，在政府组织的救援力量还未到达时积极开展自救互救，而由社区组织、志愿者组织或游客群体组成的公益性组织可以就近开展自救互救，起到事半功倍的作用。例如，美国洛杉矶市的"社区紧急应变队"在历次重大灾害的救援中都产生了预期效果。同时由于扎根于民间，这些公益救援组织还具有一些独特的功能和作用：一是对政府的应急救援能力进行监督，自身担负的人道主义色彩让其对政府在应急处置中可能存在的公共责任缺位现象存在高度的敏感性，并利用其组织优势同政府机构斡旋；二是利用自己的联系网络和社会活动进行突发事件知识的宣传和教育，这些都可以起到早期预警、自我防护的作用。

（三）发挥华侨华人的救援协助作用

1. 将华侨华人群体纳入应急动员机制

中国有着大量的境外华侨华人以及发展日渐成熟的华侨华人组织，华侨华人组织掌握着大量的当地资源，并且在突发事件救援、社会公益慈善以及国际外交事务等方面有着高涨的热情。因此可以考虑将华侨华人群体纳入应急动员机制，在有关应急政策法规中明确华侨华人的作用和力量，在应急计划中界定华侨华人参与应急救援的途径和分工，使华侨华人群体成为应急治理体系建设的重要组成部分。一是当地华侨华人及华人社团组织，采集并报告所在国各区域旅游安全风险信息，通过涉旅平台实现境内外预警信息及时的传送和报告，进行信息的迅速共享；二是华侨华人组织利用当地的优势，搜集信息，在突发事件发生时，统一号召、协调调度各华人华侨机构资源进行支援。

海外华侨华人社团也可以作为维护海外游客权益的重要力量。当前海外侨团数量众多且分布广泛，基本上覆盖了中国主要的出境国家或地区，他们熟谙所在国舆情、社情、民情，政商人脉通达，可以作为政府官方领事保护力量的有益补充。近些年随着中国综合实力的提升和海外华侨华人社团力量的增强，侨团一方面主动本土化，积极参政议政，另一方面开始参与海外侨务管理，主动为海外中国游客提供安全服务，保障中国出境游客的生命财产安全和正当权益。同时其自身的专业化与本土化可以帮助驻地领事馆获取信息、沟通各方，充分发挥其在出境目的地国家的"前哨"作用。

2. 激发华侨华人自愿维护境外同胞安全利益

华侨华人在所在国社会中具有人际关系资源基础，在应急救援过程中，应发挥华侨华人的经济、人际网络作用，提供资源便利。同时对于在特殊情况尤其是安全事故发生时的紧急情况，华侨华人可以提供进一步救助和持续关照。通过与华侨华人社团的有效对接，争取更多华侨华人参与协作救援，引导华侨华人组织发挥应急协助作用。在全球华商组织、华人社团、华侨华人专业人士、华文传媒等群体中，培育驻地国的华侨华人救援"星使"，"星使"信息公布于驻地领事馆、外交部和文旅部网站，在紧急情况下提供救援。同时应该加强与各类华人华侨组织的联系，建立应急协作关系，形成合作协议，中国政府也应该为华侨华人组织提供一些便利条件，构建激励机制，弘扬道德行为，倡导海外华侨华人自愿维护同胞安全利益。

同时，整合成立"大侨务"部门，充分发挥其互联互通和资源共享的作用。可以利用目前存在的全美中华青年联合会、美华国际青年商会等世界性机制化会议帮助游客全面了解所在国的风土人情。另外在针对海外新闻传播方面，为更好地讲好"中国故事"，还应该丰富华文媒体资源。由于媒体的报道通常带有夸张性，海外媒体更可能因为利益不同而对事发地发生的突发事件存在虚假报道，损害中国游客的权益，因此需要更多中国的海外媒体及时准确地报道事发地点的所在情况，尽力化解其他媒体所传递的负面舆论影响。作为中国向外传播声音和中国侨务外交的重要平台，华文媒体通过及时的新闻报道能够帮助海外游客更全方位地了解信息，为中国营造出更加宽松友好的国际舆论环境。还可以借助 2017 年国侨办推介的中国侨网和"侨宝"移动客户端搭建信息共享平台，建立海外游客与海外华侨的联系方式库，提醒中国游客实时掌握安全动态。

四、游客层面的实现路径

作为出境旅游突发事件的直接利益相关者，游客的一举一动都牵系着出境旅游突发事件的整体走向。因此，增强游客安全意识，提升游客自救、互救和他救技能、做好自身风险防范显得尤为重要。

（一）增强游客安全意识

出境旅游安全涉及出境游客的生命、财产安全，需要多层次、全方位增强游客安全意识，提高游客自我防护能力。具体可以从以下四个方面展开。

1.联合发布出境旅游安全指南

从政府层面来说，增强游客安全意识，政府部门可以在对出境旅游安全信息收集分析的基础上制定国家级、省市级别的安全防范资料。通过宣传教育、典型案例、集中学习等方式增强游客的出境旅游安全意识。发布国家级、政府级的出境旅游安全指南是向出境游客宣告出境安全重要性的有力举措，对于增强游客安全意识，提高企业、社会出境旅游安全认知具有重要作用。

联合发布出境旅游安全指南，政府可以从以下几个方面做出努力：其一，由中央文明办和文旅部牵头，在外交部、驻外领事馆等多部门的协同努力下制定《中国公民出境旅游安全行为指南》，供出境游客阅览学习；其二，由外交部驻外使领馆根据派驻地安全情况发布出境游客安全指南以提高游客目的地旅游安全意识；其三，各地市级政府外事办根据本地区居民常发生的出境旅游安全事件有针对性地制作海外安全宣传资料，以推文或视频的方式推送给区域公民，提高其对旅游安全常识知识的认识。

2.关注游客出境旅游安全教育

从市场层面来说，旅游企业是出境游客生命安全的主要负责人，必须在提升游客出境旅游安全意识方面发挥自身优势，做好游客的出境旅游安全教育工作。由于旅游企业是与游客接触最紧密的主体，点对点的安全教育是相关企业力所能及也义不容辞的责任与义务。关注游客出境旅游安全教育，有助于增强游客出境旅游安全意识，在一定程度上减少旅游企业游客安全服务工作量，降低出境旅游突发事件伤害性。

关注游客出境旅游安全教育，企业可以从以下几个方面做出努力。其一，分散学习。在游客确认参与出境旅游活动时，旅游企业需向游客发放《出境旅游安全行为指南》，并配合微视频让游客提前了解出境旅游安全相关知识，提升安全意识。其二，集中教育。在游客集中前往目的地途中，导游及相关工作人员应集中向出境游客普及目的地旅游安全事项，增强其在旅途中的安全事故警觉性。其三，时刻嘱咐。在游客出境旅游过程中，旅游企业相关负责人员应做到时时叮嘱以强化游客安全意识，确保游客将旅游安全相关信息牢记于心。

3. 普及宣传出境旅游安全知识

从社会层面来说，社会涵盖着全方位、多领域的专业人才，出境旅游安全资源储备丰富，宣传渠道多样，能够广泛宣传出境旅游安全知识，增强游客出境旅游安全意识。普及宣传出境旅游安全知识，不仅有助于在深化社会相关机构对出境旅游安全认识的同时提高机构知名度，也有助于广大公民加强对出境旅游安全的了解，强化出境旅游安全意识。

普及宣传出境旅游安全知识，社会机构可以从以下几个方面做出努力。首先，社会专业机构如救援组织、志愿者团队以及相关领域的非政府组织应充分发挥自身专业性优势，通过微信公众号、短视频等方式向广大出境游客传递目的地安全信息，广泛普及出境旅游安全知识、安全应急救援措施等。其次，各新闻媒体联合政府、市场、社会等多元主体在官方媒体、社交平台设立出境旅游安全专栏，向全社会征集相关文章报道，在全社会倡导安全旅游行为，增强游客出境安全意识。最后，科学研究结果是最有力的宣传证明。旅游相关领域学者应通过多样数据、多元方法加强对出境旅游突发事件的研究深度、力度和广度，不仅对出境旅游相关从业者具有指导性作用，也有助于加强游客对出境旅游安全的认识，增强旅游安全意识。

4. 广泛接收出境旅游安全信息

从游客层面来说，没有游客广泛接收出境旅游安全信息的行为，社会其他阶层的出境旅游知识教育和宣传都是徒劳。因此，游客要充分吸纳各政府部门、市场企业、社会机构的出境旅游安全信息普及，增强出境旅游安全意识，提高突发事件应对能力。广泛接收出境旅游安全意识，有利于强化游客对出境旅游安全知识的理解吸收，使游客在不断的信息摄取过程中增强出境旅游安全意识。

广泛接收出境旅游安全信息，游客可以从以下几个方面做出努力。首先，游客在出境旅游活动前应关注政府部门发布的出行提示等旅游安全信息，了解目的地当前安全局势以及高发的中国公民出境旅游安全事故类型。其次，在与旅游企业的沟通过程中，游客应有意识地向企业服务人员咨询旅游目的地安全信息，并确认旅游企业的安全防护措施。最后，游客可以有针对性地通过社交平台、旅游网站等媒介关注出境旅游安全领域权威的意见领袖，接收并学习出境旅游安全防护信息。

（二）提升应急自救、互救和他救技能

作为突发事件的目击者、见证人或当事人[①]，游客在事故发生时的行为直接关系出境旅游突发事件的危害程度。因此，游客自救、互救和他救能力在事故发生时对应急合作治理过程举足轻重。提升游客应急自救、互救和他救技能可以从以下方面展开。

1. 定期开展防灾应急演练活动

从政府层面来说，防灾应急演练是各级单位和组织根据现实需要针对特定突发事件展开的模拟训练，有助于提高参与人员的应急救援能力，在一定程度上降低突发事件的破坏性。定期开展防灾应急演练活动，以应急管理部门为主导、在地方政府、旅游部门、消防部门等各级政府机构的协同指挥下，各单位定期、专项开展应急演练活动以增强公民的出境旅游警惕性和安全性，提升自救、互救、他救能力。

定期开展防灾应急演练活动，政府应注意以下几点内容。其一，应急演练活动不是走过场，各部门应积极参与到应急演练的活动中去，保证每位参与者都能够从中学习到应急技能，同时提高参与者技能熟练度。其二，开展应急演练活动前应加强对应急预案的了解与掌握，及时处理演练过程中的突发情况。各部门在进行应急演练之前应开展集中学习活动，将应急演练预案熟识于心，只有这样才能做到临危不乱、巧妙化解突发状况。其三，应急演练应具有真实性、专项性、可操作性等特点，以此保证应急演练活动的如期

---

① 龚玮. 突发事件应对的多元协作机制研究［D］. 华东政法大学，2014.

进行，从而达到提高全员操作水平和应急处理能力的目的。

2. 组织出境游客救援技能培训

从企业层面来说，出境旅游救援技能培训是游客出境旅游前的必修课，是游客深化出境旅游安全意识，掌握出境旅游安全知识，学习出境旅游安全应急技能的必要选择。于旅游企业而言，集中组织出境游客进行自救、互救和他救的技能培训，提高游客应急能力，有利于减小突发事件的伤亡率，减轻企业的经济、法律负担。

开展应急救援技能培训，企业可以从以下几个方面做出努力。首先，企业要让游客充分意识到应急自救、互救和他救的重要性。企业相关负责人员可以通过出境旅游突发事件典型案例分析、相关新闻媒体报道等方式让游客深刻认识到掌握救援技能的重要性。其次，由救援技能培训专家亲自示范、模拟教学，帮助游客厘清救援程序和要点，了解应急救援基本步骤，为后续实操练习打下坚实基础。最后，游客在专业指导下实地操作，通过自主练习把握实际操作的重点难点，以快速掌握相关救援技能。

3. 号召专业人士进行公益指导

从社会层面来说，红十字会、社会非营利性救援组织等专业性社会机构可以定期无偿对出境游客的自救、互救、他救技能进行指导，不仅有利于增进机构专家的专业救援技能，提高社会机构的知名度、吸引更多有志之士加入组织；同时对于提升游客自主救援能力，减小出境旅游突发事件救援难度大有裨益。

号召专业人士进行公益指导，社会可以通过线上线下相结合、知识普及与技能培训相结合的方式展开。其一，线上不定期救援知识普及。相关社会机构可以不定期在机构官方网站、社交平台发布出境旅游应急救援知识普及的文章、视频，也可以进行专题性的系列视频讲解，还可以不定时通过线上会议的方式进行专题讲座。其二，线下专业技能实操练习。在中国公民出境旅游突发事件的高发季节，社会专业机构可以邀请广大公民参与，通过线下实操演练的方式使出境公民了解学习应急自救、互救、他救知识，并给予专业性指导，以此提高出境游客应急自主救援能力。

4. 自主学习旅游应急救援方法

从游客层面来说，自发学习应急救援方法，提升个体应急自救、互救、他救技能，不仅有助于危难时刻保证自己的人身、财产安全不受侵犯，也可以帮助同行游客共渡难关，确保出境旅游的平稳安全进行。

自主学习旅游应急救援方法，游客可以从以下方面做出努力。其一，通过多渠道获取应急救援教学信息。游客可以通过视频、书籍等形式学习专业自救、互救、他救方法，并根据所列方法自行演练提高应急救援能力。同时，当身边有应急救援专业性人才时，游客可以积极向其请教相关知识，学习相关方法，提高自身自救、互救、他救能力。其二，不断练习，强化个体应急救援能力。游客可以在视频学习的同时加强自我练习，设想各种突发事件场景不断模拟自我救援过程。此外，与其他公民或出境游客合作练习，在实操过程中相互学习、不断磨合，培养突发事件应急自救、互救、他救默契，以降低突发事件带来的伤害。

（三）做好应急风险防范

出境旅游突发事件的必然性与偶然性特征要求游客必须做好应急风险防范工作，以应对出境旅游风险、减小突发事件的破坏程度。具体可以从四个方面做好游客的应急风险防范。

1. 强化游客应急风险防范意识

从国家层面来说，增强忧患意识，做到居安思危，是我党治党治国始终坚持的基本方针。对于出境游客来说，坚持底线思维，强化风险防范意识才能更好地应对出境旅游突发事件。由政府部门主导，以政府的强制性与号召力助力应急风险防范学习在全社会蔚然成风，有助于加深游客对风险防范的认识，强化游客应急风险防范意识。

强化游客应急风险防范意识，政府可以从以下几个方面做出努力。其一，由政府、党组织牵头，组织各级政府在全社会进行出境旅游应急风险防范宣传，通过开展专题会议等形式磋商应急防范相关条例，以国家（地区）级行动强化公民应急风险防范意识。其二，将应急防范教育工作由政府机关下放到各社区，以社区为主要负责部门开展小范围的应急风险防范活动，有助于实现大众参与、点对点普及相关知识，增强公民的出境旅游应急防范意识。

2. 重视游客出境旅游保险工作

从市场层面来说，出境旅游突发事件会严重威胁到出境游客的人身、财产安全。为避免造成二次伤害，出境游客的人身保险必须提上日常。于旅游企业而言，游客参保是突发事件发生时减少企业经济负担的重要法宝。于游客而言，购买出境旅游保险服务有利于增强游客安全感，减少游客出游的后顾之忧，提高游客的出境旅游体验。

重视游客出境旅游保险工作，市场可以从以下几个方面做出努力。首先，在游客参保过程中，企业要向游客说明参保目的，让游客充分认识到保险的重要性，自主自发购买保险产品，避免造成不必要纠纷。其次，提前告知游客保险产品的基本情况，让其根据个人情况妥善选择保险。当然，旅游企业也可以和保险公司联合推出性价比高的出境旅游保险产品，做好游客的应急风险防范工作，保证出境游客的出行安全。

3. 推送出境旅游风险防范攻略

从社会层面来说，社会各相关机构、有出境旅游经验的游客可以通过多种方式向游客输送出境旅游风险防范攻略，帮助出境游客做好应急风险防范准备。万物互联，个体的出行风险防范攻略极具个性又富共性，可以对广大出境游客施以启发，助力游客的应急风险防范行动。

推送出境旅游风险防范攻略，社会可以从以下几个方面做出努力。其一，推送渠道多样性。推送风险防范攻略，社会可以选用书籍、传统纸媒的形式予以传播，也可以通过线上旅游网站、社交平台进行发布，还可以定点投放，如可以着重在旅游企业加大出境旅游风险防范攻略的投放力度。以多种渠道确保出境旅游风险防范知识为广大公民所熟知。其二，内容形式丰富。出境旅游风险防范攻略可以采用图文并茂、视频展示抑或是语音播报的方式，使不同受众都能接收到风险防范信息，从而达到提醒并帮助游客做好风险防范准备的目的。

4. 时刻警惕目的地高发旅游风险

从游客层面来说，游客在出境旅游过程中应时刻保持风险警觉意识，尤其注意目的地高发出境旅游安全事件，尽量做到防微杜渐。时刻警惕目的地高发旅游风险，有利于游客在一定程度上避免突发事件意外，在事故发生时也可以尽可能减小突发事件带来的伤害。

时刻警惕目的地高发旅游风险，游客可以从以下几个方面做出努力。首先，提前关注目的地高发旅游事故，并在旅途中保持高度警觉，避免突发事件的发生。沿海地区汛期易发生洪涝灾害、地壳活跃地区常有地震出现、政局动荡地区时有社会安全事件发生等都是游客在出境之前容易获得的信息。其次，根据目的地不同灾害特征提前做好准备防患于未然，如提前备好雨具等突发事件自我防护工具。最后，在旅游过程中时刻保持高度警备，尤其警惕高发旅游事故风险，进入景区时提前观察景区应急通道、应急设施以备不时之需。

（四）保证出境旅游信息互通互联

1. 畅通出境游客信息交流渠道

从政府层面来说，维护出境游客海外合法权益，让中国公民在海外依旧保有获得感、幸福感和安全感是公民的权利，也是政府的责任与义务。出境在外，由于语言不通、环境不同等原因，游客获取信息的能力明显降低，因此如何保持游客安全信息的互联互通于政府而言责无旁贷。一方面，当游客的生命健康受到威胁时，游客需要在第一时间获得安全信息进行自我规避；另一方面，当游客在海外的安全或合法权益受到侵害时，我国政府也需要第一时间了解相关情况施以保护措施。由政府出面畅通出境游客互通互联渠道，维护公民的生命、财产安全是再合适不过的选择。

畅通出境游客信息交流渠道，政府可以从以下几个方面做出努力。其一，及时发布海外安全信息。政府通过文旅部官方网站、外交部领事馆官方网站、社交平台等渠道发布海外安全信息。如发布出行提示信息提醒海外游客、公民注意当地社会、卫生安全等。其二，开通全球领事保护与服务应急呼叫中心热线电话。当出境游客在海外安全或合法权益受到侵害时，可以第一时间拨打热线电话予以求助。我国"12308"热线自2014年开通以来已经受理多起维护海外中国公民合法权益的案件，并被越来越多人所熟知。其三，建立维权结果信息公开反馈渠道。驻外领事馆及时反馈海外中国公民的维权结果，不仅能让维权公民充分了解维权过程和结果，也能给其他海外游客以借鉴，帮助其更快找到合理合法的解决措施。

2. 成立出境旅游信息服务小组

从市场层面来说，一方面，及时向出境游客通报海外安全信息，帮助游客了解海外安全状况是其必须提供的服务之一。另一方面，语言不通等问题会导致游客在海外旅行过程中与人交流困难、造成服务偏差等服务问题。而由国内外旅游企业共同成立出境旅游信息服务小组，既能够保证旅游安全信息的及时通报，使出境游客及时规避出行风险，又能够为出境游客提供语言便利服务，提高游客的出境旅游体验感和安全感。

成立出境旅游信息服务小组，企业可以从以下几个方面做出努力。其一，统一指挥，海外共建。出境旅游的顺利开展离不开海内外旅游企业合作运营，由国内外合作旅游企业共同设立的出境旅游信息服务小组既能保证游客的出境信息畅通，又能够通过国内外联动达到更好的服务效果。其二，设立不同服务模块，各司其职。信息服务不单单指安全信息的畅通，更在于游客出境旅游交流时的信息贯通。因此，出境旅游信息服务小组可以构建不同的服务模块，确保游客的每种信息服务需求都能得到满足，比如安全信息监测、家属信息交流、日常旅行沟通等。其三，保证全程 24 小时线上 / 线下服务。由于国内外存在时差问题，游客与国内的联系时间和上班时间存在出入，此时企业信息服务小组要确保 24 小时随时在线，以免紧急情况发生时游客无法与国内取得联系、寻求帮助。同时，线下信息服务需要确保游客在旅游过程中的信息交流畅通，避免游客受骗等现象发生。

3. 建立出境游客便民服务平台

从社会层面来说，社会各公益性援助机构、海外公民服务机构、志愿者团队等可以建立线上线下相结合的出境游客便民服务平台，帮助出境游客在海外旅游时保持信息畅通。身处陌生环境、身边充盈着陌生的语言，单凭游客无法保障自身的人身、财产安全。因此，建立出境旅游便民服务平台，可以使游客在出境旅游遇到问题时有依仗、提升游客的海外旅游安全感、保障本国公民的合法权益不受侵害。

建立出境游客便民服务平台，社会可以从以下几个方面展开工作。其一，设立线上出境游客便民服务平台。社会专业性服务救援组织可以在机构的官方网站、官方社交账号设立出境游客便民服务平台入口，由相关专业人士负责解答出境游客的各种疑惑、问题,当突发事件发生时及时给予游客指导,有助于减小突发事件的破坏性。其二,建立线下出境游客便民服务中心。社会公益性机构和海外中国公民志愿者团队可以在中国公民出境旅游高级景区开设便民服务中心,为游客提供必要帮助,如语言翻译服务、指路服务、解决问题服务等。

4. 时刻保持信息畅通

从游客层面来说,时刻保持信息畅通,以确保出境游客能在预防预警阶段及时得到预警信息,有效规避旅游风险;在响应控制阶段顺利寻求帮助,最大化程度上减小游客伤亡率;在善后恢复阶段快速与家人取得联系,避免不必要的担心。时刻保持信息畅通,有助于游客及时获取安全信息、及时取得安全帮助,是游客在出境旅途中的重要安全保障。

时刻保持信息畅通,游客需要注意以下几点问题。其一,保证手机号码24小时联系无阻。24小时手机畅通有助于游客目的地安全信息的实时接收,风险规避;有助于游客遇到危险时及时与救援人员取得联系,尽早获救;也有助于游客与国内家属、旅游企业、政府部门等保持联系,第一时间获取安全信息,减少担心。其二,熟知国内外安全服务平台联系方式。当游客在出境旅游途中遭遇安全风险时,熟知国内外安全求救电话有利于出境游客及早向有关部门报告事故信息,尽快取得帮助,降低出境旅游突发事件的危害程度。

第八章 研究结论与展望

在综合分析中国公民出境旅游突发事件类型和风险特征的基础上，本研究进一步剖析了中国公民出境旅游突发事件应急合作治理的必要性和可行性，以及合作的现实基础，深度阐释了出境旅游突发事件应急合作治理的理论内涵和外延，采用建构主义范式诠释了出境旅游突发事件应急合作治理的理论逻辑。在上述基础上，本研究探索了出境旅游突发事件应急合作治理的主体要素、治理机制和实现路径。本章主要对研究结论进行总结和理论提升，并对研究可能的创新点进行总结归纳，并阐释了研究局限和后续进一步的研究方向。

第一节 研究结论

一、安全威胁的现实与传统治理的困境呼唤应急合作治理

1. 出境旅游安全风险威胁加剧

经济社会繁荣，人民生活水平提高，旅游消费观念升级，中国公民出境旅游范围扩大和规模增加。出境旅游目的地扩大到 151 个国家和地区（中国旅游研究院，2018），2019 年中国公民出境旅游人数超过 1.5 亿人次（文化和旅游部，2020），是世界最大出境旅游客源国。但出境旅游需求旺盛的背后，也面临诸多旅游安全问题。2017 年至今，对旅游活动造成影响的突发事件多达 10 余起，如普吉岛沉船事件、印尼龙目岛地震、巴厘岛火山爆发等，中国

公民出境旅游安全权益保障成为一个重要而迫切的课题。

在旅游突发事件发生时，各国并没有形成及时有效的应急协调机制，导致在真正应急救援的时候往往处于一定的混乱状态，并不能使安全资源达到有效利用的最大化配置，导致遭遇旅游风险的入境游客难以及时得到本土化的援助。在针对事件发生以后的善后处置与受伤人员安全返回方面，沿线国家间也缺乏有效的合作机制和方案。

2. 传统科层制政治响应陷入困境

2006 年在国务院应急办的指导下，原国家旅游局和外交部制定了《中国公民出境旅游突发事件应急预案》，建立了由国务院统一领导、境内外协调和部门协调的应急处置机制，该机制在应对境外旅游突发事件发挥一定的作用。2018 年 3 月中国应急管理体制重大调整，成立应急管理部，机构的撤并调整迎来新发展机遇，也将面临许多新挑战。近年来，旅游安全事件频度、深度和广度的持续增加，已远超出现有治理主体和应急机制的能力范围，传统科层制政治响应的中国"属地化管理"模式使应急处置陷入路径依赖的困境。从实践的角度看，跨境、跨组织、跨层级之间的横向和纵向多元主体的网络化协同治理，越来越成为出境旅游安全合作治理的基本需求。

3. 应急合作意识形态存在障碍

当前的出境旅游突发事件不仅突破了地理上的空间边界，也突破了在应急应对时行政部门的职能边界和政策边界，理论和实践都表明需要跨部门、跨区域、跨系统的联动机制以有效应对。但受传统政府公共服务模式的影响，社会大众普遍认为突发事件的应急处置是政府和国家（地区）的事情，普通人只是作为一个边缘者或者是被服务的对象而存在，这种观念成为目前应急合作最大的观念困境。

二、中国公民出境旅游风险呈上升趋势且差异显著

第一，中国公民出境旅游突发事件 / 安全风险态势呈现异质性和集聚性的分布特征。具体来说，从主要出境目的地国家（地区）的整体风险指数分布来看，政治、经济、金融风险主要集中在东南亚至东北亚地区、西欧国家以及西亚部分国家。从旅游安全事故的分布情况来看，相关安全事故主要集

中在亚洲地区，东南亚和东北亚地区是旅游安全事故的高聚集地。其中，泰国、印度尼西亚、日本以及中国港澳台地区的旅游安全事故发生频次较为频繁。美洲、大洋洲地区的旅游风险态势次之，分别形成以美国、新西兰为核心的中高旅游安全事故核心密度区，是中国公民出境旅游安全事故的高发目的地之一。此外，西亚环地中海沿岸以及西欧部分国家也是出境旅游高风险聚集地。

第二，中国公民出境旅游安全的年际变化呈现阶段性波动上升趋势，每个阶段都有其各自的变化特征。阶段 1 即 2010 年的出境旅游安全事故主要分布在东亚、东南亚一带，且密集程度较高；阶段 2 即 2011—2012 年，是 5 个阶段中时空变化较为异常的一个阶段，该阶段的旅游安全事故发生频次高，分布范围广泛，核心区域呈现扩张且不断聚集的趋势；其他阶段的旅游安全事故分布均呈现阶段性增长态势，时间分布特征由小到大，由点及面，逐渐呈现集聚态势。整体来看，我国公民出境旅游安全空间范围变化的阶段时间分布不均匀，各阶段均存在范围扩张趋势，且整体呈现波动上升态势。

第三，旅游安全事故的频次分布具有区域差异性。整体来看，旅游事故灾难是中国公民出境旅游的主要安全事故类型，尤其是车辆交通事故广泛分布于各个出境区域，分布范围广泛，发生频次明显高于其他事故类型。具体来说，每个区域都有其独特的事故类型分布特征。东北亚的旅游安全事故类型主要集中在旅游业务安全事故方面，如服务冲突、消费陷阱等都是该区域的高密集事故；东南亚和南亚发生的出境旅游安全事故类型复杂，除了旅游事故灾难是高发事故类型外，其他的如旅游业务安全事故、涉旅自然灾害以及社会安全事件都是该区域的高发安全事故；西亚、非洲和美洲、大洋洲地区的事故类型分布特征相似，旅游事故灾难是当地的高密集事故类型，除此之外，涉旅自然灾害和社会安全事件偶有发生；西欧是整个出境旅游范围内最为安全的地区，但是旅游事故灾难与社会安全事件的发生概率相对较高。

三、中国公民出境旅游安全感知时空特征多元

第一，本研究采用内容分析法，以中国公民赴马来西亚的安全感知内容为例，系统分析了游客安全感知的影响因素。从整体语义网络来看，中国公

民对马来西亚发生的安全事件感知最为强烈。旅游安全感知的内容主要表现为地点、人员、行为和心理感知四个方面。其中地点主要反映的是对安全事件的感知；人员方面，主要是对司机宰客和孩子的不理性乞讨行为的感知最为强烈；行为方面主要包括在马来西亚参加活动时引发的安全问题以及游客对安全事件的感知；心理方面主要是对马来西亚的环境氛围与安全事件感知的心理活动。本研究通过扎根理论的质性分析，探索和抽取旅游安全感知的影响因素，归纳出29个初始范畴、7个主范畴和4个核心范畴。其中影响旅游安全感知的人—机—环境—管理因素中，管理因素是中国公民感知最为强烈的因素，主要包括旅游地营造的环境氛围和人文氛围差、社会治安混乱、相关部门监管不到位等。

第二，本研究以中国公民赴马来西亚有关安全的游记为数据资料，以旅游目的地为节点，采用社会网络分析方法，从宏观尺度探讨旅游安全感知与空间分布之间的关系，以期揭示中国公民赴马来西亚旅游安全感知空间分布特征。主要结论有如下几个方面。

（1）各类安全感知事件数量存在"数字鸿沟"，旅游安全感知事件分布呈现"放射模式"。旅游安全感知行为特征分析表明，事故灾难感知和社会环境安全感知所占类型多，数量比重大，如环境氛围差是游客主要安全感知事件，公共卫生安全感知和自然环境安全感知较少。总体安全感知事件空间分布呈现放射模式，各类安全感知事件热点区域大同小异；旅游安全感知类型分布区域核心边缘特征明显，主要聚集于沙巴州、吉打州、马六甲和吉隆坡。

（2）旅游安全感知事件呈现网络化的同质性、异质性并存特征。各类型安全感知事件网络化的同质性表现在事故灾难感知、社会环境安全感知、公共卫生安全感知和自然环境安全感知的空间分布并未存在明显的空间分异现象，各类安全感知空间分布表现出一定相似性；异质性表现在社会环境安全感知如安全氛围差在数量分布、空间分布均远高于其他安全感知类型。

（3）旅游安全感知网络分布符合日常生活理论的假设，旅游流网络与安全感知空间网络在类型上呈现空间耦合；数量空间网络分布上，旅游流网络与安全感知网络整体表现出正相关关系，但吉隆坡与沙巴州的旅游流量与安全感知网络呈现负相关。

第三，中国公民出境旅游安全感知与空间分布耦合特征明显。

（1）旅游安全感知区域分布呈现"数字鸿沟"。根据整体安全感知数量分布特征图可以看出，游客赴马来西亚旅游安全感知空间区域差异明显，呈现空间集聚现象。游客游览沙巴时产生的安全感知行为类型最多，而森美兰、吉打、玻璃市、霹雳、丁加奴、吉兰丹、彭亨和砂拉越等目的地却几乎没有发生安全感知行为；由中国公民赴马来西亚旅游目的地中心度分析可知，柔佛、霹雳、丁加奴和槟城的中心度比较小，说明安全感知行为发生较少。综上表明游客赴马来西亚旅游过程中，旅游安全感知事件的类型、数量州际悬殊，区域差异明显，呈现出"斑块化、大分散"和"多核多中心"的特征。

（2）旅游目的地安全感知类型空间分布相似。整体而言，安全感知空间分布主要存在于沙巴州、吉隆坡和吉打州，包括事故灾难感知、公共卫生安全感知、自然环境安全感知、社会环境安全感知，其中由社会环境和自然环境引致的旅游安全感知行为分布范围相对广泛，而事故灾难感知、公共卫生安全感知的空间分布相对集中，但四者主要集中在沙巴州、吉隆坡和吉打州，发生于其他目的地的旅游安全感知行为较少。这表明由事故灾难、公共卫生安全、自然环境安全和社会环境引致的旅游安全感知并未形成明显的空间分异，具有一定空间分布相似性。

（3）旅游目的地安全感知事件同质性特征凸出。各个旅游目的地发生的旅游安全感知行为存在同质性，并且安全感知同质网络与安全感知数量的空间分布和类型空间分布形成耦合，即事件越聚集的旅游目的地，其发生的旅游安全感知行为同质性越强。此外，旅游安全感知网络与旅游流网络整体也呈现出同质性，即安全感知分布与旅游流分析呈现出正相关。

（4）旅游流与安全感知网络耦合特征明显。通过旅游安全感知空间网络与旅游流网络对比研究，发现旅游安全感知行为主要发生在热门旅游目的地，旅游安全感知主要分布于吉隆坡、沙巴州和吉打州；而旅游流也聚集于吉隆坡、沙巴州和吉打州。其中吉隆坡为马来西亚首都，也是该国政治经济文化交流的中心，沙巴州的仙本那是世界级的潜水胜地，吉打州的兰卡威是马来西亚著名的海滨城市，也是比较成熟的旅游目的地。安全感知网络和旅游流网络形成耦合，旅游安全感知发生于热门旅游目的地。

四、出境旅游突发事件应急合作困境与现实可行并存

本研究在总结中国出境旅游突发事件应急合作的现状的基础上，从主观因素与客观因素两个层面论证了当前我国出境旅游突发事件应急合作的困境。当前参与应急处置的多方都存在各自的优势与劣势，正是因为多元主体参与的多样性优势可以弥补单一主体治理的局限性，出境旅游突发事件的应急合作治理才存在着必要性与可能性。本研究从地缘政治学、合作博弈论、后现代主义安全哲学等多个视角深入阐释了应急合作的必要性和可行性。得出结论具体包括以下几个方面。

第一，当前我国正面临着区域性和国际性安全威胁不断加剧下的出境环境，出境旅游安全问题之所以面临着如此复杂严峻的考验，是因为它具有旅游业的特殊属性和国际社会的背景与内涵，旅游业因为其综合的属性正好承接了突发事件产生的各种风险危机的挑战，许多问题并不由于旅游业孕育而生，旅游业仅仅作为一个载体，映射出国际社会错综复杂的问题。当前我国同澜湄区域、东盟区域、"一带一路"等沿线国家和地区都建立了一定的合作关系，但跨境合作导致的"无政府状态"导致都存在着应急合作体系不健全、信息共享效率低下、合作机制体制不全面、主体责任承担、利益共享不清晰等一系列问题，迫切需要学术的关注和现实实践的回应。

第二，我国出境旅游突发事件应急合作面临的困境是多方面的，从哲学层次上分析主要是二元分离对立的现代主义哲学认识论强调竞争而排斥合作，现代主义哲学中工具理性与价值理性的内在矛盾不利于合作；从意识形态上分析，主要是合作理念未深入人心、合作主体身份认同的争论、公共责任缺位等；从体制机制上分析，主要存在应急合作协调机制、应急合作信息沟通的困境。这些多重的问题与困境直接影响着应急合作治理的绩效。

第三，首先，出境旅游突发事件因为跨越国境并且超越了一定的行政边界而表现出其他旅游突发事件所不具备的如持续影响深、致损程度重、应对难度大等问题，仅仅依靠单一区域的旅游行政力量难以达到治理效果，这是开展应急合作的最直接的考量。其次，国家（地区）之间面临着共同的安全威胁，追求共同的安全利益是开展应急合作的本质追求。再次，尽管政府作

为应急合作的主体凭借各种组织资源优势发挥着不可替代的作用，但目前突发事件的多样化需求已经凸显政府的局限性，而其他多元主体的迅速性、民间性、提供服务多样性等优势正好可以弥补政府部门的局限性，这是开展应急合作的重要原因。最后，应急合作是出境地和目的地两国政府之间、出境地和目的地两国旅游企业之间、出境地和目的地政府和社会组织之间博弈的结果，这种基于各自利益博弈做出合作的决策是开展应急合作的根本原因。

第四，当前，以"共同、综合、合作、可持续"为核心内容的新亚洲安全观为各国深入推进旅游突发事件的合作治理奠定了观念上的可能性；新自由主义提出的安全国际制度可以帮助国家（地区）确定利益和规范行为，为各国旅游突发事件的合作治理提供了制度上的可能性；而我国长期与东北亚、中亚、东南亚这些区域建立的上海合作组织、二十国集团、亚太经合组织（APEC）、东盟地区论坛（ARF）、大湄公河次区域经济合作（GMS）等都为出境旅游突发事件的应急合作提供了平台上的可能性。

五、中国与出境旅游目的地国家和地区旅游应急合作具备现实基础

本研究通过建构出境旅游突发事件应急合作现实基础的测评模型，以中国公民出境旅游的 9 个国家和地区为对象，进行旅游应急合作的完全信息动态博弈分析。主要的研究判定如下。

第一，中国与出境旅游目的地国家和地区的应急合作现实影响力存在差异，基本呈现 U 型递增结构，且与出境旅游风险指数（R）高度相关，出境旅游风险指数是出境旅游应急合作影响力的主要影响因素。各个国家和地区的出境旅游安全相对影响力自小到大依次是中国澳门（0）、韩国（0.0009）、印度（0.0054）、印度尼西亚（0.0151）、马来西亚（0.0269）、日本（0.0273）、中国香港（0.0484）、中国台湾（0.1086）和泰国（0.2513）。而各个国家和地区出境旅游风险指数（R）的波动上升趋势与此高度相关，即出境旅游风险指数是出境旅游安全合作影响力的主要影响因素。

第二，中国与各个出境旅游目的地国家和地区旅游应急合作完全动态博

弈的收益矩阵呈现不对称的倒 "V" 形分布，表明合作共赢是中国出境旅游应急治理的主流。倒 "V" 形的最高点出现在（-1，-1）处，共包含有 4 个国家和地区，分别是日本、韩国、印度尼西亚和韩国。以合作收益（-1，-1）为原点，其右侧分布的国家和地区较多，且分布密集程度随着收益矩阵的增加而逐步减少。其中，中国香港和中国澳门的合作收益矩阵为（0，0），收益矩阵为（1，1）和（2，2）的国家和地区各有 1 个，分别是中国台湾和泰国。

第三，出境旅游合作系数总是大于或等于各个出境旅游目的地国家和地区的出境旅游风险指数，合作系数与风险指数的差值呈现中间密集两边分散的分布形态，佐证了中国未来与各个出境旅游目的地国家和地区建立旅游应急合作的现实可能性。中国香港和中国澳门的出境旅游合作系数明显高于出境旅游风险指数。印度和泰国分布在出境旅游安全合作矩阵图的对角线两侧，虽然合作系数和风险指数的数值存在显著差异，但二者的差值约为 0，表明印度和泰国合作与风险并存。韩国、日本、印度尼西亚、马来西亚和中国台湾共五个国家和地区的合作系数和风险指数差值相差无几，分布在中间区域，其中中国台湾的合作系数与风险指数明显高于其他四个国家。

六、出境旅游突发事件应急合作共同体是社会建构的结果

第一，根据建构主义的观点，本研究将应急合作共同体的建构过程阐述为：拥有共同的认同、共同的价值观的共同体能够进行多方位的直接的互动，具有互惠和利他主义的规范、认同和社会化建构的过程。外来威胁域力量介入的外部推力与内在进程性要素——包括规范建构、观念认同、多方互动、国际制度建设——共同推动了应急合作共同体的形成。这两方面的动力通过促进地区共同利益、增进成员国互信、塑造集体身份等方式来实现成员国对应急合作的期待，从而增强应急合作共同体的 "一体化"。

第二，中国出境旅游突发事件应急合作的外生性逻辑概括为：共同的安全威胁、旅游突发事件的介入在国家（地区）之间形成 "长期的共同利益"与 "集体身份认同"，是形成国家（地区）对应急合作可靠预期的核心要素，并最终促进应急合作共同体的建设。共同的安全威胁促进了客源国和目的地

国之间集体身份的形成。首先，国家（地区）之间的集体身份形成于对其他国家（地区）作为"他者"的认知过程中。其次，在旅游突发事件的处理中总是先采取一系列手段控制住事态的发展，以防止事态的进一步升级产生危机。因此在各国采取的一系列手段中总是避免更多外部力量的介入，这是两国之间实现内部协调的重要原因。

第三，中国出境旅游突发事件应急合作的内生性逻辑概括为：规则深化、制度规范和认同建构，认同建构的自我约束、共同命运和同质性三个变量虽然共同作用于合作成员国之间集体认同的形成与深化，但并不是同时需要。其中自我约束为首要因素，共同命运和同质性作为次要因素，形成集体身份的必要条件是次要因素中至少一个因素要同自我约束相结合，三个变量同时存在程度越高，集体认同形成的可能性就越大。如上所述，出境旅游突发事件应急合作治理中上述三个主要变量都在不同程度地发挥着作用，从而极大地推动了应急成员国之间集体认同的形成。

七、出境旅游应急合作需建构多主体网络治理体系

第一，出境旅游应急合作治理强调对"多部门协作"和"多元治理"理念的推崇，中国应该致力于形成多元主体共治的合作体系。以"共同、综合、合作、可持续"为核心内容的新亚洲安全观为各国深入推进旅游突发事件的合作治理奠定了观念上的可能性，各国在观念、认同、价值观不断巩固的情况下，具有参与应急合作治理的内在动机。进而形成了政府主体、市场主体、社会主体、游客主体共同参与的格局，并分别在合作治理中承担着行政主导、商业支撑、公益辅助、行为基础的作用。

第二，出境旅游突发事件应急合作治理是跨越了国家（地区）行政边界的国家或地区的旅游政府部门、旅游企业、社会组织和游客群体，在共同安全利益和风险威胁的基础上，本着自愿原则，根据共同的契约约定，针对旅游突发事件的整个过程进行共防、共治和共担的合作行为，其涵盖了旅游应急处置全过程的深度合作。政府层面的旅游应急合作可以从预警/预防、处置和事后恢复三个方面着手。在市场层面，商业性的应急资源是出境旅游应急合作的重要保障力量，主要包括商业保险力量、商业医疗力量、商业救援力

量等。在社会层面，良好的公益安全环境是出境游客安全的重要保障。各类公益性民间组织形成的公益救援联盟、公益救援力量、公益救援基金等成为中国出境旅游应急合作重要的公益补充和助力。在游客层面，游客在出境旅游时的个人行为不仅仅代表着个人形象，同时也是国家（地区）形象的代表。

第三，按照出境旅游突发事件应急处置的内容，将事件救援处置过程划分为应急响应、救援处置和善后处置三个阶段，并分析了合作救援网络特征，主要合作网络关系特征表现在：当地组织机构在整个救援过程中发挥着至关重要的作用；中国驻当地总领事馆、在应急处置阶段作为联系双方的主要组织机构，在合作网络中扮演领导角色，协调各方的救援信息。其中中国驻当地总领事馆作为中国与当地国和地区信息传达的重要节点，其在中国政府的指导下，与中国驻外大使馆、中国外交部、中国国家旅游主管部门等组织机构合作，共同联系出境旅游地的相关部门组织力量参与救援。

第四，在网络治理理论的指导下，出境旅游突发事件合作治理网络的形成本质上是各国政府、市场、社会和游客等多元主体为了共同价值，在相互信任的基础上，以共同准则约束行动主体进行资源共享、协同合作的结果。结合相关研究，本研究认为出境旅游安全网络的形成主要受到出境旅游安全的共同追求、各级政府部门的合作协调推动、旅游安全管控的共同推进、旅游安全资源的空间共享和旅游安全事故的关联处置共五个方面因素的影响。

第五，从我国与其他国家（地区）的旅游安全合作内容、旅游安全合作的网络结构、旅游安全合作网络的现实条件来看，旅游安全合作模式可以归为四种类型："借势"领导型合作、"地缘"相邻型合作、"抱团"共享型合作、"问题"解决型合作。无论是"借势"领导型、"地缘"相邻型、"抱团"共享型，还是"问题"解决型合作关系模式，都将使合作主体拥有更广阔的平台和市场空间，能更大范围地进行信息和资源共享，特别是在旅游互联互通和区域高度融合"一体化"的大背景下能更好地实现旅游安全环境共建，旅游安全信息共享，隐患控制互鉴，风险预警互通，应急救援联合以及恢复与重建互助等深度合作。

八、出境旅游应急合作机制涵盖应急处置全过程

本研究从应对出境旅游突发事件的角度出发，抽取出预防、预警、响应、控制和恢复五个阶段，将治理机制分为五个子机制。

第一，出境旅游突发事件预防机制需要政府相关部门和市场中各企业在活动开展之前对危险源、有害因素和活动风险进行辨识并确定风险等级，对不同类型的风险采取针对性措施，需要出境旅游中应急管理多元主体的共同努力。政府推进双边应急合作和紧急磋商机制的建立、市场和社会协助发布目的地风险信息、游客积极做好突发风险应急防范。

第二，应急预警机制就是在监测到危险预兆时，多元治理主体积极对出境安全风险进行识别、分类、评估，针对风险的特点和程度从多个信息渠道发布预警信息，提醒我国出境游客、驻外企业提前采取安全措施。政府多部门发布预警信息；市场、社会协助发布预警信息；游客接收应急信息，提高应急技能。

第三，应急响应机制是指突发事件发生后所采取的处置、响应、合作和救援等一系列活动及治理路径的集合体。政府需要建立我国公民出境旅游突发事件应急响应平台，核心部门持续对突发事件进行监测并将最新信息上传到该平台，应急治理指挥机构据此对最新态势进行分析判断。加上旅游、救援、社会团体等专业过硬的人员组成的"智库"的辅助支持，两国政府外交部、使领馆紧急磋商，从突发事件的类别和严重程度入手，分析该事件可能的扩散发酵程度，可能出现的人员财产损失，对突发事件的各个方面进行精准判断并做出应急决策。

第四，应急控制机制是指在危机事件发生后迅速做出反应，获取危机信息并及时采取应对措施的集合机制。政府、社会、市场和游客四个治理主体均全身心投入救援活动中，两国政府主导当地外交部、旅游局等机构提供公共救援，旅游市场在有必要的情况下提供商业救援，社会团体发动一切力量提供公益救助，游客也可以在掌握应急救助知识的情况下主动展开自救、互救、他救，四方的共同目的均是减少人员伤亡和财产损失。

第五，应急善后机制是指在出境旅游突发事件过后，为了弥补损失、重

振市场、恢复形象,四方治理主体通力开展的善后协调处置行为和逻辑的集合。首先,涉事游客可以从我国政府派遣的法律专员、公益法律援助团体以及当地盈利性法律机构处获取法律援助;其次,市场提供商业保险和社会爱心团体的募捐救助可以向涉事游客提供事故理赔和爱心捐款服务;最后,政府、社会和市场三方从多角度为游客身心、目的地和旅游业恢复提供保障,反之游客的积极配合将有助于目的地名誉和两国安全形象的恢复。

九、出境旅游突发事件应急合作应实施多元实现路径

我国在出境旅游突发事件应急合作治理中多元主体避免协作失调、提高协作效率的策略及现实的发展路径。主要包括:

第一,在政府层面:一是双边政府应加强应急合作协调对话机制,共同加强出入境市场的监管,共同建立应急合作利益补偿与利益分享机制,搭建应急联合行动整合平台,共同建立旅游救援信息平台;二是建立制度约束与权力制衡机制,加强制度的建设和发挥权力的制衡,继续维护既有制度对于合作的约束力,共同建立应急救援基金;三是完善海外领事保护机制,细化领事保护工作和丰富保护手段,创新海外中国公民权益保护制度。

第二,在市场层面:一是建设突发风险信息共享平台,在两国市场之间建设风险信息共享平台和信息沟通渠道;二是完善商业性紧急救援服务,支持建设商业救援机构,完善商业性紧急救援服务;三是建立旅游保险化解机制,建立健全出境旅游保险的法律法规,提升保险服务机构的水平。

第三,在社会层面:一是深化社会认同机制和应急合作集体认同,持续深化合作观念和互惠规范;二是开拓应急资源的筹集与援助,发挥非政府组织的沟通桥梁作用,争取旅游学术机构的"智库"支持以及公益性组织的应急资源筹集;三是发挥华侨华人的救援协助作用,将华侨华人群体纳入应急动员机制,激发华侨华人自愿维护境外同胞安全利益。

第四,在游客层面:一是增强游客安全意识,联合发布出境旅游安全指南,关注游客出境旅游安全教育,普及宣传出境旅游安全知识,广泛接收出境旅游安全信息;二是提升应急自救、互救和他救技能,定期开展防灾应急演练活动,组织出境游客救援技能培训,号召专业人士进行公益指导,自主

学习旅游应急救援方法；三是做好应急风险防范，强化游客应急风险防范意识，重视游客出境旅游保险工作，推送出境旅游风险防范攻略，时刻警惕目的地高发旅游风险；四是保证出境旅游信息互通互联，畅通出境游客信息交流渠道，成立出境旅游信息服务小组，建立出境游客便民服务平台，时刻保持信息畅通。

第二节　研究展望

一、可能的创新点

（一）学术思想特色

本研究跳出了过往的现状描述或现象揭示研究，采用建构主义范式，抽象出中国公民出境旅游突发事件应急合作治理逻辑（权力的制衡、认同的建构），刻画"应急合作共同体"的社会建构机理。

本研究冲破传统科层制治理困境，规避政府对市场和社会组织的"挤出效应"，充分发挥政府、市场、社会和游客四重逻辑互动机制，实现主动治理、动态治理、系统治理。

本研究按照应急处置流程范式推演，建构出体现突发事件发生、发展、演化、控制过程的预防、预警、响应、控制和善后的出境旅游突发事件应急合作动态治理机制。

（二）学术观点创新

建构主义范式下，出境旅游突发事件应急合作治理是现实的、真实的、互惠的，是从以客源地和目的地国家或地区为主体的身份、观念、认同、互动等出发，在共同的安全需求、共同的规则建构基础上建立积极的应急合作关系，最终建构应急合作共同体。

权力、制度、认同是影响出境旅游突发事件应急合作共同体建构的三个关键变量。权力是基础，制度是保障，认同是关键。应急合作共同体的形成需具备：主要价值的相容性、主体相互间的需要、信息和行为做出反应的能力、行为的相互可预测性、义务和责任的利他主义等。

中国公民出境旅游突发事件应急合作治理模式是双边政府、市场、社会和游客等主体互动，在认同和共识、相互依赖、信任和资源共享的基础上，在预防、预警、响应、控制和善后处置过程中构建的应急合作网络化动态机制。

（三）研究方法特色

通过在线旅行商、旅游安全信息提示等政府官方渠道数据挖掘并进行大数据分析，剖析中国公民出境旅游突发事件的主要类型与时空分布规律，保证了研究对象的科学性和针对性。

从社会学、地缘政治学、安全学交叉视角，采用建构主义范式，诠释出境旅游突发事件应急合作治理的理论逻辑，探索应急合作共同体的社会建构机制。

采用案例分析的过程追踪法，通过对中国公民出境旅游突发事件典型案例处置的过程进行剖析，分析游客安全感知、旅游安全事件感知与时空分析社会网络结构特征，以此抽象和验证应急合作治理的必要性和治理逻辑，进而提出针对性的出境旅游突发事件应急合作治理机制和路径。

二、研究局限与未来研究方向

本研究尝试按照"问题现状分析、合作现实考量、合作理论逻辑探讨、合作治理内容与机制构建、合作治理实现路径的探索"研究思路和技术路线开展研究，采用了地缘政治学、合作博弈论、世界人道主义援助宗旨、世界旅游伦理规范等视角进行了全面的研究，得到了相关研究结论，但依然受到研究资料和方法的局限，还存在未来需要进一步研究的地方。

第一，出境旅游目的地各国别的旅游安全合作资料与数据受限，国别的应急合作治理的相关前期研究还需大数据深度分析。据联合国世界旅游组织（UNWTO）数据显示，中国公民出境旅游目的地扩大到151个国家和地区，出境旅游人次已由1995年的0.05亿人次增加至2019年的1.50亿人次，增长了近30倍，年均增长率高达15.94%。出境旅游规模越来越大，出境旅游安全事件频发，但由于缺乏中国公民在出境旅游目的地国家和地区的旅游安全事件的统计数据，同时中国与各出境旅游目的地国家和地区就旅游安全合作备忘录或相关合作协议属于绝密文件，因此，本研究在资料采集方面受到局限。

但是，考虑到研究的需要，本研究采用数据挖掘和网络大数据分析方法，从游客视角出发，采用网络大数据为原始文本，选择中国公民赴马来西亚旅游作为案例，利用网络关系范式较详细分析了旅游安全感知空间分布特征及结构，扩展了旅游安全感知研究的数据来源和视角。同时从旅游安全感知事件和发生区域双重维度来探究旅游安全感知特征，突破了以往旅游安全领域中仅从事件或地点单一维度探究事件分布特征，考虑了地点与事件之间的关系。此外，旅游流的空间分布与安全感知网络空间分布类型上存在耦合，数量分布上符合日常生活理论的假设，也验证了日常生活理论在旅游安全感知领域的适用性。虽然从案例地可以管窥中国公民出境旅游安全感知与安全事件网络空间分布规律，但是因出境旅游目的地国家和地区较多，出境旅游突发事件的类型复杂多样，后续还需进行出境旅游目的地国别的旅游安全大数据分析，探索中国公民出境旅游国别安全感知空间分布及结构特征。

第二，出境旅游目的地国家和地区的研究范围存在不足，出境旅游目的地各个国家和地区的具体国情及双方合作的现实基础仍需开展国别研究。本研究的出境旅游应急合作动态博弈分析，采用完全信息动态博弈的方法从出境旅游应急合作现实基础影响的角度，对中国（大陆/内地）与其他各个国家和地区进行出境旅游安全合作的必要性与可能性进行分析，对于衡量各个出境旅游目的地国家和地区的出境旅游突发事件应急合作现实必要条件和现实条件，探究双方应急合作的现实基础具有重要意义。诚然，作为一项探索性研究，本研究还存在研究范围选取方面的诸多不足和值得后续研究之处。研究主要选取了东亚和东南亚的9个国家和地区进行安全合作分析，研究区域不够全面，今后可以将安全合作研究应用于与中国（大陆/内地）建立友好旅游合作关系的各个国家和地区，以在世界范围内探讨研究的适用性。

同时，由于出境旅游目的地国家和地区的国情、地情的现实差异，中国与各出境旅游目的地国家和地区的旅游应急合作治理还需针对性地开展研究。一是突破本研究从地缘政治学、合作博弈论、世界人道主义援助宗旨、世界旅游伦理规范等视角进行的旅游应急合作治理必要性和可行性分析的宏观解析，后续对各国别和地区逐个展开在共同的认同、共同的价值观的共同体能够进行的具有互惠和利他主义的规范、认同和社会化建构的应急共同体分析。二是从我国与其他国家和地区的旅游安全合作内容、旅游应急合作的网络结构、旅游应急合作网络的现实条件，具体细分中国与哪些出境旅游目的地国家和地区的旅游应急合作模式属于"借势"领导型合作型、"地缘"相邻型合作型、"抱团"共享型合作型、"问题"解决型。

第三，中国出境旅游突发事件应急合作治理的新技术实现路径方面考虑欠缺，应急合作共同体应在智慧智能技术支撑方面构建共建共享机制。本研究在借鉴国外应急合作典型案例的成功经验并结合我国实际情况的基础上，具体提出我国在出境旅游突发事件应急合作治理中多元主体避免协作失调、提高协作效率的策略及现实的发展路径。其中在政府层面提出了搭建应急联合行动整合平台，在市场层面提出了建设突发风险信息共享平台。虽然众所周知，智慧智能技术在旅游安全支撑方面具有巨大作用，但由于对信息安全的考虑，特别是旅游安全与应急信息方面的技术安全顾虑，可能是导致当前信息沟通不畅、组织治理目标不一致等集体行动困境的原因。

未来研究中，在综合考虑出境旅游目的地国家和地区信息安全的基础上，应急合作共同体应构建旅游突发事件应急智慧救援平台，研究中国公民出境旅游目的地国家和地区在综合信息救援平台的决策支持系统、数据库系统、救援信息管控系统、信息追踪系统和虚拟仿真模拟系统等共建共享机制。同时，尝试探索将游客、旅游企业等主体纳入该平台中，由应急合作共同体政府提供关于游客需要的出境旅游目的地国家和地区的旅游安全信息，在减少信息不对等的同时也最大限度地将各种风险因素扼杀于摇篮之中。

参考文献

外文参考文献

［1］Abbasi, A., Kapucu, N. Structural dynamics of organizations during the evolution of interorganizational networks in disaster response［J］. *Journal of Homeland Security and Emergency Management*, 2012, 677-698.

［2］Aksha, S. K., Juran, L., Resler, L.M., et al. An analysis of social vulnerability to natural hazards in nepal using a modified social vulnerability index［J］.*Inter-national Journal of Disaster Risk Science*, 2019, 15（6）: 33-40.

［3］Wendt, A. Collective identity formation and the international State.［J］.*American Political Science Review*. 1994, 88（2）, 384-396.

［4］Ball, D. J., Machine, N. Foreign travel and the risk of harm［J］.*International Journal of Injury Control and Safety Promotion*, 2006, 13（2）: 107-115.

［5］Barry, B. *People, States and Fear: The National Security Problem in International Relations*［M］. Chapel Hill: The University of North Carolina Press, 1983.

［6］Becken, S., Hughey, K. F. D. Linking tourism into emergency management structures to enhance disaster risk reduction［J］. *Tourism Management*, 2013, 36（5）: 77-85.

［7］Beirman, D. The integration of emergency management and tourism［J］. *The Australian Journal of Emergency Management*, 2011, 26（3）: 30-34.

［8］Beirman, D. Marketing of tourism destinations during a prolonged crisis: Israel and the Middle East［J］. *Journal of Vacation Marketing*, 2002, 8（2）: 167-176.

［9］Bentley, T., Page, S., Meyer, D. et al. How safe is adventure tourism in New -Zealand? An exploratory analysis［J］.*Applied Ergonomics*, 2001, 32（4）: 327-338.

［10］Bird, D.K., Gisladottir, G., Domineyhowes, D. Volcanic risk and tourism in southern

Iceland: Implications for hazard, risk and emergency response education and training [J] . *Journal of Volcanology & Geothermal Research*, 2010, 18（2）: 33-48.

[11] Boin, A., Rhinard, M. Managing transboundary crises: what role for the European Union? [J] . *International Studies Review*, 2008, 10（1）: 1-26

[12] Brent, W., Ritchie, C. Crises and disasters: a strategic app roach to crisis management in the tourism industry [J] . *Tourism Management*, 2004, 25（6）: 669-683.

[13] Budad, M. Tourism in conflict areas [J] . *Journal of Travel Research*, 2016, 55（7）: 835-846.

[14] Cetinski, V., Weber, S. Tourism marketing in CEI countries: possibilities for cooperation in health tourism [J] . *Tourism and Hospitality Management*, 1996, 2（2）: 241-252.

[15] Chung-Hung Tsai, Cheng-Wu Chen. An earthquake disaster management mechanism based on risk assessment information for the tourism industry-a case study from the island of Taiwan [J] . *Tourism Management*, 2010, 31（4）: 470-481.

[16] Commission on Global Governance. *Our global partnership* [R] . Oxford University Press, 1995: 23.

[17] Cutter, S. L. The vulnerability of science and the science of vulnerability [J] . *Annals of the Association of American Geograp-hers*, 2003, 93（1）: 1-12.

[18] Mitrany, D. *A working peace system* [M] . Quadrangle Books, 1966.

[19] David, B. The integration of emergency management and tourism [J] . *The Australian Journal of Emergency Management*, 2011, 26（3）: 30-34.

[20] Domineyhowes, D., Minosminopoulos, D. Perceptions of hazard and risk on Santorini [J] . *Journal of Volcanology and Geothermal Research*, 2004, 137（4）: 285-310.

[21] Drabek, T. E., Hoetmer, G. J. Emergency management: Principles and practice for local government [J] . *Washington, DC: International City Management Association*, 1991.

[22] Eisenhardt, K. M., Graebner, M. E. "Theory building from Cases: opportunities and challenges [J] . *Academy of Management Journal*, 2007, 50: 25 -32.

[23] Fakeye, P. C., Crompton, J. L. Importance of socialization to repeat visitation [J] . *Annals of Tourism Research*, 1992 , 19（2）: 364-367.

[24] Faulkner, B. Towards a framework for tourism disaster management [J] . *Tourism Management*, 2001, 22（2）: 135-147.

[25] Friedrich, V., Kratochwill, R. *Norms and Decisions: On the Conditions of Practical*

and Legal Reasoning in International Relations and Domestic Affairs [M] . London: Cambridge University Press, 1989: 59.

[26] Gelbman, A., Timothy, D. J. From hostile boundaries to tourist attractions [J] . *Current Issues in Tourism*, 2010, 13 (3): 239-259.

[27] Gelbman, A. Border tourism in Israel: conflict, peace, fear and hope [J] . *Tourism Geographies*, 2008, 10 (2): 193-213.

[28] Genty, A. B. Environmental pressures on conserving cave speleothems: effects of changing *surface land* use and increased cave tourism [J] . *Journal of Environmental Management*, 1998, 53 (2): 165-175.

[29] Geoffrey, I. C. Promotion and demand in international tourism [J] . *Journal of Travel & Tourism Marketing*, 1994, 3 (3): 109-125.

[30] Geography, D. O., Singapore, U. O. *University of Singapore* [M] . Singapore Journal of Tropical Geography, 2006.

[31] George, R. Tourist's perceptions of safety and security while visiting Cape Town [J] . *Tourism Management*, 2003, 24 (5): 575-585.

[32] Goodrich, J. N. September 11, 2001 attack on America: a record of the immediate impacts and reactions in the USA travel and tourism industry [J] . *Tourism Management*, 2002, 23 (6): 573-580.

[33] Gopi Rethinaraj, T. S. China's energy and regional security perspectives [J] . *Defense & Security Analysis*, 2003, 19 (4): 377-388.

[34] Gorsch, W. W., Cutter, S. L., Hardisty, F. Benchmark analysis for quantifying urban vulnerability to terrorist incidents [J] . *Risk Analysis*, 2007, 27 (6): 1411-1425.

[35] Hall, D. Tourism, crime and international security issues [J] . *Tourism Management*, 1996, 17 (8): 622-623.

[36] Hall, P. *The World Cities* [M] . London: Weidenfeld and Nicoson, 1984: 248.

[37] Hartung, G. H., Goebert, D. A., Tanig-Uchi, R. M. et al. Epidemiology of ocean sports related injuries in Hawaii: 'Akahele O Ke Kai' [J]. *Hawaii Med J*, 1990, 49(2): 54-56.

[38] Heath, R. L., Waymer, D. Terrorism: Social capital, social construction, and constructive society? [J] .*Public Relations Inquiry*, 2014, 3 (2): 227-244.

[39] Heinelt, H., Kübler, D. *Metropolitan governance: capacity, democracy and the dynamics of place* [M] .London: Routledge, 2005: 9-10.

[40] Leonard, H. B, Howitt, A. M. Acting in time against disasters: A comprehensive risk-

management framework [J]. *Learning from catastrophes: Strategies for reaction and response*, 2010: 18–41.

[41] Hossain, L., Danny, C. K. Modelling coordination in hospital emergency departments through social network analysis[J]. *Disasters*, 2012, 36 (2): 338–364.

[42] Huan, T., Beaman, J. Contexts and dynamics of social interaction and information search in decision-making for discretionary travel [J]. *Tourism Analysis*, 2004, 4 (8): 177–182.

[43] Huanga, J. H., Mine, J. C. H. Earthquake devastation and recovery in tourism: the Taiwan case [J].*Tourism Management*, 2002, 23 (2): 145–154.

[44] Huybers, T., Bennett, J. Cooperation in tropical north queensland's Nature-Based tourism industry' [J]. *Australian Agribusiness Review*, 2000, 8 (7): 213–234.

[45] Kapucu, N., Hu, Q. Understanding multiplexity of collaborative emergency management networks [J]. *The American Review of Public Administration*, 2016, 46 (4): 399–417.

[46] Kapucu, N. Interorganizational coordination in complex environments of disasters: the evolution of intergovernmental disaster response systems [J]. *Journal of Homeland Security and Emergency Management*, 2009, 6 (1): 519–526.

[47] Kari, A. National cooperation and strategic alliances–The tourism business in norway enters the net[J]. *Information and communication technologies in tourism*, 1997: 1–109.

[48] Karin, D. Spaces and territorialities on the Sinoe Burmese boundary: China, Burma1 and the Kachin[J].*Political Geography*, 2005 (24): 808–830.

[49] Kemp, C. Event tourism: a strategic methodology for emergency management [J]. *Journal of Business Continuity & Emergency Planning*, 2009, 3 (3): 227–240.

[50] Khan, H., Toh, R. S., Fathlma, K. Asian contagion: impact on singapore tourism [J]. *Annals of Tourism Research*, 2001, 28 (1): 224–226.

[51] King, B., Berno, T. Tourism and civil disturbances. An evaluation of recovery strategies in Fiji 1987–2000 [J]. *Journal of Hospitality and Tourism Management*, 2002, 9 (1): 37–45.

[52] Leggat, P. A., Fische, R. P. R. Accidents and repatriation [J]. *Travel Medicine & Infectious Disease*, 2006, 4 (3/4): 135–146.

[53] Lian, W. Research on risk governance order of spring festival tourism emergency— based on mass passenger stranding incident in haikou port [J]. *Open Journal of Social Sciences*, 2020, 8 (2): 119–127.

[54] Lim, C., Mcaleer, M. Cointegration analysis of quarterly tourism demand by HongKong and Singapore for Australia [J]. *Applied Economics*, 2001, 33 (12): 1599-1619.

[55] De Araujo, L. M., Bramwell, B. Partnership and regional tourism in Brazil [J]. *Annals of tourism research*, 2002, 29 (4): 1138-1164.

[56] Liu, A., Pratt, S. Tourism's vulnerability and resilience to terrorism [J]. *Tourism Management*, 2017, (60): 404-417.

[57] Max, W. *Economy and Society* [M]. Edited & translated by Keith Tribe, Cambridge: Harvard University Press, 2019, 101.

[58] Herbert, B. *History and Human Relation* [M]. London: Collins, 1951.

[59] Mcpheters, L. R., Stronge. et al. Crime as an environmental externality of tourism: Miami, Florida [J]. *Land Economics*, 1974, 50 (3): 288.

[60] Min, J. Forecasting Japanese tourism demand in Taiwan using an intervention analysis [J]. *International Journal of Culture Tourism & Hospitality Research*, 2008, 2 (3): 197-216.

[61] Moore, S., Eugenia, E., Daniel, M. International NGOs and the role of network centrality in humanitarian aid operations: A case study of coordination during the 2000 Mozambique floods [J]. *Disasters*, 2003, 27 (4): 305-318.

[62] Naipaul, S., Wang, Y, Okumus, F. Regional destination marketing: a collaborative approach [J]. *Journal of Travel & Tourism Marketing*, 2009, 26 (5-6): 462-481.

[63] Nicholas, G.O. *World of Our Making; Rules and Rule in Social Theory and International Relations* [M].University of South Carolina, 1989.

[64] Page, S.J., Meyer, D. Tourist accidents: An exploratory analysis [J]. *Annals of Tourism Research*, 1996, 23 (3): 666-690.

[65] Paraskevas, A., Arendell, B. A strategic framework for terrorism prevention and mitigation in tourism destinations [J]. *Tourism Management*, 2007, 28 (6): 1560-1573.

[66] Penney, K., Snyder, J., Crooks, V. A. et al. Risk communication and informed consent in the medical tourism industry: athematic content analysis of canadian broker websites [J]. *Bmc Medical Ethics*, 2011, 12.

[67] Peter, J., Katzenstein. *The culture of national security* [M].New York: Columbia University Press, 1996.

[68] Richter, L. K., JR, W. L. W. Terrorism and tourism as logical companions [J]. *Tourism Management*, 1986, 7 (4): 230-238.

[69] Ritchie, B. W., Chaos. crises and disasters: A strategic approach to crisis management in the tourism industry [J]. *Tourism Management*, 2004, 25 (6): 669-683.

[70] Robert, O., Keohane. *Neoliberal Institutionalism: A Perspective on World Politics, Institutions and State Power* [M] Colorado: Westview Press, 1989.

[71] Rossello, J., Saenz-De-Miera, O. Road accidents and tourism: The case of the Balearic Islands (Spain) [J]. *Accident Analysis & Prevention*, 2011, 43 (3): 675-683.

[72] See, A. W. Collective indentity formation and the international state [J]. *American Political Science Review*, 1994, 88 (2): 65-73.

[73] Sherry, M. K., Mossallam, M., Mulligan, M. et al. Rates of intentionally caused and road crash deaths of US citizens abroad [J]. *Injury prevention*, 2015, 21 (1): 10-14.

[74] Shi, Y., Wen, J., Xi, J. et al. A study on spatial accessibility of the urban tourism attraction emergency response under the flood disaster scenariob [J]. *Complexity*, 2020 (3): 1-9.

[75] Siggelkow, N. Persuasion with Case Studies [J]. *Academy of Management Journal*, 2007, 50 (1): 20-24.

[76] Smith, S.R., Powell, W.R. *The non-profit sector: A reasearch handbook* [M]. Yale Univesity, 2006: 32-33

[77] Sofield, T. H. Border tourism and border communitie: An overview [J]. *Tourism Geographies*, 2006, 8 (2): 102-121.

[78] Sonmez, S. F., Greefe, A. R. Determining future travel behavior from past travel experience and perceptions of risk and safety [J]. *Journal of Travel Research*, 1998, 37 (2): 171-177.

[79] Stahura, K.A., Henthorne, T.L. Emergency planning and recovery for terror situations: an analysis with special reference to tourism [J]. *Worldwide Hospitality and Tourism Themes*, 2012, 4 (1): 48-58.

[80] Steven, F. *Crisis management: Planning for the inevitable* [M]. New York: American Management Association, 1986.

[81] Steven, R. S., Walte, R. W. P. *The non-profit sector: A reasearch handbook* [M]. Yale Univesity, 2006: 32-33

[82] Strauss, A., Corbin, J. *Grounded theory methodology: An overview* [M]. Thousand Oaks: Sage Publications, 1994: 22-23.

[83] Krasner,S. D. Global communications and national power: Life on the Pareto frontier[J].

World politics，1991，43（3）：336-366.

［84］Timothy，D. J. Political boundaries and tourism：Borders as tourist attractions［J］. *Tourism Management*，1995，16（7）：525-532.

［85］Walters，G.，Mair，J.，Ritchie，B. Understanding the tourist's response to natural disasters：The case of the 2011 Queensland floods［J］. *Journal of Vacation Marketing*，2014，21（1）：101-113.

［86］Weick，K. E. The generative properties of richness［J］. *Academy of Management Journal*，2007，50（1）：14-19.

［87］Wilks，J. Atherton，T. Health and safety in marine tourism：A social，medical and legal appraisal［J］. *Journal of Tourism* Studies，1994，2（5）：103-110.

［88］William，J. P. Emergency management：A challenge to public administration［J］. *Public Administration Review*，1985，45（1）：3.

［89］Willks，J.，Watson，B.，Faulks，I. J. International tourists and road safety in Australia：Developing a national research and management programme［J］. *Tourism Management*，1999，20（5）：645-654.

［90］Yin，R.K. Case study research design and methods applied social research methods series volume［J］. *Journal of Advanced Nursing*，2009，5（1）：108-108.

中文参考文献

［91］暴向平，薛东前，郭瑞斌.陕西省旅游文化产业实力差异及空间结构构建［J］.干旱区地理，2015，38（1）：190-198.

［92］蔡家成.试论我国出境旅游管理体制改革问题［J］.旅游学刊，2000，15（3）：13-18.

［93］曹斌.习近平共同价值思想论析——兼论对西方普世价值的超越［J］.中学政治教学参考，2017（30）：5-6.

［94］曾本祥，R. W.（Bill）Carter，T. De Lacy.短期事件对旅游的影响：以中国SARS危机为例［J］.桂林旅游高等专科学校学报，2005（2）：30-39.

［95］曾润喜，陈强.非政府组织在突发事件应急机制中的作用研究——以汶川大地震为例［J］.武汉理工大学学报：社会科学版，2010，23（1）：1-5.

［96］陈金华，何巧华.基于旅游者感知的海岛旅游安全实证研究［J］.中国海洋大学学报（社会科学版），2010（2）：38-42.

［97］陈金华，胡亚美.跨境网络舆情演化下目的地关注度时空特征——以普吉岛沉船事件为例［J］.华侨大学学报（哲学社会科学版），2020（3）：68-79.

［98］陈楠，乔光辉，刘力．出境游客的旅游风险感知及旅游偏好关联研究——以北京游客
　　　为例［J］．人文地理，2009，24（6）：97-102.

［99］陈荣，梁昌勇，陆文星，等．面向旅游突发事件的客流量混合预测方法研究［J］．中
　　　国管理科学，2017，25（5）：167-174.

［100］陈向明．扎根理论的思路和方法［J］．教育研究与实验，1999（4）：58-63.

［101］陈向明．质的研究方法与社会科学研究［M］．北京：教育科学出版社，2000：332.

［102］陈雪钧．网络治理：旅游危机管理创新途径探究［J］．江苏商论，2010（8）：
　　　70-72.

［103］陈一洲，王树祎，袁沙沙，等．基于脆弱性和灾害潜势的机场航站楼固有风险研究
　　　［J］．安全与环境学报，2018，18（6）：2075-2080.

［104］陈远，刘福珍，吴江．基于二模复杂网络的共享经济平台用户交互行为研究［J］．
　　　数据分析与知识发现，2017，1（6）：72-82.

［105］程云，殷杰．中国旅游安全事件分布与引致因素［J］．经济地理，2020，40（11）：
　　　215-224.

［106］楚永珍．菏泽市旅游突发事件应急管理研究［D］．青岛大学，2019.

［107］戴斌，蒋依依，杨丽琼，等．中国出境旅游发展的阶段特征与政策选择［J］．旅游
　　　学刊，2013，28（1）：39-45.

［108］戴斌．新冠疫情对旅游业的影响与应对方略［J］．人民论坛·学术前沿，2020（6）：
　　　46-52.

［109］戴林琳．出境旅游中危机事件的影响分析及其应对策略［J］．旅游学刊，2011（9）：
　　　10-11.

［110］戴卫东，余洋．全球疫情治理共同体：理论构建、行动框架与实施路径［J］．人文
　　　杂志，2021（5）：119-128.

［111］邓德智．论旅游突发事件的关联特征及风险管控——以大陆游客赴台湾旅游突发事
　　　件为例［J］．绍兴文理学院学报（哲学社会科学），2016，36（2）：102-108.

［112］董坚峰，肖丽艳．旅游突发事件中的网络舆情预警研究［J］．现代情报，2015，35
　　　（6）：20-24.

［113］窦开龙．国外典型旅游危机管理模式及对我国民族旅游发展的启示［J］．经济问题
　　　探索，2013（2）：121-124.

［114］杜军，鄢波．应急网络成员组织间的协作关系、协作过程及其治理［J］．科技管理
　　　研究，2013，33（23）：232-236.

［115］杜军．应急网络组织的概念、属性及其状态切换机理［J］．科技管理研究，2013，
　　　33（19）：170-175.

［116］樊博，于洁．公共突发事件治理的信息协同机制研究［J］．上海行政学院学报，2015，16（5）：16-30.

［117］范如国．"全球风险社会"治理：复杂性范式与中国参与［J］．中国社会科学，2017（2）：65-83，206.

［118］范向丽，郑向敏．内容分析法在旅游安全研究中的应用——以我国女性游客安全事故报道研究为例［J］．北京第二外国语学院学报，2010，32（3）：37-44.

［119］方旭红，戚丹丹．大陆游客在台旅游安全问题引发因素研究［J］．华侨大学学报：哲学社会科学版，2011（3）：35-43.

［120］付钢业．新形势下饭店业突发事件应急管理的难点分析与改善建议［J］．饭店现代化，2011（7）：30-32.

［121］付金梅．非政府组织参与应对重大突发事件：作用空间与路径选择——以汶川大地震为例［J］．青海社会科学，2010（2）：62-65.

［122］高小平，刘一弘．我国应急管理研究述评［J］．中国行政管理，2009（8）：29-33.

［123］葛洪．略论美国《1993政府绩效与结果法案》［J］．中国行政管理，2004（5）：26-27.

［124］葛全胜，席建超，王首琨．中国边境旅游：阶段、格局与若干关键战略问题及对策［J］．资源科学，2014，36（6）：1099-1106.

［125］龚玮．突发事件应对的多元协作机制研究［D］．华东政法大学，2014.

［126］荀中林．浅谈周边各国与新疆相邻边境旅游发展前景［J］．乌鲁木齐成人教育学院学报，2005（3）：21-25.

［127］古晓杰．广东省食品安全突发事件应急处置体系研究［D］．华南理工大学，2016.

［128］郭太生．美国公共安全危机事件应急管理研究［J］．中国人民公安大学学报，2003（6）：16-25.

［129］国家旅游局．旅游突发公共事件应急预案（简本）［Z］..2005，7.

［130］国务院安委会办公室印发《实施遏制重特大事故工作指南构建双重预防机制的意见》［J］．中国应急管理，2016（10）：33-35.

［131］韩建武．突发事件应急机制研究［J］．北京理工大学学报（社会科学），2004，6（4）：6-8.

［132］郝晓兰．草原旅游景区发展中面临的主要危机及其管理对策［J］．内蒙古师范大学学报（哲学社会科学版），2007（3）：135-139.

［133］何月美，邹永广，莫耀棠，等．旅游安全事故跨组织合作处置的网络结构特征研究［J］．中国安全生产科学技术，2018，14（7）：69-74.

［134］何月美，邹永广．旅游突发事件公共治理网络结构特征研究［J］．旅游学刊，2019，

34（4）：51-65.

[135] 何战，张磊.中越两国边境旅游开发合作研究［J］.东南亚南亚研究，2016（1）：53-57.

[136] 侯水仙，纪振奇."亚洲安全观"：共建、共享、共赢的亚洲安全必由之路［J］.北方民族大学学报（哲学社会科学版），2017（5）：127-129.

[137] 胡志丁，刘玉立，李灿松，等.权力、地缘环境与地缘位势评价——以中日钓鱼岛之争为例［J］.热带地理，2014（1）：56-63.

[138] 黄纯辉，黎继子，周兴建.游客出游意愿影响因素研究——基于突发公共卫生事件的实证［J］.人文地理，2015，30（3）：145-150.

[139] 黄倩，谢朝武，黄锐.我国省域旅游地脆弱性对旅游突发事件严重性的门槛效应［J］.经济管理，2020，42（7）：158-175.

[140] 黄倩.旅游目的地脆弱性对旅游突发事件的影响机制［D］.华侨大学，2020.

[141] 黄锐，谢朝武.中国出境旅游安全事故时空分布格局及形成机制［J］.人文地理，2019（6）：120-128.

[142] 黄怡.质量管理工具与旅行社出境游危机预警能力的提高［J］.旅游论坛，2012，5（1）：70-74.

[143] 惠耕田.制度化安全合作：沟通行动的视角［D］.外交学院，2007.

[144] 贾建中，束晨阳，邓武功，陈战是.汶川地震灾区风景名胜区灾后恢复重建研究（一）——灾损类型、灾损评估与原因分析［J］.中国园林，2008（9）：5-10.

[145] 蒋新苗，刘杨."一带一路"海外中国公民权益保护的法治困境破解［J］.西北大学学报（哲学社会科学版），2021（1）：5-20.

[146] 贾旭东，谭新辉.经典扎根理论及其精神对中国管理研究的现实价值［J］.管理学报，2010，7（5）：656-665.

[147] 解楠楠，邢瑞磊.从公共卫生危机到地缘政治危机——新冠肺炎疫情地缘政治化的生成机制、影响与对策研究［J］.上海对外经贸大学学报，2021，28（3）：112-124.

[148] 解玉宾，张小兵.重大道路交通事故救援"任务—职责—履责"探讨［J］.中国安全生产科学技术，2015，11（12）：18-25.

[149] 金太军，徐婷婷.应对突发公共事件的政府协调能力：框架、问题与思路［J］.学习与探索，2013（5）：37-43.

[150] 康伟，陈波.公共危机管理领域中的社会网络分析——现状、问题与研究方法［J］.公共管理学报，2013（10）：114-123.

[151] 康伟，陈茜，陈波.基于SNA的政府与非政府组织在公共危机应对中的合作网络研

究［J］.中国软科学，2014（5）：141-149.

［152］柯晶.突发公共事件应急体系中市场手段的应用［D］.首都经济贸易大学，2009.

［153］孔娜娜，王超兴.社会组织参与突发事件治理的边界及其实现：基于类型和阶段的分析［J］.社会主义研究，2016（4）：98-105.

［154］兰静静.突发环境事件应急管理中多元主体参与研究［D］.湖南大学，2016.

［155］雷蕾，刘智勇.中国公民境外安全应急管理体系建设：中国安全应急管理的战略任务［J］.领导科学，2013（2）：4-7.

［156］李柏文.区域旅游安全与国际社会问题［J］.云南民族大学学报（哲学社会科学版），2007，24（5）：99-102.

［157］李彬彬，陈冬冬，张莹，刘法建.基于2-模网络分析的安徽省国内旅游市场格局研究［J］.经济与管理，2018，32（1）：66-72.

［158］李程伟，张德耀.大城市突发事件管理：对京沪穗邕应急模式的分析［J］.国家行政学院学报，2005.

［159］李飞.跨境旅游合作区：探索中的边境旅游发展新模式［J］.旅游科学，2013，27（5）：10-21.

［160］李锋，孙根年.旅游目的地灾害事件的影响机理研究［J］.灾害学，2007（3）：134-138.

［161］李昊青，夏一雪，郭其云，董希琳.公共危机应急救援力量研究（2001—2011）文献计量分析［J］.现代情报，2011，31（9）：116-119.

［162］李辉.食品安全事故处置管理工作的探讨［J］.中国食品卫生杂志，2011，23（5）：446-449.

［163］李九全，李开宇，张艳芳.旅游危机事件与旅游业危机管理［J］.人文地理，2003，18（6）：35-39.

［164］李俊清.边疆民族地区公共安全治理体系与能力现代化［J］.中国行政管理，2014（11）：52-55.

［165］李礼.区域治理国内研究的回顾与展望［J］.学术论坛，2010（7）：56-60.

［166］李力行，苗世洪，孙丹丹，等.多利益主体参与下主动配电网完全信息动态博弈行为［J］.电工技术学报，2018，33（15）：3499-3509.

［167］李敏，张捷，董雪旺，等.目的地特殊自然灾害后游客的认知研究——以"5·12"汶川地震后的九寨沟为例［J］.地理学报，2011，66（12）：1695-1706.

［168］李敏，张捷，钟士恩，等.地震前后灾区旅游地国内游客旅游动机变化研究——以"5·12"汶川地震前后的九寨沟为例［J］.地理科学，2011，31（12）：1533-1540.

［169］李乃英，孙根年.西安市境外旅游本底趋势线的建立及科学意义［J］.西北大学学

报（自然科学版），1998（4）：66-70.

[170] 李琦 . 我国突发事件应急合作治理研究［D］. 内蒙古大学，2008.

[171] 李响，严广乐 . 区域公共治理合作网络实证分析：以长江三角城市群为例［J］. 城市问题，2013（5）：77-83.

[172] 李旭，秦耀辰，宁晓菊，等 . 中国入境游客旅游目的地选择变化及影响因素［J］. 经济地理，2014，34（6）：169-175.

[173] 李学保，马凤实 . 安全合作：西方国际关系主流学派的不同解读及其意义［J］. 河南师范大学学报（哲学社会科学版），2006，33（2）：37-41.

[174] 李月调，谢朝武，王静 . 时空因素对我国赴泰旅游安全事件的影响［J］. 世界地理研究，2017，26（5）：128-135.

[175] 李月调，谢朝武 . 赴泰中国游客安全事故时空分布研究［J］. 中国安全科学学报（6期）：169-174.

[176] 李月调，谢朝武 . 国内出境旅游安全研究述评［J］. 旅游研究，2016，8（2）：89-94.

[177] 李震 . 新形势下我国非政府组织参与公共危机管理的探析［J］. 长春理工大学学报（社会科学版），2013，26（6）：52-55.

[178] 梁国鹏 . 我国海外突发事件应急管理机制建设研究［D］. 中国人民公安大学，2019.

[179] 廖玉环，范朋 . 东南亚出境旅游中突发事件安全管理策略研究［J］. 东南亚纵横，2017（4）：68-73.

[180] 刘春济，高静 . 基于风险认知概念模型的旅游风险认知分析——以上海市民为例［J］. 旅游科学，2008，22（5）：37-43.

[181] 刘春玲，孙庆军，吴丽云，等 . 突发性危机事件对旅游业发展的影响及旅游业应急机制研究［J］. 石家庄学院学报，2005（3）：60-64.

[182] 刘纯 . 旅游心理学［M］. 北京：科学出版社，2004：12-25.

[183] 刘军 . 整体网分析讲义，Ucinet 软件实用指南［M］. 上海：格致出版社，2009.

[184] 刘军 . 社会网络分析导论［M］. 北京：社会科学文献出版社，2004.

[185] 刘宽红，鲍鸥 . 安全文化的人本价值取向及其系统模式研究［J］. 自然辩证法研究，2009，25（1）：97-102.

[186] 刘丽，陆林，陈浩 . 基于目的地形象理论的旅游危机管理——以中国四川地震为例［J］. 旅游学刊，2009，24（10）：26-31.

[187] 刘亮，陈以增，韩传峰，荣玫 . 国家应急管理工作组合作网络的社会网络分析［J］. 中国安全科学学报，2015，25（3）：152-158.

[188] 刘鹏程，徐鹏，孙梅，等 . 我国突发公共卫生事件应急处置关键问题确认［J］. 中

国卫生政策研究，2014，7（7）：38-43.

[189] 刘倩倩，刘祥艳，周功梅.中国出境旅游研究：一个文献综述［J］.旅游论坛，2021，14（3）：95-112.

[190] 刘尚亮，沈惠璋，李锋，等.我国突发事件应急管理体系构建研究［J］.科技管理研究，2010（19）：202-206.

[191] 刘铁民.事故灾难成因再认识——脆弱性研究［J］.中国安全生产科学技术，2010，6（5）：5-10.

[192] 刘祥艳，蒋依依，吕兴洋，等.签证便利度对出境旅游的影响——基于面板数据的实证分析［J］.旅游学刊，2018，33（12）：46-52.

[193] 刘小慧，李长玲，刘运梅，付希善.基于作者—核心关键词2-模网络的潜在跨学科合作组合识别——以图书情报学与计算机科学为例［J］.情报理论与实践，2018，41（2）：105-110.

[194] 刘晓明.从日本地震反思我国旅游安全预警和救助体系的构建［J］.热带地理，2011，31（6）：641-644.

[195] 刘雅静，胡海燕.进藏游客安全感知研究［J］.长春大学学报，2014（9）：1192-1196.

[196] 刘雅静，图登克珠.非传统安全视角下的西部民族地区旅游安全探析［J］.西藏大学学报（社会科学版），2013，28（3）：50-55.

[197] 社乌尔里希·贝克.9·11事件后的全球风险社会［J］.马克思主义与现实，2004（2）：16-22.

[198] 刘颖杰，孙磊，郑江平.预警发布在突发公共卫生事件应急管理中的作用及对策［J］.北方工业大学学报，2020，32（5）：1-5，14.

[199] 柳林，姜超，周素红，等.城市入室盗窃犯罪的多尺度时空格局分析——基于中国H市DP半岛的案例研究［J］.地理研究，2017，36（12）：2451-2464.

[200] 卢光盛，张励.澜沧江—湄公河合作机制与跨境安全治理［J］.南洋问题研究，2016（3）：12-22.

[201] 卢文刚，黄小珍.利用城市公交车报复社会事件应急管理研究——基于10起典型案例的分析［J］.城市发展研究，2014，21（11）：87-94.

[202] 卢文刚，魏甜."一带一路"沿线国家海外中国公民安全风险评估与治理研究——以中国公民在东盟十国为例［J］.广西社会科学，2017（9）：65-69.

[203] 卢文刚.景区容量超载背景下的旅游突发事件应急管理研究——以"10·2"九寨沟游客滞留事件为例［J］.西南民族大学学报（人文社科版），2015，36（11）：138-143.

［204］陆亚娜.政府与第三部门协调应对突发事件的制度设计［J］.中国行政管理，2014
　　　（12）：71-73.

［205］罗伯特·A.达尔.现代政治分析［M］.上海：上海译文出版社，1987.

［206］罗伯特·希斯，王成，宋炳辉，等.危机管理［M］.北京：中信出版社，2001：
　　　1-548.

［207］罗家德.社会网分析讲义［M］.北京：社会科学文献出版社，2005.

［208］罗杰·B.迈尔森，RogerB.Myerson，迈尔森，等.博弈论：矛盾冲突分析［M］.北
　　　京：中国人民大学出版社，2015.

［209］麻宝斌.公共治理理论与实践［M］.北京：社会科学文献出版社，2013：1-364.

［210］马超，张青磊."一带一路"与中国—东盟旅游安全合作［J］.高等学校文科学术文
　　　摘，2016（6）：185-186.

［211］马超.旅游安全合作：澜湄区域和平发展新路径［J］.公共外交季刊，2016（2）：
　　　25-31，125.

［212］马国俊.中国与东盟"海上丝绸之路"周边安全合作［J］.才智，2017（3）：249-
　　　250.

［213］马捷，锁利铭，陈斌.从合作区到区域合作网络：结构、路径与演进——来自
　　　"9+2"合作区191项府际协议的网络分析［J］.中国软科学，2014（12）：79-92.

［214］马丽君，孙根年，马耀峰，等.极端天气气候事件对旅游业的影响——以2008年雪
　　　灾为例［J］.资源科学，2010，32（1）：107-112.

［215］马丽君，孙根年，王宏丹，等.汶川地震对四川及周边省区旅游业的影响［J］.中
　　　国人口·资源与环境，2010，20（3）：168-174.

［216］马丽君，孙根年.30年来危机事件对中国旅游业发展的影响及比较［J］.经济地理，
　　　2009，29（6）：1005-1010.

［217］马耀峰，梁雪松，李君轶，等.跨国丝绸之路旅游合作研究［J］.开发研究，2006
　　　（2）：67-70.

［218］孟维娜.突发事件下旅游业的应对机制探讨［J］.华东经济管理，2006（2）：
　　　47-49.

［219］弥尔顿·L.穆勒，MiltonL.Mueller，穆勒，等.网络与国家：互联网治理的全球政
　　　治学［M］.上海：上海交通大学出版社，2015.

［220］苗维亚，田敏.论旅游危机突发事件应对的营销战略——基于企业层面的几点思考
　　　［J］.经济体制改革，2007（6）：178-180.

［221］聂艳梅.中国城市形象影响力评估指标体系及其提升策略研究［D］.上海师范大学，
　　　2015.

［222］宁丽丽.重特大突发事件适度应急响应机制建设研究［D］.西北大学，2020.

［223］潘裕娟，曹小曙.广州批发市场的供应物流空间格局及其形成机制［J］.地理学报，2012，67（2）：179-188.

［224］邱均平，邹菲.国内容分析法的研究进展［J］.图书馆杂志，2003，22（4）：5-8.

［225］全球治理委员会.我们的全球伙伴关系［R］.牛津大学出版社，1995：23.

［226］饶婧婧.出境游保险发展对策［J］.中国保险，2010（4）：51-53.

［227］阮文奇，李勇泉.自然灾害型危机事件对客源地旅游需求的影响及空间差异——九寨沟地震后的时空异质性分析［J］.经济地理，2018，38（8）：214-223.

［228］闪淳昌.建立突发公共事件应急机制的探讨［J］.中国安全生产科学技术，2005，1（2）：24-26.

［229］沈阳，杨崇美.内地游客赴香港旅游安全事件的影响因素研究［J］.黎明职业大学学报，2015（2）：29-35.

［230］沈阳，谢朝武.内地游客赴港澳旅游安全事件时空分布研究［J］.中国安全科学学报，2015，25（7）：171-176.

［231］石勇，姚前，王文华，席建超，张飞.基于Web of Science的旅游风险研究进展［J］.资源科学，2021，43（5）：1038-1050.

［232］史云贵.中国社会群体性突发事件有效治理的理性路径论析——一种基于公共理性的研究视角［J］.社会科学，2010（1）：3-10.

［233］帅向华，杨桂岭，姜立新.日本防灾减灾与地震应急工作现状［J］.地震，2004，24（3）：101-106.

［234］宋子千.对区域旅游合作研究几个基本问题的讨论［J］.旅游学刊，2008，23（6）：74-79.

［235］苏陈朋，韩传峰.非常规突发事件跨组织合作网络结构演化机理研究——以2008年桂林冰雪灾害为例［J］.软科学，2014，28（8）：107-111.

［236］苏明，刘彦博.我国加强公共突发事件应急管理的财政保障机制研究［J］.经济与管理研究，2008（4）：5-11.

［237］苏长和.安全困境、安全机制与国际安全的未来［J］.世界经济与政治，1998（5）：38-41.

［238］孙根年，于立新.基于本底趋势线的秦俑馆旅游危机后评价研究［J］.地理科学，2008（1）：107-112.

［239］孙浩森.突发事件应急机制问题研究［J］.山东工商学院学报，2009，23（2）：62-64.

［240］孙红.博弈论［M］.北京：经济科学出版社，2013.

［241］孙玉环. ARMA 模型在测算重大突发事件影响中的应用［J］. 统计与决策，2006（14）：24-26.

［242］覃福晓. 建立出境旅游安全调查和公告制度［J］. 旅游学刊，2011，26（2）：11-12.

［243］覃耀坚. 整体性治理视角下边疆民族地区跨境公共安全治理研究［J］. 市场论坛，2015（7）：12-16.

［244］唐桂娟. 城市应急管理协同治理问题研究［J］. 城市观察，2016（6）：80-86.

［245］唐弘久，保继刚. 我国主要入境客源地游客的时空特征及影响因素［J］. 经济地理，2018，38（9）：222-230，239.

［246］唐弘久，张捷. 突发危机事件对游客感知可进入性的影响特征——以汶川"5·12"大地震前后九寨沟景区游客为例［J］. 地理科学进展，2013，32（2）：251-261.

［247］滕五晓，王清，夏剑霙. 危机应对的区域应急联动模式研究［J］. 社会科学，2010（7）：63-68.

［248］田丰，生龙，赵继军，等. 大数据应用背景下的公共卫生应急响应体系建设——以邯郸市为例［J］. 传染病信息，2021，34（4）：373-377.

［249］田敏. 大地震后旅游危机应对的思考——基于政府层面的探讨［J］. 特区经济，2008（11）：154-155.

［250］铁永波，唐川. 城市灾害应急能力评价指标体系建构［J］. 城市问题，2005（6）：78-81.

［251］童星，张海波. 群体性突发事件及其治理——社会风险与公共危机综合分析框架下的再考量［J］. 学术界，2008（2）：35-45.

［252］汪伟全. 论区域应急联动的协同能力［J］. 探索与争鸣，2013，1（5）：50-53.

［253］汪伟全. 突发事件区域应急联动机制研究［J］. 探索与争鸣，2012，1（3）：47-49.

［254］王丹彤，明庆忠，王峰. 云南边境旅游安全治理模式与对策研究［J］. 旅游论坛，2012，5（1）：64-69.

［255］王佃利，沈荣华. 城市应急管理体制的构建与发展［J］. 中国行政管理，2004（8）：68-72.

［256］王宏伟. 应急管理理论与实践［M］. 北京：社会科学文献出版社，2010：40.

［257］王金伟，张丽艳. 国际旅游扶贫研究进展与知识演化［J］. 浙江大学学报（理学版），2020，47（4）：408-421.

［258］王晶晶，陈金华，郑向敏. 网络视域下突发事件对旅游目的地形象的影响过程研究［J］. 中国安全科学学报，2010，20（11）：145-151.

［259］王晶晶. 旅游安全感知对赴台旅游意向的影响研究［D］. 华侨大学，2012.

［260］王珏.邮轮旅游突发事件与危机公关——以海航处理"海娜号"邮轮滞留韩国事件为例［J］.中国集体经济，2015（25）：158-159.

［261］王君玲，盛玲玉.中国煤矿企业应急管理研究回溯与前瞻——基于CiteSpace知识图谱的文献计量分析［J］.中国安全生产科学技术，2018，14（9）：177-181.

［262］王炼，贾建民.突发性灾害事件风险感知的动态特征——来自网络搜索的证据［J］.管理评论，2014，26（5）：169-176.

［263］王薇.跨域突发事件府际合作应急联动机制研究［J］.中国行政管理，2016（12）：113-117.

［264］王伟.我国旅游突发事件应急管理模型的构建［J］.中国安全生产科学技术，2015，11（9）：120-125.

［265］王新建，郑向敏.国内旅游危机研究述评［J］.旅游论坛，2011，4（4）：54-58.

［266］王新龙.国际安全合作：一种安全哲学视角的解读［J］.国际论坛，2008，10（4）：13-18.

［267］王兴琼.游客安全感知对其目的地选择的影响研究述评［J］.旅游论坛，2009，2（4）：485-489.

［268］王学栋，张玉平.自然灾害与政府应急管理：国外的经验及其借鉴［J］.科技管理研究，2005，25（11）：149-151.

［269］王兆峰，杨卫书.旅游产业的脆弱性及其评价指标体系研究［J］.江西社会科学，2009（11）：81-85.

［270］王志芳.中国建设"一带一路"面临的气候安全风险［J］.国际政治研究，2015，36（4）：56-72.

［271］韦彬.跨域公共危机治理：功能碎片化与整体性治理［J］.学术论坛，2014（5）：69-71.

［272］韦红.东盟安全观与东南亚地区安全合作机制［J］.华中师范大学学报（人文社会科学版），2015，54（6）：27-34.

［273］温特.国际政治的社会理论［M］.秦亚青，译.上海：上海人民出版社，2001：1-431.

［274］吴必虎，王晓，李咪咪.中国大学生对旅游安全的感知评价研究［J］.桂林旅游高等专科学校学报，2001，12（3）：62-68.

［275］吴纪滨，郑向敏.老年旅游的安全防范与保障［J］.中国职业安全卫生管理体系认证，2004（2）：64-67.

［276］吴家灿，李蔚.严重自然灾害后灾害景区对非灾害景区波及效应研究——以汶川大地震后四川境内的景区为例［J］.旅游学刊，2013，28（3）：12-20.

［277］吴军.中国区域旅游合作时空演化特征分析［J］.旅游学刊，2007，22（8）：35-41.

［278］吴俊.突发公共事件社会应急机制的构成框架［J］.统计与决策，2006（13）：
54-57.

［279］吴量福.美国地方政府管理中的应急系统及其运作［J］.政治学研究，2004（1）：
103-114.

［280］吴令云，赵远东.用时间序列模型分析突发事件对经济的影响［J］.统计与决策，
2004（4）：111-112.

［281］吴志成，李向阳.欧盟共同安全与防务政策——基于制度化安全合作框架的分析
［J］.南开学报，2005（5）：7-13.

［282］夏美武，赵军锋.危机管理中多元协作的动力与阻力分析［J］.江海学刊，2011（6）：
134-138.

［283］夏友照.关于建立中俄朝跨境旅游合作区的战略思考［J］.社会科学战线，2011
（11）：237-239.

［284］谢朝武，陈岩英，李月调.两岸四地旅游业融合发展研究［J］.西南民族大学学报
（人文社科版），2016，37（10）：124-129.

［285］谢朝武，黄锐，陈岩英."一带一路"倡议下中国出境游客的安全保障——需求、
困境与体系建构研究［J］.旅游学刊，2019，34（3）：41-56.

［286］谢朝武.旅游应急管理［M］.北京：中国旅游出版社，2013：124.

［287］谢朝武，申世飞.旅游地环境风险对中国旅游突发事件的影响及其区域分布究［J］.
地理科学进展，2013，32（3）：455-464.

［288］谢朝武，杨松华.大陆居民赴台旅游的安全挑战及两岸合作机制研究［J］.华侨大
学学报（哲学社会科学版），2014（4）：38-47.

［289］谢朝武，张俊，陈岩英.中国出境旅游安全风险的区域分布研究［J］.中国安全科
学学报，2018，28（1）：155-160.

［290］谢朝武，张俊.时空因素与我国旅游突发事件的关联影响——基于最优尺度分析
［J］.经济管理，2014，36（3）：126-134.

［291］谢朝武，张俊.我国旅游突发事件伤亡规模空间特征及其影响因素［J］.旅游学刊，
2015，30（1）：83-91.

［292］谢朝武.我国高风险旅游项目的安全管理体系研究［J］.人文地理，2011，26（2）：
133-138.

［293］谢朝武.我国旅游安全预警体系的构建研究［J］.中国安全科学学报，2010，20
（8）：170-176.

［294］W. E. 哈拉尔.新资本主义［M］.冯韵待，译.北京：社会科学文献出版社，1999：

314.

［295］谢伶，王金伟，吕杰华．国际黑色旅游研究的知识图谱——基于CiteSpace的计量分析［J］.资源科学，2019，41（3）：42-54.

［296］谢婷．出境旅游安全保障的相关措施［J］.旅游学刊，2011（7）：7-8.

［297］徐民英．环境应急管理的国际经验及其启示［J］.商场现代化，2006（20）：135-136.

［298］徐顽强，吕露，王剑平．网络时代非政府组织参与突发事件治理研究［J］.电子政务，2012（9）：31-36.

［299］许亚元，姚国荣．基于在线点评的黄山风景区旅游形象感知研究［J］.世界地理研究，2016，25（2）：158-168.

［300］薛刚，孙根年．2003年SARS对国内旅游影响的后评价——基于本底趋势线的31个省、市、自治区客流量损失的估算［J］.经济地理，2008，28（6）：1059-1063.

［301］薛澜，张强，钟开斌．危机管理：转型期中国面临的挑战［M］.北京：清华大学出版社，2003：27-31.

［302］薛群慧．东南亚旅游区域合作背景下的云南旅游危机管理应对策略［J］.东南亚纵横，2006（11）：4.

［303］薛莹．20世纪80年代以来我国区域旅游合作研究综述［J］.人文地理，2003，18（1）：29-34.

［304］严高鸿．全球化时代中国国家安全的战略选择［J］.世界经济与政治论坛，2004（6）：73-77.

［305］颜烨．利益分割时期的安全事故与政府改进问题［J］.西南大学学报（人文社会科学版）.2007，33（6）：105.

［306］杨帆．论非政府组织在公共安全危机管理中的角色分析［J］.辽宁公安司法管理干部学院学报，2007（2）：46-48.

［307］杨芳．中国大陆居民出境旅游安全研究［D］.华侨大学，2011.

［308］杨劲松．中国出境旅游发展年度报告2020［R］.［2020-11-10］.

［309］杨钦钦，谢朝武．游客微—宏观安全感知与出游意愿的互动效应——基于巴黎恐袭的案例研究［J］.旅游学刊，2018，33（5）：68-78.

［310］杨伟宾，李学勇．共同价值：超越西方普世价值的人类共享价值［J］.思想教育研究，2016（9）：63-65.

［311］杨雁．台湾地区灾后经济振兴策略研究［J］.商业经济研究，2010（22）：148-149.

［312］叶晨曦，许韶立．自然灾害对旅游业的影响及预警机制研究［J］.内蒙古科技与经济，2011（12）：38-39.

[313] 叶欣梁，温家洪，丁培毅.重点旅游地区自然灾害风险管理框架研究[J].地域研究与开发，2010，29（5）：68-73.

[314] 佚名.突发公共卫生事件的应急管理——美国与中国的案例[J].世界知识，2003（10）：8-15.

[315] 鄞益奋.网络治理：公共管理的新框架[J].公共管理学报，2007，4（1）：89-96.

[316] 于国政，陈唯，周玲.中国—周边国家跨境旅游合作研究[J].资源开发与市场，2015，31（5）：617-621.

[317] 于瑛英，赵红.针对社区脆弱性的应对措施分析[J].城市发展研究，2013（4）：94-98.

[318] 袁建平，方正，卢兆明，等.城市灾时大范围人员应急疏散探讨[J].自然灾害学报，2005（6）：120-123.

[319] 袁正清.国际关系理论的社会学转向[M].上海：上海人民出版社，2005：1-130.

[320] 约瑟夫奈.软力量：世界政坛成功之道[M].北京：东方出版社，2005.

[321] 臧良运.旅游学概论[M].北京：电子工业出版社，2009.

[322] 湛孔星，陈国华.跨城域突发事故灾害应急管理体系及关键问题探讨[J].中国安全科学学报，2009，19（9）：172-176.

[323] 张丹，谢朝武.我国旅游者公共安全服务：体系建设与供给模式研究[J].旅游学刊，2015，30（9）：82-90.

[324] 张广瑞.出境旅游：辉煌背后的担忧[J].人民论坛，2002（3）：36-39.

[325] 张广瑞.全球旅游伦理规范[J].旅游学刊，2000（3）：71-74.

[326] 张广瑞.中国边境旅游发展的战略选择[M].北京：经济管理出版社，1997：1-2.

[327] 张贵群，张欣.公共危机中政府与非政府组织的合作治理[J].北京航空航天大学学报（社会科学版），2012，25（4）：15-18.

[328] 张欢.应急管理与危机管理的概念辨析[J].中国应急管理，2010（6）：31-36.

[329] 张紧跟.新区域主义：美国大都市区治理的新思路[J].中山大学学报（社会科学版），2010（1）：131-141.

[330] 张进福，郑向敏.旅游安全表现形态与时空特征简析[J].桂林旅游高等专科学校学报，2001，12（1）：36-38.

[331] 张静儒，陈映臻，曾祺，等.国家视角下的目的地形象模型——基于来华国际游客的实证研究[J].旅游学刊，2015，30（3）：13-22.

[332] 张良.长江三角洲区域危机管理与合作治理[J].人民论坛，2013（11）：82-83.

[333] 张琪.突发性自然灾害对旅游目的地影响机制研究[J].灾害学，2019，34（3）：18-20.

［334］张全忠.一党长期执政何以成功？——《亚洲价值观：新加坡政治的诠释》评析［J］.科学社会主义，2003（2）：80.

［335］张西林.旅游安全事故成因机制初探［J］.经济地理，2003（4）：542-546.

［336］张旭鹏.文化认同理论与欧洲一体化［J］.欧洲研究，2004（4）：66-77.

［337］张永领，周晓冰，王伟.我国旅游突发事件应急管理机制构建研究［J］.资源开发与市场，2016，32（1）：116-119.

［338］张玉玲.中国入境旅游业对危机事件响应的区域差异研究［J］.经济地理，2012，32（11）：149-155.

［339］张跃西.旅游危机管理［M］.北京：中国旅游出版社，2017：1-146.

［340］赵冰.应对突发公共卫生事件体系的构建［J］.中国行政管理，2004（1）：16-20.

［341］赵定东.突发事件治理中政府间的利益协作机制——以长三角为例［J］.党政干部学刊，2011（12）：55.

［342］赵东喜.中国省际入境旅游发展影响因素研究——基于分省面板数据分析［J］.旅游学刊，2008（1）：41-45.

［343］赵军锋，金太军.政府协调治理：我国突发事件应急管理创新探讨［J］.青海社会科学，2011（6）：6-10.

［344］赵宇.非常规突发事件演化规律与整体性治理研究［D］.中共重庆市委党校，2012.

［345］郑安云，戴雅玲，苗丹民.试论非政府组织在公共危机管理中的地位和作用［J］.理论导刊，2008（2）：20-23.

［346］郑保章，程佳琳.突发事件中政府与传媒的作用探析——由SARS危机看政府与传媒的互动［J］.现代传播，2003（6）：104-106.

［347］郑启航，郭永良."一带一路"的安全治理：框架与图景［J］.中国人民公安大学学报（社会科学版），2018（1）：11-18.

［348］郑向敏，范向丽.少数民族地区旅游安全问题研究［J］.旅游论坛，2008，1（1）：66-72.

［349］郑向敏，宋伟.国内旅游安全研究综述［J］.旅游科学，2005（5）：5-11.

［350］郑向敏，王新建.闽台旅游安全管理合作机制研究［J］.福建农林大学学报（哲学社会科学版），2011，14（1）：1-4.

［351］郑向敏，邹永广.中泰旅游突发事件应急处置与合作机制研究［J］.华侨大学学报（哲学社会科学版），2013（2）：36-45.

［352］郑向敏，邹永广.我国旅游突发事件应急机制研究［J］.西南民族大学学报：人文社会科学版，2012，33（1）：125-129.

［353］郑向敏.旅游安全学［M］.北京：中国旅游出版社，2003：15-35.

［354］中国旅游大辞典［M］.上海：上海辞书出版社，2012.

［355］中华人民共和国国家旅游局.中国公民出境旅游突发事件应急预案（简本）［Z］.
2006.

［356］中华人民共和国国家旅游局.旅游突发公共事件应急预案（简本）［S］.国家旅游局，
2005-07.

［357］钟开斌."一案三制"：中国应急管理体系建设的基本框架［J］.南京社会科学，
2009（11）：77-83.

［358］周茂荣，杜莉.中国与美国货物贸易互补性的实证研究［J］.世界经济研究，2006
（9）：45-52.

［359］周晓丽.美国协作性应急管理及其启示［J］.荆楚学刊，2014（1）：48-54.

［360］朱建华，张捷，刘法建，等.自然观光地旅游者的风险感知变化及差异分析——以
九寨沟自然风景区为例［J］.长江流域资源与环境，2013，22（6）：793-800.

［361］朱劲松.基于扎根理论的中国旅游保险发展影响因素研究［J］.旅游学刊，2010，
25（1）：38-41.

［362］朱力.突发事件的概念、要素与类型［J］.南京社会科学，2007（11）：81-88.

［363］朱延智.企业危机管理［M］.北京：中国纺织出版社，2003：1-282.

［364］朱尧，邹永广，李强红，李志强.网络关系视角下中国公民出境旅游安全感知事件
时空分布特征——以"一带一路"沿线国家为例.世界地理研究，2020，29（6）：
1304-1311.

［365］朱尧，邹永广.中国游客赴欧洲旅游安全感知事件空间特征研究［J］.地域研究与
开发，2019，38（6）：76-81.

［366］朱迎波，葛全胜，魏小安，等.SARS对中国入境旅游人数影响的研究［J］.地理研
究，2003（5）：551-559.

［367］朱正威，张莹.发达国家公共安全管理机制比较及对我国的启示［J］.西安交通大
学学报（社会科学版），2006（2）：46-49.

［368］邹慧君.应对突发公共事件中政府与非政府组织的合作［J］.行政论坛，2010，17
（5）：69-72.

［369］邹巧柔.区域旅游应急合作研究［D］.华侨大学，2014.

［370］邹统钎."一带一路"旅游合作愿景、难题与机制［J］.旅游学刊，2017（6）：9-11.

［371］邹雅真，谢朝武.大陆游客赴台旅游安全事件结果特征及其引致因素研究［J］.旅
游学刊，2016，31（8）：81-89.

［372］邹永广，林炜铃.合作网络视角下社区旅游安全公共治理研究——以崇武古城为例
［J］.华侨大学学报（哲学社会科学版），2017（5）：25-34.

［373］邹永广，郑向敏．旅游目的地游客安全感测评模型的普适性研究——来自三类旅游目的地的经验证据［J］．北京第二外国语学院学报，2013，35（7）：63-71.

［374］邹永广，林炜铃．合作网络视角下社区旅游安全公共治理研究——以崇武古城为例［J］．华侨大学学报（哲学社会科学版），2017（5）：25-34.

［375］邹永广，郑向敏．基于突变理论的目的地旅游安全评价研究［J］．中国安全生产科学技术，2014，10（8）：175-181.

［376］邹永广，郑向敏．旅游目的地游客安全感形成机理实证研究［J］．旅游学刊，2014，29（3）：84-90.

［377］左凤荣．习近平的新安全观论述及其实践研究［J］．理论视野，2021（4）：27-33.

项目策划：段向民
责任编辑：孙妍峰
责任印制：钱　宬
封面设计：武爱听

图书在版编目（ＣＩＰ）数据

中国公民出境旅游突发事件应急合作治理逻辑与机制
研究 / 邹永广著. -- 北京：中国旅游出版社，2023.6
（国家哲学社会科学基金旅游研究项目文库）
ISBN 978-7-5032-7121-2

Ⅰ．①中… Ⅱ．①邹… Ⅲ．①国际旅游－突发事件－
应急对策－研究－中国 Ⅳ．①F592

中国国家版本馆CIP数据核字(2023)第091134号

书　　　名：中国公民出境旅游突发事件应急合作治理逻辑与机制研究

作　　者：邹永广
出版发行：中国旅游出版社
（北京静安东里 6 号　邮编：100028）
http://www.cttp.net.cn　E-mail:cttp@mct.gov.cn
营销中心电话：010-57377103，010-57377106
读者服务部电话：010-57377107
排　　版：北京旅教文化传播有限公司
经　　销：全国各地新华书店
印　　刷：三河市灵山芝兰印刷有限公司
版　　次：2023 年 6 月第 1 版　2023 年 6 月第 1 次印刷
开　　本：720 毫米 ×970 毫米　1/16
印　　张：22.25
字　　数：325 千
定　　价：59.80 元
ＩＳＢＮ　978-7-5032-7121-2